W0061632

Kosmos-Familienbuch
Lebensraum Wasser

Mit freundlicher Empfehlung

Heather Angel / Pat Wolseley

Kosmos-Familienbuch Lebensraum Wasser

Die Welt der Tümpel, Flüsse, Küsten
Sehen – Sammeln – Selbermachen

Kosmos
Gesellschaft der Naturfreunde
Franckh'sche Verlagshandlung
Stuttgart

Aus dem Englischen übersetzt und bearbeitet von Dr. Bruno P. Kremer
Titel der Originalausgabe „The Family Water Naturalist" erschienen bei Roxby Water Naturalist Limited, London, Großbritannien unter
ISBN 0 7181 1912 6
© 1982 Roxby Water Naturalist Limited
© Text 1982 Heather Angel/Pat Wolseley
© Fotos (wenn nicht extra vermerkt) 1982 Heather Angel
Mit 180 Farbfotos, 232 Schwarzweiß-Fotos und 167 Zeichnungen von Charlotte Styles, Alan Suttie, Jack Terhune und John Woodcock.
Folgende Aufnahmen stammen nicht von Heather Angel: Areofilms S. 118, Avon Rubber S. 97, H. Boyd S. 178/9, British Trust for Conservations Volunteers S. 56, Cambridge University Collection S. 176, S. 177, Central Electric Generating Board S. 116, John Clegg S. 77, Clyde Surveys Ltd. S. 116, John Coles S. 52–53, B. A. Crosby S. 176, Claire Dalby S. 30, 31, 48, 49, 54, 68, 69, ERD Publications Ltd. S. 12–13, Evans Bros. Ltd. S. 16, Faber and Faber Ltd. S. 94, Greater London Council S. 97, Handford Photo S. 117, Bert Hawkes, S. 84–85, Valerie Hill S. 53, Institute of Oceanographic Sciences S. 172, R. E. Jones S. 110, B. E. Juniper/G. Wakely S. 58, 59, Aziz Khan S. 155, Port of London Authority S. 96, K. A. Pyefinch S. 151, Brian Rogers S. 56, S. 130, Scientific America S. 9, 10, Seaphot Ltd. S. 9, Soames Summerhays S. 9, 11, 168, 171, Space Frontiers S. 10–11.

Umschlaggestaltung von Edgar Dambacher unter Verwendung einer Aufnahme von Rolf Sanner

CIP-Kurztitelaufnahme der Deutschen Bibliothek

Angel, Heather:
Kosmos-Familienbuch Lebensraum Wasser: d. Welt d. Tümpel, Flüsse, Küsten; Sehen – Sammeln – Selbermachen / Heather Angel; Pat Wolseley. [Aus d. Engl. übers. u. bearb. von Bruno P. Kremer]. – Stuttgart: Franckh, 1983.
Einheitssacht.: The family water naturalist
ISBN 3-440-05172-2
NE: Wolseley, Pat:; Kremer, Bruno P. [Bearb.]

Franckh'sche Verlagshandlung, W. Keller & Co., Stuttgart/1983
Alle Rechte an der deutschsprachigen Ausgabe, insbesondere das Recht der Vervielfältigung und Verbreitung, vorbehalten. Kein Teil des Werkes darf in irgendeiner Form (durch Fotokopie, Mikrofilm oder ein anderes Verfahren) ohne schriftliche Genehmigung des Verlages reproduziert oder unter Verwendung elektronischer Systeme verarbeitet, vervielfältigt oder verbreitet werden.
Für die deutschsprachige Ausgabe:
© 1983, Franckh'sche Verlagshandlung, W. Keller & Co., Stuttgart
Printed in Spain/Imprimé en Espagne/LH 14 os/ISBN 3-440-05172-2
Satz: Konrad Triltsch, Würzburg
Herstellung: Graficromo, Cordoba/Spanien

Kosmos-Familienbuch Lebensraum Wasser

▶ Die Schmelzwasser aus einem Gletscher
im Süden Islands haben eine
Geröllflur aufgeschüttet und sammeln
sich darin in einem großen Strom.

Der Stoff Wasser

Alle Formen des Lebens auf diesem Planet benötigen eine ständige Versorgung mit Wasser. Der Wasserkreislauf erneuert ununterbrochen die Süßwasservorräte und schafft auf seinem Weg die Lebensräume vieler Pflanzen- und Tiergemeinschaften.

Wasser: Die Grundlagen des Lebens

Seit die Erde sich abkühlte und die Dampfwolken sich zu Wasser verdichten konnten, beschreibt das Wasser den rastlosen Kreislauf zwischen Verdampfung und Niederschlag. Sobald es auf der Erdoberfläche ankommt, beginnt sein Weg in Richtung Meer, oder es wird durch Verdampfung wieder in die Atmosphäre geschickt. Zeitweise hält es sich in Gewässern wie Teichen und Seen auf, oder im Körper von Pflanzen und Tieren, oder auch in dem Gewirr von Leitungen und Vorratsbehältern, die der Mensch sich geschaffen hat, aber früher oder später kehrt es zum Meer zurück. Wasser ist die wichtigste Voraussetzung des Lebens auf der Erde. Der Mensch der modernen Welt verwendet weitaus mehr Wasser, als er zum Leben unbedingt benötigt – durchschnittlich mehr als 120 Liter pro Person und Tag. Wie kann die Erde immer neue Süßwasservorräte bereitstellen? Welches sind die Eigenschaften des Wassers, die es für das Leben so unersetzlich machen?

Der Wasserkreislauf

Wasser nimmt in drei Phasen am Wasserkreislauf teil: als Süßwasser auf den Kontinenten, als Meerwasser in den Ozeanen und als Wasserdampf in der Atmosphäre. Die ständige Wasserumwälzung erfordert riesige Energiemengen, etwa um das Wasser an den Beginn des Kreislaufs, in die Atmosphäre, zu schaffen. Die Sonne stellt diese Energie bereit, so daß Wasser vom Land und vom Meer verdampfen kann. Wasserdampf gelangt in der Atmosphäre allmählich in kühlere Bereiche, wo er als Wolke oder Nebel kondensieren kann und schließlich als Regen, Hagel oder Schnee wieder zur Erdoberfläche zurückkehrt. Die Verdampfung ist besonders stark über tropischen Meeren. Pflanzen und Tiere geben ebenfalls Wasserdampf ab.

▼ **Der Wasserkreislauf** Wasser gelangt als Niederschlag P auf die Erde, sammelt sich in Bächen und Flüssen oder im Grundwasser und gelangt zum Meer. Verdampfung E und Transpiration T erneuern den Kreislauf. Der Mensch sammelt das Wasser für den häuslichen und industriellen Gebrauch. Mit Abfallstoffen belastet, gelangt auch dieses Wasser wieder zum Meer.

▲ **Sonnenaufgang** Die Sonnenstrahlung verdampft das Wasser von der Meeresoberfläche (Wolkenbildung).

Daher leisten die tropischen Wälder mit ihren enormen Blattmassen einen erheblichen Beitrag für den Wiedereintritt des Wassers in den Kreislauf. Wasser hat eine große Bedeutung für den Wärmehaushalt der Erde. Es schützt die Erde vor Temperaturextremen und ermöglicht dadurch erst das Leben in weiten Bereichen. Die Weltmeere absorbieren und verteilen die eingestrahlte Sonnenwärme. Sie wirken etwa wie eine riesige Nachtspeicherheizung und regulieren das Klima überall auf dem Erdball.

Wasser als chemische Verbindung

Jedes Wassermolekül besteht aus einem Sauerstoffatom (O) und zwei Wasserstoffatomen (H). Diese Atome liegen im Wasser in geladener Form (H^+ bzw. OH^-) vor. Wasser ist ein außerordentlich wirksames Lösungsmittel. Diese Eigenschaft verdankt es den unterschiedlich geladenen Ionen, die sich

▲ Ein Taucher benötigt allerlei Gerät, um die obersten Meeresschichten zu erobern (z.B. Atemgasflaschen, schützenden Tauchanzug, Flossen zum Vergrößern der Fußfläche).

▼ Die Stromlinienform des Körpers und die flossenartigen Gliedmaßen verleihen der Galapagos-Pelzrobbe (*Arctocephalus galapagoensis*) Beweglichkeit und Schnelligkeit.

▲ Die Schlammfliegenlarve *Sialis lutaria* besitzt 7 Paar Kiemen am Hinterleib, die die Körperoberfläche vergrößern und somit die Sauerstoffaufnahme erleichtern.

sehr leicht mit den Ionen aus solchen Chemikalien verbinden, die man dem Wasser zufügt: Positive und negative Ladungen ziehen sich gegenseitig an. Diese bemerkenswerte Eigenschaft des Wassers spielt bei den Lebensabläufen eine ebenso wichtige Rolle wie in der Küche oder bei komplizierten technischen Prozessen. Wenn Wasser über die Erdoberfläche fließt, löst es Substanzen auf, die seinen pH-Wert verändern. Daher wird von Kalkfelsen abrieselndes

Wasser eher alkalisch (basisch) reagieren, Wasser von hartem Silitkatgestein dagegen sauer. Zwischen dem pH-Wert der Umgebung und dem einer pflanzlichen oder tierischen Zelle muß ein ausgewogenes Verhältnis hergestellt werden. Da die pH-Werte der Gewässer sehr verschieden sein können, kommt ihnen eine besondere Bedeutung für die Verbreitung von Pflanzen und Tieren zu.

Physikalische Eigenschaften des Wassers

Wasser kommt in den drei Zustandsformen fest (Eis), flüssig (Wasser) und gasförmig (Wasserdampf) vor. Der Übergang von der einen in die andere Zustandsform erfordert oder liefert große Energiemengen. Flüssiges Wasser ist dichter als Eis. Eisstücke schwimmen daher an der Wasseroberfläche. Wenn Wasser erwärmt wird, wird es noch weniger dicht und daher leichter. Warmes Wasser schwimmt auf kälterem.
Bedeutsam ist die Eigenschaft der Wasserteilchen, sich gegenseitig anzuziehen. Dadurch entsteht die Oberflächenspannung, die einen Wassertropfen beispielsweise in eine kugelige Form zwingt oder für die „Haut" einer Wasseroberfläche verantwortlich ist.

Wasser und Leben

Eine lebende Zelle besteht zu über 75% aus Wasser. Sie gleicht einer prall gefüllten Plastiktüte – ziemlich flexibel, aber erstaunlich robust. Wasser transportiert in den Zellen Nährstoffe, Sauerstoff und Abfallprodukte des Stoffwechsels. Es dient als Lösungsmittel, in dem viele wichtige Lebensprozesse ablaufen.
Das Leben begann im Wasser. Das eigentliche Problem des Lebens im Wasser besteht darin, in den Zellen das richtige Lösungsgemisch aufrechtzuerhalten und dennoch Sauerstoff und Nährsalze aus der Umgebung aufzunehmen, gleichzeitig aber auch Abfallprodukte wie Kohlendioxid (CO_2) und Ammonium (NH_4^+) auszuschleusen. Zwei wichtige Vorbedingungen des Lebens werden im Wasser schlechter erfüllt als in der Luft: Die Versorgung mit Sauerstoff und Licht. Sauerstoff wird von allen Lebewesen für die Atmung benötigt und löst sich nur wenig in kaltem Wasser (noch schlechter in warmen).

Versuche

1 Wieviel Wasser trinkst du täglich, und wie wird es wieder ausgeschieden? Wie kann der Körper Wasser abgeben? Kannst du ungefähr abschätzen, wieviel Wasser deine Familie an einem Tag, in einer Woche benötigt, und zwar in der Küche, im Bad, in der Waschmaschine? Wieviel verwendet im Durchschnitt jede Person? Kommst du irgendwie auf den Durchschnittsverbrauch von 120–140 Liter pro Tag und Kopf?

2 Besorge etwas pH-Papier, mit dem man einen größeren pH-Bereich erfassen kann. Welchen pH-Wert hat Leitungswasser, Regenwasser, Wasser aus dem Fluß? Fülle einige Gläser mit warmen Wasser, stelle den pH-Wert fest und füge nun verschiedene Substanzen zu, z.B. Essig, Zucker, Salz, Backpulver. Welche Substanzen lösen sich auf? Welche verändern den pH-Wert? (pH-Papier gibt es in Apotheken und Drogerien.)

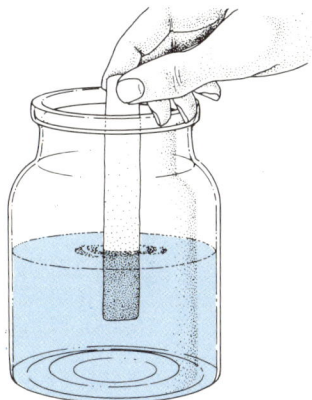

3 Beobachte, wie verschiedene Formen und Winkel die Geschwindigkeit im Wasser beeinflussen. Verwende dazu einen mechanisch oder mit Batterie betriebenen Spielzeugfisch in der Badewanne, in der mit Wachskreide 50cm-Marken angebracht sind. Wie lange braucht er für 50 cm? Verändere nun die Gestalt des Fisches, indem du verschiedene Plastikteile an verschiedenen Stellen und in verschiedenen Winkeln anklebst. Wie ändert sich die Geschwindigkeit und das Richtungsschwimmen?

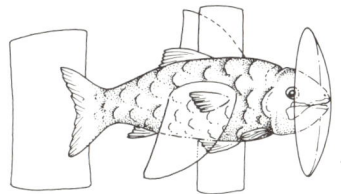

Süßwasser oder Salzwasser

Verglichen mit den riesigen Wassermassen der Ozeane nimmt alles Süßwasser der Erde nur einen bescheidenen Anteil ein. Meerwasser und Süßwasser stellen die Lebewesen, die sich in ihnen aufhalten, vor sehr verschiedene Probleme.

Schon mancher Schiffbrüchige mag verzweifelt sein. Nichts als Wasser umgibt ihn auf hoher See, aber kein Tropfen zum Trinken ist dabei. Die meisten Süßwasserorganismen können nicht im Salzwasser leben; Meeresorganismen ertragen umgekehrt kein Süßwasser. Nur sehr wenige, besonders angepaßte Arten können von dem einen Milieu ins andere wandern.

Meerwasser ist eine komplizierte Lösung verschiedener Salze des Natriums (Na), Calciums (Ca) und Magnesiums (Mg), wovon jedoch gewöhnliches Kochsalz (Natriumchlorid $NaCl$) den größten Anteil stellt. Die Konzentration der Salze beträgt etwa 3,5%. Wenn ein Meeresorganismus jedoch in Süßwasser gelangt, fließt das Wasser aus der weniger konzentrierten Lösung (Süßwasser) in das stärker konzentrierte Milieu (Zellinhalt), weil es im Unterschied zu den Salzteilchen die halbdurchlässige Zellhaut passieren kann. Dieser Wasserfluß hält so lange an, bis die Konzentrationen ausgeglichen sind. Meist platzen die Zellen jedoch schon vorher. Süßwasserorganismen mußten daher besondere Vorrichtungen entwickeln, die verhindern, daß zuviel Wasser in ihre Zellen einbricht.

Wieviel Wasser?

Die Unendlichkeit der Ozeane auf unserem Planeten zu erfassen, ist schwer. Sie bedecken etwa 70% der Erdoberfläche und sind durchschnittlich 3800 Meter tief. Das ergibt zusammen etwa 1368 Millionen km³ Meerwasser. Verglichen mit den Meeren ist der Süßwasservorrat in den Seen und Flüssen ziemlich klein. Der größte Süßwasseranteil ist in den Eiskappen der polnahen Gebiete (Arktis und Antarktis) gebunden. Wenn diese Eismassen abschmelzen sollten, würde sich der Meeresspiegel um rund 60 m erhöhen

Ozeane
($1,35 \times 10^{15}$ Kubikmeter)

Gletscher und Polareis
(29×10^{15} Kubikmeter)

Grundwasser
($8,4 \times 10^{15}$ Kubikmeter)

Flüsse und Seen
($0,2 \times 10^{15}$ Kubikmeter)

Atmosphäre
($0,013 \times 10^{15}$ Kubikmeter)

Biosphäre (Organismen)
($0,0006 \times 10^{15}$ Kubikmeter)

▲ **Satellitenaufnahme der Erde** Links der Atlantik, rechts die europäischen Küsten und das Mittelmeergebiet. Die Wolkenbildungen verraten die nordostwärts gerichteten Luftströmungen. Wo Warmluft aus dem Süden auf die polare Kaltfront trifft, bildet sich ein Zyklon.

▶ Ein Eisberg, der aus dem grönländischen Packeis losgekommen ist, wurde in wärmere Meeresgebiete verdriftet und beginnt abzuschmelzen. Beim Abschmelzen im Wasser und in der Luft entstehen unterschiedliche Formen. Die horizontalen Bänder zeigen die frühere Lage zur Wasserlinie an.

▶ In einer kühlen Nacht perlen Wassertropfen von Grashalmspitzen aus. Tagsüber wird das Wasser als unsichtbarer Dampf abgegeben.

◀ Jede Kugel stellt das Wasservolumen dar, das in jedem Reservoir unserer Erde zu jeder Zeit enthalten ist.

und große Teile des jetzigen Festlandes überfluten. Es gibt viele Hinweise darauf, daß sich in geologischer Vergangenheit der Meeresspiegel oft verändert hat, da die Größe der polnahen Eiskappen schwankte. Während klimatisch warmer Zeiten stieg der Meeresspiegel an und hinterließ die hochgelegenen

Küstenterrassen, die wir heute manchmal noch weit im Binnenland erkennen können. In längeren Kälteperioden dehnte sich das polare Eis aus, und der Meeresspiegel sank. Typisch festländische Ablagerungen, etwa Torf, liegen deswegen heute unter dem Meer. Vor rund 50 000 Jahren konnten die Men-

Den großen, zusammenhängenden ozeanischen Wassermassen stehen die eher unzusammenhängenden, oft sogar isolierten Süßwasservorkommen der Kontinente entgegen. Die Süßwasserbewohner benötigen besondere Verbreitungseinrichtungen und müssen sich irgendwie in die abwärts gerichteten Fließbewegungen der kontinentalen Gewässersysteme einpassen. Im Meer entstehen durch die Erdrotation große, oft sehr weitreichende Strömungen. Der große Nordatlantikstrom trägt Warmwasser und darin lebende Organismen bis weit in den Norden.

In den Binnengewässern wird alles organische und mineralische Material letztlich in Richtung Meer abgeschwemmt. Im Meer lagert sich der organische und anorganische Bestandsabfall dagegen auf dem Meeresboden ab. Nährstoffe aus Wassertiefen unterhalb 100 m können durch Auftriebsströmungen oder sturmbedingte Wasserdurchmischung an die Oberfläche zurückgebracht werden. In Fließgewässern findet sich die produktive Zone meist im Bereich des Grundes, wo Schutz und Befestigungsmöglichkeiten gegeben sind. Jeder Wasserkörper hat so seinen unverwechselbaren Charakter, der von seiner Lage in der Landschaft sowie von seinen chemischen und Temperaturbedingungen geprägt wird.

Dichte, Temperatur und Thermoklinen

Süßwasser ist weitaus weniger dicht als Salzwasser. Vor Flußmündungen oder in den polnahen Gebieten, wo sich Treibeis bildet, überschichtet das Süßwasser das schwerere Meerwasser. Wenn Eisberge in wärmere Gewässer und Klimate verdriftet werden, schmelzen sie ab.

Warmes Wasser ist gewöhnlich weniger dicht als kaltes. Wasser unterhalb von 4° C wird jedoch wieder weniger dicht. Wenn im Frühjahr die Sonne das Meerwasser und die Binnengewässer erwärmt, bildet sich eine Schichtung von wärmerem Oberflächenwasser und kälterem Tiefenwasser aus. Die Grenze zwischen beiden Schichten wird Thermokline genannt. Die Wasserschichtung ist ökologisch von größter Bedeutung.

schen z. B. noch trockenen Fußes den Ärmelkanal überqueren.

Gegensätzliche Bedingungen

Die Art und Weise, wie Salz- und Süßwasser auf der Erde verteilt sind, beeinflußt in großem Maße die für Pflanzen und Tiere verfügbaren Lebensstätten.

Versuche

1 Beobachte den Einfluß von Süß- und Salzwasser auf ein Hühnerei. Lege 2 Eier über Nacht in Essig, so daß sich die harte äußere Schale löst. Lege nun ein Ei in Leitungswasser, das andere in konzentrierte Salzlösung. Was geschieht nach etwa 8 Stunden, wie kann man das Versuchsergebnis erklären?

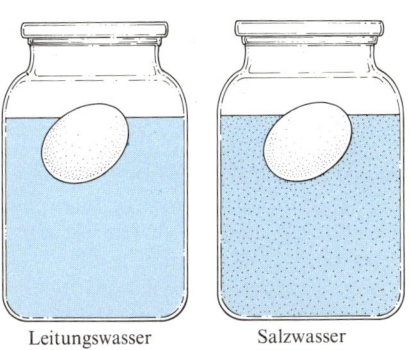

Leitungswasser   Salzwasser

2 Nimm ein flaches, durchsichtiges Gefäß und fülle es etwa 4 cm hoch mit kaltem Tee. Gieße nun vorsichtig warmes Wasser (etwa 2 cm) ein, am besten über einen Löffelrücken, damit keine Verwirbelung entsteht. Beobachte nun die Thermokline zwischen kaltem und warmen Wasser. Was geschieht, wenn man den Behälter hin- und herbewegt? Blase mit einem Föhn warme Luft über die Oberfläche. Wie verhält sich die Thermokline? Gib einige Eiswürfel auf die Oberfläche? Was geschieht?

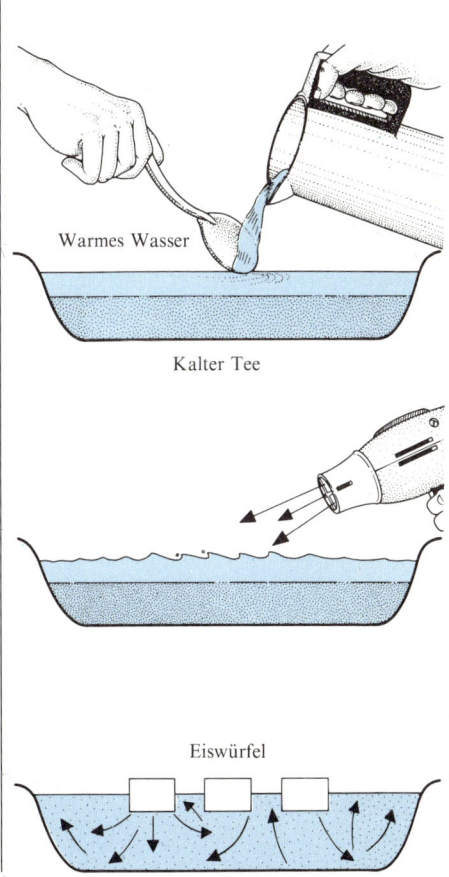

Warmes Wasser

Kalter Tee

Eiswürfel

Bewegtes Wasser

Wasser ist eine der Hauptursachen der Erosion und Ablagerungen entlang der Küsten oder zwischen Berg- und Tiefland. Jedes Jahr bewegt es unglaubliche Materialmassen.

Wasser, vom Wind angetrieben oder bergabwärts fließend, besitzt potentielle Energie. Man kann sie in Kraftwerken in elektrische Energie umwandeln. Wo die Wasserkraft noch nicht gebändigt ist, verändert sie die Erdoberfläche, sie erodiert und transportiert das Erdreich und lagert es an anderen Stellen wieder ab. Reibungskräfte zehren die Energie des fließenden Wassers auf, so daß sie an einer flach abfallenden Küste oder in einem breiten Flußbett erheblich herabgemindert wird. In einem Fluß strömen die ufernahen Bereiche langsamer als die Flußmitte. Das kann man besonders eindrucksvoll an Gletschern beobachten, wo der Eisstrom sich so langsam talabwärts bewegt, daß die vergleichsweise schneller fließende Mitte von den schuttübersäten Flanken deutlich unterschieden werden kann.

Strömungen
Wenn der Wind längere Zeit konstant in die gleiche Richtung weht, können große Wassermassen in Bewegung gesetzt und in die gleiche Richtung versetzt werden. Dadurch entstehen die großen Meeresströme. Sie werden außerdem von der Erdrotation erzwungen und beeinflußt. Auf der Nordhalbkugel bewegen sie sich daher im Uhrzeigersinn, auf der Südhalbkugel im Gegenuhrzeigersinn. Die Strömungen unterscheiden sich erheblich in Temperatur und Salzgehalt.

Gezeiten
Tagein, tagaus steigt oder fällt der Meeresspiegel im Wechsel der Gezeiten, wobei die höchsten Gezeitenunterschiede (Tidenhübe) zum Zeitpunkt der Tag- und Nachtgleiche im Frühjahr und Herbst auftreten. Auf offener See folgen die Tiden einem einfachen Rhythmus. Trifft die Gezeitenwelle jedoch auf eine Küstenlinie, so wird sie verändert und verformt, je nachdem, wie die Küste gestaltet ist. Wenn die Flut beispielsweise durch eine Flußmündung aufsteigt, hält sie das ablaufende Flußwasser (Oberwasser genannt) auf und verursacht somit besonders ho-

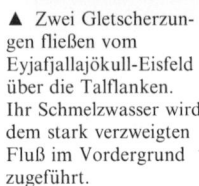

▲ Zwei Gletscherzungen fließen vom Eyjafjallajökull-Eisfeld über die Talflanken. Ihr Schmelzwasser wird dem stark verzweigten Fluß im Vordergrund zugeführt.

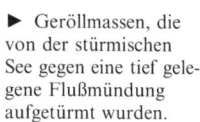

► Geröllmassen, die von der stürmischen See gegen eine tief gelegene Flußmündung aufgetürmt wurden.

▼ Dieser Wasserfall läuft über eine Basaltlavadecke ab, die wesentlich widerstandsfähiger als die Gesteine ober- und unterhalb ist.

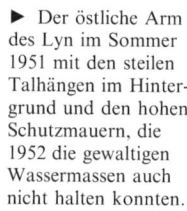

▲ Lynmouth in Südwestengland am Tag nach der Flutkatastrophe im Jahre 1952.

► Der östliche Arm des Lyn im Sommer 1951 mit den steilen Talhängen im Hintergrund und den hohen Schutzmauern, die 1952 die gewaltigen Wassermassen auch nicht halten konnten.

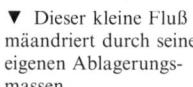

▼ Dieser kleine Fluß mäandriert durch seine eigenen Ablagerungsmassen.

hen Wasserstau. So ist z.B. in Hamburg der Tidenhub mehr als doppelt so hoch wie in List auf Sylt. Geradezu zerstörerisch wird die Gezeitenwelle, wenn eine Springtide in der Nordsee mit starken westlichen Stürmen zusammentrifft. In abgeschlossenen Meeresgebieten (Ostsee, Mittelmeer) sind die Gezeitenunterschiede nur gering.

Wasser bei der Arbeit
Abtragung. An vielen Stellen unserer Küsten nagt die See an den Klippen, so daß von oben ständig der Boden abbröckelt oder abrutscht und jährlich

eine Menge Grund verlorengeht. Wenn die Felsen aus hartem, widerstandsfähigem Gestein (z.B. Granitfelsen) bestehen, schreitet die Erosion nur langsam fort. Wenn das Gestein jedoch aus Kalk besteht und ziemlich weich ist, weicht die Küste jährlich fast einen Meter zurück. Die Küstenform ist zu einem großen Teil das Ergebnis der anbrandenden See und des anstehenden Gesteins, das sie dort antrifft. Mal ist es härter, mal fällt es weicher aus. Zudem gibt es im Gesteinsverband Schwächezonen und Bruchlinien. Wo die Wellen eine fast ebene Terrasse aus

durch die gewaltige Hobelwirkung schiebender Gletscher, die in den Hochgebirgen die charakteristischen U-förmigen Täler hinterlassen haben.

Ablagerung. Der größte Teil des heutigen Festlandes besteht aus Gestein, das als weiches Sediment von Wasser oder Eis in geologischer Vergangenheit abgesetzt wurde. Von Gletschern abgespantes Material wurde als Moränenschutt zurückgelassen. Ausgeschürfte Flächen wurden mit Lockermaterial verfüllt. Sie werden heute landwirtschaftlich genutzt und weisen oft noch kleine Reliktgewässer, die Toteisseen, auf. Die Abtragung durch Wasser ist überall und ununterbrochen im Gang. Alte Sedimente werden verfrachtet und neue abgelagert. Wenn die Fließgeschwindigkeit eines Wasserkörpers nachläßt, wird das Transportgut abgesetzt. Fließgeschwindigkeit ist eine Funktion von Neigungswinkeln, und wo diese zunehmend kleiner werden, wie an einer flachen Küste oder in der Ebene, sammelt sich das Absatzmaterial an. Zuerst wird die grobe Fracht abgesetzt, dann folgt stufenweise das kleinere Geröll, bis schließlich nur noch sehr kleine Partikel, Silt genannt, im Wasser schweben. Diese sinken erst im Stillbereich der Gewässer, in Seen oder vor Flußmündungen zu Boden.

An der Küste wird die Ablagerung vom Neigungswinkel der Küste, der Windrichtung und dem Wellenschlag beeinflußt. An Steilküsten findet man daher eher Blöcke und Geröll, an Flachküsten eher feinen Sand.

In Flüssen und Strömen verläuft die Ablagerung anders, da alles am Boden abgesetzte Material den Weg des fließenden Wassers behindert. Daher sind die Flüsse gezwungen, sich einen Weg durch ihre eigenen Sedimente zu suchen. Gewöhnlich verläuft er nicht schnurgerade – ein Fluß mäandriert, er schwingt mit weit ausladenden Schleifen aus, wobei er an den Außenkanten der Biegungen abträgt, während an den Innenseiten Material abgesetzt wird.

dem Fels herausmodelliert haben, entstehen rundum größere Blöcke oder an weicheren Gesteinseinschlüssen faszinierende und nur an Brandungsküsten anzutreffende Lebensräume, die Gezeitentümpel. Wasser kann das Gestein, über das es abfließt, auch auflösen, besonders Kreide- oder Kalkgestein. So entstehen unterirdische Wasserläufe und manchmal sogar ausgedehnte Höhlensysteme.

Eine der wirksamsten Gestaltungskräfte der Landschaft ist die Überformung durch Eis, sowohl durch Frostsprengung im kleinen Maßstab als auch

Versuche

1 Mische Sand mit einer kräftigen Lösung von Kaliumpermanganat und laß ihn über Nacht stehen. Suche eine Stelle auf, an der ein Fließgewässer einen Sandstrand quert und bringe den gefärbten Sand an verschiedenen Stellen aus, etwa in der Mitte, am Rand, an seichten Stellen, an Biegungen. Was geschieht mit dem gefärbten Sand?

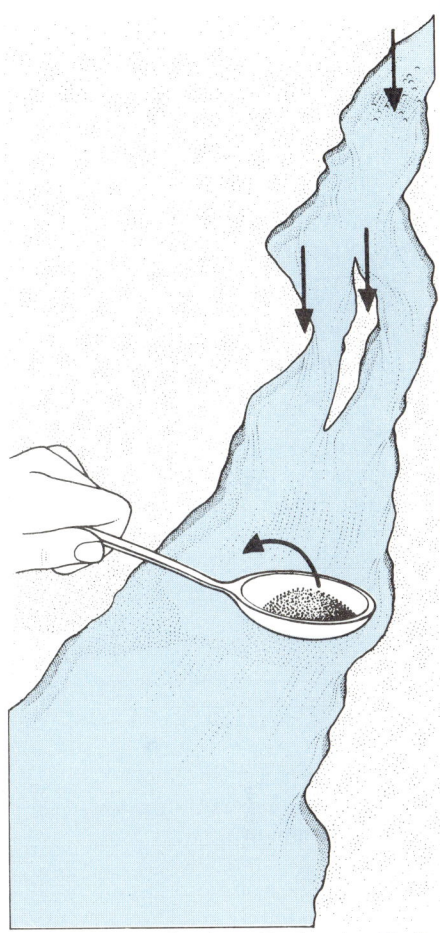

2 Schau dir einen Bach oder Fluß nach einem heftigen Regen an. Wie sieht das Wasser aus? Welche Fracht führt es? Wenn das Wasser trübe ist, nimm mit einem Glas eine Probe davon und warte, bis sich die schwebenden Teilchen gesetzt haben. In welcher Reihenfolge sinken sie zu Boden?

Nützliche Ausrüstungs- gegenstände

Einige der Gegenstände, die man für die Beobachtungsarbeit draußen benötigt, werden hier vorgestellt. Anderes Ausrüstungsgut wird bei den einzelnen Versuchs- beschreibungen erwähnt.

Die meisten Organismen, die in diesem Buch benannt oder vorgestellt werden, kann man mit dem bloßen Auge beobachten, sobald man sie in einem Glas vor sich hat. Sie an ihren Lebensstätten aufzuspüren, erfordert jedoch einige Erfahrung und oft auch einige Sehhilfen, da unsere Augen unter der Oberfläche der Gewässer nicht sehr viel erkennen können. Zudem benötigen wir Hilfsmittel, um Organismen zu sammeln und zu beobachten, ohne sie zu schädigen, und außerdem Bücher, um sie zu bestimmen.

Sehen

Es gibt zahlreiche optische Geräte, mit denen man den Abstand Auge – Objekt verringern kann oder die das Winzige auf greifbare Dimensionen vergrößern. Ferngläser gibt es in allen Formen, Größen und Gewichten. Es ist sehr wichtig, ein handliches Glas auszuwählen. Ein Fernglas 8 (Vergrößerung) × 40 (Frontlinsendurchmesser) ist für die meisten Beobachtungsaufgaben die richtige Kombination. Stärkere Vergrößerungen verkleinern das Gesichtsfeld. Sehr wichtig ist eine gute Handlupe. Sie sollte etwa 10fach vergrößern. Eine Stereolupe ist ein etwas teureres, aber sehr hilfreiches Gerät. Damit kann man beispielsweise bewegliche Objekte gut beobachten, da man sie nicht festzuhalten braucht, was immer die Gefahr einer Beschädigung oder einer kritischen Veränderung der Umgebungstemperatur mit sich bringt. Um Tiere in Gewässern direkt zu beobachten, empfiehlt sich der Bau eines Unterwassersichtgerätes, wie es auf Seite 150 dargestellt ist. Damit kann man auf elegante Weise die Oberflächenreflexe, die die Beobachtung empfindlich stören, ausschalten. Mikroskope sind im allgemeinen recht teuer, enthüllen aber eine zauberhafte Welt von Formen und Strukturen.

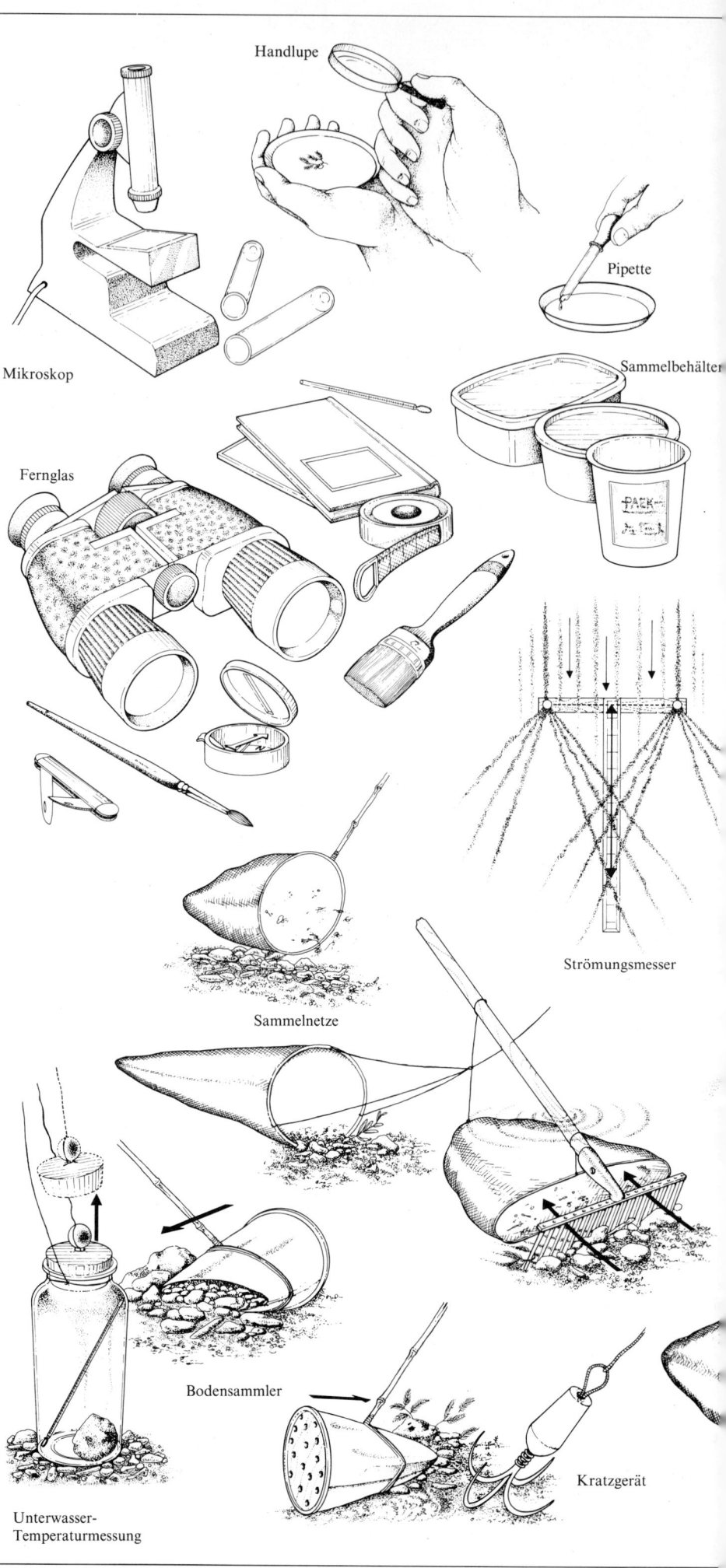

Handlupe

Pipette

Sammelbehälter

Mikroskop

Fernglas

Strömungsmesser

Sammelnetze

Bodensammler

Unterwasser- Temperaturmessung

Kratzgerät

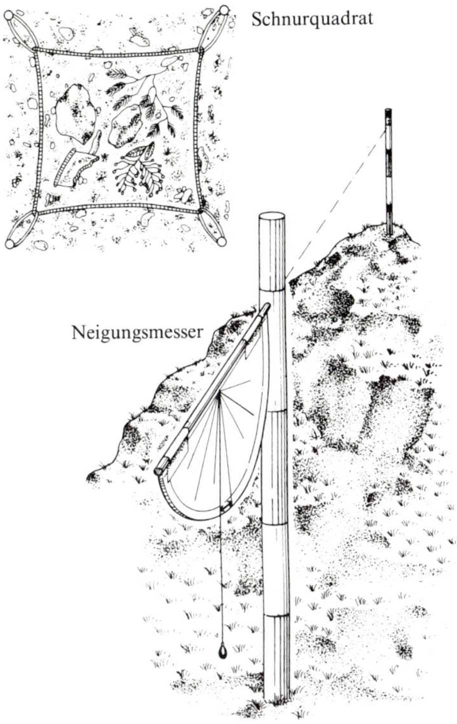

Schnurquadrat

Neigungsmesser

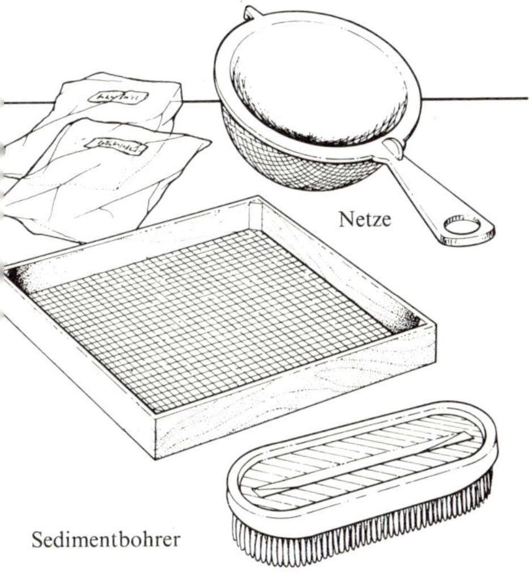

Netze

Sedimentbohrer

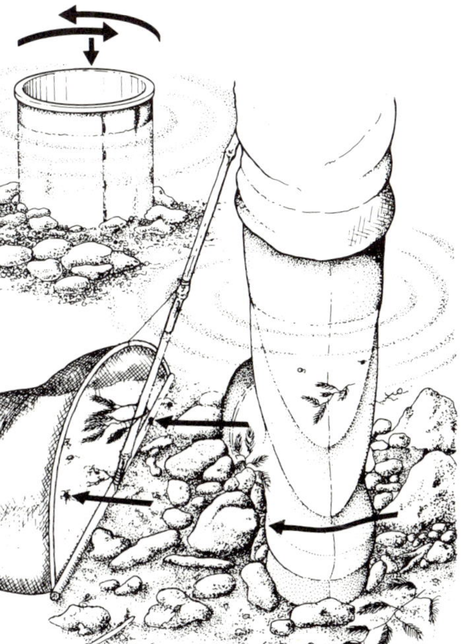

Kickfang im Fließgewässer

Sammeln

Fangnetze braucht man unbedingt, um Süß- oder Meerwasserorganismen zu sammeln. Man kann sie kaufen, aber auch leicht selbst herstellen. Dazu benötigt man etwas steifen Draht, einen Bambusstab entsprechender Länge und die Reste einer Nylongardine, deren Netzmaschenweite bei 1 mm liegt. Sammeln am Grund schnell strömender Gewässer erfordert eine besondere Technik, die als „Kick-Fang" bezeichnet wird: Man hält das Netz stromabwärts von der Stelle, an der man mit dem Schuh kleinere Steine oder anderes Material wegkickt. Die aufgestörten Kleintiere schwimmen dann geradewegs in dein Netz. Für Teiche und Küstengewässer gleichermaßen geeignet ist ein Kratznetz. Man bindet dazu einen Netzbeutel an einen Gartenrechen, den man vorsichtig über den Grund zieht. Im freien Wasser wird das Netz in Form einer liegenden 8 langsam bewegt, so daß möglichst viel Wasser das Netz durchströmt, die eingetriebenen Organismen aber auch darin bleiben. Konservenbüchsen, klein oder groß, können als Boden- und Sedimentkernsammler zugerichtet werden, indem man beide Böden abtrennt. Siebe jeglicher Art und Größe helfen beim Aussortieren. Alle Proben, die mit dem Netz oder mit anderem Fanggerät eingebracht werden, betrachtet man am besten in einer flachen Plastikschale. Pipetten dienen zum Einsammeln kleinster Wasserbewohner, die man in verschiedene Schnappdeckelgläschen oder ähnliche Beobachtungsgefäße aussortiert. Besonders wichtig ist es, räuberische, fleischfressende Arten (meist schnell beweglich, langbeinig und großäugig) von den Pflanzenfressern (meist langsam, kurzbeinig oder ohne Beine, kleinäugig) zu trennen. Sonst kann es sein, daß man nur noch verarmte Proben mit nach Hause bringt. Die Proben werden gekennzeichnet und erhalten im Notizbuch eine Probennummer mit Angabe von Sammelort und Sammelumständen. Um Pflanzen vom Gewässergrund zu bekommen, verwendet man Haken oder Kratzgerät. Man stellt sie aus vier Enden eines starren Drahtes oder aus einer am Boden durchlöcherten Konservendose her, die man an einer reißfesten Schnur bzw. an einem langen Stock befestigt. Andere nützliche Hilfsmittel sind Bürsten, Pinsel verschiedener Größe, Plastiktüten (für den Transport von Pflanzen), Taschenmesser und eine ausreichende Menge von Röhrchen zum Anschauen und Vergleichen von Proben.

Messen

Für die Geländearbeit braucht man vor allem eine gute Karte. Unentbehrlich ist ein Notizbuch, in das alle wichtigen Beobachtungen eingetragen werden. Quadrate kann man aus Schnur oder Holzleisten, je nach Einsatzzweck verschieden groß, selbst anfertigen. Um die Neigung von Hängen oder Böschungen zu bestimmen, wird ein Neigungsmesser eingesetzt. Man kann sie kaufen, aber auch leicht selbst anfertigen, wie es die nebenstehende Abbildung zeigt. An der Gewässeroberfläche mit einem Thermometer die Temperatur zu bestimmen, ist gewiß kein Problem. Schwieriger ist es schon in einer bestimmten Wassertiefe. Aber auch da kann man sich mit einfachen Mitteln helfen: Man steckt das Thermometer in ein großes Glas, das wir mit einem Deckel oder Korken verschließen. Der Deckel wird an einer extra Leine befestigt. Das Glas wird an seiner eigenen Schnur auf die gewünschte Tiefe gebracht. Dann zieht man die Deckelleine, so daß Wasser ins Glas eindringt, holt die Apparatur wieder ein und liest die ermittelte Temperatur rasch ab. Die oberflächliche Strömungsgeschwindigkeit kann man recht genau mit einem Lattengestell bestimmen. Dazu fertigt man sich ein T-förmiges Holzlattenkreuz und befestigt auf dem senkrechten Balken eine Zentimeterskala. Zwei 5 cm lange Nägel werden 10,2 cm voneinander entfernt in den Querbalken getrieben, so daß sie oberseits noch mindestens 3 cm weit herausschauen. Das Lattengestell hält man mit der Skala stromabwärts in das Gewässer (etwas unter die Oberfläche) und liest den untersten Punkt ab, an dem sich die Strömungswellen überschneiden. Mit der Driftkörpermethode kann man dieses Instrument eichen.

Exakte Lichtmessungen unter Wasser erfordern teures und empfindliches Gerät. Für ungefähre Messungen genügt jedoch eine weiße Plastikscheibe, die man an einer Schnur so tief ins Wasser läßt, bis sie außer Sicht gerät. Dann notiert man die Länge der verbrauchten Schnur, holt die Scheibe wieder langsam hoch, bis sie erneut zu sehen ist. Jetzt mißt man wieder die Schnurlänge. Den Mittelwert beider Messungen verwendet man als Maß für die Sichttiefe.

Geräte und Materialien für die im Buch angegebenen Beobachtungsarbeiten und Versuche können u.a. bezogen werden von: Kosmos-Service, Postfach 640, 7000 Stuttgart 1.

Nach den Auswertungen müssen alle Lebewesen wieder an ihren natürlichen Standort gebracht werden!

Stehende Gewässer

Jeder Teich oder See besitzt
seine charakteristische
Lebensgemeinschaft aus
Pflanzen und Tieren sowie
sein besonderes Faktoren-
gefüge, das von Landschaft
und Klima bestimmt wird.

Das Knistern des Röhrichts am Teich-
ufer oder der Fisch, der mit einem
„Plopp" die Wasseroberfläche stört
und ein Insekt wegschnappt, unter-
streicht eigentlich nur die geheimnis-
volle Stille eines stehenden Gewässers,
das in auffälligem Gegensatz zum Gur-
geln und Rauschen eines Flusses steht.
Dennoch hängen auch die stehenden
Gewässer vom fließenden Wasser ab,
und oft können wir sogar ihren Ein-
oder Auslauf erkennen. Die Zeit, die
das Wasser vom Einlauf bis zum Verlassen des Teiches oder Sees benötigt,
wird als Verweilzeit bezeichnet. Im
Bergland ist die Verweilzeit des Wassers meist kürzer als im Flachland.
Dafür füllen sich diese Gewässer meist
auch schneller mit Sediment an. Letztlich haben alle Teiche und Seen die
Tendenz, nach einer bestimmten Zeit
verfüllt zu werden oder zu verlanden.

Wie entstehen Seen?

Jedes stehende Gewässer ist vom Zusammenwirken von Klima, Gelände-
eigenart und Untergrundbeschaffenheit
abhängig. In heißem Klima ist während
des größten Teils eines Jahres die Verdunstung stärker als der Zugang durch
Niederschläge, so daß die meisten
Kleingewässer nur vorübergehende
Bestandteile der Landschaft sind. Die
Verdunstungsrate hängt von der Ober-
flächenausdehnung eines Sees ab. Tiefe
Seen mit nur kleiner Oberfläche sind
dauerhafter als flache, ausgedehnte Gewässer. Ein wichtiger Faktor, der die
Vorkommen zahlreicher Gewässer besonders im nördlichen Teil Europas
verursacht, ist die Vergletscherung der
Landschaft während der letzten 600 000
Jahre. Das vordringende Eis schürfte
tiefe Täler aus und schob große Mengen
Moränenschutt vor sich her. Da der
Meeresspiegel zu dieser Zeit wesentlich
tiefer war als heute, liegen viele dieser
eiszeitlichen Täler heute unter dem
Meeresniveau. Beim Rückzug bedeckte
das Eis große Flächen mit wasserundurchlässigem Material. Diese Gebiete
weisen heute einen hohen Grundwas-

► Der Mývatn-See in
Island entstand vor
etwa 6000 Jahren, als
ein Lavastrom den
Fluß Laxá abriegelte
und aufstaute. Vor
etwa 2000 Jahren bil-
dete Lava aus einem
Vulkan (Bildmitte) eine
Reihe kleiner Pseudo-
krater; dadurch vergrö-
ßerte sich die Seenflä-
che und wurde mit
kleinen Inseln übersät,
auf denen im Sommer
Tausende von Wasser-
vögeln brüten.

▲ Dieser kleine Flach-
landsee ist von Weide-
und Ackerland umge-
ben und deswegen
eutroph.

► Dieser oligotrophe
See liegt im Bergland
von Südwales. Er liegt
in einem eiszeitlichen
Karfeld und erhält nur
mineralstoffarmes Was-
ser, das von den Hän-
gen ringsum abläuft.

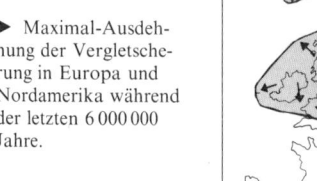

► Maximal-Ausdeh-
nung der Vergletsche-
rung in Europa und
Nordamerika während
der letzten 6 000 000
Jahre.

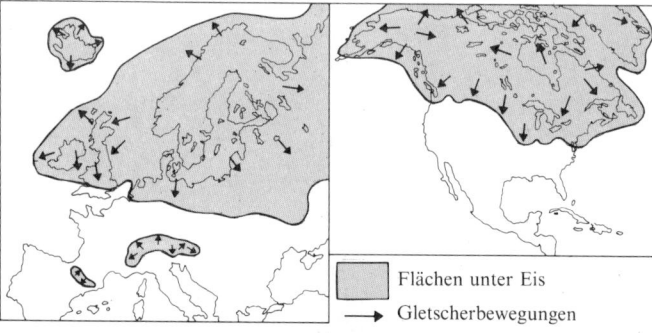

Flächen unter Eis

→ Gletscherbewegungen

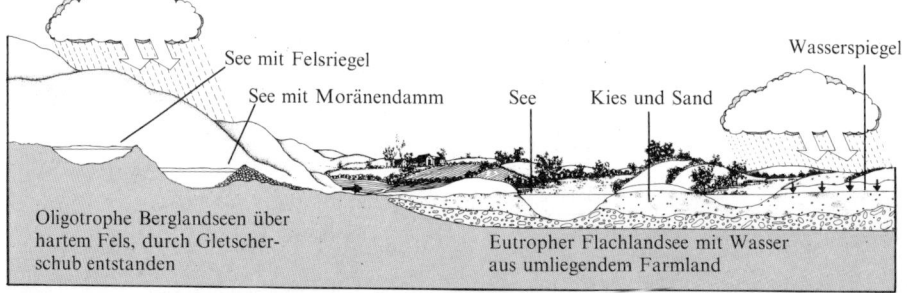

See mit Felsriegel

See mit Moränendamm

See

Kies und Sand

Wasserspiegel

Oligotrophe Berglandseen über
hartem Fels, durch Gletscher-
schub entstanden

Eutropher Flachlandsee mit Wasser
aus umliegendem Farmland

serspiegel auf, aus dem stellenweise auch kleine Seen gespeist werden, die keinen oberflächlichen Zu- oder Ablauf haben. Besonders tiefe Gewässer sind auch direkt aus isolierten Gletscherblöcken entstanden, die beim Abschmelzen mitunter auch Strudelkessel gebildet haben. Seen können sich z.B. auch an Stellen bilden, an denen Faltenbewegungen der Gesteinsschichten Schwächezonen hergerufen haben, in denen es bevorzugt zu Eintalungen kommt. Das obere Rheintal oder der berühmte Loch Ness in Schottland sind Beispiele dafür.

Wie groß ist ein See?
Die Größe eines bleibenden Sees kann irgendwo zwischen dem Durchmesser eines Bohrloches und Gebilden von vielen 100 km Länge bewegen. Größe und Tiefe, Wassertemperatur und jahreszeitliche Veränderungen haben einen großen Einfluß auf die Organismen, die im See leben. In Teichen und kleinen Seen verändert sich die Wassertemperatur ziemlich rasch mit der jeweiligen Lufttemperatur. Wenn sich auf der Oberfläche jedoch erst einmal eine dünne Eisdecke gebildet hat, sinkt die Wassertemperatur nicht mehr so rasch ab. In tiefen Seen erwärmen sich im Sommer die oberen Wasserschichten, bleiben aber durch eine ausgeprägte Thermokline vom Tiefenwasser getrennt. Wenn keine Austauschvorgänge mehr ablaufen, wird in der Tiefe allmählich der Sauerstoff knapp, da dort unten infolge von Lichtmangel auch keine Pflanzen wachsen. Zusätzlich sammeln sich am Gewässergrund alle organischen Abfallprodukte an. Wenn im Herbst die Temperatur sinkt, kühlen die oberen Schichten wieder ab. Sobald sie kälter werden als das Tiefenwasser, setzt eine kräftige Durchmischung mit lebhaftem Stoffumsatz ein, von dem Pflanzen und Tiere im nachfolgenden Frühjahr wieder pro-

fitieren können. Die Tiefe eines Sees und seine Ufergestalt entscheiden darüber, ob sich beispielsweise eine breite Röhrichtzone ansiedeln kann oder ob der Pflanzenwuchs auf Schwimmpflanzen beschränkt bleibt.

Was lebt im See?
Der besondere Charakter eines Teiches oder Tümpels hängt letztlich von den Pflanzen und Tieren ab, die in ihnen leben, und diese sind wiederum ein Ausdruck für das Ausmaß der Nähr- und Mineralstoffzufuhr aus dem Einzugsgebiet des jeweiligen Gewässers. In geologisch unterschiedlichen Regionen wird man deswegen auf unterschiedliche Seentypen treffen, die wiederum einen ganz unterschiedlichen Organismenbesatz zeigen. Im Bergland z.B., in dem Seenbecken in hartem Fels eingetieft sind, wird die Erosion nur wenige Mineralstoffe freisetzen. Das Seenwasser ist klar, der Seeboden mit Kieseln und Steinen bedeckt. Nur wenige Organismen zeigen sich, und am Ufer gedeiht nur ein spärlicher Röhricht. Solche Seen werden als oligotrophes („schlecht ernährendes") Gewässer bezeichnet. Im Flachland sind die Seen dagegen meist eutroph („gut ernährend"), da das einfließende Wasser von landwirtschaftlichen Nutzflächen abgeflossen und mit Nährstoffen beladen ist. Wenn dann auch noch Kalk vorhanden ist, der den pH-Wert des Wassers anhebt, sind günstige Voraussetzungen für ein reiches Pflanzen- und Tierleben gegeben. Solche Seen fallen durch ihren breiten Röhrichtgürtel auf. Auf der Wasserfläche gibt es See- und Teichrosen oder lichtgrüne Teppiche aus Wasserlinsen. Es gibt eine ganze Reihe von Seentypen. Jeder hat aber sein eigenes Gepräge und die bemerkenswerte Fähigkeit, sich von Jahreszeit zu Jahreszeit und von Jahr zu Jahr zu verändern.

Versuche

1 Stelle dir einen Strudeltopf her. Lege dazu einige Eiswürfel mit genügendem Abstand in eine Schüssel und fülle mit reichlich Sand auf. Wenn das Eis schmilzt, werden sich kraterförmige Vertiefungen bilden, die am Grund einen Minisee tragen.

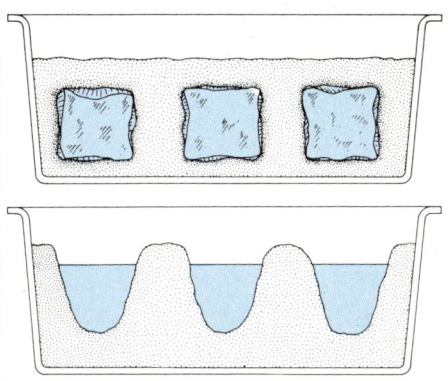

2 Eis als Isoliermaterial. Du benötigst eine feuerfeste Glasschüssel (etwa 10 cm tief) und einen Pappkarton, in den die Schüssel paßt. Der Karton wird mit zerknülltem oder zerrissenem Zeitungspapier gefüllt, so daß die Schüssel gut isoliert ist. Fülle die Schüssel nun etwa 8 cm hoch mit kaltem Tee und stelle das Ganze in die Gefriertruhe. Miß die Temperatur an der Oberfläche, 4 cm tiefer und am Boden der Schüssel ungefähr alle 15 Minuten. Was geschieht, bevor und nachdem sich an der Oberfläche Eis bildet? Nimm den Karton nun aus der Gefriertruhe, hole die Schüssel heraus und fülle sie randvoll mit kaltem Wasser. Was geschieht nun?

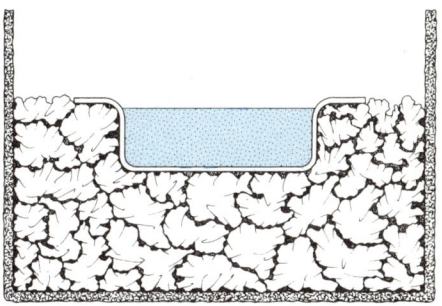

3 Wenn du gefahrlos Zugang zu einem kleinen See mit Boot hast, so bestimme einmal die Wassertemperatur zu verschiedenen Jahreszeiten in verschiedenen Wassertiefen. Benütze dazu die „Thermometer in der Flasche-Methode", die auf Seite 15 beschrieben wurde. Kannst du im Sommer die Lage der Thermokline auffinden? Wie groß ist der Temperaturunterschied zwischen Wasseroberfläche und Gewässergrund? Wie sehen im Vergleich dazu die Meßergebnisse aus einem kleinen Tümpel aus?

◀ Dieser isländische Eiswassersee bildet sich vor einer Gletscherzunge. Moränenschutt hat das Schmelzwasser aufgestaut. Am Gletscherrand kann das Eis in großen Stücken abbrechen und erst im See endgültig abschmelzen.

Tümpel und Teiche

Ein kleiner Teich verbirgt unter seiner spiegelnden, ruhigen Oberfläche eine kleine Welt voll packender, abenteuerlicher Szenen. Dieser hier ist ein eutrophes, nährstoffreiches Gewässer, wie uns die Pflanzen des reich entwickelten Röhrichts und die Schwimmblattpflanzen verraten. Die Blätter der Seerosen sitzen am Ende langer, biegsamer, aber recht kräftiger Stengel, die im Schlamm wurzeln. Sie und die Blattbüschel der untergetaucht lebenden Pflanzen sind die Wohn- und Jagdgebiete zahlloser kleiner Wassertiere. Zu einem eutrophen Gewässer gehört schließlich auch ein üppig entwickelter Gehölzsaum, wie er sich hier mit Weiden und Erlen zeigt. Jedes Jahr bringen sie mit dem Laubfall im Herbst organischen Bestandsabfall und damit Nährstoffe in das Gewässer ein. Viele kleine Seen liegen in der freien Landschaft. Manchmal werden ihre Ufer jedoch beweidet oder beackert, so daß sich keine typische Pflanzenkulisse entwickeln kann.

Einwanderer und Vagabunden

Schon lange bevor der Mensch damit begann, die Binnengewässer in beängstigender Weise zu verändern, hatten viele Wasserpflanzen und Wassertiere schon raffinierte Verbreitungstricks entwickelt. Wasserlebewesen haben die bemerkenswerte Fähigkeit, selbst kleinste Gewässer sofort zu besiedeln, wo immer sich ein geeigneter Lebensraum anbietet.

Wenn irgendwo ein Teich neu angelegt, eine Senke abgedämmt oder auch einfach nur eine Schale Wasser auf die Fensterbank gestellt wird, werden sich innerhalb weniger Tage Lebewesen einfinden und vom neuen Lebensraum Besitz ergreifen: Zuerst Algen, im Wasser treibend oder als dünner Film die Oberfläche bedeckend. Bald erscheinen Einzeller, und auch die Zuwanderung größerer Lebewesen, etwa von Rädertierchen oder Wasserinsekten, läßt nicht lange auf sich warten.

Verbreitung durch die Luft

Der Umzug von einem Gewässer in ein anderes erfordert die Fähigkeit, gegenbenfalls auch trockene Landstriche zu überqueren, die für einen Wasserbewohner recht lebensfeindlich sind. Der Umzug kann durch die Luft erfolgen, entweder durch Verdriftung der staubfeinen, trockenresistenten Sporen und Samen der Wasserpflanzen, oder durch aktiven Flug, wie bei den flugfähigen Wasserinsekten. Die winzigen Nachkommen verscheidener Wasserspinnen klettern auf die umstehenden Pflanzen und spinnen lange, dünne Fäden, die der Wind in die Luft wirbelt und mit der Spinne verweht. Die meisten gehen wahrscheinlich zugrunde, weil sie keinen zusagenden Lebensraum treffen. Die wenigen, die ankommen, sichern jedoch den Fortbestand der Art. Ungewöhnliche Naturereignisse transportieren mitunter Tiere, von denen man dies kaum erwartet. So hat es

◄ Eine Transportmethode für die Kleine Wasserlinse (*Lemna minor*) ist das Huckepackverfahren auf dem Rücken von Amphibien.

◄ Fruchtstand des Einfachen Igelkolbens (*Sparganium emersum*). Die derben, etwas korkigen Früchte können längere Zeit auf dem Wasser schwimmen und verdriftet werden. Sie können auch unbeschadet den Verdauungstrakt von Wasservögeln passieren, die die Früchte fressen und die Samen in anderen Gewässern wieder absetzen.

◄ Jeder Blütenstand des Schmalblättrigen Rohrkolben (*Typha angustifolia*) bringt Tausende kleiner, flugfähiger Samen hervor, die der Wind verbreitet.

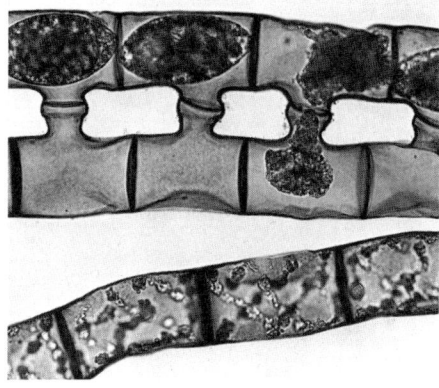

▲ Die zwirndünnen Fäden der Grünalge *Spirogyra* sind häufige Erstbesiedler in Gewässern. Das untere Fadenstück wächst noch; der Zellinhalt füllt die gesamte Zelle aus. Die beiden Fäden oben haben sich aneinandergelegt und brückenartige Verbindungen ausgebildet. Durch diese Brücken kann der Zellinhalt der einen Fadenzelle in den anderen Faden wandern und dort mit dem Zellmaterial verschmelzen. Aus dem Verschmelzungsprodukt wird ein Dauerstadium, eine von einer dicken Wand umgebene Zygote, die Trockenzeiten überleben kann und vom Wind zu neuen Lebensräumen verweht wird.

nachgewiesenermaßen schon Frösche und selbst Fische „geregnet". Normalerweise erfaßt die Verbreitung durch die Luft nur die kleinen, leichten Fortpflanzungsstadien. Ihre Chance, ein neues Gewässer zu finden, ist jedoch so gering, daß sie zu Millionen produziert werden müssen.

Blinde Passagiere

Wenn man mit Stiefeln durch einen flachen Tümpel geht und den anhaftenden Schlamm zuhause abbürstet, wachsen daraus bestimmt einige Pflanzen. Bedeckt man den Schlamm mit Wasser, so entwickeln sich oft sogar einige Tiere. Wie ist das möglich? Unter Normalbedingungen sind die Wasserflöhe (*Daphnia*-Arten) alle weiblich. Sie vermehren sich parthenogenetisch durch unbefruchtete Eier. Wenn die Lebensbedingungen ungünstig werden, z.B. bei Übervölkerung des Biotops oder allmählichem Austrocknen, bringen manche Daphnien auch männliche Nachkommenschaft hervor. Diese können die Weibchen befruchten, die daraufhin Dauereier entwickeln. Aus den Dauereiern können nach Wochen und Monaten ungünstiger Außenbedingungen (sogar Trockenheit wird ertragen) weibliche Wasserflöhe schlüpfen. Einige Bewohner kurzlebiger Gewässer, z.B. der Kleinkrebs *Chirocephalus* (vgl. S. 36/37), produzieren Dauereier, die tatsächlich zur normalen Entwicklung eine Trockenperiode benötigen, bevor sie nach Wiederbefeuchtung schlüpfen. Solche Dauerstadien haften an allen größeren Tieren, die einen trockengefallenen Teichboden aufsuchen. Sie sitzen mit kleinen Schlammteilchen an den Füßen von Vögeln. Oder die Vögel laden sich eine solche Fracht bei einem Staubbad auf das Gefieder und tragen sie anschließend fort. Viele Pflanzen, die die schlammigen Teichböden bewohnen, haben kleine, klebrige Samen, die sich ebenfalls an alle Gelegenheitsbesucher anhängen. Andere Pflanzensamen können sogar den Darm von Tieren oder Menschen unbeschadet passieren und bleiben immer noch keimfähig. Der gelegentliche Besuch bei einem Klärwerk zeigt eindrucksvoll, wie beispielsweise Tomatensamen auf diese Weise reisen.

Verbreitung durch das Wasser

Die Samen vieler Pflanzen werden erwartungsgemäß auch durch das Wasser selbst verbreitet: Froschlöffel und Pfeilkraut besitzen Samen mit kleinen Luftkammern und können recht gut schwimmen. Der Fruchtstand der Sumpf-Schwertlilie besitzt eine nur dünne Wand. Wenn diese nach dem Umhertreiben auf der Wasseroberfläche verfault, sinken die Samen auf den Gewässergrund, und die Keimung kann beginnen. Nicht nur die Samen dienen als Verbreitungsmittel. Herunter- oder abgerissene Weidenzweige können im Schlamm eines Flußufers erneut wurzeln. Wasserlinsen oder Wasserfarne können bei Hochwasser verdriftet und in andere Tümpel oder Teiche gebracht werden. Vegetatives Wachstum kann eine rasche Vermehrung einleiten, besonders wenn auch aus kleinsten Fragmenten eine komplette Pflanze heranwachsen kann. Die Kanadische Wasserpest, im vorigen Jahrhundert in unsere Gewässer eingeschleppt, ist dafür ein gutes Beispiel.
Tiere, die ganz dem wäßrigen Lebensraum verhaftet sind, haben es mit der Ausbreitung naturgemäß schwer. Schnecken können als Gelege oder als frisch geschlüpfte Jungtiere eventuell durch Vögel verbreitet werden. Bei anhaltend feuchter Witterung oder reichlichem Tau können Aale tatsächlich kürzere Entfernungen zu Lande überwinden und neue Gewässer besiedeln. Amphibien (Molche, Frösche, Kröten) haben es wesentlich leichter – sie wandern einfach über Land (vgl. S. 26/27). Fischarten können als Fischbrut wiederum von Vögeln verschleppt werden. Bei den Fischen beobachtet man insgesamt, daß vor allem die Pflanzenfresser unter ihnen neue Gewässer sehr viel schneller erobern als räuberisch lebende Arten. Das liegt daran, daß sie in den meisten Gewässern ein zusagendes Nahrungsangebot vorfinden und nicht wie die Raubfische erst ziemlich weit hinten in der Nahrungskette ansetzen müssen.

Versuche

1 Untersuche den Einfluß des Nahrungsangebots und der Biotopgröße auf das Wachstum und die Anzahl der abgelegten Eier von Schnecken. Besorge dir dazu je zwei 500 ml- und 1000 ml- Einmachgläser. Fülle alle Gläser mit Teichwasser und gib in je ein 500 ml- und 1000 ml-Glas ein Stück Kanadische Wasserpest, in die beiden anderen Gläser etwa die doppelte Menge. Stelle die Gläser an einen sonnigen Platz, so daß die Pflanzen wachsen. Nun setze in jedes Glas zwei Teichschnecken. Die Schnecken sind zwittrig und werden sich wahrscheinlich gegenseitig befruchten. Die Eier werden in gelatinösen Massen abgelegt, in denen man die Anzahl der Embryonen gut feststellen kann. Wiege nun die Schnecken regelmäßig und vergleiche die Gewichte.

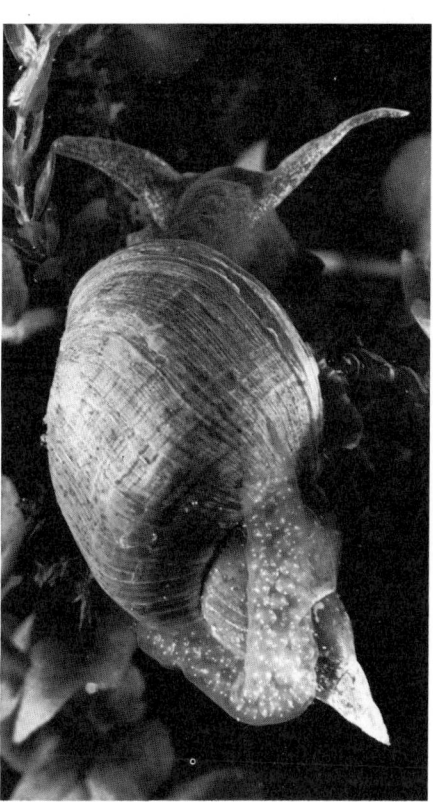

Die große Schlammschnecke (*Lymnaea stagnalis*) trägt das Gelege einer anderen Schnecke auf ihrem Gehäuse.

2 Stelle im Freien einen offenen 50- oder 100 l-Behälter auf und kontrolliere regelmäßig mit Hilfe einer Lupe oder eines Mikroskops, welche Bewohner sich eingefunden haben. Lege eine Tabelle an, aus der man ersehen kann, welche Besiedler neu angekommen und welche verschwunden sind. In welcher Entfernung liegt die nächste Wasserstelle, aus der die Zuwanderer stammen könnten? Zum Bestimmen der Kleinstlebewesen hilft dir das Buch von Streble/Krauter, Das Leben im Wassertropfen.

21

Sauerstoff zum Leben

Wassertiere benötigen wie alle anderen Organismen Sauerstoff. Die Sauerstoffversorgung beständig sicherzustellen, ist eines der Hauptprobleme für das Leben unter Wasser.

Grundsätzlich gibt es zwei Möglichkeiten, dieses Problem zu lösen. Eine besteht darin, einen gewissen Luftvorrat von der Oberfläche mit nach unten zu nehmen. Die andere arbeitet mit einem physikalischen Trick: Viele Organismen sind so dünnwandig oder besitzen eigens in dieser Weise angelegte Körperregionen, daß der im Wasser gelöste Sauerstoff aufgenommen werden kann.

Luftholen an der Oberfläche

Tiere, die immer wieder einmal zur Gewässeroberfläche aufsteigen müssen, um sich Atemluft zu holen, leben eigentlich nur halbaquatisch. Die Larven und Imagines verschiedener Wasserkäfer sind leichter als das umgebende Medium. Sie tauchen deshalb wie ein Korkstück zwangsläufig zur Oberfläche auf, wenn sie nicht dagegen anschwimmen oder sich an einer Wasserpflanze festhalten. Zur Luftaufnahme halten die ausgewachsenen Käfer die Hinterleibsspitze etwas aus dem Wasser und holen sich eine kleine Luftblase unter ihre Flügeldecken (Elytren). Bei allen echten Schwimmkäfern, z.B. beim Gelbrandkäfer, liegen die Atemlöcher nämlich unter den Flügeldecken. Andere Käfer, etwa der Kolbenwasserkäfer, besorgen sich ihre Atemluft auf andere Weise: Ihre Körperunterseite ist mit zahlreichen sehr dünnen, wasserabstoßenden Haaren bestanden, in der sich Luftbläschen verfangen, die dem Käfer dann ein silbriges Aussehen verleihen. Zum Luftholen tauchen diese Käfer mit dem Kopf durch den Oberflächenfilm des Wassers und halten den Vorderkörper, an dem die Atemlöcher liegen, in die Luft.

Rückenschwimmer (Wasserwanzen) tragen ihre Luftvorräte ebenfalls zwischen wasserabstoßenden Haaren an der Körperunterseite. Wenn ein Rückenschwimmer zur Oberfläche aufschwimmt, durchstößt er den Oberflächenfilm mit der Hinterleibsspitze, die mit besonders langen Haaren bestanden ist. Diese stellen die Verbindung zwi-

▲ Die Große Schlammschnecke (*Lymnaea stagnalis*) ist zur Oberfläche aufgestiegen, um Luft zu holen.

▶ Die Wasserspinne *Argyroneta aquatica* hält sich in einer Luftkammer auf, die sie bläschenweise von der Wasseroberfläche holt und unter einer Netzglocke festhält.

◀ Die Eintagsfliege *Ecdyonurus torrentis* kommt in sauerstoffreichen Gewässern vor. Sie nimmt den Sauerstoff mit Hilfe ihrer blattartigen Kiemen direkt aus dem Wasser auf.

▶ Der Wasserskorpion (*Nepa cinerea*) nimmt seine Atemluft durch ein Atemrohr am Hinterleibsende auf, während die auf seinem Körper sitzenden, roten, parasitischen Wasserwanzenlarven den Sauerstoff über ihre dünne Körperhaut erhalten.

▶ ① Haare durch Oberflächenspannung gespreizt, Atemöffnung frei

② Haare krümmen sich über der Atemöffnung, so daß diese gegen Wasser geschützt ist.

schen der Atmosphäre und den Atemöffnungen her.

Die Große Schlammschnecke kann man oft beim Umherkriechen am Oberflächenhäutchen des Wassers beobachten. Sie nimmt dabei Luft in die Mantelkammer innerhalb des Gehäuses auf. Diese ist sehr reichlich mit Blutgefäßen versorgt und funktioniert daher wie

eine Lunge. Wenn ihr Lebensraum an der Oberfläche vereist sein sollte, wandern diese Schnecken auf den Gewässergrund und leben mit dem Sauerstoff, den sie mit ihrer dünnen Fußhaut aus dem Wasser aufnehmen können. Die Larven der Schwebfliegen (Rattenschwanzlarven) besitzen ein schnorchelartiges Atemrohr am Ende des Abdo-

Atemluft mit kurzen Atemröhrchen auf. Da viele Stechmücken (Moskitos) Krankheitsüberträger (Malaria) sind, hat man sie häufig dadurch bekämpft, daß man eine Ölschicht auf die Wasseroberfläche brachte. Dadurch wurde die Oberflächenspannung gemindert, Wasser konnte in die Atemöffnungen eindringen und sie blockieren, so daß die Larven schließlich erstickten.

Die Wasserspinne baut unter Wasser aus Spinnfäden eine kleine Glocke, die sie an Wasserpflanzen befestigt. Dann holt sie sich an der Wasseroberfläche eine kleine Luftblase unter ihren Hinterleib, taucht ab und bringt diese unter das Netz, das sich allmählich prall spannt. Sie muß viele Male auf- und abtauchen, ehe sie unter Wasser über einen ansehnlichen Luftvorrat verfügt. Tagsüber sitzt sie in ihrer Luftglocke und stürzt sich nur ab und zu einmal auf ein kleines Wasserinsekt. Nachts unternimmt sie dagegen ausgedehntere Beutezüge.

Luft aus dem Wasser

Dünnhäutige Wassertiere wie Würmer oder kleine Larven brauchen nicht zum Luftholen an die Wasseroberfläche aufzusteigen, da der lebensnotwendige Sauerstoff aus dem Wasser direkt in ihren Körper diffundieren kann. Wasserflöhe schlagen ständig mit ihren Beinen, erzeugen damit einen Wasserstrom, der ihre Körperoberfläche dauernd mit sauerstoffreichem Wasser umspült.

Verschiedene Wasserinsekten oder deren Jugendstadien besitzen Kiemen, die die Körperoberfläche zur Sauerstoffaufnahme aus dem Wasser wirksam vergrößern. Die Larven der Kleinlibellen haben drei Paar flache, blattartige Kiemen am Ende ihres Hinterleibs, während Eintagsfliegenlarven eine größere Anzahl Hinterleibskiemen aufweisen.

Organischer Bestandsabfall, der sich auf dem Gewässergrund ansammelt, wird dort von Mikroorganismen abgebaut, die den vorhandenen Sauerstoff ausnutzen. Zurück bleibt eine schwärzliche, sauerstofffreie Schicht, die deutlich nach Schwefelwasserstoff riecht. Dieser Schlamm ist für die meisten Wasserbewohner lebensfeindlich. Dennoch wird er von Spezialisten bewohnt. Würmer (*Tubifex*) und die roten Zuckmückenlarven (*Chironomidae*) enthalten in ihren Körpern den roten Blutfarbstoff Hämoglobin, der den wenigen Sauerstoff in ihrem Lebensraum sehr wirksam binden kann. Die Tubifex-Würmer leben mit dem Kopf nach unten in Schlammröhren. Ihr Hinterteil strecken sie aus der Wohnröhre heraus und erzeugen durch ständiges Schlagen einen Atemwasserstrom.

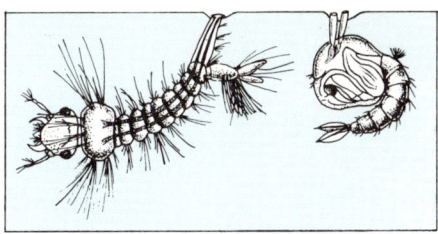

▲ Larve (links) und Puppe einer Stechmücke (*Culex pipiens*), die unter der Wasseroberfläche hängen. Hier nehmen sie mit ihrem Atemröhrchen Sauerstoff auf.

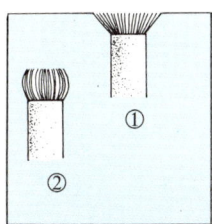

◄ Wasserabstoßende Haare verhindern, daß Wasser in Atemöffnungen eindringen kann.

mens, das sogar ausziehbar ist. Die Spitze dieses Teleskopatemrohres wird etwas aus dem Wasser gestreckt. Ein Kranz von wasserabstoßenden Haaren verhindert, daß Wasser in die Röhre eindringen kann.

Larven und Puppen von Stechmücken hängen an der Unterseite des Wasseroberflächenfilmes und nehmen die

Versuche

① Fülle ein Marmeladenglas zu zwei Drittel mit Teichwasser und besetze es mit einem Rückenschwimmer (*Notonecta glauca*) und einigen Wasserpflanzen. Wie lange bleibt der Rückenschwimmer unter Wasser, bevor er wieder zum Luftholen an die Oberfläche steigt? Wiederhole diesen Versuch mit abgekochtem Wasser (abkühlen!). Vergleiche die Häufigkeit des Aufsteigens.

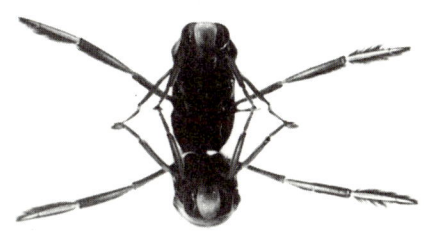

Ein Rückenschwimmer (*Notonecta glauca*) bei der Luftaufnahme unter der Wasseroberfläche (oben sein Spiegelbild). Beachte die langen Hinterbeine, die ihn mit kräftigen Stößen durch das Wasser treiben.

② Beobachte an einem Tümpel oder Teich Wasserschnecken, die unter der Wasseroberfläche Luft holen. Wie lange kriechen sie dort umher? Wie lange bleiben sie unter Wasser?

③ Suche eine Rattenschwanzlarve und setze sie in ein Glas, das ca. 5 cm hoch mit klarem Wasser gefüllt ist. Fülle nun etwa 2 cm Wasser dazu, was geschieht mit dem Teleskopatemrohr?

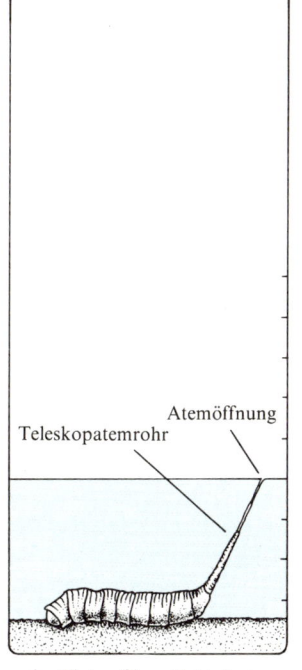

Atemöffnung

Teleskopatemrohr

Die Larve der Eintagsfliege *Eristalis tenax* atmet mit einem ausfahrbaren Atemrohr, das bis zur Wasseroberfläche reicht.

Fortbewegung im Wasser

Das Leben in einem Teich beschränkt sich durchaus nicht auf Umherschwimmen unter der Oberfläche. Einige Wassertiere leben auf dem Oberflächenfilm. Andere können auch ganz aussteigen und ein Leben an der Luft führen.

Unterwasserfortbewegung

Die Art und Weise, wie Wassertiere sich im Wasser fortbewegen, wird weitgehend davon bestimmt, wie sie atmen (vgl. S. 22/23). Tiere, die ihren Sauerstoff direkt aus dem Wasser beziehen, bewegen sich durch Umherkriechen auf dem Gewässergrund oder auf Wasserpflanzen: Strudelwürmer können sich mit Hilfe zahlloser kleiner Flimmerhaare auf ihrer Körperunterseite ziemlich rasch fortbewegen. Egel bewegen sich entweder mit den an ihren Körperenden angebrachten Saugvorrichtungen fort oder schwimmen mit wellenförmigen Schlängelbewegungen durch das freie Wasser. Viele Larven bewegen sich durch seitliche Krümmung ihres gesamten Körpers, den sie hin- und herpendeln lassen. Köcherfliegenlarven krabbeln durch gleichzeitige Bewegung von drei ihrer sechs Beine umher. Zwei Beine auf der einen (vorne und hinten) und eines auf der anderen Körperseite (Mitte) werden gleichzeitig in Gang gesetzt. Große Libellenlarven krabbeln entweder mit ihren Beinen umher oder „schießen" durchs Wasser, indem sie am Hinterleibsende Wasser aufnehmen und es plötzlich wie durch eine Düse wieder ausstoßen. Viele Larven und Imagines von Wasserkäfern können frei umherschwimmen. Die Schwimmkäfer benutzen dazu ihre Hinterbeine als Paddel. Diese sind nicht nur flach, sondern auch noch mit langen Haaren besetzt, um die Ruderfläche und damit die Antriebskraft zu verstärken: Sie legen sich beim Einholen an und spreizen beim Rückstoß ab. Gelbrandkäfer und Rükkenschwimmer bewegen ihr hinteres Beinpaar gleichzeitig, so wie ein Ruderer die Riemen betätigt. Der Kolbenwasserkäfer setzt die beiden hinteren Beinpaare kreuzweise ein, so daß sich an jeder Körperseite gleichzeitig ein Bein nach vorne und eines nach hinten bewegt.

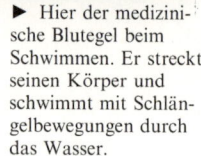

▲ Der medizinische Blutegel (*Hirudo medicinalis*) verwendet zur Fortbewegung seine vorderen und hinteren Saugorgane.

▼ Der Gelbrandkäfer (*Dytiscus marginalis*) schwimmt mit Hilfe der kräftigen Hinterbeine durch das Wasser.

► Hier der medizinische Blutegel beim Schwimmen. Er streckt seinen Körper und schwimmt mit Schlängelbewegungen durch das Wasser.

▲ Springschwänze (*Podura aquatica*), die sich an der Wasseroberfläche versammelt haben.

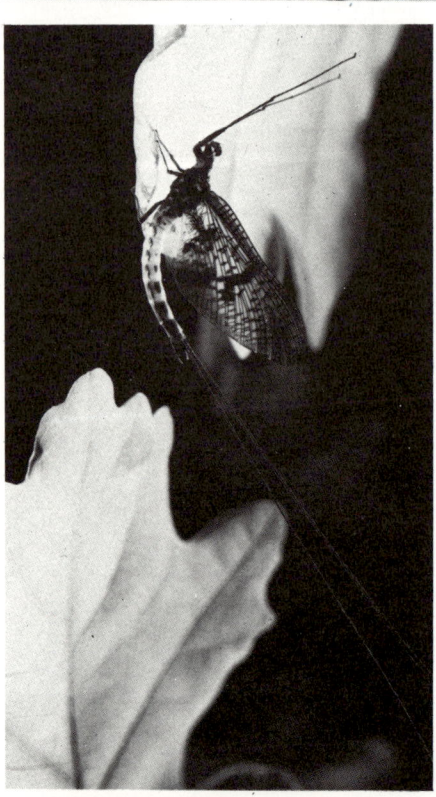

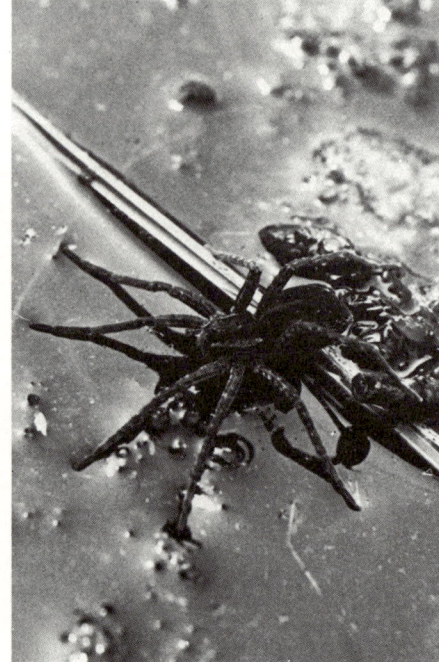

◄ Geschlechtsreife Eintagsfliege (*Ephemera danica*) an einem Eichenblatt.

▲ Die Floßspinne (*Dolomedes fimbriatus*) ruht auf dem Wasser.

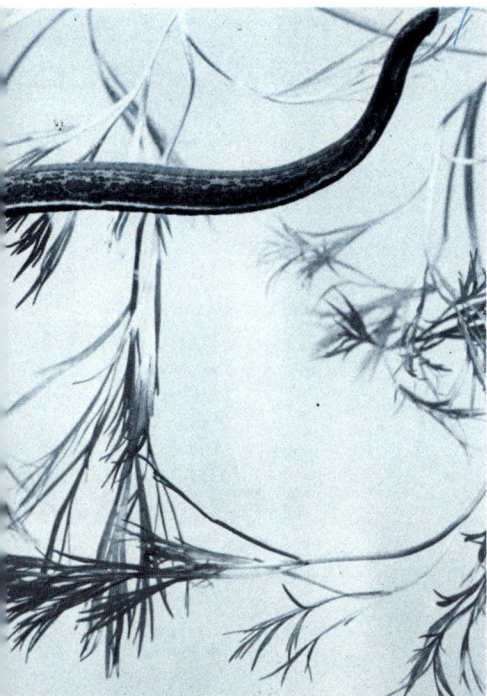

▲ Die Füße des Wasserläufers (*Gerris gibbifer*) drücken kleine Dellen in die Wasseroberfläche, die das Sonnenlicht reflektieren.

Wandeln auf dem Wasser

Viele Tiere verbringen ihr Leben auf der Wasseroberfläche. Ohne Lupe betrachtet, sehen kleine Springschwänze wie Rußflecken oder ausgestreutes Schießpulver aus, weil sie oft in großen Mengen nebeneinander vorkommen. Sie haben eine wasserabstoßende Körperoberfläche, die sie trocken hält und ihnen bei der Verankerung an der Oberfläche hilft. Nur das erste Hinterleibssegment ist benetzbar und hält sie dort fest. Wenn Gefahr droht, führen sie mit ihrem gelenkigen Hinterteil Sätze bis 30 cm Weite aus. Wasserläufer können auf dem Wasserfilm wandeln. Ihr schmaler Körper wird durch einen wachsigen Überzug vor der Benetzung mit Wasser ge-

schützt. Unterseits hält dichter Haarbesatz ein kleines Luftpolster fest. Von den drei Beinpaaren sind die hinteren beiden ziemlich lang. Die Fußenden an jedem Bein drücken in die Wasseroberfläche eine kleine Delle ein. Die starke Oberflächenspannung hält den Wasserläufer oben. Die Tiere rudern mit Hilfe ihres mittleren Beinpaares über die Oberfläche und gleichen dabei umherflitzenden Schlittschuhläufern. Taumelkäfer (*Gyrinus*-Arten) paddeln halb eingetaucht umher. Bei Gefahr können sie jedoch schnell unter die Wasseroberfläche verschwinden. Kurzflügelkäfer der Gattung *Stenus* sondern eine Substanz ab, die hinter ihnen die Oberflächenspannung verringert, so daß sie von der größeren Spannung vor ihnen regelrecht weggerissen werden.

Luftakrobaten

Libellen, Eintagsfliegen, Steinfliegen, Köcherfliegen und Käfer haben wasserlebende Larvenstadien, die nach Abschluß ihrer Verwandlung (Metamorphose) als Adulte das Wasser verlassen und dann ein eher luftiges Leben führen. Sobald ihre Flügel nach dem letzten Schlüpfakt getrocknet sind, gehen sie auf Jungfernflug. Viele fliegen tagsüber, aber gerade die Wasserkäfer wandern in hellen Vollmondnächten von einem Teich zum anderen. Die Eintagsfliegen verlassen das Gewässer als Subimago und häuten sich als einzige Insekten nochmals im geflügelten Zustand. Sie sind recht kurzlebig. Der Tanz männlicher Eintagsfliegen an warmen, ruhigen Abenden Ende Mai oder Anfang Juni ist ein Naturwunder. Die Männchen sammeln sich in Schwärmen, in denen jedes seine Lage ungefähr einhält, obwohl einzelne auch schon einmal ausbrechen und dann wieder langsam herunterflattern. Solche Ansammlungen ziehen ein Weibchen an, das in den Schwarm eindringt und sich mit einem der Männchen noch im Fluge paart.

Im Unterschied zu anderen Insekten bewegen die Libellen ihre Vorder- und Hinterflügel unabhängig voneinander. Die Männchen der großen Libellenarten fliegen oft längere Zeit immer die gleiche Strecke auf und ab, um ihr Revier zu verteidigen.

Versuche

1 Beobachte, wie die Oberflächenspannung schwimmende Körper festhält. Lege ein Stück Löschpapier auf eine wassergefüllte Schale und auf das Papier eine Nadel. Das Papier saugt sich bald voll und sinkt ab. Die Nadel schwimmt jedoch auf der Wasseroberfläche. Füge dem Wasser nun etwas Spülmittel hinzu. Was geschieht?

Dieser Versuch zeigt, wie die Oberflächenspannung sogar das Gewicht einer Nadel trägt.

2 Sammle einige Wassertiere (Rückenschwimmer, Wasserläufer, Egel, Strudelwürmer) und halte sie in einem Aquarium mit Teichwasser und Wasserpflanzen. Stell dann eine Klarsichtbox auf einen Bogen Millimeterpapier, auf dem die Zentimetermarken durchnumeriert sind. Fülle die Box ca. 4 cm hoch mit Teichwasser und setze jetzt die Aquarientiere einzeln nacheinander in die Box. Welche Zeit benötigen die einzelnen Arten zur Überwindung einer festgelegten Strecke? Berechne die relative Geschwindigkeit.

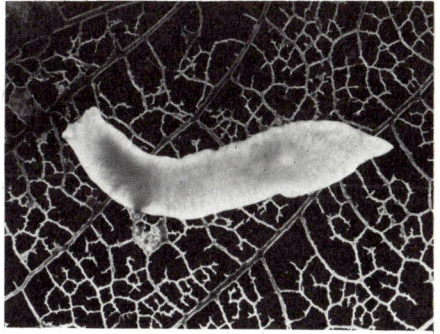

Der Süßwasserstrudelwurm *Dendrocoelum lacteum* kriecht langsam über ein skelettiertes Blatt.

3 Beobachte eine Großlibelle und versuche, die Größe ihres Reviers abzuschätzen. Wie oft trifft sie mit anderen Libellen zusammen?

Eine Großlibelle bei ihrem Patrouillenflug.

Liebenswerte Lurche

Lurche oder Amphibien sind Wirbeltiere mit weicher, schuppenfreier Haut, die immer feucht gehalten werden muß. Während einige Molche ihr Leben dauernd unter Wasser verbringen, gehen andere Lurche nur zur Fortpflanzung in Gewässer. Viele haben eigenartige Verhaltensweisen.

In Mittel- und Südeuropa gibt es eine große Zahl einheimischer Amphibien, die heute fast alle unter Naturschutz stehen. Der Besitz richtiger Lungen ermöglicht es den Amphibien, einen großen Teil ihres Lebens auch außerhalb des Wassers zu verbringen. So wurden sie die ersten Landwirbeltiere. Dennoch können viele der heutigen Amphibien sich noch nicht allzu weit vom Wasser oder aus feuchter Umgebung entfernen. Drei verschiedene Amphibiengruppen gibt es heute (noch): 1. Die Schwanzlurche (Urodela), d.h. Molche und Salamander. Diese Gruppe ist im wesentlichen auf der Nordhalbkugel zuhause. 2. Die Froschlurche (Anura), zu denen die Frösche und Kröten gehören. Sie kommen weltweit vor. 3. Die rein tropische Gruppe der eigenartigen Blindwühlen (Caeciliidae), die eher an Würmer erinnern. Wenn im Frühjahr die Temperaturen steigen, wandern die Frösche und Kröten aus dem Winterquartier in ihr Heimatgewässer zurück (vgl. S. 34/35). Die Männchen kommen vor den Weibchen an. Unüberhörbar ist ihr lautes Quaken. Manche Arten, wie der Teichfrosch oder die Erdkröten, sind tagaktiv. Andere, so etwa die Kreuzkröte oder der Laubfrosch, sind Nachttiere, die auch nur bei Dunkelheit rufen. Wenn ein Frosch- oder Krötenmännchen berührt wird, gibt es einen Laut ab, der andere Männchen vertreibt, die Weibchen jedoch anlockt. Wenn ein Männchen schließlich ein Weibchen gefunden hat, klettert es auf dessen Rücken und hält sich mit den Vordergliedmaßen fest. Wasserfrösche bleiben in dieser Stellung gepaart, bis das Weibchen ablaicht. Wenn die Eimassen abgelegt sind, besamt das Männchen sie im Wasser, bevor die Schutzhülle

▲ Laubfrösche (*Hyla arborea*) suchen nur zum Ablaichen das Wasser auf. Die übrige Zeit leben sie auf Schilfstengeln, in Büschen oder auf Bäumen.

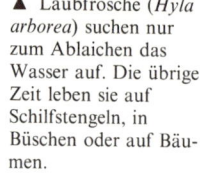

▶ Wenn die Schleimschicht um die Eier aufgequollen ist, treibt der Laich des Grasfrosches (*Rana temporaria*) zur Wasseroberfläche auf.

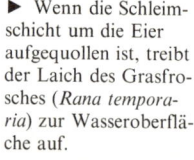

▲ Der in Südwesteuropa beheimatete Rippenmolch (*Pleurodeles waltl*) bei der Paarung. Das Männchen greift das Weibchen von oben und verhakt seine Vorderbeine über ihren.

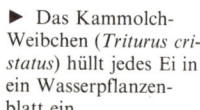

▶ Das Kammmolch-Weibchen (*Triturus cristatus*) hüllt jedes Ei in ein Wasserpflanzenblatt ein.

◀ Bei den Geburtshelferkröten (*Alytes obstetricans*) wickelt sich das Männchen die Laichschnüre seines Weibchens um die Hinterbeine, bis die Larven ausschlüpfen.

▶ Ein Pärchen Erdkröten (*Bufo bufo*). Das größere Weibchen trägt das Männchen auf dem Rücken. Das Weibchen hat gerade lange Laichschnüre abgelegt, die etwa 3000–6000 schwarze Eier enthalten.

um jedes Ei Wasser aufnimmt und schleimig anschwillt. Im Unterschied zu den Fröschen legen die Kröten Laichschnüre.

Die Geburtshelferkröte, die vor allem in Südwesteuropa vorkommt, betreibt Brutpflege. Wenn die Kröten sich zur Nachtzeit paaren, wickelt sich das Männchen die Laichschnüre um seine Hinterbeine. Es trägt sie etwa 2–3 Wochen mit sich herum, sucht nachts das Wasser auf, um sie anzufeuchten, und versteckt sich bei Tag. Wenn die Larven bald schlüpfen, geht es wieder ins Wasser und läßt sie davonschwimmen.

Molche und Salamander finden ihre Partner nicht durch Paarungsrufe. Statt dessen umwirbt das Männchen sein Weibchen durch Verfolgungsspiele an Land (viele Salamander) oder durch Unterwasserspiele (Molche). Wenn ein Teichmolchmännchen sein Weibchen gefunden hat, schubst es dieses mit seiner Nase umher, schwimmt dann vorweg, zeigt seinen vergrößerten Kamm, krümmt den Schwanz zurück und fächelt ihm Wasser zu. Die Eier werden im Körper des Weibchens befruchtet. Das Männchen setzt dazu eine Spermatophore (ein Spermienpaket) ab, die das Weibchen mit seiner Kloakenöffnung aufnimmt. Die meisten Molche und Salamander laichen im Wasser ab. Alpensalamander bringen jedoch lebende Junge zur Welt. Verschiedene Molcharten legen die Eier einzeln und wickeln jedes in ein Wasserpflanzenblatt ein.

Verglichen mit Vögeln und Säugetieren finden die Amphibien und Reptilien in der breiten Öffentlichkeit wenig Interesse. In den letzten Jahren ist man jedoch zunehmend auf die Gefährdung dieser interessanten und wichtigen Lebewesen aufmerksam geworden und hat nicht nur sie selbst, sondern auch ihre Lebensräume unter Naturschutz gestellt. An vielen Stellen weisen besondere Verkehrsschilder die Autofahrer im Frühjahr und Herbst auf die wandernden Lurche hin. Frosch- und Krötentunnels wurden angelegt, die den Tieren eine gefahrlose Rückkehr zum Laichgewässer ermöglichen. An den Hauptstraßen, die die Laichgebiete von Amphibien berühren, werden z. T. Plastikzäune aufgestellt und Eimerfallen vergraben. Regelmäßige Kontrollen der Fallen retten die Kröten und bringen sie in Sicherheit.

Die Wasserverschmutzung durch Umweltchemikalien, die Trockenlegung von Gewässern oder das Zukippen von Tümpeln und Teichen hat viele Lebensstätten der Lurche zerstört und sie an den Rand des Aussterbens gebracht.

Versuche

1 Über das Verhalten der gewöhnlichen Wasserfrösche gibt es noch eine Menge zu lernen. Suche einen Tümpel mit Fröschen oder Kröten. Notiere die täglichen Höchst- und Tiefsttemperaturen der Luft und des Wassers. Wann treffen die ersten Frösche oder Kröten ein? Sind es Männchen oder Weibchen? Wie lange dauert es bis zur Ankunft des anderen Geschlechts? Wie hält ein Männchen, wenn es das Weibchen umklammert, andere Männchen fern? Wie dicht muß ein Rivale herankommen, um eine Abwehrreaktion auszulösen? Wie versucht er, seinen Gegner vom Weibchen zu trennen? Wie lange dauert es vom Paarungsbeginn bis zum Ablaichen? Wird der Laich im flachen oder im tiefen Wasser abgelegt? Was geschieht unmittelbar nach der Eiablage? Wieviele Eier legt ein Weibchen durchschnittlich? Wie lange dauert es, bis die Kaulquappen schlüpfen?

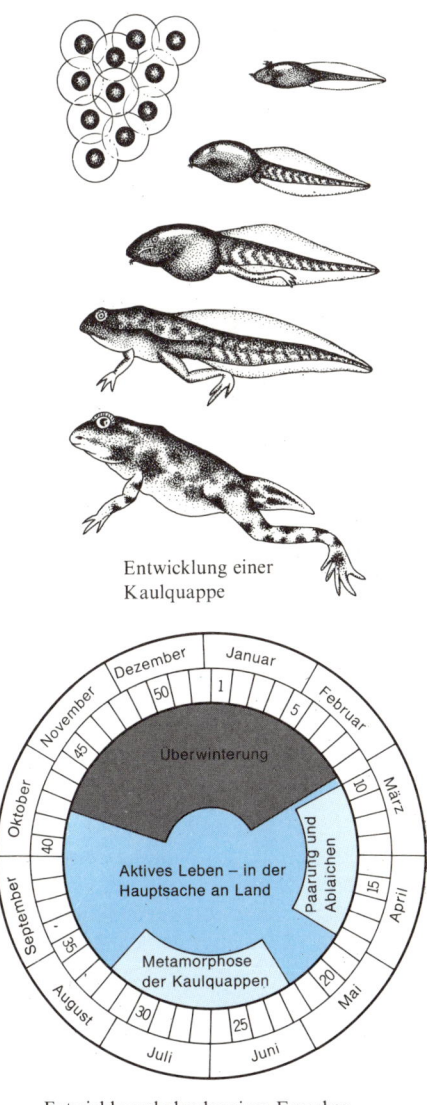

Entwicklung einer Kaulquappe

Entwicklungskalender eines Frosches

Die Erhaltung der Art

Die Erzeugung von Nachkommenschaft ist wichtig für die Erhaltung der Art. Sie wird zeitlich so eingerichtet, daß sie mit reichlichem Nahrungsangebot zusammenfällt.

Ungeschlechtliche Vermehrung

Die einfachste Möglichkeit der Vermehrung besteht darin, daß sich ein Lebewesen zweiteilt. Etliche Einzeller z.B. schnüren ihren aus nur einer Zelle bestehenden Körper einfach in der Mitte durch. Der Plattwurm *Stenostomum*, der im Abfall des Tümpels lebt, vermehrt sich durch Kettensprossung: 2–4 Tochterindividuen hängen oft als Kette aneinander.
Wenn Süßwasserpolypen reichlich Nahrung erhalten, schnüren sie seitliche Knospen ab, die bald eigene Arme und eigene Mundöffnungen erhalten. Irgendwann trennt sich dann das Tochterindividuum vom Elterntier und beginnt ein selbständiges Leben.

Parthenogenese (Jungfernzeugung)

Auch unbefruchtete Eier können sich zu vollständigen Individuen entwickeln. Dieser Vorgang wird als Jungfernzeugung oder Parthenogenese bezeichnet. Wasserflohweibchen können generationenlang Junge hervorbringen, ohne daß ein Männchen in der Nähe gewesen wäre. Fast alle Rädertierchen (Rotifera) sind ebenfalls Weibchen, die unentwegt weibliche Junge hervorbringen. Männchen entwickeln sich bei Wasserflöhen und Rädertierchen erst unter ungünstigen Umweltbedingungen. Sie befruchten die Eizellen, die daraufhin sehr widerstandsfähige Hüllen bilden und dadurch beispielsweise Trockenheit oder Frostperioden überdauern können (vgl. auch S. 20/21).

Geschlechtliche Fortpflanzung

Organismen, die männliche und weibliche Fortpflanzungsorgane besitzen, werden als Zwitter bezeichnet. Hierzu gehören z.B. Egel und verschiedene Wasserschnecken. Bei der Paarung befruchten sie sich kreuzweise, d.h. die männlichen Fortpflanzungszellen die weiblichen des anderen und umgekehrt. Nicht alle Zwitter paaren sich. Bei den Süßwasserpolypen werden die Samenzellen in das umgebende Wasser entlas-

▼ Larve der Eintagsfliege *Ephemera vulgata*.

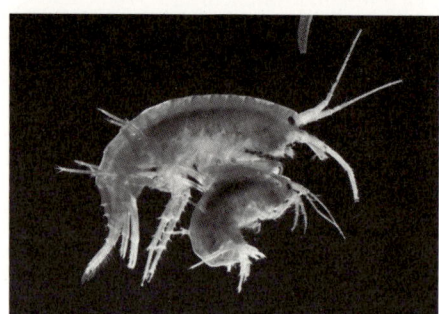

▶ Eine Eintagsfliege schlüpft aus ihrer Larvenhaut.

◀ Ein Pärchen Flohkrebse (*Gammarus* sp.). Das große Männchen hält das kleiner Weibchen unter sich. Das Weibchen trägt die Eier und später auch die Jungtiere.

▼ Weiblicher Kiemenfußkrebs (*Chirocephalus diaphanus*) mit vollgepacktem Eisäckchen. Die Eier können im Sommer lange Trockenperioden unbeschadet überstehen.

◀ Die Sumpfdeckelschnecke (*Viviparus viviparus*) bringt etwa 50 lebende Junge zur Welt.

▶ Der Wasserfloh (*Daphnia obtusa*) trägt seine Eier in einem Brutraum.

sen und schwimmen zu den Eizellen im Elterntier.
Arten, bei denen die männlichen und weiblichen Fortpflanzungsorgane auf verschiedene (männliche und weibliche) Individuen verteilt sind, müssen Mechanismen entwickeln, durch die die Partner angelockt werden. Die männliche Federlibelle (*Platycnemis pennipes*) besitzt vergrößerte, weiße Hinterbeine. Das Männchen bewegt diese vor dem Weibchen hin und her, bevor es seine Partnerin ergreift und fortträgt. Männliche Schlanklibellen öffnen und schließen ihre metallisch glänzenden Flügel, um den Weibchen zu gefallen. Während der Monate Mai und Juni kann man die Hochzeit der Floßspinne (vgl. S. 24/25) in kleinen Moortümpeln beobachten. Das Männchen trommelt dabei mit seinen ausgestreckten Vorderbeinen auf der Wasseroberfläche.

Eiablage

Nach der Befruchtung werden die Eier entweder direkt ins Wasser abgelegt (Eintagsfliegen) oder an den untergetauchten Pflanzen angeheftet (Mollusken, Wasserwanzen, Köcherfliegen). Manchmal werden die Eier auch den Pflanzen des Röhrichts anvertraut. Die Eiablage erfolgt durch Eintauchen der Hinterleibsspitze in das Wasser (einige Libellen) oder duch Anstechen von Wasserpflanzen (Libellen und Wasserkäfer). Die Eier werden entweder einzeln (größere Wasserkäfer) oder in großen Mengen in einem besonderen Eikokon (Plattwürmer, Egel, Borstenwürmer) abgelegt. Manche Tiere hüllen die Eimassen auch in eine Gallerte ein (Mollusken und Köcherfliegen). Einige Süßwasserbewohner setzen alles daran, riesige Eimengen zu produzieren. Die Teichmuschel (*Anodonta cyg-*

▼ Nach der Paarung stößt das Weibchen der Köcherfliege *Brachycentrus subnubilus* eine grüne Eimasse aus dem Hinterleib aus, die es dann portionsweise ins Wasser abgibt. Die Eimassen schwellen im Wasser an und werden klebrig, so daß sie sich unter Wasser an Pflanzenteilen festheften. Im Mai schlüpfen dann die Köcherfliegenlarven.

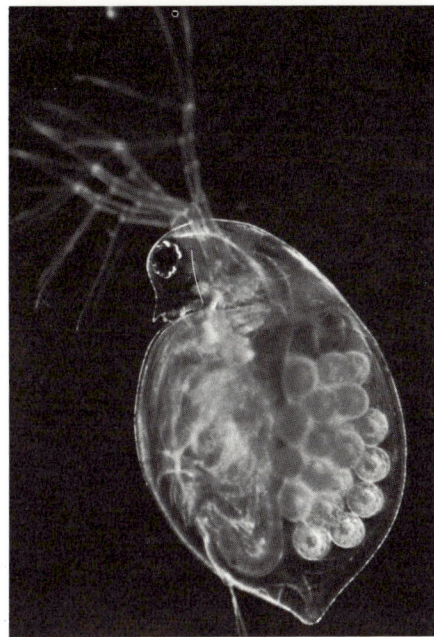

nea) legt etwa eine halbe Million Eier ab, von denen allerdings ein Großteil nicht überlebt. Einige Wassertiere produzieren dickschalige Dauereier, mit denen die Art Trockenheit oder strenge Winter überstehen kann.

Jugendstadien

Nicht alle Wassertiere überlassen ihr Gelege einfach dem Medium Wasser. Viele tragen die Eier auch eine Weile mit sich herum, bis die Jungtiere schlüpfen. Weibchen der kleinen Ruderfußkrebse (*Cyclops*-Arten) erkennt man an den paarigen Eisäckchen, die an jeder Seite des Abdomens ansitzen. Wie bei allen Krebsen schlüpfen aus den Eiern Nauplius-Larven, die mehrere Häutungen durchlaufen, bis schließlich ein junger Cyclops herangewachsen ist. Wasserflöhe tragen ihre Eier oder Jungtiere in einem besonderen rückwärtigen Brutraum. Die Wasserassel trägt Eier und Jungtiere auf dem Rücken.

Eines der großen Wunder vollzieht sich in der Entwicklung der Insekten, wenn aus einer oft unscheinbaren und unförmigen Larve ein herrliches erwachsenes Tier (Imago) wird. Mücken, Fliegen, Libellen, Eintagsfliegen, Steinfliegen, Schmetterlinge und Käfer machen eine vollkommene Verwandlung (Holometabolie) durch, d.h. Ei → Larve → Puppe → Imago. Springschwänze und Wasserwanzen durchlaufen eine unvollständige Verwandlung, d.h. Ei → verschiedene Larvenstadien (wobei die Larven aussehen wie verkleinerte Ausgaben der adulten Tiere) → Imago.

Viviparie (Lebendgeburt)

Eine der Möglichkeiten, den Eiern genügenden Schutz zu bieten, besteht darin, sie im Körper des Weibchens so lange zurückzuhalten, bis die Jungen daraus schlüpfen. Die Sumpfdeckelschnecke (*Viviparus viviparus*) bringt etwa 50 lebende Junge zur Welt. Die Eintagsfliege *Cloeon dipterum* hält ihre Eier etwa 2 Wochen in der Legeröhre zurück und setzt erst die frisch geschlüpften Larven im Teichwasser ab.

Parasitische Jugendstadien

Sobald die Jungtiere beim Schlüpfen die Eischalen verlassen haben, müssen sie sich nach einer Nahrungsquelle umsehen. Pflanzenfressende Tiere haben es da einfach. Die Elterntiere bringen ihr Gelege schon auf den entsprechenden Futterpflanzen aus. Fleischfressende bzw. räuberische Tiere müssen sich ihr Futter jedoch aktiv beschaffen. Manche Tiere leben während der Jugendstadien parasitisch. Die befruchteten Eier der Teichmuschel z. B. werden etwa 9 Monate lang zurückgehalten, bis sich die Glochidium-Larven daraus entwickelt haben, von denen jede ein Paar mit spitzen Haken besetzte Schalen besitzt. Die schwimmfähigen Larven befallen zunächst als Parasiten Fische. Nach etwa drei Monaten Leben auf der Fischhaut läßt sich die junge Muschel auf den Boden fallen und beginnt ein freies Leben.

Die ovalen, roten Larven der Wassermilben leben fast alle parasitisch. Der Wasserskorpion auf S. 22 ist von solchen Milbenlarven befallen worden.

Versuche

① Untersuche Blätter von Wasserpflanzen auf Schneckengelege. Nimm ein Gelege und bring es zusammen mit etwas Teichwasser in ein flaches Gefäß. Untersuche die Eipakete mit der Lupe. Wieviele Schnecken schlüpfen aus? Wieviele Blätter fressen sie im Laufe eines Tages? Nach einer Woche?

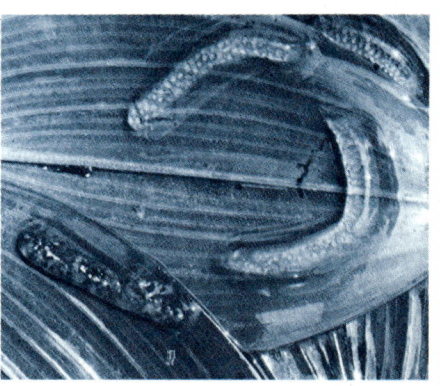

Die Große Schlammschnecke (*Lymnaea stagnalis*) hat ihre Eischnüre auf der Unterseite eines Blattes abgelegt.

② Sammle Fallaub aus einem Teich und lege es zusammen mit etwas Teichwasser in ein flaches Gefäß. Untersuche am nächsten Tag die Blattoberfläche. Wenn du einen Süßwasserpolypen findest, setze ihn in ein Glas mit klarem Wasser, beleuchte ihn seitlich und zähle die vorhandenen Knospen. Setze ein paar Wasserflöhe dazu und beobachte den Polypen in regelmäßigen Abständen ein paar Tage. Wann legt der Polyp weitere Knospen an? Wie lange dauert das?

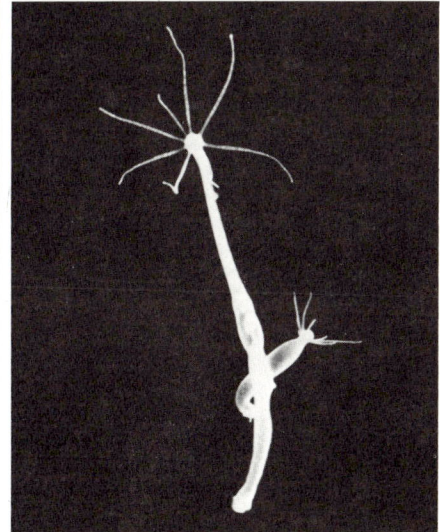

Dieser Grüne Süßwasserpolyp (*Hydra viridis*) trägt seitlich eine Tochterknospe.

③ Suche dir im Hochsommer einen Teich, an dem es verschiedene Libellen gibt. Versuche festzustellen, wie sie ihre Eier ablegen. Schweben sie über dem Wasser oder landen sie zuerst auf einer Pflanze?

Wasserpflanzen

Das Leben im Wasser unterscheidet sich sehr vom Landleben. Wasserpflanzen haben sich an die besonderen Bedingungen ihres Lebensraumes auf verschiedene Weise angepaßt.

An Land gibt es zwischen dem höchsten Baum und dem kleinsten Moos nur verhältnismäßig wenige Unterschiede in der Licht- und Sauerstoffversorgung. In einem Tümpel oder Teich ändern sich diese Faktoren jedoch sehr stark, selbst wenn zwischen Oberfläche und Grund nur eine Strecke von einem Meter liegt. Die Beleuchtungsstärke kann am Boden sehr gering sein, besonders wenn die Wasserfläche von Schwimmpflanzen eingenommen wird oder im Wasser reichlich Plankton vorhanden ist. Sauerstoff diffundiert im Wasser etwa 10 000mal langsamer als in der freien Luft. Schon in geringer Wassertiefe kann der Sauerstoffgehalt deshalb stark abnehmen und am Gewässergrund sogar völlig fehlen.

Wasserpflanzen -- Landpflanzen

Grüne Pflanzen setzen im Licht bei der Photosynthese Sauerstoff frei, so daß überall dort genügend Sauerstoff zur Verfügung steht, wo die Beleuchtungsstärke eine ausreichende Photosynthese zuläßt. Außer den Blättern und Stengeln müssen jedoch auch die Wurzeln und jungen Sprosse atmen. Sie stecken jedoch gewöhnlich tief im Schlamm. Deshalb müssen Wasserpflanzen ein besonderes Luftgewebe zur Versorgung ihrer im Grund steckenden Teile besitzen. Untergetaucht lebende Wasserpflanzen sind viel weicher und biegsamer als Landpflanzen – sie benötigen nur wenig Festigungsgewebe und wachsen mit Unterstützung ihres Mediums. Blätter, die unter Wasser voll entfaltet und hübsch anzusehen sind, ziehen sich zu einer unansehnlichen Masse zusammen, wenn man sie aus dem Wasser herausholt. Landpflanzen nehmen ihre Nährstoffe überwiegend mit der Wurzel auf. Wasserpflanzen holen sich ihre Nährstoffe mit ihrer gesamten Blattoberfläche aus dem Wasser.

Pflanzen auf dem Wasser

Die Oberfläche als Grenzschicht zwischen Luft und Wasser ist ein riskanter, sehr wechselhafter Lebensraum, weil hier die Temperaturen oder Wasser-

Sumpf-Segge (*Carex acutiformis*) (**1**), Stengelquerschnitt

Wasser-Schwertlilie (*Iris pseudacorus*) (**3**), Stengelquerschnitt

Schilf (*Phragmites australis*) (**2**), Stengelquerschnitt

Wasser-Knöterich (*Polygonum amphibium*) (**4**), links behaartes Luftblatt, rechts wachsiges Wasserblatt

▼ Die zweihäusige Sumpfschraube *Vallisneria spiralis* besitzt eine bemerkenswerte Methode der Bestäubung: Die weibliche Pflanze wächst im Sommer bis über die Wasseroberfläche und öffnet dort ihre Blüten. Von der männlichen Pflanze lösen sich die Blütenknospen, steigen an die Wasseroberfläche, öffnen sich und bestäuben die weiblichen Blüten. Nach der Befruchtung zieht sich der weibliche Blütenstiel spiralig zusammen. Die Samen reifen unter Wasser.

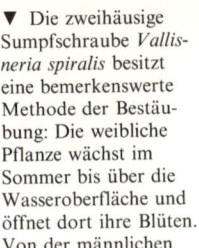

Ausschnit aus einem kleinen Teich, der die verschiedenen Vegetationszonen zeigen soll.

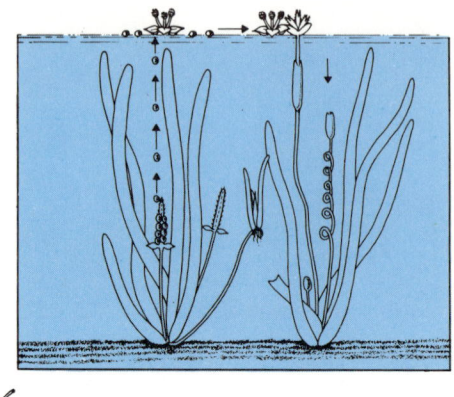

Ästiger Igelkolben (*Sparganium erectum*) (**5**): Aufeinanderfolgende Schnitte durch ein Blatt von der Blattscheide bis zur Blattspitze

Durchwachsenes Laichkraut (*Potamogeton perfoliatus*) (**6**)

Gelbe Teichrose (*Nuphar lutea*) (**7**) mit wachsüberzogenen Schwimm- und salatähnlichen Tauchblättern

Zartes Hornkraut (*Ceratophyllum submersum*) (**8**)

Froschbiß (*Hydrocharis morsus-ranae*) (**9**), treibende Rosetten

Froschlöffel (*Alisma plantago-aquatica*) (**10**), bandförmige Tauch- und ausgebreitete Luftblätter

Kanadische Wasserpest (*Elodea canadensis*) (**11**)

stände und -bewegungen von Tag zu Tag und von Jahreszeit zu Jahreszeit unterschiedlich ausfallen. Die Schwimmblätter der See- und Teichrosen sind daran besonders gut angepaßt. Sie sitzen auf langen, biegsamen Stielen, so daß sie ihre Lage im Wasser verändern können. Oberseits sind sie mit einer Wachsschicht überzogen, die nicht benetzt werden kann. Die Spalt-

öffnungen (Stomata) befinden sich auf der Blattoberseite. Der Wasser-Knöterich ist eine Pflanze, die sowohl im Wasser als auch an Land zu Hause ist. Entsprechend verändert er sein Aussehen und seine Blattstruktur. An Land zeigt er steife, aufrechte, behaarte Blätter mit Spaltöffnungen an der Unterseite. Im Wasser flutet sein Stengel, und die Blätter sind glatt mit Spaltöffnungen hauptsächlich an der Oberseite. Beide Formen der Pflanze sind mit einer Wurzel fest im Gewässerboden oder am Ufer verankert.

Pflanzen, die frei an der Wasseroberfläche schwimmen, müssen sowohl ihre Lage in diesem Grenzsaum beibehalten als auch kalte Winter überstehen. Wasserlinsen sind unterseits mit einem oder mehreren Würzelchen ausgestattet. Diese stabilisieren die Pflanze, so daß sie nicht kentern kann. Im Winter ist das Leben an der Gewässeroberfläche fast unmöglich.

Pflanzen im Wasser

Ried und Röhricht zeigen vielerlei Anpassungen an das Leben in und an Gewässern. Viele der aufrecht im Wasser wachsenden Pflanzen können über ein besonderes Durchlüftungsgewebe ihre tief im Grund sitzenden Wurzeln und Sprosse mit dem notwendigen Sauerstoff versorgen. Solche Gewebe sind etwas ungleich über die Länge der Pflanze verteilt. Wenn man den Sproß eines Igelkolbens an verschiedenen Stellen querschneidet, wird man sehen, daß die Blätter oberhalb der Wasserfläche aus ziemlich festem, hartem Gewebe aufgebaut sind, das die Wasserbewegungen gut ertragen kann. Weiter unten, im Wasser, wird das Gewebe deutlich schwammiger und luftgefüllt. Auch die verschiedenen Schachtelhalme zeigen eine solche Anpassung und neigen dazu, den luftigen Hohlraum auf Kosten des Festigungsgewebes zu vergrößern.

Fortpflanzung

Nur wenige Wasserpflanzen können unter Wasser befruchtet werden, weil die Pollen nicht genügend wasserfest sind. Viele Arten vermehren sich daher in der Hauptsache vegetativ oder heben die Blüten über Wasser, um die Samen wieder ins Wasser zu bringen (vgl. S. 82). Die Wasserschraube (*Vallisneria spiralis*) zeigt einige besondere Anpassungen an ihren Lebensraum in stehenden Gewässern. Ursprünglich nur in den wärmeren Gebieten der Erde zuhause, hat sie sich auch in Europa weit verbreitet. Die Kanadische Wasserpest (*Elodea canadensis*) hat sich in Europa ebenfalls stark ausgebreitet, obwohl ursprünglich nur weibliche Pflanzen eingeschleppt wurden und männliche immer noch sehr selten sind.

Kleine Wasserlinse
(*Lemna minor*) (**12**)

Teich-Schachtelhalm
(*Equisetum fluviatile*)
(**13**), hohler Sproß

Sumpf-Schachtelhalm
(*Equisetum palustre*)
(**14**), Stengelquerschnitt

Versuche

1 Bau dir mit dicker Folie einen Teich. Umgib ihn mit etwas Torf, so daß er einen Uferbereich bekommt und fülle Sand oder Kies aus einem nahen Fluß ein. Setze nun einige Pflanzen aus dem Uferbereich eines Tümpels ein. Wie verhalten sie sich? Vermehren sie sich in ihrem neuen Lebensraum? Wenn du angewurzelte Tauchpflanzen einbringst, beobachte besonders ihre Blattformen. Bleiben sie unverändert, wenn sie zur Oberfläche aufwachsen? Was geschieht, wenn du den Wasserspiegel absenkst?

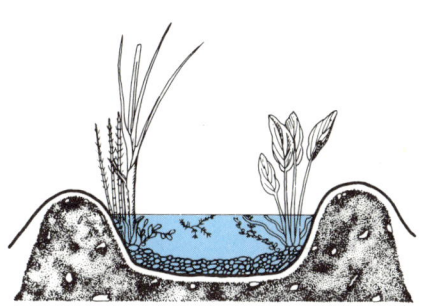

2 Sammle einige Wasserpflanzen und fertige mit einer Rasierklinge dünne Querschnitte an. Lege die Schnitte auf eine Scheibe, beleuchte sie von unten mit einer Taschenlampe und untersuche sie mit einer Lupe. Wie sind sie aufgebaut?

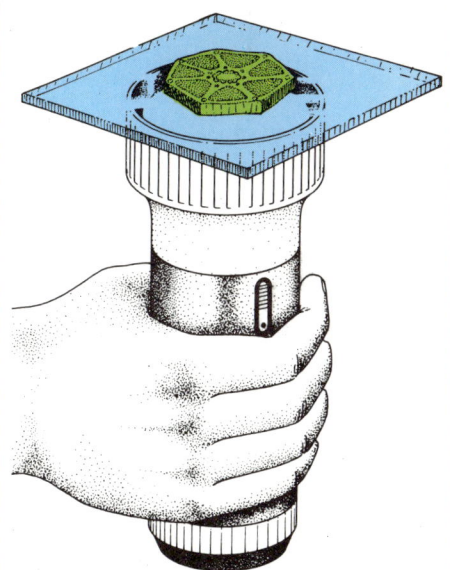

3 Sammle Samen verschiedener Wasserpflanzen und stelle sie in wassergefüllten Marmeladegläsern an einem kühlen Platz auf. Was geschieht im Winter? Wie lange benötigen die Samen, um auf den Boden der Gläser abzusinken? Wann keimen die Samen?

Den Lebensraum aufteilen

Das Leben in einem Teich ist ein unglaublich fein eingestelltes Beziehungsgefüge, das jeder beteiligten Art ihren besonderen Platz zuweist.

Wenn irgendwo ein neues Gewässer entsteht, bietet es bestimmte physikalische und chemische Bedingungen an. Sobald sich jedoch die ersten Organismen als Besiedler eingefunden haben, wird der Lebensraum aufgeteilt. Wassertiefe, Form des Teichbeckens, Beschaffenheit des Teichbodens und andere Eigenschaften können an verschiedenen Stellen ganz verschieden ausfallen und werden entsprechend von verschiedenen Organismen als Lebensraum angenommen. Anfangs besiedeln zahlreiche Individuen nur weniger Arten das neue Gewässer. Wenn sich jedoch immer neue Arten einfinden, wächst der Wettbewerb, und die Entstehung kleiner und kleinster Lebensräume weist jeder Art eine Stelle zu, an der sie am besten gedeihen kann. Wenn zu viele räuberische Arten alle den gleichen Nahrungsorganismus bejagen, wird die Nahrung allmählich knapp, und bald sinkt auch die Zahl der Räuber, wenn sie sich nicht auf andere Quellen umstellen. Der Besatz eines Teiches variiert von Jahreszeit zu Jahreszeit, von Jahr zu Jahr.
Die Artenzahl in einem Teich wird von der Anzahl der Klein- und Kleinstlebensräume unter Wasser bestimmt, die sich mit der Zeit entwickeln konnten. Die Gesamtproduktivität eines Teiches ist keinen größeren Schwankungen oder Veränderungen unterlegen, doch wird die Artenzahl und damit die Komplexität des Nahrungsnetzes mit der Zeit erheblich zunehmen.

Die Teichgesellschaften
Das offene Wasser wird während der warmen Jahreszeit von vielen einzelligen oder mehrzelligen Algen besiedelt, die sich mitunter in großen Massen entwickeln und dann sogar die Farbe des Wassers bestimmen. Manchmal sammeln sie sich in dichten Wolken unter der Oberfläche, und dort halten sich dann auch die verschiedenen Algenfresser auf, von den Wasserflöhen über die gerade noch mit bloßem Auge erkennbaren Rädertiere bis zu den größeren

Mückenlarven. Diese kleinen Pflanzenfresser durchlaufen ihre Entwicklung ziemlich rasch. Wenn daher die Wachstumsbedingungen für das Algenplankton günstig sind, explodieren auch die Populationen der davon lebenden Pflanzenfresser in kurzer Zeit. Am Gewässergrund ernährt der Regen toter, absinkender Algenzellen andere Tiere, so etwa Eintagsfliegenlarven oder Köcherfliegenlarven der Gattung *Leptoce-*

rus, die ihr Gehäuse aus Sand zusammenbauen. Die Fauna dort unten muß in einer sauerstoffarmen Umgebung leben.
Die Wasserpflanzen- oder Laichkrautzone ist, gemessen an den Artenzahlen, einer der reichsten Teichbereiche. Schnecken weiden die Blätter der Pflanzen ab und legen ihren Laich auf der Unterseite von Schwimm- und Tauchblättern ab. Die Raupen verschiedener

► Ein Räuber zwischen Wasserpflanzen: Der Wasserskorpion (*Nepa cinerea*), hier mit einer erbeuteten Libellenlarve, die er anbeißt und aussaugt.

Der Teich im Sommer
Schwimmende oder untergetauchte Pflanzen stellen ein reiches Nahrungsangebot für zahlreiche Pflanzenfresser dar. Sie bieten außerdem genügend Bestandabfall für die bodenlebenden Detritusfresser. Kleinere Fleischfresser leben zwischen den Pflanzen und am Gewässergrund, wo es besonders reiche Beute gibt. Größere Räuber suchen zur Beutejagd verschiedene Teichregionen auf. Über der Wasseroberfläche finden wir verschiedene fliegende Insekten und allerhand Wasservögel.
(P Primärproduzent, H Herbivor (Pflanzenfresser), C Carnivor (Fleischfresser), O Omnivor (Allesfresser), D Detritusfresser)

Am und über dem Teich
1. Gemeines Schilf (*Phragmites australis*) (P)
2. Schmalblättriger Rohrkolben (*Typha angustifo-lia*) (P)
3. Wasser-Schwertlilie (*Iris pseudacorus*) (P)
4. Adulte Köcherfliege (*Limnephilidae*)
5. Zünsler (*Nymphula* sp.) (H)
6. Teichrohrsänger (*Acrocephalus scirpaceus*) (C)
7. Blauflügel-Prachtlibelle (*Calopteryx virgo*) (C)
8. Bläßhuhn (*Fulica atra*) (O)
9. Braune Mosaikjungfer (*Aeschna grandis*) (C)
10. Stockente (*Anas platyrhynchos*) (O)
11. Eintagsfliege (*Ephemera danica*)
12. Graureiher (*Ardea cinerea*) (C)
13. Grasfrosch (*Rana temporaria*) (C)

Wasseroberfläche und obere Wasserzonen:
14. Phytoplankton (P)
15. Teichrose (*Nuphar lutea*) (P)
16. Froschbiß (*Hydrocharis morsus-ranae*) (P)
17. Wasserlinsen (*Lemna* spp.) (P)
18. Tellerschnecke (*Planorbis planorbis*) (H)
19. Sumpfschlammschnecke (*Lymnaea palustris*) (H)

Kleinschmetterlinge, etwa der Zünsler, verraten ihren Aufenthaltsort durch die kleinen Löcher in den Blättern von Laichkräutern. Der genauere Blick auf die Stengel der Wasserpflanzen zeigt eine ganze Anzahl daran festsitzender kleiner Pflanzen und Tiere. Der kleine Süßwasserpolyp fängt seine Beute dadurch ein, daß er sie mit seinen nesselnden Fangarmen lähmt und zu seinem sackartigen Magenraum zerrt, wo sie langsam verdaut wird. Wo viele kleinere Fleischfresser vorkommen, gibt es auch größere, darunter etwa den Rükkenschwimmer, den Wasserskorpion oder den Gelbrandkäfer. Diese rasanten Räuber können sich sehr schnell bewegen und besitzen kräftige Mundwerkzeuge, mit denen sie sich an Beutetiere heranmachen, die um etliches größer sind als sie selbst. Die Larve des Gelbrandkäfers ist ein Bodenbewohner und ebenfalls ein gieriger Räuber. Sie muß jedoch zum Luftholen immer wieder zur Oberfläche aufsteigen. Andere Larven leben zwischen den Pflanzen und ihren Tauchblättern, die während des ganzen Jahres genügend Sauerstoff produzieren.

Die Verlandungszone ist der produktivste Bereich eines Teiches. Hier sammelt sich der Abfall aller Röhrichtpflanzen, die nicht vom Land aus abgeweidet werden. Sie werden auf dem Gewässergrund im Uferbereich abgesetzt und bilden dort eine Lage von organischem Detritus. In diesem Bereich sind Tausende von Organismen tätig, von denen viele unsichtbar bleiben. Etwas größer ist beispielsweise die vegetarisch lebende Wasserassel. Strudelwürmer ernähren sich von toten, verwesenden Tieren. Sie nehmen ihre Nahrung mit einem langen, rüsselartigen Organ auf und können schon aus beachtlicher Entfernung wahrnehmen, wo es Futter gibt. Eine dem Röhricht vergleichbare Zone entsteht dort, wo Baumäste über den Teich ragen.

In unserem Modellteich wird das Ende der aquatischen Nahrungskette vom Gelbrandkäfer und vom Stichling eingenommen, aber selbst diese dienen anderen Fleischfressern als Nahrung, die den Teich nur gelegentlich aufsuchen, so wie es für den Graureiher schon erwähnt wurde. Auch die Endglieder der Nahrungskette sind weit verbreitete Arten. Wenn wir jedoch die Population in einem Teich durchzählen, werden nur kleine Zahlen herauskommen.

► Ein Räuber auf dem Gewässergrund: Die Larve des Gelbrandkäfers (*Dytiscus marginalis*), hier beim Verzehr einer Kaulquappe.

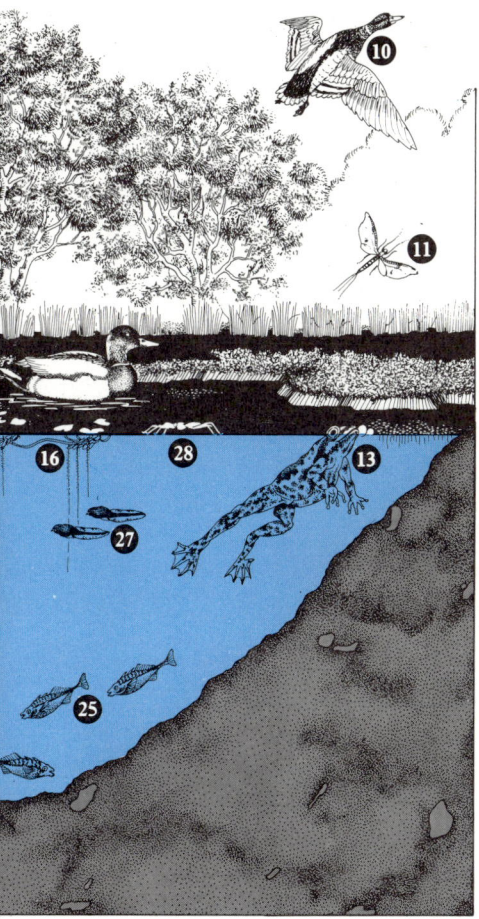

20. Süßwasserpolyp (*Hydra viridis*) (C)
21. Eintagsfliegenlarve (*Ephemera danica*) (H)
22. Rückenschwimmer (*Notonecta glauca*) (C)
23. Gelbrandkäfer (*Dytiscus marginalis*) (C)
24. Pferdeegel (*Haemopis sanguisuga*) (C)
25. Stichling (*Gasterosteus aculeatus*) (C)
26. Forelle (*Salmo trutta*) (C)
27. Kaulquappen vom Grasfrosch (O)
28. Teichläufer (*Hydrometra stagnorum*) (C)

Gewässergrund
29. Larve des Gelbrandkäfers (C)
30. Zuckmückenlarven (*Chironomidae*) (D)
31. Strudelwurm an totem Stichling (D)
32. Flohkrebs (*Gammarus pulex*) (O)
33. Köcherfliegenlarven (*Limnephilidae*) (C)
34. Wasserassel (*Asellus aquaticus*) (D)

Versuche

① Befestige ein kleines Stück rohe Leber an einem Faden und hänge es an verschiedenen Stellen eines Teiches ins Wasser. Warte etwa eine Viertelstunde und zähle dann die herbeigeschwommenen Strudelwürmer. Wo findest du die meisten? Wie groß muß ein Stück Leber sein, um gerade noch anlockend zu wirken?

② Nimm mit einem Netz Proben von verschiedenen Stellen und Tiefen eines Teiches. Sammle auch etwas Material vom Teichboden. Laß beim Herausnehmen des Netzes das überschüssige Wasser ablaufen und leere den Inhalt in eine flache, weiße Schüssel. Sortiere die gefangenen Tiere, setze sie einzeln in Gläser mit sauberem Teichwasser und beobachte sie. Haben sie große Augen, Beine und Freßwerkzeuge? Kannst du Pflanzen- von Fleischfressern unterscheiden? Gibt es Unterschiede im Mengenverhältnis der Pflanzen- und Fleischfresser? Gibt es Unterschiede dieses Verhältnisses bei verschiedenen Teichregionen? Nach Beendigung der Untersuchungen setze alle Organismen wieder in den Teich zurück!

Zu den vielen Lebewesen, die in und an Wasserpflanzen leben, gehört der Süßwasserpolyp. Dieser hier hat gerade einen Wasserfloh in den Tentakeln.

Diese Posthornschnecke (*Planorbis corneus*) weidet an den Blättern des Froschbiß.

Der Teich im Winter

Zur Winterzeit scheint der Teich ausgestorben zu sein. Die triste Wasseroberfläche täuscht jedoch – unter ihr geht das Leben ungebrochen weiter.

Ein gemäßigtes Klima zeichnet sich durch den Wechsel kühlerer und wärmerer Perioden aus. Kühlere Phasen sind für Wachstum und Entwicklung eher ungünstig. Temperaturen unterhalb des Gefrierpunktes schädigen pflanzliches und tierisches Gewebe. Daher müssen die Organismen der gemäßigten Zone besondere Anpassungen entwickeln, um die kalten Winter zu überstehen.

Im Winter sieht ein Teich ziemlich tot aus: Die Vegetation am Ufersaum ist vergangen und mit ihnen die Schwimmblätter von Seerosen und Laichkräutern. Nur einige trockene Stengel vom letzten Herbst sind noch übriggeblieben, bis auch sie vom Wind oder vom Wasser umgeknickt werden.

Wasser ist ein wesentlich schlechterer Wärmeleiter als Luft, so daß selbst bei kaltem und stürmischem Wetter die Wassertemperaturen im Teich relativ langsam fallen, auch wenn das Wasser beträchtlich durchmischt wird. Sobald sich dann doch eine Eisdecke ausbildet, ist das Wasser darunter von der kalten Luft abgeriegelt und gibt seine Wärme noch langsamer ab. Es kann sich dann auch nicht mehr wesentlich weiter abkühlen, es sei denn bei anhaltendem, strengem Dauerfrost. Eis behindert nicht den Lichteinfall. Daher können die verbliebenen Wasserpflanzen auch während des Winters Photosynthese betreiben, und dies ohne Beschattung durch den Schilfgürtel oder die an der Wasserfläche flottierenden Schwimmpflanzen. Nur wenn das Eis dicker als 5 cm ist oder von Schnee bedeckt wird, ist es auch im Wasser zu dunkel für die Photosynthese. Wenn das Eis den tieferen Wasserkörper von der Luftzufuhr abschneidet, kann die übriggebliebene Unterwasservegetation zu einem bedeutsamen Faktor für die Sauerstoffversorgung der Wasserfauna werden. Frei umherschwimmende Pflanzen müssen der im Winter recht lebensfeindlichen Oberfläche anderweitig entgehen. Die Winterknospen des Froschbiß besitzen keine Luftkammern und sind

▲ Unter der im Winter wie ausgestorben wirkenden Wasseroberfläche eines Teiches ist immer noch viel Leben. Stockenten finden im Schlamm auf dem Teichgrund auch jetzt noch genügend Nahrung.

◄ Trotz Eisdecke ist die Wasserfeder (*Hottonia palustris*) an sonnigen Wintertagen noch zur Photosynthese fähig. Der hierbei freigesetzte Sauerstoff kommt allen Wasserorganismen zugute, denen das Eis den Luftzutritt abgeriegelt hat.

◄ Froschlaich, der im zeitigen Frühjahr im Teich abgelegt wird, erträgt stundenlanges Gefrieren ohne Schädigung der sich entwickelnden Kaulquappen.

► Die rosafarbenen Wenigborster, die am Teichboden leben, besitzen den roten Blutfarbstoff Hämoglobin, der ihnen auch bei geringem Angebot an Sauerstoff eine ausreichende Atmung ermöglicht.

prall mit Stärke angefüllt. Daher sind sie schwerer als ihr elterliches Gewebe und sinken sofort zu Boden. Dort bleiben sie in aufrechter Stellung bis zum folgenden Frühjahr. Wenn die Wassertemperatur steigt, entwickeln die Knospen schlanke Blätter, verbrauchen dabei die Stärkevorräte und legen Gewebe

▲ Höckerschwäne (*Cygnus olor*), die am Grunde eines teilweise zugefrorenen Sees nach Nahrung suchen.

▼ Jahreszeitliche Gestaltsveränderung beim Wasserfloh (*Daphnia cucullata*).

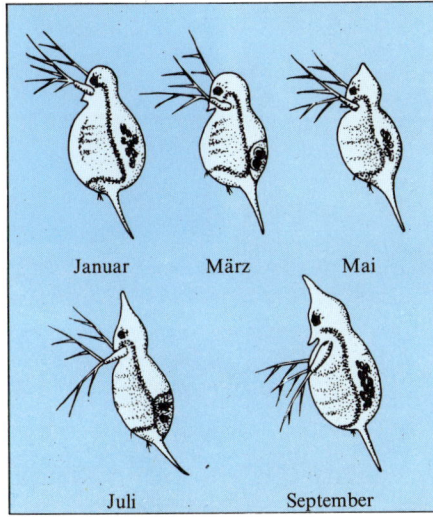

Januar   März   Mai

Juli   September

mit Luftkammern an. Die kleine Pflanze steigt dann bald zur Oberfläche auf und setzt ihre Entwicklung dort fort. Wasserlinsen werden ebenfalls im Spätsommer oder Herbst durch Stärkeeinlagerung schwer und sinken zu Boden. Die Planzen des Röhrichtgürtels speichern ihre Stärkereserven in unterirdischen Organen.

Da die Pflanzen im Herbst weitgehend absterben, schichten sie auf dem Gewässergrund eine mächtige Lage von Bestandsabfall auf. Für die Detritusfresser am Boden gibt es deshalb keine Nahrungsverknappung. Viele der im Sommer am Teichboden anzutreffenden Arten leben dort auch im Winterhalbjahr. Im kälteren Wasser laufen ihre Lebensprozesse langsamer ab. Daher benötigen sie auch weniger Sauerstoff zum Stoffwechselbetrieb und bewegen sich auch viel langsamer. Die fleischfressenden Larven von Libellen und anderen flugfähigen Insekten verbringen den Winter ebenfalls am Gewässergrund, weil ihnen dort ein reicher Tisch gedeckt ist. Hier suchen auch die Enten und Schwäne beim Gründeln ihre Nahrung. Kleinere Bewohner der oberen Wasserzonen, wie etwa der Wasserfloh, entwickeln besondere Winterformen. Andere leiten eine Ruheperiode ein und ziehen sich in eine dicke Hülle zurück, bis die Umgebungsbedingungen wieder günstiger werden. Der Teichläufer verbringt den Winter als Puppe an Land. Größere Tiere wie Frösche, Kröten oder Molche, deren Nahrungsangebot im Winter ziemlich schlecht aussieht, überwintern. Frösche suchen für diese Winterruhe den Schlamm am Teichboden auf. Frösche und Molche verlassen aber auch ihr Gewässer und graben sich irgendwo tief in die Erde oder in die Laubstreu ein. Den wenigen Sauerstoff, den sie während dieser Zeit benötigen, können sie durch die Haut aufnehmen. Oft kehren sie jahrelang zum gleichen Gewässer zurück. Wir wissen noch nicht, wie diese Wanderung gesteuert wird und wie die Frösche den richtigen Weg finden. Der typische Geruch von Wasserrinnsalen, die aus einem Teich oder Tümpel abfließen, mag ihnen dabei behilflich sein. Sie finden den Weg aber auch, wenn solche Wasserläufe trocken liegen. Frösche und Laich sind erstaunlich kälteunempfindlich. Froschlaich erträgt sogar Gefrieren bis zu 12 Stunden, ohne daß die sich entwickelnden Kaulquappen Schaden nehmen.

Die Ankunft des Frühlings wird nicht nur von höheren Temperaturen, sondern auch von der Zunahme der Tageslänge begleitet. Beide Faktoren brechen die Winterruhe von Samen und Dauerstadien am Gewässergrund und lösen die Entwicklung von Schwimmblättern aus.

Versuche

1 Sammle im Herbst schwimmende Wasserlinsen. Setze davon je 100 Stück in ein großes Glas und stelle eines im Garten auf, das andere auf der Fensterbank. Notiere in beiden Gefäßen regelmäßig die Temperatur und beobachte, wieviele Pflänzchen zu Boden sinken. Verlängere durch elektrisches Licht die Tageslänge. Was geschieht?

Kleine Wasserlinse (*Lemna minor*)

2 Besorge dir etwas Wasserpest oder Tausendblatt und versuche herauszubekommen, welche Faktoren die Entwicklung der Überwinterungsknospen auslösen (Tageslänge?). Gib ein Stück Pflanze in destilliertes Wasser. Läßt sich ein Einfluß auf die Knospenbildung feststellen?

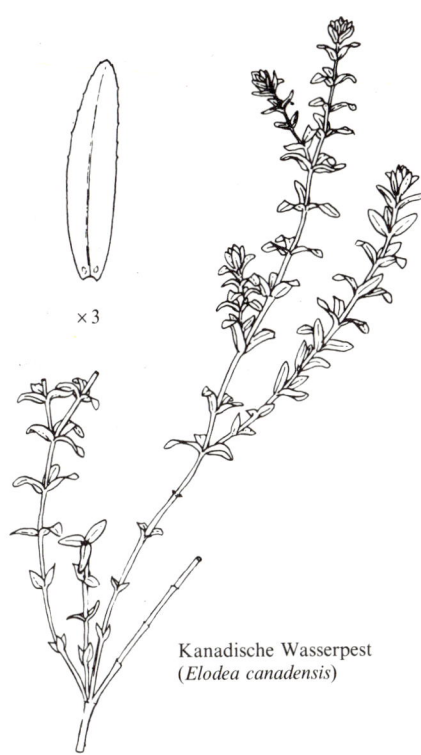

×3

Kanadische Wasserpest (*Elodea canadensis*)

3 Welche Wassertiere findest du im Winter auf dem Teichboden? Hat sich das Verhältnis von Pflanzen- zu Fleischfressern geändert? Sind die Bestandszahlen geblieben?

Kurzlebige „Gewässer"

Lebewesen, die in kurzlebigen Kleingewässern vorkommen, müssen einen Teil ihrer Entwicklung als Dauerstadien überbrücken oder auch außerhalb des Wassers lebensfähig sein.

Kurzlebige Kleingewässer entstehen durch Schneeschmelze oder Regenfall. Verstopfte Dachrinnen, Schlaglöcher, Astlöcher in Bäumen oder Rinnen und Rillen auf Felsplateaus verwandeln sich im Nu in Miniseen. Sie halten sich oft nur einen Tag, manchmal aber auch Wochen bis Monate, je nach Umgebungsbedingungen (Wasserabfluß, Verdunstung durch Wärme etc.). Einige solcher Kleingewässer erscheinen ziemlich regelmäßig, wie z.B. der kleine Waldtümpel auf dem Bild. Auch diese temporären Biotope werden von Lebewesen besiedelt, die jedoch die trockenen Zwischenzeiten überstehen müssen.

Leben für den Augenblick

Ein Blattaquarium bildet sich, wenn durch einen sommerlichen Regenguß die am Grunde schüsselartig verwachsenen Blätter der Karde sich mit Wasser füllen. Innerhalb von nur einer Woche kann dieses Miniaturgewässer zahlreiche Zuckmückenlarven enthalten, die sich von den Algen auf der Oberfläche der Pflanze ernähren. Diese Zuckmückenlarven leben zwar in einer Umgebung, die möglicherweise schneller austrocknet, als sie ihre Entwicklung abschließen können, dafür aber gibt es hier auch so gut wie keine Feinde. Eine verstopfte Regenrinne ist sehr ähnlich. Hier kann eine individuenreiche Pflanzengemeinschaft leben, zu der sich nicht selten Zuckmückenlarven gesellen. Die hier vorkommenden Pflanzen werden vom Wind oder von Vögeln verbreitet. Grünalgen und Moose können die Trockenzeiten recht gut überstehen. Höhere Pflanzen, wie die Weiden im Bildbeispiel, haben dagegen keine große Chance und vertrocknen früher oder später. Wenig auffällig sind die kleinen Weidegänger in solchen moosbewachsenen Lebensräumen. Die Bärtierchen (*Tardigrada*) sind ebenso anpassungsfähig wie die Moose, von denen sie sich ernähren. Sie können auch längere Trockenzeiten in einem Ruhestadium oder als derbwandiges

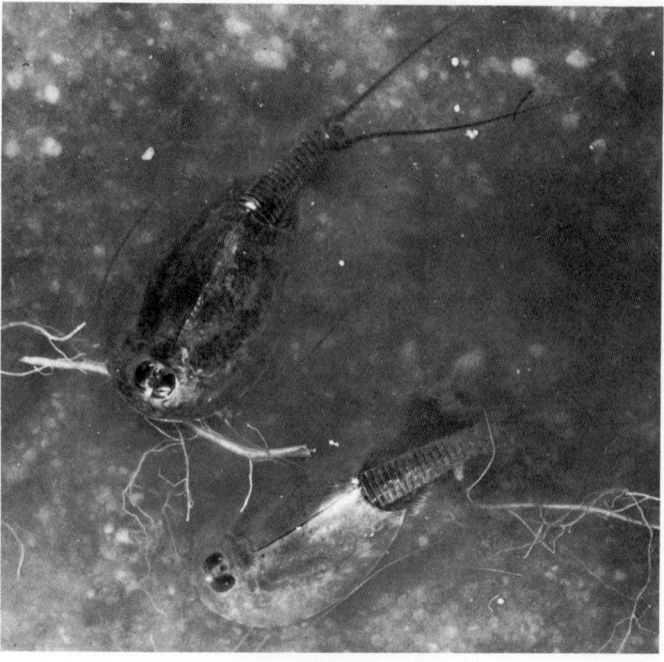

▲ Die Kleinkrebse *Triops cancriformes* leben im Schlamm am Gewässergrund. In den wärmeren Gegenden Europas kommen sie recht häufig vor, weiter im Norden und Westen sind sie seltener.

► In den paarweise verwachsenen Blattbasen der Wilden Karde (*Dipsacus sylvestris*) sammelt sich Wasser. Dieser „Miniaturtümpel" genügt einigen Mückenlarven und Algen zur Entwicklung. Die Tiere finden hier genügend Nahrung.

▼ Eine verstopfte, wassergefüllte Regenrinne bietet einer Reihe windverbreiteten Pflanzen – z.B. Moose, Weidensämlinge – genügend Lebensraum. Die Pflanzen wiederum bilden die Ernährungsgrundlage für eine Reihe von Kleintieren, die hier bis zum nächsten Austrocknen leben können.

► In kleinen Senken sammelt sich im Frühjahr Schmelz- und Regenwasser. Diese kleinen Tümpel trocknen jedoch recht schnell wieder aus.

► Kiemenfußkrebse (*Chirocephalus diaphanus*) leben bevorzugt in unbeständigen Kleingewässern, in denen sie – Bauchseite nach oben – umherschwimmen. Das Weibchen legt derbschalige Dauereier, die die Trockenperioden gut überstehen können. Die Jungen schlüpfen, wenn ihr Lebensraum sich erneut mit Wasser füllt.

► Bärtierchen (*Tardigrada*) sind nur knapp 1 mm lang. Sie leben recht häufig in Regenrinnen, in denen sie sich von Moosblättchen ernähren. Bei Trockenheit bildet das Tier eine dauerhafte Cyste oder überlebt als Dauerei.

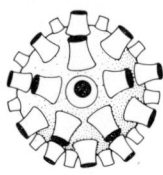

Ei

Dimensionen erreichen. Andere sind dagegen weniger als einen Meter breit und ebenfalls mit Lebewesen angefüllt, die wie ein Wunder mit dem Wasser erscheinen. Obwohl sicher viele Einwanderer, Gelegenheitsvagabunden und zufällige Kolonisten unter den Pflanzen und Tieren solcher Kleingewässer zu finden sind, zeigen manche doch auch einen Entwicklungsgang, der mit der Wasserführung ihres Lebensraums auffällig zusammentrifft.

Organismen, die bei Austrocknung das Gewässer nicht verlassen können, verbringen die Trockenzeiten als Dauerstadien. Kiemenfüße kommen in solchen Kleingewässern häufiger vor. Ihre Nauplius-Larve schlüpft aus dem trockenresistenten, hartschaligen Ei, sobald sich der kleine Tümpel mit Wasser füllt. Larven und erwachsene Tiere ernähren sich durch Ausfiltrieren organischer Partikel aus dem Wasser. Der Kleinkrebs *Triops cancriformis* besitzt ebenfalls trockenresistente Dauereier und kommt auf dem europäischen Kontinent in weiten Gebieten vor. Die Tiere ernähren sich von Detritus am Boden ihres Kleingewässers. Offenbar können die Dauereier viele Jahre ohne Wasser zubringen, bis irgendwann einmal günstige Bedingungen für die Weiterentwicklung zusammentreffen. Viele der teils mikroskopisch kleinen Besiedler von unbeständigen, kurzlebigen Kleingewässern, beispielsweise Protozoen oder Algen, vermehren sich durch außerordentlich beständige Dauerstadien, die nach Austrocknung oder Durchfrieren immer noch entwicklungsfähig sind. Copepoden z. B entwickelten sich noch aus Schlamm, der zehn Jahre lang knochentrocken gehalten wurde. Wasserpflanzen treten in unbeständigen Gewässern ebenfalls auf. Viele von ihnen sind ohnehin Einjährige, die die weniger zusagenden Jahreszeiten als Samen mit dicker Schale überdauern. Solche Samen benötigen sogar längere Trockenheit und Rösten in der heißen Sonne, um im nächsten Tümpelzyklus wieder keimen zu können. Pflanzen, wie die verschiedenen Formen des Wasser-Hahnenfuß, scheinen Blätter für alle Gelegenheiten hervorzubringen, darunter auch solche, die ihnen das Leben auf trockenliegenden Teichböden ermöglichen.

Auffallenderweise stellt sich in kleinen Waldtümpeln nur wenig Pflanzenwuchs ein, obwohl reichlich Bestandsabfall vom Lauf der umstehenden Bäume zur Verfügung steht. Dennoch sind auch solche Tümpel schon im zeitigen Frühjahr mit Köcherfliegenlarven, Zuckmücken- und Stechmückenlarven und ihren Puppen belebt. Wenn das Gewässer im Juni ausgetrocknet ist, sind die Insekten als geflügelte Tiere längst weggeflogen.

Dauerei überstehen. Wenn sich eine Regenrinne mit Wasser füllt, werden sie wieder beweglich und klettern tapsig (Binokular!) zwischen den Moosen herum, deren Blätter sie anraspeln und den Zellinhalt aufsaugen.

Ein wassergefülltes Astloch in einem Baum ist wie eine kleine, trichterförmige Flußmündung, in der sich alle von der Borke herabrieselnden Nährstoffe ansammeln. Auch größerer Bestandsabfall – wie Blätter – kann sich an solchen Stellen verfangen. Die Zersetzung des organischen Materials setzt organische Säuren frei, die den pH-Wert des Minitümpels auf Werte um 4 drücken, so daß in diesem Biotop wieder ganz andere Lebewesen vorkommen.

Alle Jahre wieder

Gewässer, die in jedem Jahr zu einer bestimmten Zeit mit Wasser aufgefüllt werden, können recht ansehnliche

Versuche

① Sieh dich in deiner Umgebung nach kurzlebigen Gewässern um und untersuche diese einmal eine Woche lang. Bestimme Größe, Wasserfüllung, Tiefe und Temperatur. Wieviel verschiedene Arten sind darin vertreten? Nimm einige der Bewohner in einem Glas mit nach Hause und verfolge, wieviele Entwicklungsstadien sich hintereinander ablösen. Wie lange benötigen sie, um als adulte Tiere wegzufliegen? Lege eine Tabelle an vom Organismenbesatz.

An der Stammbasis dieser Rotbuche hat sich eine Vertiefung mit Wasser gefüllt. Von der Rinde geraten reichlich Nährstoffe, vielfach auch Fallaub, in das Wasser, so daß es ziemlich sauer ist. Nur wenige Tiere vertragen dieses saure Milieu, u.a. Stechmücken-Larven.

Diese kleine Senke auf einer Viehweide füllt sich nur kurzzeitig mit Wasser.

② Lege 3 Versuchsgewässer in Plastikgefäßen an. Fülle je 800 g Torf, Gartenerde und getrockneten Schlamm vom Boden eines Teiches sowie 2 Liter abgekochtes, abgekühltes Wasser in jeden Behälter. Verschließe die Gefäße mit einem luftdurchlässigen Stoff und laß sie etwa 10 Tage lang stehen. Welche Organismen findest du jetzt in den einzelnen Behältern? Welche nach weiteren 2 Wochen? Wie unterscheiden sie sich?

Seen

Die steil abfallenden Ufer dieses Sees lassen eine größere Wassertiefe erwarten. Während des Sommers kann er daher eine ausgeprägte Wasserschichtung aufbauen, bei der wärmeres Oberflächenwasser das kältere Tiefenwasser überschichtet, bis die kalten herbstlichen Stürme diese Schichten durch Vermischung abbauen. Die Durchmischung und Verwirbelung erneuert den Nährstoffgehalt der oberflächennahen Bereiche und ist damit eine wichtige Vorbedingung für das Wachstum des Planktons im nachfolgenden Frühjahr und Sommer. Diese mikroskopisch kleinen Lebewesen stehen ganz am Anfang der Nahrungskette; sie stellen die Ernährungsgrundlage aller weiteren Lebensgemeinschaften im See dar. Von der aus hartem, wenig verwitterndem Gestein bestehenden felsigen Umgebung dieses Sees werden mit dem abfließenden Niederschlagswasser nur wenige Nährstoffe eingeschwemmt. Wegen der Nährstoffarmut ist das Wasser sehr klar, so daß das Sonnenlicht tief eindringen kann. Selbst am Seegrund wachsen daher noch Pflanzen, die sonst auf die Uferzone beschränkt wären. Am Ufer selbst läßt der Wellenschlag nur kiesige, steinige Bänke zu und nimmt damit jeder Pflanzenwurzel den notwendigen Halt.

Trübe Wasser

Plötzliche „Wasserblüten",
Massenentfaltungen mikro-
skopisch kleiner Algen,
können in Seen immer wieder
auftreten und dann auf-
fällige Wasserverfärbungen
hervorrufen.

Sonnenlicht und Wind sind die beiden
wichtigsten physikalischen Faktoren,
die das Wasser eines Sees beeinflussen.
Unter ihrem Einfluß unterliegen die
Seen der gemäßigten Breiten erheblichen jahreszeitlichen Veränderungen.
Im Herbst und Winter ist das Wasser
kalt und wird durch Turbulenzen, vom
Wind ausgelöst, kräftig durchmischt.
Im Frühjahr und Sommer ist das Oberflächenwasser wärmer. Wenn ein See
tief genug und zudem geschützt gelegen
ist, bilden sich verschieden temperierte
Wasserschichten aus.
Die Schichtung eines tieferen Sees
trennt drei verschiedenen Wasserlagen
voneinander: Die unterste Lage (Hypolimnion) führt Wasser von meist unterhalb 12° C; die mittlere Lage (Metalimnion oder Thermokline) zeichnet sich
durch einen starken Temperaturgra-
dient aus, da die Wassertemperatur bei
nur geringer Tiefenzunahme um mehrere Grade abfällt; die oberste Schicht
(Epilimnion) ist den wechselnden Wet-
terbedingungen draußen ausgesetzt. Sie
erwärmt sich im Sommer und bildet in
ruhigen Zeiten ebenfalls einen Tempe-
raturgradienten nach unten aus, der
aber an windigen Tagen sofort wieder
abgebaut wird. Da kälteres und wärmeres Wasser eine unterschiedliche Dichte
haben, werden Hypolimnion und Epilimnion recht wirksam voneinander isoliert. Erst wenn im Herbst die Außen-
und Wassertemperaturen sinken,
beginnt eine Vollzirkulation des Wassers, bei der aus der Tiefe frische Nährstoffvorräte in die oberen Wasserzonen
gebracht werden.

Farbige Geschichten

In vielen Teilen der Welt gibt es über
Seen Geschichten und Legenden. Neben vielen unglaublichen Dingen be-
richten sie auch immer wieder über
plötzliche und wundersame Verfärbun-
gen des Wassers. Erst im letzten Jahrhundert wurde entdeckt, daß solche
Farbwechsel immer mit dem Auftreten
mikroskopisch kleiner Wasserpflanzen,
der Algen, zusammenhängen, die eine
plötzliche Massenentfaltung in den obe-

► Typische Plankton-
algen und Zooplankton

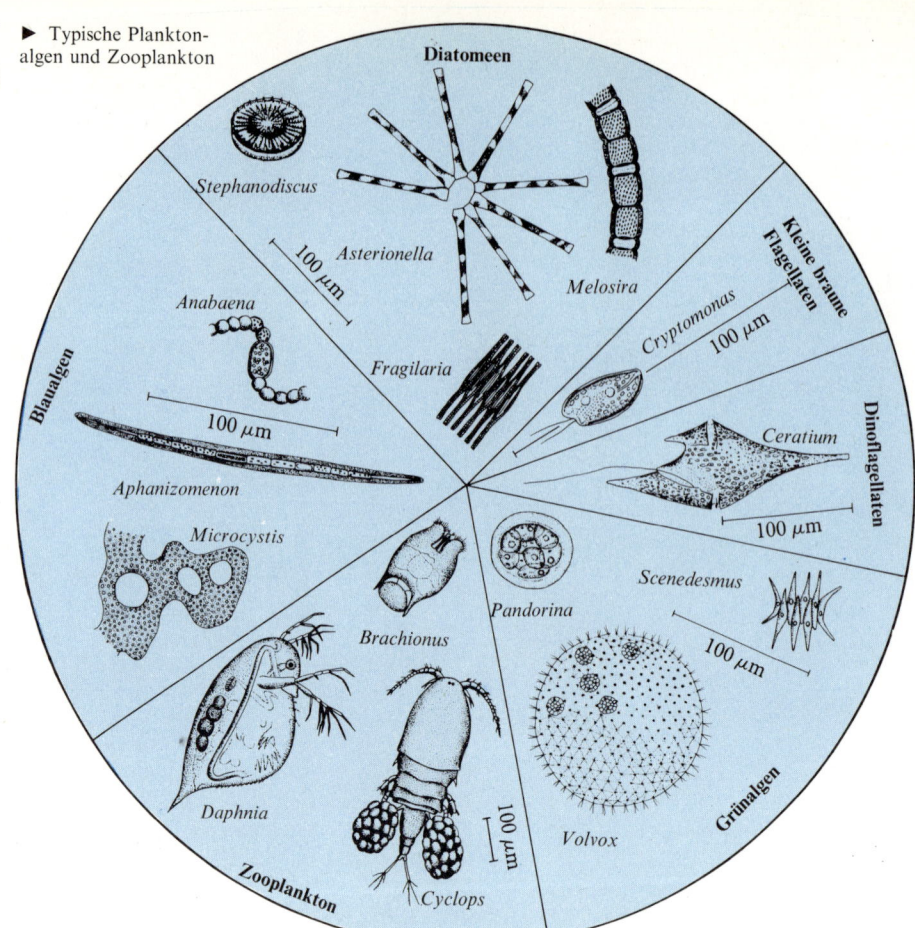

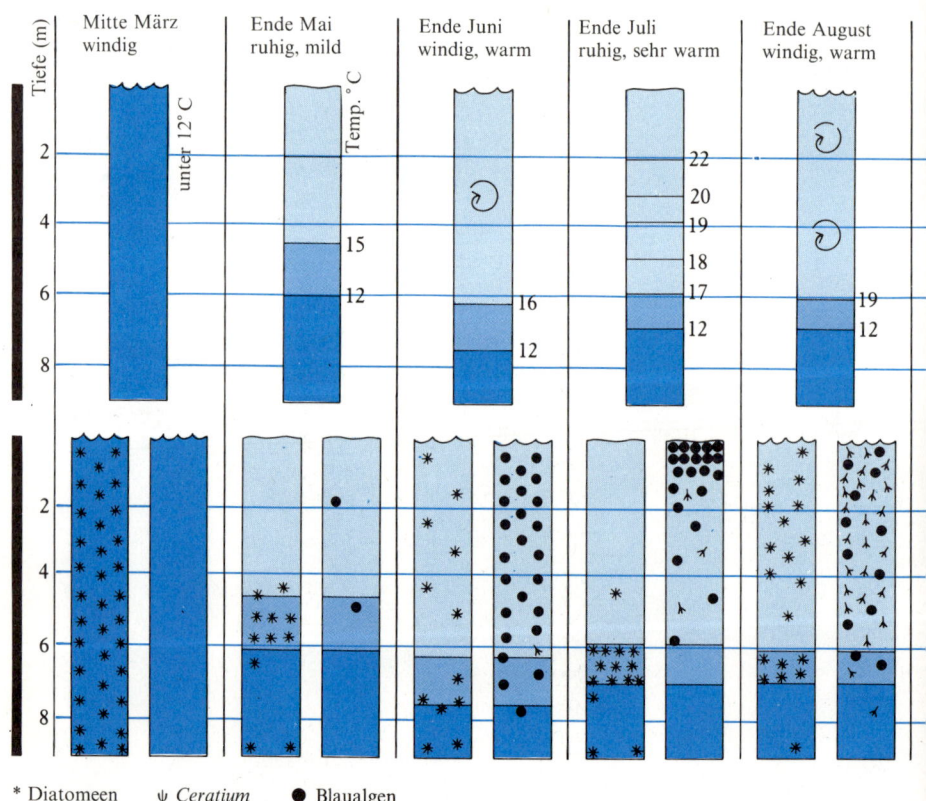

* Diatomeen   ψ Ceratium   ● Blaualgen

A Wassersäulen aus einem See an 7 über das Jahr
verteilten Sammeltagen (schematisch). Dargestellt
sind die Temperaturveränderungen und die Durchmischung der verschiedenen Wasserschichten.

B Verteilung von Diatomeen, Blaualgen und Ceratium über das Jahr hinweg, zu den gleichen Daten
und Bedingungen wie bei A. Die Diatomeen sammeln sich bei ruhigem Wetter in der Thermokline,
die Blaualgen treiben nach oben, die Ceratium-
Zellen bleiben unten.

ren Schichten erfahren. Das plötzliche Auftreten solcher als „Wasserblüte" bezeichneten Ereignisse und die Beobachtung, daß benachbarte Seen zu verschiedenen Zeiten „blühen" konnten, blieb lange Zeit ein Rätsel.

Zahlreiche Algen und wirbellose Kleintiere leben im offenen Wasser eines Sees. Sie bilden die Lebensgemeinschaft des Planktons, die nur von Wasserströmungen und Wirbeln über größere Entfernungen verfrachtet werden. Die Pflanzen werden als Phytoplankton, die tierischen Vertreter als Zooplankton bezeichnet. Wasserblüten kommen überwiegend in nährstoffreichen (eutrophen) Gewässern vor, die besonders hohe Mengen gelöster Stickstoff- und Phosphorverbindungen aufweisen. Im Winter ist das Seewasser klar, im Sommer dagegen trübe. Die Trübungen erreichen mitunter ein solches Ausmaß, daß man meint, unter Wasser herrsche

ein grüner oder brauner Schneesturm. Ein Grund für das rasche Algenwachstum ist die steigende Wassertemperatur. Andererseits kommt den Algen jedoch auch das reiche Nährstoffangebot zugute. Sie verbrauchen diese Vorräte allmählich und verdoppeln sich durch Zweiteilung alle 2–3 Tage.

Eine einzelne Planktonblüte dauert normalerweise höchstens ein paar Tage. Dabei stellt sich eine charakteristische Abfolge verschiedener Arten mit jährlich wiederkehrenden Entwicklungswellen ein. In kleineren Seen bilden Kieselalgen (Diatomeen, z.B. *Asterionella* und/oder *Fragilaria*) im Frühjahr einen ersten Höhepunkt. Im Spätsommer gipfelt die Diatomeenkurve nochmals, dann aber meist mit *Melosira*. Einen ähnlichen Entwicklungsgang zeigen die kleinen Flagellaten der Gattung *Cryptomonas*. Die kleinen grünen Kolonien von *Volvox* und seinen Verwandten sind am häufigsten im Frühsommer, während der große Dinoflagellat *Ceratium* im August oder September am häufigsten ist. Die eindrucksvollsten Wasserblüten rufen jedoch Blaualgen im Juni/Juli hervor – meist sind es *Anabaena* oder *Aphanizomenon*, oft noch gefolgt von *Microcystis*. An windstillen Tagen bilden sie auf der Oberfläche des betroffenen Gewässers eine dichte, wenig angenehm riechende, blaugrün verfärbte Schicht.

Warum sinken die verschiedenen Phytoplanktonarten aus den lichtdurchfluteten oberen Wasserschichten nicht in die dunklen Zonen?

Die Diatomeen enthalten viele kleine Öltröpfchen, die ihr Gewicht etwas ausgleichen. Außerdem setzt ihre große Oberfläche die Absinkrate herab und bringt sie in kleinen Strömungen und Wasserwirbeln wieder nach oben. *Cryptomonas*, *Volvox* oder *Ceratium* haben einen eigenen Antrieb. Ihre Zellen tragen fadendünne, peitschenartige Geißeln (Flagellen), mit deren Hilfe sie sich über kleine Strecken fortbewegen können.

Blaugrüne Algen sind weitgehend unbeweglich, können aber schweben. Ihre Zellen enthalten kleine Gaszylinder oder -vakuolen, die so winzig sind, daß erst das Elektronenmikroskop über ihren Aufbau genaueren Aufschluß gibt. Der Auftrieb, von den Gasvakuolen erzeugt, ist groß genug, um die Algen zur Oberfläche aufsteigen zu lassen.

Es scheint, als würde der ständige Verbrauch an Nährstoffen das Wachstum der Algenpopulationen in einem eutrophen Gewässer kaum begrenzen. Eher sind es Licht und Temperatur, Größe und Form des Sees und die Abfolge ruhiger oder stürmischer Wetterlagen, die zu einer bestimmten Zeit an einer bestimmten Stelle eine Planktonalgenart zur raschen Vermehrung anregen.

Ende September
windig, kühl

Mitte November
windig

unter 12° C

15
12

Untere Schicht
Sommer; gesamter
See im Winter
(weniger als 12° C)

Mittlere Schicht
(Thermokline)
Sommer

Warme Oberschicht
Sommer

Versuche

1 Sammle mit einem Planktonnetz Proben aus einem See und untersuche unter dem Mikroskop, was du eingefangen hast. Welche Organismen findest du in einem eutrophen, welche in einem oligotrophen See? Wie unterscheiden sich die Proben zu verschiedenen Jahreszeiten?

2 Fische aus einer Wasserblüte Blaualgen. Stelle sie über Nacht ins Dunkle. Wo sind die Algen am nächsten Morgen? Stelle die Probe nun ins Helle (nicht ins direkte Sonnenlicht). Was geschieht?

3 Kleine nährstoffreiche Gewässer enthalten manchmal große Mengen von *Volvox* und grünen Flagellaten. Fülle eine solche Probe randhoch in ein Glas, verschließe es dicht und hülle es – bis auf einen kleinen seitlichen Schlitz – in Alu-Folie ein. Beleuchte den Schlitz ca. 1 Stunde. Entferne nun die Folie. Hat das Licht die Algen angezogen?

4 Besorge dir eine Wasserprobe mit Grünalgen und verteile sie gleichmäßig auf 3 Marmeladengläser. Gib in ein Glas einige Tropfen Spülmittel, in eines etwas Stickstoffdünger. Das dritte dient als Kontrolle. Was geschieht nach 1, 2, 4 Wochen in den einzelnen Gläsern?

Der Wind hat die oberflächennahen Algen einer Wasserblüte am Ufer zusammengetrieben.

Seen

Futter für wieviele?

Der Tierbesatz eines Sees hängt von der Produktionskraft der Wasserpflanzen ab, die die Grundlage der Nahrungspyramide bilden.

Alle grünen Pflanzen verwenden die Energie der Sonnenstrahlen zur chemischen Umwandlung von Kohlendioxid in Zucker (Photosynthese). Diese bilden die Bausteine langkettiger Kohlenhydrate und (nach weiterer Umwandlung) von Proteinen oder Fetten, aus denen alle lebenden Gewebe bestehen. Pflanzen benötigen als Nährstoffe nur anorganische Verbindungen (z.B. Nitrate oder Phosphate). Diese mineralischen Stoffe kreisen unentwegt im Stoffkreislauf eines Sees. Alles tierische Leben im See hängt direkt vom Pflanzenmaterial ab, das im See oder in seiner Umgebung produziert und durch Flüsse eingeschwemmt wird. Jedes Tier verbraucht bei der Atmung und seinem Stoffumsatz genau die Energien, die die Pflanzen zuvor bei der Photosynthese gebunden haben. Ein Teil der gebundenen Energie geht regelmäßig verloren (Atmungswärme, Entropiezunahme, Bestandsabfall). Beim Wasserfloh können dies 30–60% sein, bei einigen ausgewachsenen Fischen jedoch erheblich weniger (etwa 7–10%). Da auf jeder Konsumentenstufe ein gewisser Verlust an verfügbarer Energie entsteht, wird auch von Stufe zu Stufe weniger Biomasse produziert. Das Ergebnis einer solchen Betrachtung sieht so aus, daß etwa 1000 kg Pflanzenmasse benötigt werden, um einen Hecht zu einem Körpergewicht von 1 kg heranwachsen zu lassen.

Vielfalt im See

Wenn reichlich Pflanzen vorhanden sind, nimmt auch die Zahl der Pflanzenfresser zu, und zwar so lange, bis das Wachstum der Pflanzen durch Nährstoffverknappung oder Überweidung verlangsamt wird. Pflanzenfresser müssen ein reiches Nahrungsangebot geschickt ausnutzen, gleichzeitig aber auch in der Lage sein, Notzeiten mit knapperem Speisezettel als Dauerstadien zu überstehen. Große Fleischfresser (Raubfische) benötigen meist mehrere Jahre, um ihre endgültige Körpergröße zu erreichen. Längen- und Gewichtszunahme werden vom Nahrungsangebot gesteuert. Wenn ein

▶ Junge Elritzen (*Phoxinus phoxinus*) schwimmen gleichförmig im Schwarm nebeneinander her und machen dadurch einem Beutejäger das Zuschnappen schwer.

▶ Der Hecht (*Esox lucius*) ist ein Räuber, der an der Spitze der Nahrungskette in einem See steht. Er lebt ausschließlich von kleineren Fischen und benötigt ein großes Revier, um genügend Nahrung zu finden.

▼ **Ökosystem See**
Die Abbildung zeigt den Kreislauf der Mineralstoffe, die Nahrungskette und die Konsumentenstufen, die alle von der Primärproduktion der Planktonalgen oder der Blütenpflanzen abhängen.

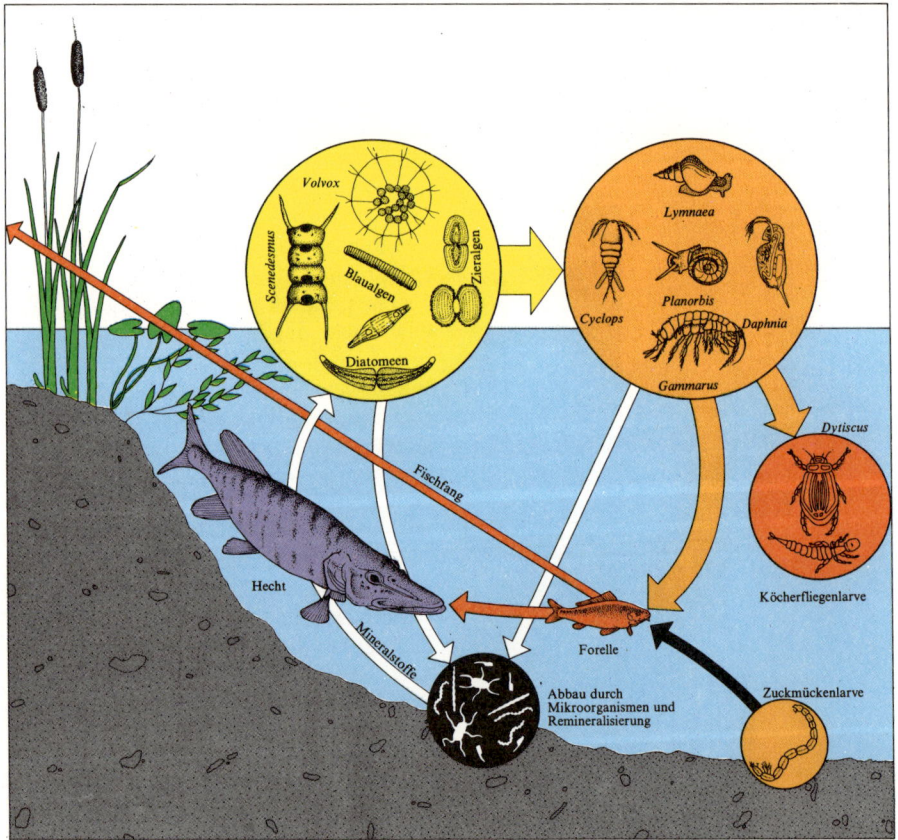

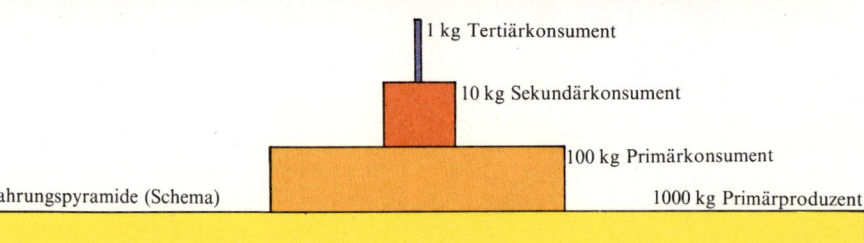

1 kg Tertiärkonsument
10 kg Sekundärkonsument
100 kg Primärkonsument
1000 kg Primärproduzent
Nahrungspyramide (Schema)

▼ Diese kleine Schar Spatelenten (*Bucephala islandica*) ist auf dem Mývatn-See in Island eingefallen, um zu brüten und ihre Jungen aufzuziehen. Dieser See ernährt Tausende von Wasservögeln in einem kurzen Sommer. Im Winter ist der See vereist: die Planktonorganismen und andere Kleinlebewesen überdauern diese Zeit als Ruhestadien oder im Seegrund.

▼ Dieses weibliche Odinshühnchen (*Phalaropus lobatus*) sucht die Wasserfläche eines kleinen Sees nach Nahrung ab. Bei dieser Vogelart brütet das dunkler gefiederte Männchen die Eier aus, das Weibchen geht auf Nahrungssuche.

◄ **Nahrungspyramide** Ein 1 kg schwerer Fisch benötigt die tausendfache Menge pflanzlicher Primärproduzenten.

▲ Grüne Wasserblüte an einem Seerand. Planktonalgen bilden die Basis der Nahrungspyramide.

Fischteich mit nur einer Art besetzt wird, werden Durchschnittsgewicht und Größe der Fische um so günstiger ausfallen, je weniger Individuen eingebracht werden.

In der Natur wird die verfügbare Nahrung unter allen Konsumenten auf jeder Stufe der Nahrungspyramide aufgeteilt. Die Individuenzahlen innerhalb der einzelnen Stufen werden von den Konsumenten der nächsthöheren Stufe in Schach gehalten. In einem schwedischen Gewässer, aus dem lange Zeit immer wieder große Barsche gefangen wurden, wurde jeglicher Angelbetrieb für zehn Jahre unterbrochen. Das Ausschalten des Menschen als Fischer und Konsument hatte zum Ergebnis, daß es bald nur noch große Mengen kleiner Barsche im See gab. Erst als die Mehrzahl der kleinen Barsche abgefischt wurde, war das Gleichgewicht wieder hergestellt, und große Barsche konnten wieder heranwachsen.

Gerade an Gewässern, die regelmäßig befischt werden, läßt sich sehr eindrucksvoll zeigen, wie die Nahrungspyramide funktioniert. Das gleiche dynamische Gleichgewicht zwischen Angebot, Nachfrage und Konsum gilt auch für die unteren Konsumentenebenen, wo noch viel mehr beteiligte Arten die Nahrung unter sich aufteilen. Manchmal kann das Gleichgewicht durch ungünstiges Wetter oder andere Einflüsse gestört werden. Dann kommt es gegebenenfalls zur Überproduktion, die sofort andere Tiere anlockt, die jedoch nur solange bleiben, bis der Überschuß konsumiert ist.

Geflügelte Besucher
Viele Vögel legen enorme Strecken zurück, um für kurze Zeit in einem bestimmten Gebiet zu brüten oder auch nur Nahrung zu suchen. Jedes Jahr im Frühjahr treffen auf dem Mývatn in der Kältewüste Mittelislands Tausende von Enten und anderen Wasservögeln ein, um ihre Jungen auf einem Gewässer aufzuziehen, das während eines kurzen Sommers reichlich Nahrung bietet. Hauptsächlich steht diese in Form von Larven und Puppen von Stechmücken zur Verfügung (mý = Mücke). Einziger Nahrungskonkurrent sind die Forellen in diesen Gewässern, die sich während des Winters von den Kleintieren im Bodenschlamm ernähren. Am Ende des Sommers ziehen die Wasservögel weit nach Süden in ihre Winterquartiere.

Versuche

1 Orientiere dich über den Fischfang aus einem Gewässer in deiner Nähe. Welche Fische werden gefangen? Wie groß ist ihr Durchschnittsgewicht? Wieviele Fische werden in einem Monat gefangen? Werden die Fische gefüttert? Wird das Gewässer jedes Jahr neu mit Fischen besetzt? Haben die Fische Feinde? Werden diese bejagt?

2 Suche verschiedene Fischgewässer auf. Unterscheiden sich die Fische verschiedener Gewässer im Gewicht? Unterscheiden sich die Fänge? Prüfe den pH-Wert des Wassers. Hängen pH-Wert und Fischgröße zusammen? Welche anderen Faktoren beeinflussen die Größe der Fische?

Wastwater	15,5 cm
Lough Atorick	17,7 cm
Windermere	21,5 cm
Loch Leven	28,2 cm
Malham Tarn	28,2 cm
Lough Derg	29,5 cm
Lough Rea	32,5 cm

Durchschnittslänge von Forellen im 3. Jahr in verschiedenen englischen Seen.

3 Sammle die Primärproduzenten und die Primärkonsumenten im Oberflächenwasser eines Sees im Frühjahr, Sommer, Herbst und Winter. Benütze immer die selbe Sammelstelle. Welche Organismen findest du? Nimm auch Bodenproben. Wann gibt es den meisten Detritus am Boden? Fällt dieser Zeitpunkt mit dem Höhepunkt der Konsumenten zusammen?

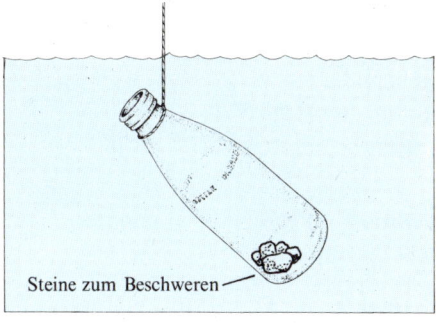

Steine zum Beschweren

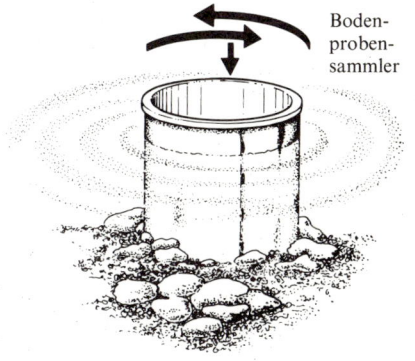

Bodenprobensammler

Fischpopulationen

Als Nahrung sind Fische schon seit langer Zeit für den Menschen von großer Bedeutung. Ihr Vorkommen und ihre Anzahl hängen von den Umweltbedingungen ihrer Gewässer ab. Dabei spielt das Nahrungsangebot eine große Rolle.

Die europäischen Fische kann man in zwei recht gut zu unterscheidende Gruppen einteilen. Einmal sind es die Arten, die in kalten, sauerstoffreichen, nährstoffarmen (oligotrophen) Gewässern leben. Sie werden als Klarwasserfische zusammengefaßt. Viele Vertreter der Salmonidae (Lachse) gehören hierher. Die zweite Gruppe, die Trübwasserfische, umfaßt Arten, die in wärmeren, nährstoffreicheren (eutrophen) Gewässern leben. Beide Gruppen enthalten Arten, die für den Menschen von großer Bedeutung sind.

Klarwasserfische

Die Forelle ist neben dem Lachs einer der wichtigsten Vertreter dieser Gruppe. Seeforellen führen ähnlich wie der Lachs Laichwanderungen durch. Sie suchen dazu größere Fließgewässer auf und kehren immer wieder zum Ablaichen in ihr eigenes Jugendgewässer zurück. Innerhalb des gleichen Seensystems kann es deswegen genetisch verschiedene innerartliche Gruppen geben, die aus verschiedenen Flüssen stammen. In einem größeren Maßstab entstanden solche genetisch unterscheidbare Sippen nach der Eiszeit durch Isolierung der Vorkommen in Nordamerika, Schweden und der UdSSR.

Das Ablaichen der Forellen wird durch Absinken der Temperatur auf Werte um 6° C ausgelöst und findet deshalb, wie es für die Lachsfamilie typisch ist, noch während des Winters statt. Das Laichverhalten gleicht in etwa dem des Lachses (S. 108/09). Das Weibchen baut eine Höhle oder Grube im Kies des Flußbettes, in die die Eier abgelegt werden. Dann werden sie vom Männchen besamt. Das Gelege wird nun mit Sediment zugedeckt. Aus den Eiern schlüpfen Larven, die zunächst noch nicht selbst auf Nahrungssuche gehen, sondern durch ihr Dottersäckchen er-

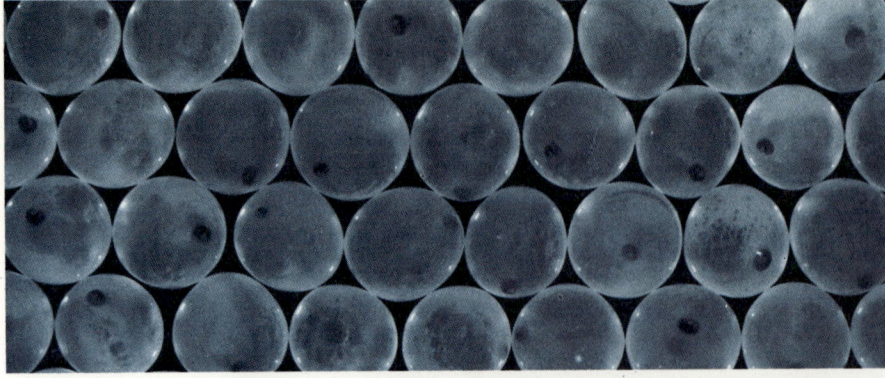

▲ Eier der Regenbogenforelle in einem Zuchtbehälter. Kurz vor dem Schlüpfen der Larven sind die „Augen" deutlich zu erkennen.

▶ Frisch geschlüpfte Larven der Bachforelle (*Salmo trutta*) mit Dottersäckchen, in denen sie für 1–2 Wochen Nahrung mit sich führen. Im Dottersäckchen erkennt man die Blutgefäße und zahlreiche kleine Fett-Tröpfchen.

▲ Diese Forellenlarven haben ihren Dottervorrat aufgebraucht und müssen sich ihre Nahrung nun selbst suchen.

▶ Etwa 3 Monate alte Forellen mit charakteristischem Streifenmuster auf den Körperflanken.

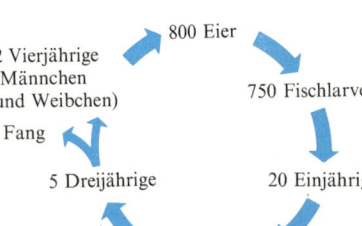

800 Eier

750 Fischlarven

20 Einjährige

10 Zweijährige

5 Dreijährige

1 Fang

2 Vierjährige (Männchen und Weibchen)

▲ Vereinfachtes Schema zur Überlebensrate einer Forellenbrut.

▶ Bei diesem Ukelei (*Alburnus alburnus*) ist die Seitenlinie, mit der Wasserbewegungen wahrgenommen werden, besonders gut zu sehen.

nährt werden. Wenn die Dottervorräte aufgebraucht sind, stellt sich die Fischbrut auf Ernährung durch kleine Planktonorganismen um. Bald entwickeln die Jungfische ein ausgeprägtes Revierverhalten und verjagen jeden Artgenossen, der sich ihnen auf etwa 10 cm Entfernung nähert. Jungfische mit einem größeren Territorium gedeihen besser und vertreiben bald auch ihre Nachbarn. Mit der Zeit stellen sie ihre Nahrung auch auf größere Beutetiere um.

Trübwasserfische

In dieser Gruppe gibt es sehr viel mehr Arten als bei den Klarwasserfischen. Außerdem fallen einige Unterschiede im Körperbau und im Verhalten auf, was sich aus der andersartigen Lebensweise ergibt. Solche Arten, die sich von Kleintieren des Planktons im freien Wasser oder am Gewässergrund ernähren, neigen dazu, Schwärme zu bilden. Dadurch können die Nahrungsgründe besser ausgenützt werden. Außerdem dient die Schwarmbildung dem Schutz vor Räubern. Größere Raubfische wie Hecht, Zander, Rapfen leben in abgesteckten Revieren und verhalten sich meist ruhig. Erst wenn Beute in der Nähe ist, schießen sie förmlich vor und ergreifen ihr Opfer. Schwarmfische sind dagegen ständig in Bewegung und dauernd auf Nahrungssuche. Fische des freien Wassers besitzen meist große, tüchtige Augen. Bodenweidende Arten wie Schlammpeitzger, Karpfen oder Schleie haben nur kleine Augen und setzen bei der Nahrungssuche eher ihre Barteln ein, mit denen sie den Schlamm abtasten. Farbe und Musterung hängen von der Lebensweise und vom Lebensraum ab. Der Barsch mit seinen vertikalen Streifen lebt bevorzugt zwischen Wasserpflanzen. Schleien passen sich dagegen mit ihrer bräunlich-grünen Färbung vorzüglich dem Boden an. Wenn ein nährstoffarmer See in größerem Ausmaß Abwasser aus Siedlungen oder die Drainage gedüngter Felder erhält, wird der Fischbesatz sich bald verändern. Edelfische der Lachsfamilie und vergleichbare Arten werden zugunsten der Trübwasserfische verdrängt. Die Seenbewirtschaftung wird in solchen Fällen darauf abgestellt, die Zahl der Trübwasserarten klein zu halten. Trübwasserfische laichen gewöhnlich bei höheren Temperaturen (etwa 10–20° C) ab. Ein weiblicher Barsch legt etwa 300 000 Eier ab, eine Forelle dagen nur rund 10 000. In einem schwedischen See, der für seine Saiblinge berühmt ist, wird der Barschbestand dadurch kontrolliert, daß man zur Laichzeit Äste in das Wasser legt und diese mit dem anhaftenden Barschlaich aus dem Wasser entfernt.

Altersbestimmung von Fischen

Die Kenntnis der Altersstruktur eines Fischbestandes ist für die Gewässerbewirtschaftung sehr wichtig. Man kann das Alter der Fische an der Ringanzahl auf ihren Schuppen bestimmen. Die meisten Knochenfische vergrößern ihre Schuppen durch jährliche Anlagerungen und bilden dabei ähnlich wie ein Baum Jahresringe aus. Engere Muster entstehen bei Wachstumsstörungen durch ungenügendes Nahrungsangebot oder durch Gewässerverschmutzung. Meist treten die jährlichen Zuwachszonen deutlich hervor. Eine andere Methode und das einzig mögliche Bestimmungsverfahren bei schuppenlosen Fischen wie Aalen, Peitzgern oder Welsen ist die Untersuchung der Otholithen, die ebenfalls Wachstumsmuster zeigen.

Fischfang

Heute werden die genauen Kenntnisse der Fischgründe, der Lebensweise, Nahrung, Entwicklungsabläufe und Fraßfeinde der Fische einer rationellen Seenbewirtschaftung und Befischung zugrundegelegt, nicht zuletzt, um die Bestände zu schützen und zu erhalten. Angeln will gelernt und gekonnt sein. Die Herstellung künstlicher trockener oder nasser Fliegen, mit denen die Fische auch dann an die Angel gelockt werden sollen, wenn sie gerade nicht hungrig sind, ist eine große Kunst. Die „Fliegen" werden meist so ausgesucht, daß sie der natürlichen Beute zur entsprechenden Zeit täuschend ähnlich sehen, im Frühjahr also etwa einer Eintagsfliege (vgl. S. 28/29). Auf Trübwasserfische wird meist mit einem Köder geangelt. Angler verbringen damit oft mehrer Stunden und warten an der gleichen Stelle darauf, daß ein Fisch anbeißt. Mitunter kann man den Lebensraum einer bestimmten Fischart genau angeben. Wo Verschmutzung durch organische Abwasser oder durch übermäßige Erwärmung die Wasserqualität verändert, nehmen gerade die Trübwasserfische auf Kosten anderer Arten stark zu und müssen dann auch stärker befischt werden, um die Populationen im Gleichgewicht zu halten.

(vgl. S. 28/29)

Versuche

1 Stelle fest, welche Fische in stehenden und fließenden Gewässern deiner Gegend gefangen werden. Versuche über die Angelvereine Angaben über die Fischpopulation zu erhalten. Welche Änderungen haben die Bestände in den letzten 10, 20 oder 50 Jahren erfahren? Wodurch wurden diese Veränderungen ausgelöst? Haben Besatzfische einen Einfluß auf die ursprünglich im betreffenden Gewässer vorkommenden Arten?

2 Versuche von einem Angler die Mägen einiger gefangener Fische zu bekommen und untersuche den Inhalt. Welche Nahrung haben die Fische aufgenommen? Unterscheide nach Pflanzen, Kleintieren, Mollusken und Fischen.

Kopf eines Räubers (Hecht)

3 Sammle die Schuppen von Fischen, die in deiner Gegend vorkommen. (Nimm dazu vor allem die aus der vorderen Körperregion.) Reinige die Schuppen mit einem feuchten Tuch, lege sie zwischen zwei Diagläser und projiziere sie auf eine Leinwand. Zähle die Zuwachszonen. Achte auf eventuelle Wachstumsstörungen. Trage die Daten für verschiedene Arten und Gewässer zusammen.

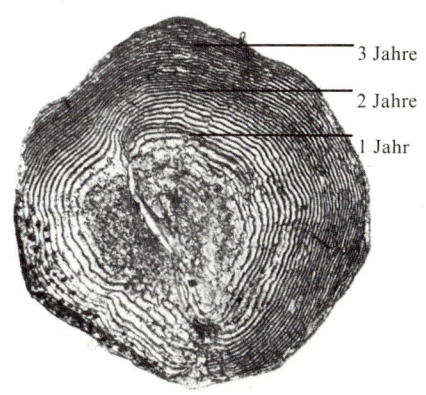

3 Jahre
2 Jahre
1 Jahr

Schuppe einer dreijährigen Forelle, die unter günstigen Bedingungen aufgewachsen ist. Die Ringe stehen im Winter dichter.

Leben unter Extrem- bedingungen

Es gibt Stellen auf der Welt, die jenseits aller Möglich- keiten für Lebewesen liegen. Dennoch finden sich sogar in heißen Quellen oder eisge- füllten Seen Organismen, die an diese besonderen Bedin- gungen hervorragend ange- paßt sind.

In der Natur treten immer wieder Situa- tionen auf, bei denen die Lebensbedin- gungen enorm schwanken und das Leben im Wasser zu bedrohen schei- nen. Die Wassertemperatur selbst an der Erdoberfläche kann irgendwo zwi- schen dem Gefrier- und dem Siede- punkt liegen. Die meisten kaltblütigen Wasserorganismen sterben bei etwa 30–40° C den Wärmetod. Auf der an- deren Seite zerstören Temperaturen zwischen 0° C und − 10° C die lebenden Zellen, da die empflindlichen Zellmem- branen bei diesen Temperaturen plat- zen. Das Wachstum kann durch Nähr- stoffmangel oder manchmal auch durch ein überreiches Nährstoffangebot ge- hemmt werden. Einige in der Natur vorkommende Mineralien wie Zink oder Blei können das Wasser nachhal- tig vergiften, und auch der Mensch lei- tet noch viele bedenkliche Schwerme- talle mit dem Abwasser in Bäche, Flüsse und Seen. Mit der Zeit findet sich jedoch auch in extremen Lebens- räumen eine eigenartige Versammlung toleranter Arten.

Heißes Wasser – kaltes Wasser
Heißwasserquellen und -seen gibt es an vielen Stellen der Erde, vor allem aber dort, wo ihre Kruste dünn oder brüchig ist und Vulkantätigkeit in Erscheinung tritt. Das in unterirdischen Spalten und Klüften vorhandene Wasser wird dabei stark erhitzt. Bei hohen Temperaturen lösen sich Salze und Mineralstoffe aus dem umgebenden Gestein besonders gut und verfärben das Wasser häufig. Wenn solches Wasser die Oberfläche erreicht, sinkt seine Temperatur ziem- lich rasch. An einer vulkanischen Quelle kann sie aber immer noch etwa 70° C betragen. Unter diesen Bedingun- gen überleben nur Schwefelbakterien.

▼ Dieser Eissee in Island ist reich an or- ganischen Nähr- und Mineralstoffen, die von einem Gletscherfeld ab- gewaschen werden. Ei- derenten (*Somateria mollissima*) und Stern- taucher (*Gavia stellata*) sind hier regelmäßige Gäste.

► Heißwasserquellen in Neuseeland. Das Wasser erscheint wegen des hohen Anteils an gelöstem Silikat bläu- lich. Im Wasser selbst können nur wenige Tier- und Pflanzenar- ten leben. Der warme Boden und die warme Luft lassen jedoch in der näheren Umgebung eine üppige Vegetation sprießen.

◄ Der Calthorpe Broad See in England im Sommer 1980 – 10 Jahre nachdem Trokkenheit die Wasserchemie dieses nährstoffreichen Gewässers stark veränderte und die meisten der früheren Wasserbewohner verschwanden. Die Gelbe Teichrose (*Nuphar lutea*) hat das freie Wasser wieder besiedelt. Dennoch wird es noch lange dauern, bis der See seinen früheren Artenreichtum wieder erlangt.

▲ Ein dystropher See über Torfboden in der Nähe des Mývatn-Sees in Island. Organische Säuren und geringer Sauerstoffgehalt unterbinden ein reiches Tier- und Pflanzenleben. Nur Sumpf-Blutauge (*Comarum palustre*) und einige Seggen (*Carex* sp.) bilden einen schwimmenden Teppich an den Seeufern.

Sobald sich die Temperatur jedoch bei etwa 50° C bewegt, treten verschiedene Zuckmückenlarven ebenso auf wie Algen, Rädertiere, Käferlarven oder sogar die Schnecke *Lymnaea peregra*. Eisseen entstehen dort, wo die Gletscher und Gletscherzungen abschmel-

zen, sich hinter Erdmoränen zurückziehen und einen Schmelzwassersee zurücklassen. Größere Eisblöcke können sich vom Gletscherrand lösen und im Wasser des Sees langsam wegschmelzen. Überraschenderweise gibt es selbst in solchen Gewässern eine Menge Nahrung, da sich hier vom Gletscher allerhand organischer Abfall ansammelt. Eine ganze Reihe von Vögeln, etwa die hübschen Eiderenten, leben bevorzugt in diesen kalten Seen. Solche Bedingungen herrschten in Europa während des nacheiszeitlichen Gletscherrückzuges an vielen Stellen vor. Pflanzen und Tiere, die damals häufig und weit verbreitet waren, kommen heute nur noch im Hochland und in den Alpen vor, wo sie wichtige Zeugen für ein ehemals wesentlich kühleres Klima sind. Der Strudelwurm *Planaria alpina* ist ein solches Relikt. Er kommt nur dort vor, wo selbst im Sommer die Wassertemperatur nicht über 11° C ansteigt.

Nahrung – zuviel oder zuwenig

Extrembedingungen, die durch zu knappe oder zu reichliche Nährstoffangebote heraufbeschworen werden, sind ziemlich schwer zu umreißen, weil sich dahinter oft komplexe chemische Zusammenhänge verbergen. Eisenhaltiges Wasser drückt beispielsweise den Sauerstoffgehalt eines Sees. Organisches Material sammelt sich dann auf dem Boden an, und der pH-Wert des Wassers sinkt ab. Solche Seen werden als dystroph bezeichnet. Sie sind arm an Calcium, Magnesium und Natrium, so daß in ihrem Wasser keine Algen leben können. Zuckmücken kommen auch in solchen Gewässern vor und bilden die Hauptnahrung von Vögeln, die in der Nähe solcher Gewässer während des Sommers brüten.

Wo reichlich organische Stoffe im Wasser enthalten sind und auch rasch umgesetzt werden, gibt es eigentlich keine ernsthaften Hindernisse für rasches Wachstum. Dennoch können viele Organismen solche eutrophen Bedingungen nicht ertragen und verschwinden, wenn der Mensch organische Abfälle aus dem Siedlungs- oder Farmbereich im Übermaß in Gewässer einleitet. Gerade bei den Flachlandseen geschieht dies recht häufig. Bedauerlicherweise schafft der Mensch ziemlich häufig solche Bedingungen, indem er Seen als Vorfluter für alle möglichen Abwässer mißbraucht. Wenn man nicht den ursprünglichen Zustand eines Gewässers kennt, kann man nichts über die daraus entstehenden Verluste sagen. Wir wissen aber mit Sicherheit, daß die unheilvolle Kombination organischer und industrieller Abfälle aus vielen Gewässern, darunter auch aus dem Rhein, biologische Wüsten gemacht hat.

Versuche

① Nimm einen Eimer Teichwasser mit kleinen Planktonorganismen und verteile Halbliterportionen auf verschiedene temperaturfeste Behälter. Setze diese verschiedenen Temperaturen aus (Gefrieren, 30° C, 40° C, 50° C, 60° C). Welche Organismen überleben welche Temperaturen?

② Nimm zwei Behälter mit gleichviel Teichwasser und überspanne sie mit durchlöcherter Polyethylenfolie, damit nicht zuviel Wasser verdunstet. Stelle einen Behälter an einen sonnigen, den anderen an einen schattigen Platz. Verfolge die Temperaturschwankungen in beiden Behältern. Welche Organismen vermehren sich, welche verschwinden? Untersuche dies 2–3 Wochen lang.

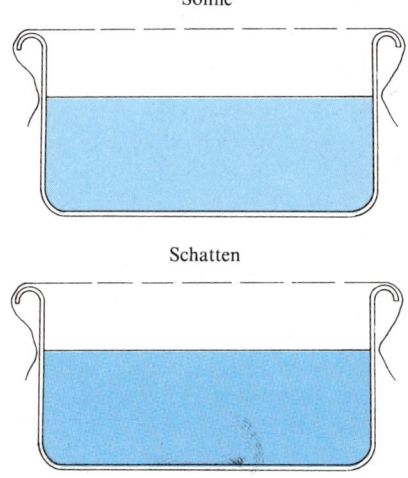

Sonne

Schatten

③ Untersuche verschiedene Tümpel, Teiche oder Seen, die sich in ihren Umweltbedingungen unterscheiden (sonnig oder beschattet, Dorf- oder Waldteich, nährstoffarmes oder -reiches Wasser). Kontrolliere Temperatur, pH-Wert, Substrate und Art der Nutzung. Untersuche die verschiedenen Wasserproben. Welche Arten kommen bei welchen Bedingungen vor?

Heidegewässer im Winter

Geburt und Tod eines Sees

Ein ruhiger See erscheint uns in der Landschaft ebenso unvergänglich wie die umgebenden Berge. Wie entstand jedoch dieser See, und wie wird er in ein paar hundert Jahren aussehen?

1. Ein See hat sich an der Berührungsstelle zwischen wasserundurchlässigem und undurchlässigem Gestein bzw. durch den Aufstau des abfließenden Wassers gebildet. Pflanzen können sich nur in Zone A, nicht jedoch in Zone B ansiedeln, da hier das Licht nicht mehr vordringt.

Flüsse, die in einen See münden, führen mineralische und organische Fracht mit sich. Wenn sie die Stillwasserbereiche eines Sees erreicht haben, laden sie ihre Fracht ab. Damit beginnt der langsame Prozeß der Verfüllung eines Seebekkens. Das einlaufende Wasser bringt auch Nährstoffe in den See, und deren Menge und Zusammensetzung entscheidet über das Pflanzen- und Tierleben im Wasser. Verschiedene Lebensräume werden den ersten Kolonisten eines neuen Sees angeboten. Es gibt da Flachwasserbereiche oder Tiefwasser, geschützte oder offene Buchten, Hart- oder Weichböden. Die Unterschiedlichkeit dieser Lebensräume steigert sich noch, wenn erst einmal Pflanzen eingetroffen sind. Die Erstbesiedler fliegen buchstäblich durch die Luft heran, an den Füßen, am Schnabel oder im Gefieder von Wat- und Wasservögeln. Sie können auch auf dem Landweg im Fell von wasserlebenden Säugetieren ankommen. Andere werden vom Wind eingeweht. Echte Wasserpflanzen sind häufig bemerkenswert unproduktiv, wenn es um Samenbildung geht, und vermehren sich eher vegetativ in Form kleiner Bruchstücke. In den Frühphasen der Seenbesiedlung bildet sich ein Schilfgürtel an allen Ufern bis höchstens ein Meter Wassertiefe aus. Die grundtiefen Rhizome des Schilfs breiten sich durch rasches Wachstum in allen Richtungen aus und bilden ein dichtes Netzwerk, das den Seeboden festigt, während die schlanken, aufrechten Schilfrohre selbst weiteres Sediment einfangen.

In jedem Jahr erhöhen die belaubten Stengel die Menge organischen Materials. Weiter draußen, an den offeneren Stellen, wachsen die blattlosen Sprosse des Teich-Schachtelhalms aus fast zwei Meter Wassertiefe hoch. An den geschützteren Stellen und über noch tieferem Wasser nehmen die schwimmenden, tellerflachen Blätter der Gelben Teichrose eine weitere Zone ein. In der Seenmitte ist an der Oberfläche kein

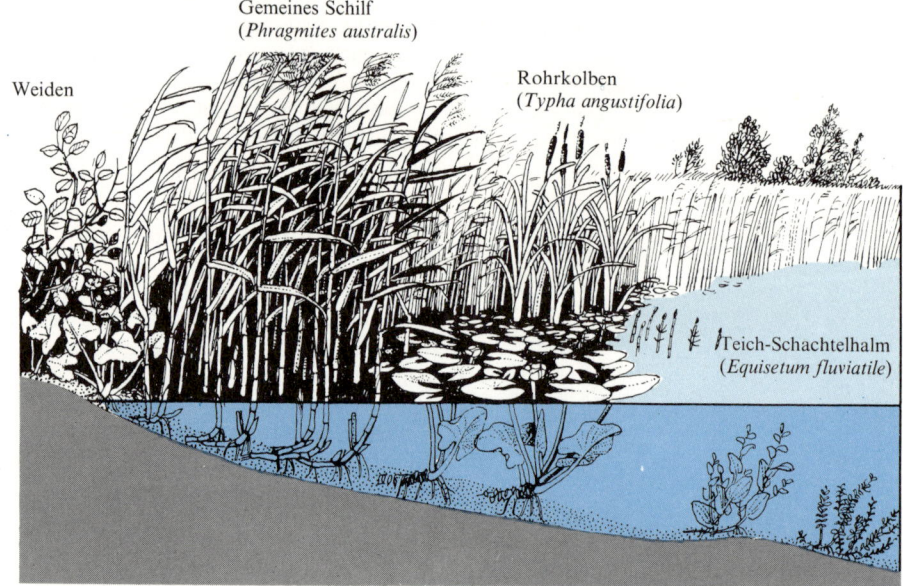

2. Besiedlung eines Gewässers durch Röhricht, Schwimm- und Tauchpflanzen.

Gelbe Teichrose (*Nuphar lutea*) — Durchwachsenes Laichkraut (*Potamogeton perfoliatus*) — Kanadische Wasserpest (*Elodea canadensis*)

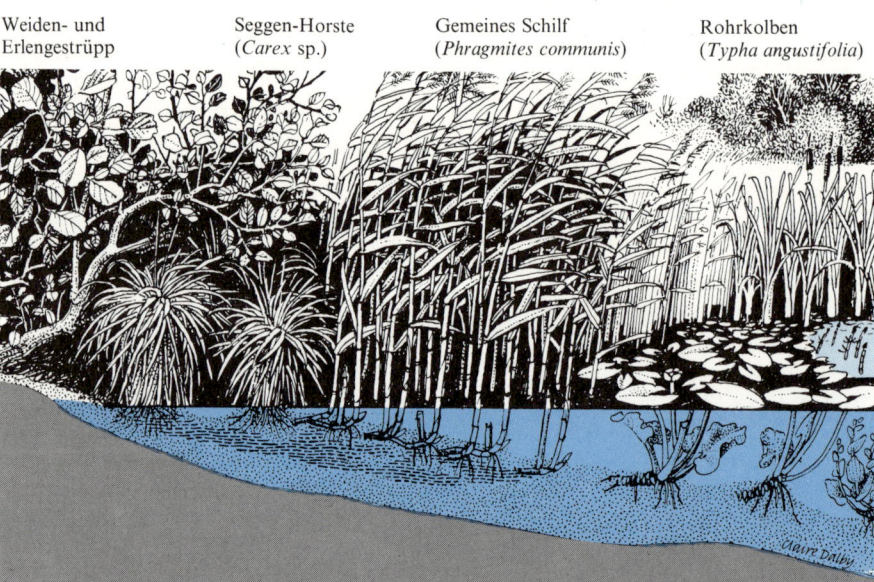

3. Das Seebecken hat sich langsam mit Sediment und Torf gefüllt. Seggen-Horste breiten sich aus, gefolgt von Weiden- und Erlengestrüpp.

Gelbe Teichrose (*Nuphar lutea*)

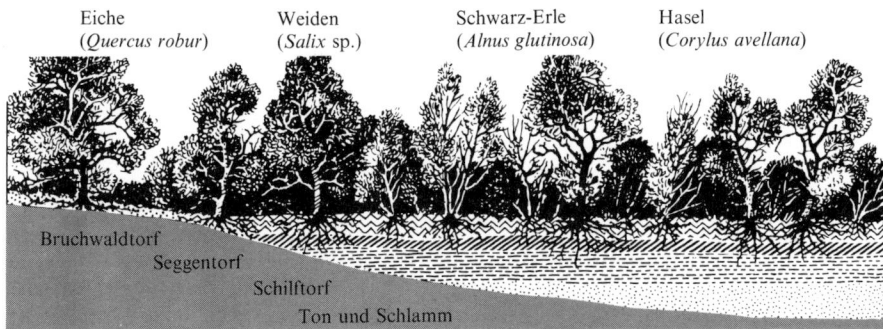

Eiche
(*Quercus robur*) Weiden
(*Salix* sp.) Schwarz-Erle
(*Alnus glutinosa*) Hasel
(*Corylus avellana*)

Bruchwaldtorf
Seggentorf
Schilftorf
Ton und Schlamm

4. Das Seebecken ist nun vollständig mit Sediment und Torf verschiedener Besiedlungsstadien angefüllt. Über dem See wächst Wald, durch dessen Verdunstung der Boden austrocknet.

Pflanzenwuchs erkennbar. Dort gibt es jedoch einen Bereich mit Tauchpflanzen, durch deren durchscheinende Blätter Licht und Gase leicht passieren können. Diese Pflanzen benötigen ihre Wurzeln lediglich zur Stabilisierung. Sie brechen auch leicht in kleine Stücke, durch die sie sich rasch ausbreiten können. Ihr Vorkommen beschränkt sich auf diejenigen Wasserschichten, die noch von genügend Sonnenlicht erreicht werden.

Über Jahre hinweg sammeln sich die Sedimente am Seegrund, und die verschiedenen Wasserpflanzenzonen verlagern sich allmählich in Richtung Seemitte. Die freie Wasserfläche wird verkleinert, und ebenso nimmt auch das Volumen des Sees immer mehr ab. Jede Pflanzengemeinschaft ist sozusagen der Wegbereiter der folgenden. Seggenhorste drängen nun vom Uferbereich in den Röhrichtgürtel vor und ermöglichen verschiedenen Sumpfpflanzen die Ansiedlung. Bald können auch Weiden- und Erlensamen anfliegen und sich oberhalb der Wasserlinie zwischen den Seggenhorsten ausbreiten. Sie wachsen rasch heran, und unter ihrem Schatten kann der Röhrichtgürtel nicht länger bestehen. Außerdem setzen sie durch ihre Blätter sehr viel Wasser um. Die erhöhte Verdunstung führt zu einer langsamen Austrocknung der seenahen Uferbereiche.

Es dauert nicht lange bis zur ersten An-siedlung von Waldpflanzen. Bei mäßigen Niederschlagsmengen wird der Wasserspiegel über das Grundwasser reguliert. Der Boden wird vom Wurzelwerk gut durchlüftet und trocknet weiter aus. Die Zahl der möglichen Lebensräume nimmt jetzt sprunghaft zu – der junge Wald stellt ein reiches Nahrungsangebot zur Verfügung. Viele weitere Pflanzen- und Tierarten folgen nach.

In Gegenden mit reichlichen Niederschlägen nimmt die Entwicklung einen anderen Verlauf. Auch oberhalb des Seespiegels kann sich das Wasser in kleinen Tümpeln des Uferbereichs ansammeln, in die nach und nach Torfmoose (*Sphagnum*- Arten) einwandern. Diese kleinen Pflanzen sind ungemein produktiv und überwölben bald größere Flächen mit Bulten und Schlenken, die das Regenwasser auch gegen die Geländeneigung festhalten. Bald erhält die Oberfläche ihre Wasserzufuhr nur noch über den Regen und wird vom Grundwasser unabhängig. Hier leben nun Pflanzen, die relativ niedrige pH-Werte ertragen, so etwa die hübschen Wollgräser oder verschiedene Vertreter der Heidekrautgewächse (Ericaceae). Im Flachland kommen nach und nach auch Moorbirken und Waldkiefern hinzu, so daß sich zuletzt ein Nadelwald entwickelt, wie er für viele niederschlagsreiche Gebiete Europas typisch ist.

Moorbirke
(*Betula pubescens*)

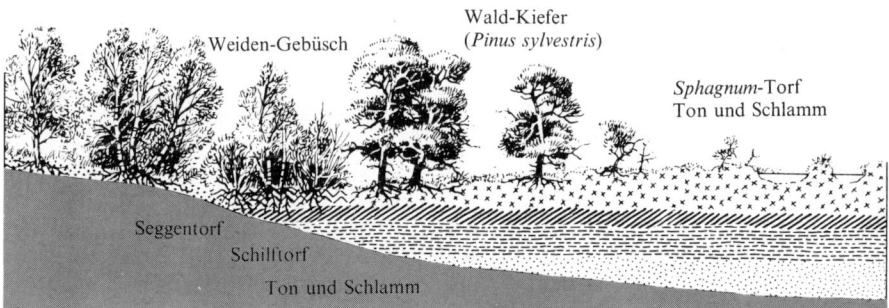

Weiden-Gebüsch Wald-Kiefer
(*Pinus sylvestris*)

Sphagnum-Torf
Ton und Schlamm

Seggentorf
Schilftorf
Ton und Schlamm

5. In einem niederschlagsreichen Gebiet konnte sich in einem Seebecken über den Grundwasser-spiegel hinaus ein Torfmoor entwickeln. Nur säuretolerante Arten können hier überleben.

Versuche

1 Schätze ungefähr das Alter von Pflanzengesellschaften in Feuchtgebieten ab. Nimm als Anhaltspunkt die Zahl verschiedener Arten, die dort zusammen wachsen.

1. Fertige einen quadratischen Drahtrahmen mit ca. 25 cm Seitenlänge an.

2. Suche dir eine ca. 30 m lange Fläche aus und führe darin ca. 20 Pflanzenaufnahmen durch. Notiere jede Blütenpflanze, die innerhalb des Drahtrahmens wächst. Kreuze in einer Tabelle die Pflanzennamen an, wenn sie in anderen Aufnahmen wieder vorkommen.

3. Wenn deine Pflanzenaufnahmen fertig sind, sollte deine Tabelle etwa folgendermaßen aussehen:

Beantworte nun folgende Fragen:
1. Welche Pflanzen beherrschen den untersuchten Lebensraum?
2. Sind sie an allen Stellen gleich häufig?
3. Wieviel Pflanzen wachsen innerhalb des Drahtrahmens zusammen?

Vergleiche eine Fläche, von der du weißt, daß sie in jüngster Zeit genutzt wurde mit einer anderen, deren Geschichte du nicht kennst. Kommen in der Nutzfläche weniger Arten vor?

2 Wenn du eine Stelle kennst, an der es reichlich Torfmoose gibt, nimm ein paar mit und lege dir zuhause einen Torfmoos-Garten an. Setze dazu die Pflanzen in einen flachen Behälter. Bedecke ihn zur Verringerung der Verdunstung mit einer Glasscheibe. Wässere nur mit Regenwasser! Wenn du verschiedene Arten hast, halte beim Einpflanzen auf einer maßstäblichen Kartenskizze ihre Verteilung fest. Ändert sich diese nach ein paar Wochen? Verändere den Wasserspiegel und beobachte die Effekte.

49

Moore und Sümpfe

Die hellgrünen Torfmoos-Polster eines Moores erinnern den Wanderer daran, daß ein Tritt auf eine falsche Stelle knöcheltiefes Einsinken im Schlamm und nasse Füße nach sich ziehen kann. Der genauere Blick auf das Moospolster zeigt jedoch ein Mosaik kleiner Pflanzen, die die Moorflächen im Spätsommer mit ihren Blüten übersäen. Fettkraut, Sonnentau, Zarter Gauchheil und andere sind darunter. In vielen Gebieten des gemäßigten Klimabereichs bedecken Feuchtbiotope (noch) ausgedehnte Flächen.

Es sind überwiegend einsame, verlassene Gebiete geblieben, in denen man kaum seinen Lebensunterhalt zusammenbringt und wo allenfalls ein paar Schafe auf die Sommerweide gehen können. Heute, in unserer vom Menschen überformten und meist zerstörten Landschaft, werden solche Gebiete wegen ihrer natürlichen Schönheit und der zahlreichen darin vorkommenden Tier- und Pflanzenarten von Naturfreunden hochgeschätzt. Obwohl wir uns sicher an den heidebewachsenen Hängen und – zur Sommerzeit – am Gesang der Heidelerche hoch über unseren Köpfen erfreuen, ist die Wirklichkeit für die Pflanzen und Tiere weniger gemütvoll. Während der meisten Zeit des Jahres sind sie kaltem, feuchtem, stürmischem Wetter ausgesetzt. Voller Sonnenschein ist durchaus eine Seltenheit. Nährstoffe sind recht knapp. Sie werden nicht freigesetzt und dem Stoffwechsel wieder zugeführt, sondern in wassergetränktem Torf festgelegt und dem Stoffkreislauf entzogen.

Moor-archäologie

Torfmoore sind wahre Archive der Vegetationsgeschichte und menschlicher Tätigkeit aus Zeiten, bevor Geschichte geschrieben wurde.

Überall, wo über staunassem Grund Pflanzen wachsen, verlangsamt sich der Abbau der organischen Substanz oder kommt gar völlig zum Stillstand, weil nur wenige Zersetzer unter anaeroben Bedingungen (ohne Sauerstoffzufuhr) leben können. An solchen Stellen können sich Pflanzenreste über Jahrhunderte und Jahrtausende anhäufen und zu Torf werden. Dieser Vorgang setzt sich so lange fort, bis sich entweder das Klima ändert oder das betreffende Gebiet entwässert wird. In einigen Gebieten hat sich daher ununterbrochen Pflanzenmaterial von dem Zeitpunkt aufhäufen können, von dem an ein offenes Gewässer zum ersten Mal mit Pflanzen besiedelt wurde. Die Zusammensetzung des Torfs ändert sich mit den Pflanzengemeinschaften, die das betreffende Gebiet besiedelten. Zwei Torftypen können dabei grundsätzlich unterschieden werden: zum einen der Moos-(*Sphagnum*-)Torf, der in saurer Umgebung entsteht, zum anderen der Seggentorf, der sich eher in alkalischem Grundwasser absetzt. Die Torflagen können uns jedoch noch weitaus mehr erzählen. Sie sind ein Abriß von Pflanzen- und Tiergemeinschaften, die Schicht auf Schicht übereinandergelagert sind – sozusagen ein Tagebuch der Lebensgemeinschaften und Ereignisse im Moor und auch ein bedeutendes Archiv der Menschheitsgeschichte, das Auskunft über längst vergangene Zeiten gibt, Werkzeuge, Wohnstätten oder sogar Leichen aufbewahrt oder Veränderungen der Pflanzengemeinschaften anzeigt und so Rückschlüsse auf menschliche Eingriffe in die Natur zuläßt.

Die Geschichte ist in den aufeinanderfolgenden Torflagen selbst greifbar, und wir verfügen heute über zahlreiche Hilfen zur Auffindung, Deutung und Untersuchung von Torfresten. Makrofossilien (Samen, Wurzeln, Blätter, Holzstücke, Insektenpanzer, Knochen, Haare) geben nur beschränkt und nur über eine bestimmte Stelle Auskunft. Ein umfassenderes Bild kann jedoch aus der mikroskopischen Untersuchung

► Durch Torfabbau wurde ein vorgeschichtlicher Weg über das Moor freigelegt, der um 3000 v. Chr. aus Ästen und Reisig angelegt wurde. Die Birken- und Erlenbestände im Bildhintergrund wachsen über älteren Torfstichen auf.

Schematischer Schnitt durch ein Torfpaket aus einem Moor. Links die Abfolge der verschiedenen Bewuchsformen, rechts eine Reihe von Funden, die aus dem Torf geborgen wurden.

Bei reichlichem Niederschlag hat sich ein Hochmoor entwickelt, in dem neben Torfmoos auch Krähenbeere, Glockenheide, Wollgras und Moorlilien wachsen. Am Rand stocken Birken und Erlen. Der Baumbestand ist aus klimatischen Gründen und infolge starker Rodungstätigkeit nur gering.

Durch einen Anstieg des Grundwassers wird das Gelände in der Hauptsache von Seggen, Binsen und Erlen eingenommen. Ulmen, die trockenere Bedingungen anzeigen, gehen zurück.

Offene Wasserflächen ermöglichten die Entwicklung eines Röhrichtgürtels.

400 v. Chr.	
Sphagnum-Torf	
1400 v. Chr.	
Bruchwaldtorf	
1600 v. Chr.	
2200 v. Chr.	
Sphagnum-Torf	
3500 v. Chr.	
Bruchwaldtorf	
4500 v. Chr.	
Schilftorf	
5000 v. Chr.	
Tonmudde	

Im eisenzeitlichen Dorf fanden sich viele Gegenstände aus Eisen, Knochen und Holz.

Bronzezeitlicher Weg aus dicken, verpflockten Planken, die mit Bronzeäxten zugerichtet wurden.

Hölzerne Heugabel

Feuerstein wurde in dieser Gegend nicht gefunden. Diese Abschläge lagen im Moos beieinander und stammen wahrscheinlich aus einem Beutel.

Reisigbündel und -matten wurden zur Begehung feuchterer Zonen angefertigt. Sie bestehen in der Hauptsache aus Haselruten.

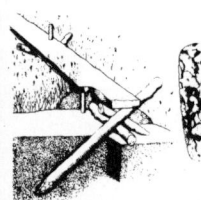 

Steinzeitlicher Bohlenweg durch das Moor. Am Weg fanden sich Jadeit- und Feuersteinwerkzeuge sowie ein zerbrochenes Gefäß mit verstreuten Haselnüssen.

► **Pollendiagramm**
Dargestellt sind die jeweiligen Anteile von Baum- und Krautpollen in einem Torfprofil. Veränderungen in der Gehölzzusammensetzung und die Ausbreitung von Weideland nach der Ansiedlung von Menschen sind deutlich erkennbar.

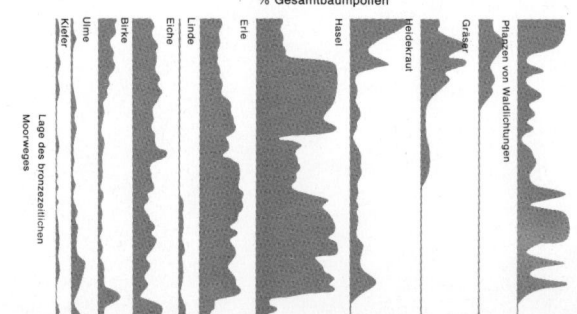

% Gesamtbaumpollen

Kiefer · Ulme · Birke · Eiche · Linde · Erle · Hasel · Heidekraut · Gräser · Pflanzen von Waldlichtungen · Torfmoos

Lage des Moorweges

Lage des bronzezeitlichen

530–620 n.Chr.
220–280 n.Chr.
165–130 v.Chr.
425–370 v.Chr.
895–825 v.Chr.
2255–2130 v.Chr.
2385–2245 v.Chr.
2660–2520 v.Chr.

der im Torf abgelagerten Blütenpollen gezeichnet werden. Pollenkörner besitzen eine außerordentlich widerstandsfähige Zellwand mit Mustern und Reliefs, die so charakteristisch sind, daß man noch nach Jahrtausenden die Gattungs- und Artzugehörigkeit bestimmen kann. Die Windbestäuber unter den Bäumen, Sträuchern und Kräutern produzieren Unmengen von Pollen, die über ein großes Gebiet verbreitet werden – etwa 150 km weit in jeder Richtung. Wenn man überall aus einem Torfpaket Pollenproben nimmt und sie zur durchschnittlichen Pollenproduktion der beteiligten Pflanzenarten in Beziehung setzt, kann man aus den Vergleichszahlen langfristige Veränderungen der Vegetation im betreffenden Gebiet ablesen und die aufeinanderfolgenden Pflanzengesellschaften rekonstruieren. Der Beginn der ersten bäuerlichen Kulturen fällt beispielsweise mit einem deutlichen Rückgang der Baumpollen und einer Zunahme von Unkrautpollen zusammen.

Seit 1949 kann man mit Hilfe der Radioaktivität die Torfschichten recht genau datieren. Radioaktiver Kohlenstoff ist in kleinen Mengen im CO_2 der Atmosphäre enthalten und wird von Pflanzen bis zu deren Absterben unentwegt aufgenommen. Die Menge der im Pflanzenkörper enthaltenen radioaktiven Atome nimmt durch Zerfallsprozesse langsam, aber mit einer bekannten Rate ab. Nach rund 5600 Jahren ist nur noch die Hälfte des radioaktiven Kohlenstoffs vorhanden. Wenn man nun die Menge Radiokohlenstoff in pflanzlichen oder tierischem Material ermittelt, kann die nach seinem Tod verstrichene Zeit berechnet werden. Je weniger Radiokohlenstoff in einer Probe enthalten ist, um so älter ist sie und um so ungenauer wird dann auch die zeitliche Einordnung.

Schon in der Vorzeit grenzte der Lebensraum der Menschen an Moorflächen. Das Moor trennte Siedlungen, Weidegebiete oder Wirtschaftsflächen voneinander. Weite Moorgebiete prägten besonders das Bild der norddeutschen Landschaft. Noch vor 200 Jahren bedeckten sie beispielsweise zwischen Weser und Ems mehr als ein Viertel des Bodens.

An vielen Stellen sind im Moor Siedlungsplätze ausgegraben worden. Die Abfallhaufen, die die Bewohner zurückgelassen haben, helfen uns heute, ihre Lebensumstände genauer anzugeben. Die Ausgrabungen brachten die Knochenreste von fast 40 Tierarten zutage, meist Wasser- oder Greifvögel, die in der Nähe erjagt wurden. Darunter waren Wanderfalken, Seeadler, Baßtölpel, Gänsesäger, Sterntaucher, Milane und weitere, heute recht seltene Arten. Um diese Vögel zu erlegen, mußten die

Dorfbewohner über die Moorflächen ziehen. Dazu mußten Wegenetze angelegt werden. Im Großen Moor bei Diepholz ist ein solches Wegesystem freigelegt worden, an dem Einzelheiten des Wegebaus genau untersucht werden konnten: Über einem Unterbau von geschnittenen Baumstämmem wurde eine querliegende Bohlenspur errichtet (s. dazu „Seehafer, Der Dümmer See", Kosmos-Verlag Stuttgart).

An anderen Stellen wurde mit weniger Materialaufwand gearbeitet. Reisigbüschel oder Äste wurden über die unwegsamen Flächen gelegt. Diese Tradition hat sich mancherorts bis in die Neuzeit erhalten. Reisigbüschel waren einfach zu schnüren, nicht allzu schwer von Gewicht und erstaunlich tragfest. Entlang solcher bronzezeitlicher Reisigwege sind vielfach schön geformte Äxte gefunden worden, die die Wegebauer

offenbar verloren haben.

Einer der ältesten Moorwege in England ist nach dem Torfstecher Ray Sweet benannt, der ihn entdeckt hat. Es ist kaum zu glauben, daß steinzeitliche Äxte zur Bearbeitung der dicken Eichenstämme taugten, aus denen dieser Weg gebaut wurde. Steinwerkzeuge fanden sich überall neben dem Weg, außerdem das beredte Zeugnis eines Mißgeschicks vor rund 6000 Jahren: Ein zerbrochenes Gefäß und zahlreiche umhergestreute Haselnüsse.

Die Vegetationsgeschichte eines Moores reicht oft viel weiter zurück als die Zeitabschnitte, in denen der Mensch auf den Plan tritt. Sie läßt sich unter günstigen Bedingungen bis in die Tundrenzeit zurückverfolgen und setzt damit zu einem Zeitpunkt an, als in Mitteleuropa der Rückzug der eiszeitlichen Gletscher begann.

Torfmoos

Torfmoose (*Sphagnum*-Arten) sind Hauptbestandteil und wichtige Ursache ausgedehnter Moorflächen in Mittel- und Nordeuropa. Ihre Fähigkeit, auch in geneigtem Gelände Niederschlagswasser zu speichern, zeigt diese Luftaufnahme eines Moores in Schottland.

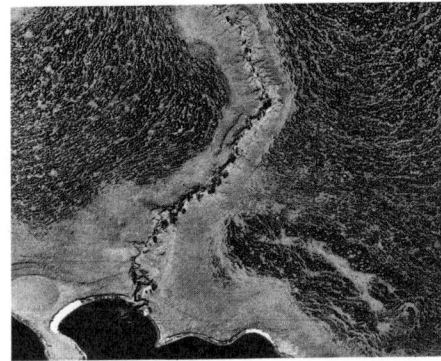

Das Wachstum der Bulten beginnt im Wasser mit der Ansiedlung des feinblättrigen Torfmooses *Sphagnum papillosum*, das rasch ein dichtes Mooskissen bildet. Bald siedeln sich auch andere Arten an, die sich wie ein Mosaik und abhängig von geringen Standortunterschieden ausbreiten.

Wenn man ein Büschel Torfmoos zusammendrückt, rinnt das Wasser wie aus einem Schwamm. Nach dem Loslassen nimmt das Moos wieder seine ursprüngliche Form an und füllt sich im Wasser schnell wieder auf. Erstaunlicherweise enthalten die Moospflanzen kein wassertransportierendes Gewebe (Leitbündel).

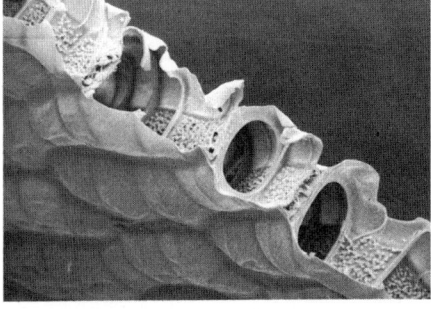

Die rasterelektronenmikroskopische Aufnahme läßt uns in die Blattzellen einer *Sphagnum*-Pflanze blicken. Die wasserspeichernden Zellen sind mit Leisten und Rippen in der Zellwand verstärkt. Sie bilden ein das gesamte Blättchen überspannendes Netzwerk.

Feuchtgebiete

Feuchtgebiete bilden sich überall dort, wo das Wasser auf seinem Weg vom Gebirge zum Meer aufgehalten wird.

Mehr als 230 Millionen Hektar der Erdoberfläche entfallen auf Feuchtgebiete. Abhängig vom Klima und vom Relief haben sich die unterschiedlichsten Lebensräume entwickelt, angefangen vom Hangmoor in den Gebirgen über Flußauen bis zu den ausgedehnten Niederungsmooren und Bruchwaldgebieten. Die Pflanzen in diesen Lebensräumen sind an die besonderen Bedingungen ihres wäßrigen Standortes hervorragend angepaßt. Sie bilden in der Landschaft charakteristische Lebensgemeinschaften, die wir zusammenfassend als Sümpfe und Moore bezeichnen. Die verschiedenen Moorformen und Sumpfgebiete werden in jedem Fall vom Klima, von der geographischen Lage und von der Art des Gesteinsuntergrundes beeinflußt.

Im Bergland können sich in Gebieten mit reichem Niederschlag über wasserundurchlässigem Urgestein ausgedehnte Hangmoore entwickeln. Wichtige pflanzliche Besiedler sind auch hier die Torfmoose (*Sphagnum*-Arten). Sie können sogar bei stärkerer Hangneigung noch das Wasser zurückhalten und ein weitverzweigtes System wassergefüllter Schlenken aufbauen, in denen der größte Teil der Torfmoose unter der Wasseroberfläche wächst. Die Schichtmächtigkeit, die der *Sphagnum*-Torf an solchen Stellen erreichen kann, hängt vom Ausmaß der Hangneigung ab. An steileren Hängen neigen solche Moore dazu, allmählich abzuleiten. Sphagnum-Bestände verändern den Chemismus ihres Standortes grundlegend, weil sie Wasserstoffionen gegen Alkali-Ionen austauschen und dadurch das Wasser im Moor erheblich ansäuern. Außer einer Vielzahl von Seggen und Binsen können hier nur noch Zwergsträucher mit immergrünen Blättern leben, die gegen Kälte und Verdunstungsverluste geschützt sind. Auch das Tierleben fällt gewöhnlich recht arm aus, da das Wasser sauerstoffarm ist und häufig niedrigen Temperaturen ausgesetzt wird.

Talmoore über verwitterungsfestem Gestein sind immer noch ziemlich sauer, doch erhalten sie bereits den Bestandsabfall weiter oberhalb wachsender Pflanzengemeinschaften sowie Sediment und Mineralstoffe, die von den umlie-

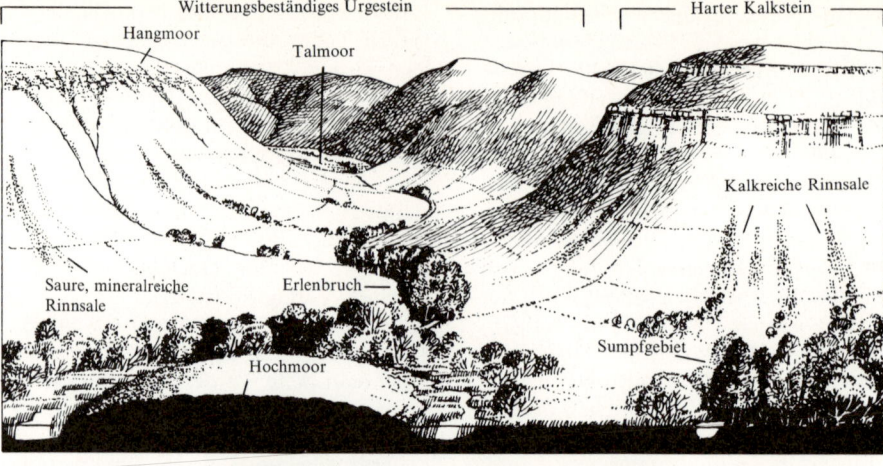

▲ Schema mit Lage und Ursprung verschiedener Feuchtgebiete.

▶ Erlenbruchwald, eine nährstoffreiche Pflanzengesellschaft in einem Feuchtgebiet mit Wasser-Schwertlilien (*Iris pseudacorus*) und Sumpfdotterblumen (*Caltha palustris*).

▼ Frisch gemähte Feuchtwiese mit reicher Artenvielfalt auch an den Rändern. Hier gedeihen Sumpf-Haarstrang (*Peucedanum palustre*). Blutweiderich (*Lythrum salicaria*) und Baldrian (*Valeriana officinalis*). Gagelgebüsch (*Myrica gale*) leitet zum Gehölzbestand über.

▶ Moorfläche auf einem Hochplateau. Die Moortümpel werden von Torfmoosen (*Sphagnum* sp.) besiedelt, die allmählich zu Bulten hochwachsen. Dann siedeln sich Wollgras (*Eriophorum angustifolium*) und Haarsimse (*Trichophorum cespitosum*) an. Ältere Bulten tragen auch Besenheide (*Calluna vulgaris*) oder Glockenheide (*Erica tetralix*).

▼ Talmoor in Schottland. Die Ansammlung von Hangschutt und Nährstoffen gibt einer reichen Flora Raum, darunter Teufelsabbiß (*Succisa pratensis*), Glockenheide (*Erica tetralix*) und Gagel (*Myrica gale*).

genden Hängen abgewaschen werden. Diese sammeln sich an geschützten Stellen des Talgrundes an, und dort siedelt meist auch eine etwas andersartige Flora. In der Nähe landwirtschaftlicher Nutzflächen nimmt die Nährstofffracht eines sauren Moorbaches erheblich zu. Auch vergrößert sich der Sedimenttransport. Abgesetztes Material sammelt sich überall dort in der Talaue an, wo die Strömungsgeschwindigkeit stark herabgesetzt wird. Die Feuchtgebiete bieten in den günstigeren klimatischen Bedingungen der unteren Talbereiche einer Reihe von Gehölzarten Lebens-

raum. Dadurch wird der Wasserabfluß vermindert. Das Ergebnis ist ein sumpfiges Waldstück, ein Bruchwald mit kleinen Wassertümpeln und einem dichten Unterwuchs schattenverträglicher Blütenpflanzen. Erlenbrücher waren einst in Europa weit verbreitet. Durch Trockenlegung und Rodung sind sie jetzt recht selten geworden und fast nur noch auf die Uferbereiche der Fließgewässer beschränkt.

Auch im Flachland können sich saure Moore, wie sie gerade für das Bergland typisch sind, entwickeln. Sie finden sich beispielsweise in Sandgebieten, in denen Tonschichten den Untergrund abdichten und wo das Wasser in der Hauptsache durch die Niederschläge herangeführt wird. Solche Moore zeichnen sich durch eine ähnlich zusammengesetzte Flora aus. Außer Torfmoosen kommen hier fleischfressende Pflanzen wie Sonnentau oder Fettkraut vor, die ihre magere Stickstoffversorgung durch Insektenfang aufbessern. In tief liegenden Gebieten kann sich ein solches saures Moor sogar über einem Kalksumpf entwickeln. Es wird dann vom alkalischen Grundwasser unabhängig und nur noch vom Regenwasser versorgt. Deshalb kann es auch nur in Gebieten mit hohen Niederschlagsmengen bestehen.

Feuchtgebiete mit kalkreichem, alkalisch reagierendem Grundwasser unterscheiden sich erheblich von den sauren Torfmooren, weil das Wasser genügend Nährstoffe für eine reich entwickelte Flora und Fauna bereitstellt. Kalkmoore und Kalksümpfe weisen deshalb eine viel reichhaltigere Pflanzen- und Tierwelt auf. In den Gräben wachsen solche Pflanzen, die früher vielleicht in den Moortümpeln gesiedelt haben. Wegen des hohen Nährstoffgehalts sind solche Pflanzenbestände in neuerer Zeit auch häufig in Ackerland umgewandelt worden, nachdem der Boden zuvor gründlich entwässert wurde. Feuchtwiesen wie die abgebildete sind deshalb in unserer Zeit schon eine recht seltene Erscheinung. Gerade hier kommt jedoch eine erstaunliche große Anzahl von seltenen oder vom Aussterben bedrohten Arten vor, die dringend unseren Schutz benötigen.

Wo im Bergland mineralreiches Oberflächenwasser die Hänge herunterrieselt, bilden sich Abflußrinnen mit üppig entwickelter Vegetation aus. Auch hier versammeln sich zahlreiche selten gewordene Arten, von denen schon viele Eingang in die „Rote Liste" gefunden haben.

Versuche

1 Verschaffe dir einen Überblick über die Feuchtgebiete deiner Gegend. Haben sich in den letzten Jahrzehnten oder im letzten Jahrhundert Zahl und Fläche der Feuchtgebiete verkleinert oder vergrößert? Wie ist der augenblickliche Stand? Wie ist die Flora dieser Gebiete zusammengesetzt? Gibt es Anzeichen für eine frühere Nutzung, etwa Beweidung, Trockenlegung, Gräben, Baumstümpfe?

2 Baue dir einen eigenen Regenmesser und miß die Niederschlagsmenge an verschiedenen Stellen. Vergleiche deine Ergebnisse mit den Meßdaten der nächstgelegenen Wetterstation.
Überprüfe den Grundwasserspiegel, indem du ein kleines Loch gräbst und eine Meßlatte hineinstellst. Lies jeden Monat ab. In welchem Monat ist der Grundwasserspiegel am höchsten?

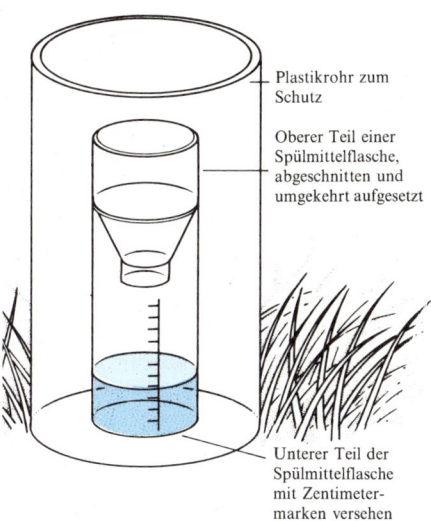

Plastikrohr zum Schutz

Oberer Teil einer Spülmittelflasche, abgeschnitten und umgekehrt aufgesetzt

Unterer Teil der Spülmittelflasche mit Zentimetermarken versehen

Die Ablesungen geben die Niederschlagsmenge (in cm) über der Auffangfläche an.

3 Bestimme die Verdunstungsrate einer offenen Wasserfläche bei verschiedenen Witterungsbedingungen. Verwende dazu gleichgroße Gefäße mit ca. 10–15 cm Durchmesser. Fülle in jeden Behälter die gleiche Wassermenge und stelle die Gefäße an verschiedenen Stellen auf (sonnig/schattig, am Boden/in der Luft). Nach einem Tag messe die Restwassermenge und berechne die Verdunstungsrate (Wasserverlust/Stunde). Wiederhole den Versuch bei anderem Wetter. Wann verdunstet am meisten Wasser?

55

Moore und Sümpfe

Feuchtgebiete schützen

Angesichts des steigenden Landverbrauchs wird es immer dringlicher und schwieriger zu entscheiden, wie die Feuchtgebiete und ihr Artenreichtum geschüzt und bewahrt werden können.

Die Bevölkerungszahlen der Erde steigen unablässig an. Immer mehr Nutzland wird benötigt, um Anbauflächen für die Nahrungsmittelbereitstellung zu gewinnen. Jahrhundertelang haben die Feuchtgebiete die Menschen mit nützlichen Dingen versorgt. Torf wird immer noch gestochen, und Feuchtwiesen werden gedüngt, um ihre Produktivität zu steigern. Solche Bewirtschaftungsmaßnahmen sind gleichbedeutend mit der Zerstörung der Feuchtbiotope.
Ein Erlenbruchwald oder ein Röhricht sind keine Erholungslandschaften, in denen man spazierengehen könnte. Folglich glauben viele Menschen, man könne auch recht gut ohne solche Lebensgemeinschaften auskommen. Für den Biologen und Naturfreund stellen diese wüst und unzugänglich scheinenden Lebensräume eine einzigartige Gelegenheit dar, die Beziehungen zwischen dem Biotop und seinen Bewohnern zu beobachten und zu untersuchen. Solche Kenntnisse sind aber andererseits ein unverzichtbarer Bestandteil unseres Verständnisses für die Probleme der Natur. Wenn wir die Umwelt als eine ökologische Einheit verstehen und begreifen wollen, müssen wir die Lebensbedingungen und Anforderungen aller beteiligten Lebewesen detailliert kennen. Erst mit solcher Information bestückt, kann man abschätzen, wie groß der Nutzen eines Gebietes als Naturreserve ist.
Die gründliche Untersuchung eines beliebigen Lebensraumes zeigt den Energiefluß von den Produzenten zu den Konsumenten. Auf einem Acker, auf dem nur eine bestimmte Nutzpflanze angebaut wird und sich nur wenige zusätzliche Arten in den Bearbeitungsrhythmus einpassen müssen, sind diese Beziehungen einfach und überschaubar. Selbst in einer naturnahen Umgebung, geschweige denn in einem natürlichen Ökosystem, benötigt man viele Jahre geduldiger Beobachtung, um das Gefüge der täglichen, jahreszeitlichen oder

▶ Diese Uferschnepfe (*Limosa limosa*) nähert sich in einer Feuchtwiese ihrem Nest. Früher war diese Vogelart in ganz Europa verbreitet, heute kommt sie nur noch vereinzelt in wenig bewirtschafteten Gegenden vor.

▼ Aktiver Naturschutz: In diesem Gewässer muß ein Teil der Schwimmblattpflanzen entfernt werden, um eine freie Wasserfläche offen zu halten.

▶ Der Schwalbenschwanz (*Papilio machaon*) legt seine Eier in Feuchtbiotopen auf Doldengewächsen ab, von denen die schlüpfenden Raupen dann leben.

▼ Stellenweise wird Schilf (*Phragmites australis*) regelmäßig geschnitten, da es für vielerlei Zwecke (Reetdächer) verwendet werden kann.

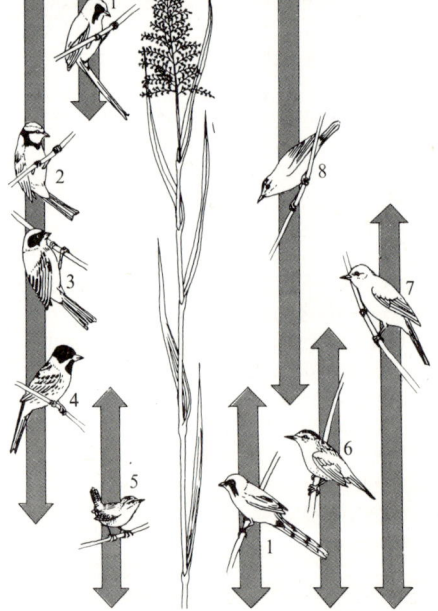

Winter   Sommer

◀ Ausnutzung der Schilfregion durch verschiedene Vogelarten im Sommer und Winter:
1 Bartmeise (*Panurus biarmicus*)
2 Blaumeise (*Parus caeruleus*)
3 Beutelmeise (*Remiz pendulinus*)
4 Rohrammer (*Emberiza schoeniclus*)
5 Zaunkönig (*Troglodytes troglodytes*)
6 Mariskensänger (*Acrocephalus melanopogon*)
7 Drosselrohrsänger (*Acrocephalus arundinaceus*)
8 Teichrohrsänger (*Acrocephalus scirpaceus*)
▼ Verteilung einiger typischer Vogelarten im Schilfgürtel des Neusiedlersees:

1 Teichhuhn (*Gallinula chloropus*)
2 Bläßhuhn (*Fulica atra*)
3 Wasserralle (*Rallus aquaticus*)
4 Tüpfelsumpfhuhn (*Porzana porzana*)
5 Kleines Sumpfhuhn (*Porzana parva*)
6 Mariskensänger (*Acrocephalus melanopogon*)
7 Schilfrohrsänger (*Acrocephalus schoenobaenus*)
8 Blaukehlchen (*Luscinia svecica cyanecula*)
9 Rohrammer (*Emberiza schoeniclus*)
10 Drosselrohrsänger (*Acrocephalus arundinaceus*)
11 Bartmeise (*Panurus biarmicus*)
12 Teichrohrsänger (*Acrocephalus scirpaceus*)

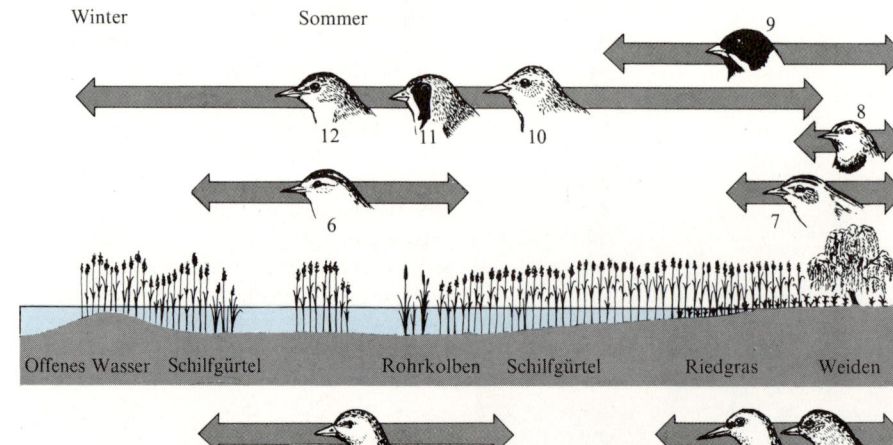

Offenes Wasser   Schilfgürtel   Rohrkolben   Schilfgürtel   Riedgras   Weiden

jährlichen Wechselbeziehungen zwischen den Organismen und ihrem Lebensraum kennenzulernen.

Der Neusiedlersee und benachbarte Seen sind jahrelang von Wissenschaftlern beobachtet und untersucht worden. Dieser große Steppensee im Grenzbereich zwischen Österreich und Ungarn, rund 25 km lang und bis 7 km breit, wird von ausgedehnten Schilfbeständen umgeben, die, da das Wasser sehr flach ist, fast die Hälfte der Seefläche einnehmen. Landwärts finden sich Seggenhorste, die die Ansiedlung von Erlen- und Weidengehölzen vorbereiten. In diesem riesigen Gebiet scheint die Pflanzenwelt ziemlich eintönig zu sein, und doch kommen hier über 200 Arten vor. Außerdem ist es der Lebensraum von annähernd 300 Vogelarten, darunter viele, die im übrigen Europa außerordentlich selten sind. Genaue Beobachtung einzelner Vögel sowie ihrer Ernährungs- und Nistgewohnheiten hatten zum Ergebnis, daß es bemerkenswerte räumliche und zeitliche Veränderungen ihrer Verteilung über die Schilfbestände gibt. Die Bartmeise ernährt sich beispielsweise im Winter von den harten Schilfsamen und nimmt während dieser Jahreszeit auch kleine Steinchen auf, die die Zerkleinerung der Samen im Magen unterstützen sollen. Im Sommer stellt sie sich auf den Fang von Wasserkäfern oder anderen Kleintieren der Wasserfläche um. Kurzfristige Umstellungen sind nicht möglich. Andere ausgeprägte Eigenheiten wurden entdeckt: Der Drosselrohrsänger hält sich bevorzugt dort auf, wo die Schilfhalme einen bestimmten Durchmesser erreicht haben und festen Halt ermöglichen. Silberreiher nisten bevorzugt in alten, ungestörten Schilfbeständen. Graureiher nisten hier ebenfalls und gehen dort auf Nahrungssuche, wo die Biber die Schilfbestände zeitweise durcheinandergebracht haben. Außerordentlich beeindruckend ist die große Zahl von Greifvögeln, die dieses Gebiet ernähren kann. Nur einer von ihnen, die Rohrweihe, brütet auch im Röhricht. Andere suchen den See und seine Umgebung nur zur Nahrungssuche auf. Ein Teil der Schilfbestände wird regelmäßig zur Gewinnung von Bedachungsmaterial geschnitten. Große Teile des Sees werden als Erholungsraum mit Badegelegenheiten und Bootbetrieb genutzt. Trockenlegungen und großzügige Anlage von Feriendörfern und Verkehrswegen haben dem Gebiet bereits erheblichen Schaden zugefügt.

Veränderte Bedingungen

In vielen Gebieten Europas wird der Naturschutz vor schwierige Probleme gestellt. Ein Beispiel von vielen ist das englische Sumpfgebiet Norfolk Broads. Das Wasser dieses Gebietes ist hochgradig eutrophiert und sammelte sich in Senken an, die man jetzt als mittelalterliche Torfstiche deutet. Als die Besiedlung sich in diesem Gebiet verdichtete, erhöhte sich auch zwangsläufig die Menge an Abwässern, die direkt oder indirekt in dieses Feuchtgebiet gelangten. Im eutrophierten Wasser, das kaum gegen frisches Wasser ausgetauscht wird, kommt es häufig zu Planktonblüten. Diese nehmen den tieferen Wasserschichten Licht und Sauerstoff. Die untergetaucht lebenden Wasserpflanzen und zahlreiche Fische sterben. Die Schwimmpflanzen werden dagegen von den Sportbooten zermalmt, die während des Sommers das Gebiet bevölkern.

Pflege- und Renaturierungsmaßnahmen müssen das Gebiet vor solchen Einflüssen bewahren. Das Zusammentreffen unglücklicher Umstände kann viele Pflanzen- und Tiervorkommen mit einem Schlag auslöschen. Wenn eine bestimmte Art innerhalb eines Gebietes an verschiedenen Stellen vorkommt, kann sie sich rasch wieder ausbreiten, sobald wieder normale Bedingungen hergestellt sind. Bei seltenen, nur in wenigen Exemplaren vertretenen Arten ist dies jedoch ein unwahrscheinliches Ereignis.

Viele Arten der Feuchtwiesen sind nahezu aus unserer bodenständigen Flora und Fauna verschwunden. Der stärkste Artenrückgang ereignete sich während der letzten einhundert Jahre. Mit der Entwicklung größerer, schnellerer landwirtschaftlicher Maschinen konnten brachliegende Feuchtgebiete bearbeitet und Heuernten auch schon zeitig im Sommer eingefahren werden. Junge Wachteln oder Uferschnepfen gerieten so regelmäßig in die Mähmaschinen. Die meisten Pflanzen, darunter auch viele Orchideen, wurden abgeschnitten, lange bevor sie ihre Samen entwickeln konnten. Uferschnepfen sind heute außerordentlich selten. Sie kommen nur noch in Island und in entlegenen Gebieten Europas vor, wo der Schnitt der Feuchtwiesen gegebenenfalls so spät erfolgt, daß sie ihre Jungen sicher aufziehen können. Man darf ohne Übertreibung feststellen, daß die Landwirtschaft einer der ärgsten Umweltfeinde ist.

Gebirgsmoore oder Hochmoore eignen sich zum Glück nicht für die land- oder forstwirtschaftliche Nutzung. Dennoch sind auch an solchen Stellen die selteneren Tier- und Pflanzenarten gefährdet. Manchmal werden sie (verbotswidrig) abgebrannt, um Weideland für Schafe zu gewinnen oder den Graswuchs zu fördern. Während des Winterhalbjahres richten solche unsinnigen Aktionen zum Glück wenig Schäden am Pflanzen- oder Brutvogelbestand an. Im Sommerhalbjahr wird dagegen alles, sogar der darunterliegende Torfboden, schwer geschädigt. Stellenweise wird auch immer wieder versucht, Feuchtgebiete mit Nadelhölzern aufzuforsten. Dadurch werden viele der selteneren Arten zunehmend beschattet, geraten an ihr Existenzminimum und verschwinden schließlich ganz. Im deutsch-belgischen Grenzgebiet werden bis auf den heutigen Tag Feuchtwiesen mit wilden Narzissen (*Narcissus pseudonarcissus*) aufgeforstet und in langweilige Fichtenplantagen umgewandelt. In die Reihe der Umweltsünder gehören eben auch die Forstleute, obwohl man dies zunächst überhaupt nicht erwartet. Gerade über die selteneren, besonderen Arten in unseren Feuchtgebieten müssen noch viele Daten zusammengetragen werden. Es ist wichtig, ihre Populationsgröße, gegebenenfalls ihre Ernährungsgewohnheiten, Reviere und Feinde zu kennen, um eine genügend große Fläche abzugrenzen, die diese Art erhalten kann. Solche Information ist nötig, um den steigenden Ansprüchen der menschlichen Gesellschaft entgegenzutreten.

Langsam setzt sich die Erkenntnis durch, daß Feuchtbiotope kein Ödland sind. In den vergangenen beiden Jahrzehnten sind viele Schritte unternommen worden, um sie dauerhaft zu schützen. Wertvolle Arbeit ist beispielsweise durch das Internationale Biologische Programm an vielen Stellen Europas geleistet worden. Viele Einzelinformationen wurden gesammelt und gesichtet. Dieses Material wird die Grundlage für weitere Schutz- und Renaturierungsmaßnahmen bilden. Mehr als 70 Nationen haben 1971 in Ramsar (Iran) die Konvention zum Schutz international bedeutsamer Feuchtgebiete unterzeichnet, die besonders dem Schutz der Wasservögel gilt. Mehr als zweihundert Gebiete wurden aufgelistet, die bisher nur ungenügend geschützt und gesichert waren.

Fleischfressende Pflanzen

Insektenfressende Pflanzen werden zunehmend seltener: Beschädige sie nicht und grabe sie auch nicht aus!

Fleischfressende Pflanzen haben einige Besonderheiten entwickelt, die einzigartig dastehen: Sie kehren die normale Abfolge von Pflanzen und Tieren in der Nahrungskette einfach um. Um dies zu erreichen, haben sie einen Teil ihrer Blattfläche in hochgradig spezialisierte Einrichtungen zum Fang und zur Verdauung von Insekten umgewandelt.

Anlocken

Eine wichtige Vorbedingung des Insektenfangs durch Pflanzen ist die Anlokkung der Beute an die Fangorgane. Viele Blütenpflanzen locken Insekten mit ihren auffälligen Blüten zum Besuch heran, um eine Fremdbestäubung sicherzustellen. Saftmale, Nektardrüsen oder Duft dienen als Lockmittel. Fleischfressende, besser: insektenfangende Pflanzen setzen ähnliche Tricks ein, verwenden dazu jedoch nicht ihre Blüten, sondern umgestaltete Blätter. Dadurch können sie die Fangzeiten über die nur kurze Blühperiode hinaus verlängern. Die hellgrünen Blattrosetten des Fettkrautes, die staubblattähnlichen Tentakel des Sonnentaus oder die Saftmale der Kannenpflanzen dienen nur dem einen Zweck der Beuteanlokkung. Das angelockte Insekt muß nun aber auch genügend festgehalten werden. Hierzu haben sich zwei verschiedene Fangmechanismen entwickelt, die passiven Fangmittel, die nach dem Prinzip klebriger, verdauender Flüssigkeiten arbeiten, und die aktiven Fangorgane, bei denen ein Auslösemechanismus die Fangfalle zuschnappen läßt.

Passive Fangmechanismen Die gelbgrünen Blätter des Fettkrautes kleben wie ein Fliegenfänger. Kleine Insekten, die sich darauf niedergelassen haben, können daher nicht mehr entkommen. Die Blätter rollen sich daraufhin vom Rand her zusammen und bilden eine Art vorübergehenden Magen. Nun kann der Verdauungsprozeß einsetzen. Auf den Blattoberflächen gibt es zwei verschiedene Drüsentypen: Langgestielte Drüsen geben lediglich den Fangschleim ab, während die halbkugelig flachen Drüsenzellen sowohl die Verdauungsenzyme produzieren als auch die chemisch zerkleinerten Insektenbestandteile

▼ Der Rundblättrige Sonnentau (*Drosera rotundifolia*), eine Pflanze nährstoffarmer Moore, besitzt eine Rosette aus Fangblättern, die mit klebrigen Tentakeln besetzt sind.

▼ Der Wasserschlauch (*Utricularia vulgaris*) fängt kleine Wassertiere, die die reizbaren Haare der Fangblase berühren, so daß diese aufspringt und die Beute einsaugt.

▶ Das Große Fettkraut (*Pinguicula grandiflora*), ein nur in Nordwesteuropa verbreiteter Verwandter des Echten Fettkrautes, lockt seine Beute mit leuchtend hellgrünen Blättern an.

▶ Die vasenförmigen Gefäße der Kannenpflanzen (*Sarracenia purpurea*) locken mit Nektardrüsen die Beutetiere auf den schlüpfrigen Gefäßrand, an dem abwärtsweisende Schuppen keinen Halt mehr bieten.
Unten: Schuppenbesatz etwa 250fach vergrößert.

▼ Die Venusfliegenfalle (*Dionaea muscipula*) besitzt lange Tasthaare, die nach Berührung durch ein Insekt einen Schnappfallenmechanismus auslösen.

Oben: Basis eines Tasthaares etwa 120fach vergrößert.

aufnehmen. Die attraktive Blattrosette eines Sonnentau kann ziemlich große Insekten leimen und festhalten. Sobald ein Insekt auf den Leim ging, krümmen sich auch alle umstehenden Fangtentakel ein und helfen bei der Verdauung, denn in diesem Fall werden Fangschleim und Enzyme von den gleichen Drüsen gebildet. Wenn sich die Tentakel wieder aufrichten, ist von dem eingefangenen Insekt nur noch sein unverdaulicher Chitinpanzer übriggeblieben. Im Fall der Kannenpflanzen dauert die Verdauung ziemlich lange und holt Bakterien zu Hilfe, für die die Pflanze ein zusagendes Milieu bereitstellen muß. Auch dieser Vorgang ist eine genaue Parallele zum Verdauungsablauf im Darm eines Tieres. Ameisen und andere kleine, bodenbewohnende Insekten werden vom Nektar an den Flanken des kannenförmigen Blatteils zum schlüpfrigen Rand der Kanne gelockt. Die Kannenfüllung kann schon verschiedene gefangene Insekten enthalten. Nach ihrer Verdauung steht dort eine wertvolle Nährlösung zur Verfügung, aus der die Kannenpflanze sich bei Bedarf bedienen kann.

Aktive Fangmechanismen Die eigenartige Venusfliegenfalle ist in den Küstengebieten des tropischen Nord- und Südamerika beheimatet. Jetzt kann man sie überall als Topfpflanze für die Fensterbank kaufen. Hüpfende oder krabbelnde Insekten, ja sogar ein kleiner Malpinsel kann den Fallenmechanismus zwischen den beiden Blatthälften auslösen. Wenn die Haare auf der Oberfläche berührt werden, schnappt die Falle zu, wobei die langen, borstigen Fortsätze der Blattränder übereinandergreifen. Wenn das Blatt ein verwertbares Insekt eingefangen hat, beginnen Drüsen auf der Blattfläche mit der Produktion von Verdauungssekreten. Wasserschlauch kommt in nährstoffarmen Wassergräben und Moortümpeln vor, wo gleichzeitig auch Wasserflöhe und andere kleine Wassertiere vorkommen. Die zusammengesetzten Blätter sind in fadendünne Zipfel aufgeschlitzt, von denen manche zu blasenähnlichen Fangflaschen umgestaltet wurden. Der Fangmechanismus ist einzigartig: Die Fangblasen werden aktiv leergepumpt und mit dem Blasendeckel verschlossen – sie stehen jetzt unter Unterdruck. Wenn ein kleines Wassertier die reizbaren Tentakel am Eingang berührt, springt die Tür auf und saugt das überraschte Opfer ein.

Verdauen

Eines der erstaunlichsten Geheimnisse um die fleischfressenden Pflanzen ist die Art und Weise, wie sie ihre Beute verdauen. Das Fettkraut bildet mit seinen Blättern sogar einen vorübergehenden „Magen"! Besondere Drüsenfelder scheiden die erforderlichen Enzyme aus, die die Weichteile des gefangenen Insektes bis auf molekulare Größe zerlegen, so daß sie vom Pflanzengewebe aufgenommen werden können.

Versuche

1 Besorge dir im Blumengeschäft eine oder mehrere Venusfliegenfallen und teste, welche Substanzen die Produktion von Verdauungsflüssigkeit auslösen. Füttere die Pflanze mit kleinen Insekten, Käse, rohem Eiweiß, Fleisch, Kondensmilch. Lassen die Enzyme das Eiweiß oder die Milch gerinnen? Plaziere die Nahrung sehr vorsichtig auf dem Blatt. Schnappt die Falle zu? Bildet auch das geöffnete Blatt Verdauungsflüssigkeiten? Wie verändert sich die angebotene Nahrung mit der Zeit?
Beachte: Nach der 2.–4. Verdauung sterben die Blätter ab. Bei guter Pflege wachsen jedoch ständig neue Blätter nach.

2 Suche im Moor vorsichtig eine Stelle, an der du ohne Zerstörung der übrigen Pflanzen bequem Sonnentau beobachten kannst. Zähle die Blätter jeder einzelnen Pflanze, schätze ihre Größe ab und beobachte die Insekten, die sie eingefangen haben. Welche Insektengruppen sind vertreten? Fertige ein Protokoll an:

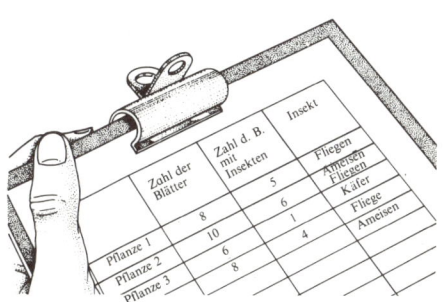

Prüfe, ob Vertreter folgender Gruppen dabei sind:

Fliegen und Mücken: Insekten mit 2 Flügeln und stechenden oder saugenden Mundwerkzeugen.

Zuckmücken: Größere Insekten mit 2 Flügeln und längeren Beinen.

Käfer: Insekten mit 4 Flügeln, die häutigen Flügel werden von 2 harten Deckflügeln geschützt.

Motten, Kleinschmetterlinge: Insekten mit 4 auffälligen Flügeln und langen Fühlern.

Ameisen: Meist ungeflügelte Insekten, deutlich in Kopf, Brust und Hinterleib gegliedert.

Springschwänze: Kleine, ungeflügelte Insekten, die auf der Oberfläche und im Laubstreu umherspringen.

Spinnen: Gliedertiere mit 8 Beinen (Insekten haben 6 Beine!).

Milben: Gliedertiere mit 8 Beinen, die kürzer als die der Spinnen sind.
Ändert sich die Beute zu einer anderen Jahreszeit?

Moore und Sümpfe

Mensch und Wasser

Jedes Jahr steigt der tägliche Wasserverbrauch jeder einzelnen Person. Woher kommt die benötigte Menge? Welche Auswirkungen hat die Wasserwirtschaft auf die Lebensgemeinschaften?

Der Mensch braucht im täglichen Leben weitaus mehr Wasser, als sein Stoffwechsel erfordert. Ein Waschautomat verbraucht bei jedem Waschgang allein 65 Liter. Da immer mehr Haushalte mit Wasch- oder Spülmaschinen ausgestattet werden, geht gerade der häusliche Wasserbedarf enorm in die Höhe. In der Industrie wird Wasser als Lösungsmittel, zu Kühlzwecken oder zur Energiegewinnung verwendet. Noch im Jahre 1956 stieg der jährliche Wasserverbrauch in den europäischen Industrieländern um etwa 2,3%. In den letzten Jahren lag die jährliche Steigerungsrate schon bei 8%. Bis zum Jahre 2000 wird jedes Dorf, aber auch jede Millionenstadt den derzeitigen Wasserverbrauch und -bedarf nochmals verdoppeln. Woher werden diese enormen Wassermengen bezogen? Niederschlagswasser, das auf der Erdoberfläche auftrifft, wird in Talsperren und Stauseen gesammelt. Viele Wasserreservoirs werden im regenreichen Bergland angelegt. Stuttgart erhält sein Trinkwasser aus dem fast 100 km entfernten Bodensee. Bremen wird aus den noch viel weiter entfernten Talsperren des Harzes versorgt.
Trink- und Brauchwasser kann man irgendwo auf seiner langen Reise zum Meer sammeln. Im dicht besiedelten Flachland muß es jedoch besonders behandelt werden, um alle chemischen oder organische Verunreinigungen zu entfernen.
Wasser kann man natürlich auch direkt den großen Flüssen und Strömen entnehmen. Da deren Abflußmenge jedoch über das Jahr hinweg starken Schwankungen unterliegt, muß diese Entnahme sorgfältig geregelt werden. Schließlich kann man Wasser auch aus dem Grundwasservorrat beziehen, wo offenbar die größten Mengen zur Verfügung stehen. Aber auch dabei muß vorsichtig zu Werke geschritten werden, damit der Grundwasserspiegel nicht abgesenkt wird, was katastrophale Folgen für die

▶ Talsperre im Bergland. Die von den Bergmooren ablaufenden Zuflüsse bringen zwar Sediment, aber wenig Nährstoffe in das Staubecken. Es entsteht also ein oligotrophes Gewässer.

▼ Ein Flachlandgewässer, das als Wasserspeicher dient, aber von Acker- und Weideland umgeben ist und daher eutrophen Charakter hat, muß vor seiner Verwendung als Trinkwasser aufbereitet werden. Fast alle größeren im Flachland liegenden Gewässer, die als Trinkwasservorräte dienen, werden gleichzeitig auch für Freizeit und Erholung genutzt.

▼ Auf der dichtbevölkerten Halbinsel Gibraltar ist Trinkwasser ein wertvoller Rohstoff. Diese scheußlich anzuschauende Auffangfläche wurde errichtet, um Regenwasser zu gewinnen und in unterirdische Zisternen abzuleiten. Der Vorratsbehälter befindet sich im Innern des harten Kalksteinberges.

▲ In trockenen Sommern können Talsperren nahezu vollständig austrocknen. Hier ist nur noch ein schmales Rinnsal übriggeblieben. Frühere Wasserspiegelschwankungen kann man an den Mustern der steinigen Uferauskleidung ablesen, die durch raschwüchsige Landpflanzen hervorgerufen werden. Um Sedimentzufuhr zu verringern, werden die Seeränder aufgeforstet.

Landwirtschaft nach sich ziehen könnte. Auch die natürliche Vegetation könnte solche Eingriffe nicht schadlos überstehen.

Wasseraufbereitung

Auch künstlich angelegte Wasservorräte wie Stauseen, Rückhaltebecken oder ähnliche Einrichtungen werden wie jedes andere neue Gewässer sehr bald von einer großen Zahl Organismen besiedelt. Organismen, die zu irgendwelchen Schädigungen des Verbrauchers führen könnten (Krankheitskeime etc.), müssen aus dem Wasser entfernt werden, bevor es in die Versorgungsleitungen gepumpt wird. Die meisten Organismen und Sedimentteilchen kann man durch Absetzen und Abfiltrieren aus dem Wasser entfernen, so wie es auch in der Natur geschieht, wenn Wasser durch den Boden rinnt. Wenn jedoch zahlreiche Algen im Wasser vorkommen, kann dieses Verfahren recht aufwendig werden, weil sich die verwendeten Filter rasch zusetzen. In den größeren Städten wird das Wasser mehrfach verwendet und immer wieder dem Leitungsnetz zugeführt, bevor es endgültig abfließen kann. Diese mehrfache Verwendung erfordert jedoch eine gründliche Wasserreinigung, wobei auch gelöste Chemikalien wie Phosphate und andere Stoffe entfernt werden müssen. Diese Reinigung erreicht man nicht mit mechanischen Filtern, sondern nur auf chemischem Wege.

Talsperren – neuer Lebensraum?

In vielen Gegenden bedeutet die Anlage großer Wasserbevorratungen wie Talsperren oder künstliche Seen eine Vergrößerung des Lebensraums, besonders für größere Lebewesen wie Wasservögel. Wo neue Wasserflächen geschaffen werden, stellt sich auch rasch eine artenreiche Avifauna ein. Dafür gibt es in vielen Gegenden Europas eindrucksvolle Beispiele. Selbst im Umkreis von Industrieregionen (Ruhrgebiet) oder in rekultiviertem Gelände (Braunkohlenabbaugebiet) werden die neuen Wasserflächen als Brutgebiete oder Rastplätze allmählich, aber stetig angenommen. Manche Arten, so beispielsweise die Reiherente, haben ihre Bestände unterdessen wieder merklich vergrößern können.

Obwohl Wasservögel aus künstlichen Gewässern ihre Vorteile ziehen können, überleben andere Wasserbewohner die besonderen Bedingungen wasserwirtschaftlich genutzter Biotope nicht. Die Wasserhöhe ist ständigen Schwankungen unterworfen, da Niederschläge nicht in gleichen Mengen eintreffen, wie andererseits Wasser verbraucht wird. Unter besonders ungünstigen Umständen kann ein Stausee auch kurzzeitig austrocknen, besonders während eines regenarmen Sommers oder bei starkem sommerlichem Wasserverbrauch, der den natürlichen Nachschub übersteigt. Daher ist eine Talsperre ein unzuverlässiger Lebensraum. Im natürlichen oder künstlichen Wasserbecken des Flachlandes, die zudem auch die Abflüsse nahegelegener Siedlungen, Bauernhöfe, Äcker und Weiden aufnehmen, können sehr leicht Wasserblüten aufkommen, die andere Arten durch Beschattung oder Sauerstoffzehrung schädigen oder sogar vernichten.

An Stauseen oder Talsperren kann sich auch keine Ufervegetation entwickeln. Jeder Röhricht oder Schwimmpflanzengürtel erfordert einen über längere Zeit ziemlich konstanten Wasserspiegel, der zumindest nicht ihren Wurzelbereich bloßlegen sollte. Nach längerem Trockenliegen gleicht ein Stauseebecken eher einem verunkrauteten Garten, dessen Ufersäume und Ränder nun von verschiedenen Landpflanzen besiedelt werden. Viele fliegen durch die Luft als Samen an. Andere entwickeln sich aus Bruchstücken, die die Zuflüsse vielleicht herangeführt haben. Wasserkresse oder Bachbunge gehören zu dieser Gruppe. Sie alle können sich auch kurzfristig prächtig entwickeln und dann aspektbestimmend auftreten.

Versuche

① Besuche eine Talsperre und stelle fest, welche Lebensräume an den Wasserkörper grenzen (Wald, Wiesen, Gebüsch, Ödland). Wo sind Flachwasser-, wo Tiefwasserbereiche? Welche Wasservögel halten sich auf der Wasserfläche auf, welche an den Rändern? Wieviele davon sind Durchzügler, wieviele sind ortstreu? Wo suchen sie ihre Nahrung? Halten sie sich bevorzugt in einem bestimmten Lebensraum auf?
Die betreibenden Organisationen einer Talsperre geben sicher Auskunft über Inhalt, Verbrauch, Abflußmengen etc. der Anlage.

Die Schaffung neuer Wasserflächen hat den Lebensraum der Wasservögel wieder erheblich vergrößert. Sie nutzen diese neuen Gebiete als Brut- oder Rastplatz beim Durchzug. Die Reiherente (*Aythya fuligula*) sucht ihre Nahrung im Flachwasser und brütet im Gebüsch in der Nähe der Wasserlinie.

② Sammle Proben in einem Wasserlauf oberhalb eines Stausees und unterhalb der Staumauer durch Kickfang und Steinschrubb-Methode. Welche Organismen fehlen unterhalb des Damms? Wenn du den Ablauf unterhalb einer Staumauer nach dem Ablassen des Sees aufsuchen kannst, wiederhole die Probennahme. Gibt es Veränderungen oder Unterschiede?

Die Anatomie eines Flusses

Vom klaren, schnell fließenden Bergbach zum trüben, trägen Fluß, der sich durch seine eigenen Ablagerungen zum Meer zwängt, ist es oft ein weiter, wechselhafter Weg.

Quellregion

Die meisten Flüsse entspringen als kleine Rinnsale oder Bäche irgendwo im Bergland. Auf ihrem weiten Weg vom Quell- zum Mündungsgebiet formen sie beständig an ihren Tälern und schneiden dabei oft tiefe, V-förmige Profile ein. Die Einschneidekraft eines Fließgewässers oder, fachmännisch ausgedrückt, seine Reliefenergie, hängt von vielerlei Faktoren ab. Die abfließende Wassermenge spielt dabei eine große Rolle, ebenso sein durchschnittliches Gefälle und die Größe seines Einzuggebietes. Diese werden wiederum von der Geologie des Quellgebietes und der Niederschlagsmenge bestimmt. Die Regenmengen können von Jahreszeit zu Jahreszeit, von Jahr zu Jahr und selbst über längere Zeiträume stark schwanken. In den meisten Gegenden Europas fallen die meisten Niederschläge in der kalten Jahreszeit. Folglich führen die Flüsse im Winter und besonders im Frühjahr nach der Schneeschmelze das meiste Wasser. Im Sommer kann sich der Abfluß dagegen erheblich verringern.

Flußbett

Fließendes Wasser tieft sich in seine Umgebung ein. Eines seiner wichtigsten Werkzeuge ist der Fels selbst. Große Brocken und gerundete Kiesel werden im Flußbett umhergewälzt und -gewirbelt. Je größer das Material im Flußbett, desto größer ist auch die Erosionskraft des Wassers. Dies alles klingt nach einem ziemlich gefährlichen Lebensraum, doch verläuft die Erosion des Talbodens nicht gleichförmig. Wo das fließende Wasser eine Arbeitspause einzulegen scheint, bilden sich tümpelartige Stillwasserbereiche.
Jahrtausende lang stiegen die Lachse bis in den kalten, sauerstoffreichen Oberlauf der Flüsse auf, um dort abzulaichen. Manche schaffen es auch heute noch, obwohl der Mensch Strömungsgeschwindigkeit und Wasserchemismus stark verändert hat.

◄ Im Vorland seines Quellgebietes beginnt der junge Fluß, seine Geröll- und Kiesfracht abzusetzen. Die Kiesbänke werden von Hochwasser häufig umlagert und tragen deshalb keine dauerhafte Pflanzendecke.

► Altarm eines Flusses, der vom Hauptstrom abgeschnürt ist. Die ehemaligen Flußterrassen und Uferböschungen bleiben als Geländemarken deutlich erkennbar, wenn der Fluß sein Bett verlagert.

► Im Schwemmland des Unterlaufs legt der Fluß weit geschwungene Mäanderschleifen an. Hier ist auch die Strömungsgeschwindigkeit weitaus geringer als im Oberlauf.

◄ Der Fluß windet sich in einem breiteren Talabschnitt durch seine eigenen Ablagerungen. Er ändert dabei laufend seinen Weg und läßt Spuren dieser Wechsel im Gelände zurück.

◄ Der Fluß hat inzwischen viele Zuflüsse aufgenommen und den größten Teil seiner Sedimentfracht abgesetzt. Er bewegt sich nun breit durch die Ebene. An den Außenseiten der Krümmungen sind die Ufer höher und tragen Bäume und Gebüsch.

Mittellauf

Sobald das Gefälle nachläßt, setzt das fließende Wasser seine Fracht ab. Zunächst sind es die großen Steine und Schotterstücke, dann kleineres Geröll und Kies, zuletzt Sand und Silt. Je mehr das Gefälle abflacht, um so stärker wird die menschliche Landnutzung des Flußbereiches. Im Quellgebiet ist davon noch wenig zu spüren. Später kommen Weidegebiete hinzu, die den Wald auf die steilen Hänge beschränken. Schließlich säumt ein Flickteppich von Wiesen- und Ackerland die Flußufer. Düngemittel und andere Landwirtschaftschemikalien finden ihren

Blüten über die Wasseroberfläche erhebt. Diese Pflanzen bevorzugen das schnelle, sauerstoffreiche Wasser. Fische siedeln sich entweder im Bereich der Stromschnellen oder in den Stillwasserbereichen an. Forellen wird man eher in den rasch fließenden Abschnitten finden. Äschen und Elritzen finden sich eher im ruhigen Wasser. Da hier oft auch der pH-Wert des Wassers ansteigt, findet sich beispielsweise auch die Groppe ein. Wenn die Gefällstrecken passiert sind, werden die Kies- und Sandbänke, die der Fluß bei Hochwasser aufschüttet, nicht mehr so oft gestört oder umgelagert. Daher stellt sich hier eine reich entwickelte Krautflora ein.

Unterlauf

Der Fluß nimmt weiteres Wasser aus seinen Zuflüssen auf und geht allmählich in seinen Unterlauf über. Hier ändern sich sein Bild und das der Landschaft erheblich. Im angrenzenden, fruchtbaren Schwemmland gediehen früher prächtige Auwälder. Heute werden diese Säume fast ausschließlich landwirtschaftlich genutzt. Gerade dieser Bereich wurde von den periodischen Hochwassern des Flusses immer wieder erreicht und überflutet. Häufig wurden aber im Oberlauf zumindest der kleineren Flüsse Rückhaltebecken angelegt, so daß Hochwasser und Überflutung im Unterlauf heute seltener auftreten. Typisch für den unteren Flußabschnitt sind die weiten Talmäander. Der Fluß windet sich in weiten Schleifen und Bögen hin und her. Die Ufer werden auf der Außenseite der Schlingen ständig erweitert und angerissen, während an der Innenseite immer wieder Material abgelagert wird. Schließlich kann sich das fließende Wasser auch einmal wieder den kürzeren Weg zur nächsten Schlinge suchen. Diese Abkürzung schnürt dann seitlich einen Teil des Flußbettes ab, der nun als Altarm bezeichnet wird. Durch die künstliche Durchtrennung solcher Talmäander und Abgliederung von Altarmen ist der Lauf des Oberrheins in den vergangenen Jahrhunderten um mehr als 100 km verkürzt worden.
Ein Fluß schneidet sich im Laufe der Zeit tief in die Landschaft ein. Auch wenn er heute in einem Bett mit steilen Ufern abfließt, gibt es überall Anzeichen dafür, wie er seinen Lauf allmählich veränderte oder verlagerte. Einen Teil dieser Geschichte erzählen uns die überall angrenzenden Flußterrassen, die teils in den Uferbereich einbezogen, teils wichtige Grenzmarken in der Landschaft sind.

Wenn in einem engen Talabschnitt der Flußlauf festgelegt ist, entstehen Ansiedlungen und Dörfer. Die Kiesbänke werden nun auch weniger gestört und sind deshalb bewachsen.

Versuche

1 Zeichne die Karte eines Fließgewässers in deiner Gegend mit allen Zuflüssen und Siedlungen in seinem Einzugsbereich. Berücksichtige so viele landschaftliche Einzelheiten wie möglich. Überprüfe im Gelände von Brücken aus die Flußbreite und die Strömungsgeschwindigkeit, die Ufergestaltung und die Art des Flußsediments, die Ufervegetation und die Vegetation im Wasser. Informiere dich, welche Fische in welchen Flußbereichen vorkommen. Kannst du Zusammenhänge zwischen Gewässerabschnitt und Fischbesatz erkennen?
Sei besonders im Bereich von steilen Ufern vorsichtig, da die Böschung nachgeben kann!

2 Stelle dir das Modell eines Fließgewässers her, benütze am besten einen großen Bottich mit etwa 50 cm hoher Sandfüllung, deren Oberfläche leicht geneigt ist. Mit einem Rasensprenger kann man Niederschlag nachahmen. Besprenge damit das Einzugsgebiet deines Modellflusses. Zunächst wird das Wasser im Sand verschwinden und den Grundwasserspiegel auffüllen. Erst wenn der Sand wassergesättigt ist, fließt das Wasser ab und sucht sich eine Fließrinne. Wo wird Sand abgeschwemmt, wo wieder abgesetzt?

Weg in den Fluß, aber auch andere Faktoren verändern das Wasser. Nebenflüsse münden ein und bringen Wasser aus geologisch andersartigen Regionen heran.
Das vom Flußwasser herangeführte und abgesetzte Material behindert schließlich seinen Lauf. So bilden sich flache, raschfließende, sehr kiesige Bereiche oder Stromschnellen heraus, denen langsamere, tiefere Abschnitte mit feinerem Sediment am Boden folgen.
Die schnell strömenden Abschnitte werden im Sommer von den flutenden Büscheln des Wasser-Hahnenfußes besiedelt, der seine zahlreichen weißen

Bäche und Flüsse

Jahrtausendelang rann das Regenwasser über die harten, witterungsbeständigen Felsen und hat dennoch langsam ein breites, V-förmiges Tal eingeschnitten. Obwohl dieser kleine Wasserlauf im Augenblick wenig Wasser führt, können ihn einige heftige Regenfälle innerhalb kurzer Zeit in ein reißendes Gewässer verwandeln, das sogar einige der großen Gesteinsblöcke fortträgt, die man im Bachbett sehen kann. Auf diesen mit Farn und Ginster bewachsenen Hängen ist der Boden sehr dünn. Er kann nur wenig Wasser zurückhalten, so daß dem Bach alles niedergehende Regenwasser seines Einzugsgebietes ziemlich rasch zugeführt wird. Dieses Wasser schwemmt von den Hängen Mineralstoffe und organisches Material ab. Es trägt sie flußabwärts in Bereiche, wo das Gefälle nicht so steil ist. Das Ergebnis solcher Tätigkeit ist, daß die Gebirge allmählich abgetragen und die Tieflandgebiete immer weiter aufgefüllt werden. Der Weg durch das Tal verläuft nicht schnurgerade. Das fließende Wasser wird oft abgelenkt und in eine andere Richtung gezwungen.

Variationen über ein Thema

Die Eigenart eines Fließgewässers wurde und wird immer noch bestimmt durch das Zusammenwirken von Wasser oder Eis und Landschaft.

Zahlreiche Faktoren bestimmen die Ausgestaltung eines Flußbettes und seinen Verlauf in der Landschaft, ebenso natürlich auch die pflanzlichen und tierischen Lebensgemeinschaften, die es einnehmen. Viele dieser bestimmenden Einflüsse sind auf den ersten Blick oder an ein und derselben Stelle überhaupt nicht zu erfassen.

Landschaften von gestern

Wenn man einen kleinen Wasserlauf betrachtet, der sich durch ein flaches, blockübersätes Hochlandtal schlängelt, oder einen munteren Bach, der durch saftige, grüne Wiesen mäandriert, könnte man zu dem Schluß kommen, daß unsere heutigen Flüsse wenig zum Aussehen der Landschaft beigetragen haben. Während der letzten 100 000 Jahre haben sich Klima und Wetter häufig und grundlegend verändert. Wo es reichliche und anhaltende Regenfälle gab, schritt die Erosion schneller fort. Häufig sind breite Täler daher mit alten Flußsedimenten angefüllt. Nimmt man die Pflanzendecke weg, stößt man auf die mächtigen Sand- und Kiesaufschüttungen, die vielerorts in Gruben abgebaggert werden.

In vielen Gebieten wurde die Landschaft zuletzt während der Eiszeit überformt und verändert. Fließendes Eis glättet und hobelt. Gletscherzungen schieben Moränenwälle vor sich her. Die Schmelzwasser der Eismassen hinterließen mächtige Ablagerungen, für die Geologen verschiedene Bezeichnungen geprägt haben. Große Teile Dänemarks und Norddeutschlands bestehen aus solchen eiszeitlichen Ablagerungen und Geschieben. Weite Geländeteile erhielten während und nach der Eiszeit undurchlässige tonige Sedimente, die heute von den größeren und kleineren Flüssen gequert werden müssen, ehe sie in das Meer münden können. In solchen Gebieten wird die Strömungsgeschwindigkeit naturgemäß stark verlangsamt. An den Gewässerrändern

▲ Schmelzwasser hat dieses breite Bachbett noch nicht vollständig ausgefüllt. An den Uferbereichen ist zu erkennen, wie der Bach sich in die mächtigen Kiesaufschüttungen der Talaue einschneidet.

◄ Dieser rasch fließende Bergbach trägt Felsbrocken jeglicher Größe talwärts. Die großen Blöcke und Brocken werden von Moosen überwachsen, bis sie vom nächsten Sturzwasser wieder weiterbewegt werden.

◄ Im Frühsommer leuchtet das Ufer dieses kleinen Flusses weiß vom Wasser-Hahnenfuß (*Ranunculus* sp.). Da seine Ufer nicht sehr stark erodiert werden, entwickeln sich hier auch Wasserfenchel (*Oenanthe aquatica*), Rauhaariges Weidenröschen (*Epilobium hirsutum*) und Beinwell (*Symphytum officinale*).

► Das Wasser dieses Moorabflusses ist braun verfärbt. An den Ufern hängen Binsen und Torfmoose über. Im Wasser gedeiht Knöterich-Laichkraut (*Potamogeton polygonifolius*), das im sauren Moorwasser keine Konkurrenten hat.

entwickeln sich breite Röhrichte oder Bestände von Igelkolben und Schwanenblume. Hier siedeln auch Pflanzen, die unter und über Wasser verschiedene Blätter tragen, wie der Froschlöffel, das Pfeilkraut oder die Teichsimse. Ferner gibt es Schwimmpflanzen wie die Wasserlinsen oder den Froschbiß. In diesen Abschnitten enthält das Flußwasser große Nährstoffmengen und ist hochgradig eutroph. Daher lebt unter Wasser eine Tierwelt, die auch sauerstoffarmes Wasser noch recht gut ertragen kann.

▼ Dieses langsam fließende Gewässer im Flachland ist wegen des hohen Nährstoffgehaltes eutroph. Im Wasser und im Uferbereich entwickelt sich eine reiche Flora. Hier wächst auch das Pfeilkraut (*Sagittaria sagittifolia*), das zunächst untergetaucht, dann schwimmende und schließlich aufrechte Blätter entwickelt.

Wasser bei der Arbeit

Die Wassermenge, die ein Bach oder Fluß wegführen, wechseln mit den Jahreszeiten und schwanken auch von Jahr zu Jahr. Sie hängen von der jeweiligen Niederschlagsmenge ebenso ab wie vom Gesteinsuntergrund. Je weniger wasserdurchlässig der Fels ist, um so mehr Wasser kann ablaufen, sich in Rinnen sammeln und Bäche oder Flüsse bilden. In Gebieten mit wasserzügigem Gestein können Fließgewässer nur dort entstehen, wo der Untergrund von einer undurchlässigen Lage abgedichtet wird. Im kühlen, gemäßigten Klimabereich Europas fallen die meisten Niederschläge während des Winterhalbjahres. In den nördlichen, kalten Gebieten, aber auch in den mitteleuropäischen Hochgebirgen, wird ein Großteil in Schnee und Eis gebunden, bis im nächsten Frühjahr Tauwetter einsetzt. In warmen, trockenen Regionen der Erde können die Täler während des Sommers vollständig austrocknen.

Die Erosionskraft eines Flusses folgt aus dem Zusammenwirken von Wasservolumen, Talgefälle, Festigkeit des Gesteins und Sedimentfracht. Härte und Widerstandskraft des Gesteins sind die ersten Größen, mit denen das arbeitende Wasser sich mißt. Steile Talflanken mit stürzenden, schießenden Wasserläufen und Talböden mit umherliegenden Blöcken entwickeln sich nur in Gebieten mit hartem Ausgangsgestein. Träge, mäandrierende Flüsse sind eher eine Erscheinung in Abschnitten mit weicherem Untergrund oder im Schwemmland alter Fluß- und Eisablagerungen.

In Kalkgebieten schafft die Erosion einen besonderen Formenschatz. In solcher Umgebung wirkt das Wasser in der Hauptsache als Lösungsmittel des Gesteins. Die Erosion schreitet dabei auch viel rascher in die Tiefe als zur Seite fort. Es entstehen dadurch enge, tiefe, klammartige Schluchten, von denen es in vielen Gegenden Europas eindrucksvolle Beispiele gibt (England: Cheddar; Frankreich: Verdon, Tarn). Außerdem entstehen auf diese Weise an der Erdoberfläche schüsselförmige Senken und Vertiefungen durch Einbrüche darunter liegender Höhlensysteme. Karsterscheinungen nennt man die durch Gesteinsauflösung entstandenen Formen, wozu auch versickernde oder unterirdisch fließende Gewässer gehören. Kalkgestein, das vom Wasser angegriffen wird, verändert umgekehrt auch dessen chemische Eigenschaften, weil der Gehalt an Calcium-Ionen und damit der pH-Wert ansteigt. Alkalisch reagierendes Wasser enthält meist wesentlich mehr Nähr- und Mineralstoffe als sauer reagierendes Wasser. Es bietet vielen Pflanzen und Tieren daher einen günstigeren Lebensraum.

Versuche

1 Erosion durch Frost und Eis liefert kantige Kiesel, fließendes Wasser glättet und rundet Steine ab. Suche an einer Stelle, an der Eis und Eiswirkungen an der Sedimentaufschüttung beteiligt waren, Steine zwischen 5–10 cm Größe (etwa 50 Stück). Sortiere das Fundmaterial in 4 Gruppen (verwende untenstehende Tabelle). Bestimme den prozentualen Anteil jeder Gruppe und stelle das Ergebnis graphisch dar. Vergleiche es mit unserer Abbildung.

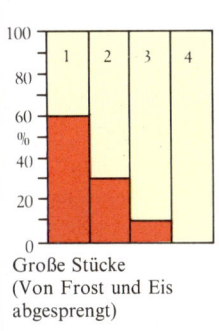

Große Stücke (Von Frost und Eis abgesprengt)

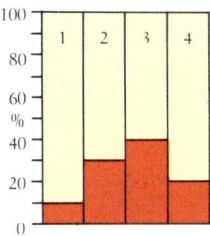

Flußkies (Im Fließwasser abgerollte Steine)

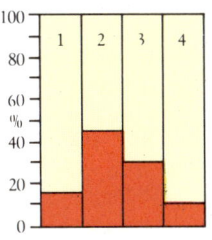

Geröll (Von Eis und Wasser geschaffen)

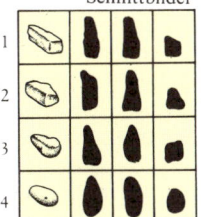

Schnittbilder

1 Kantig
2 Rundkantig
3 Gerundet
4 Stark abgerollt

2 Miß an der Biegung eines kleineren, flachen Flusses quer über das Flußbett Wassertiefe und Strömungsgeschwindigkeit. Achte auf die Ablagerungen am Gewässergrund (Kies, Sand und Schlamm?). Wiederhole die Messungen an der gleichen Stelle zu einer anderen Jahreszeit oder bei anderer Witterung. Zeigt das Flußsediment Veränderungen? Wo liegen im Flußbett die größeren Steine?

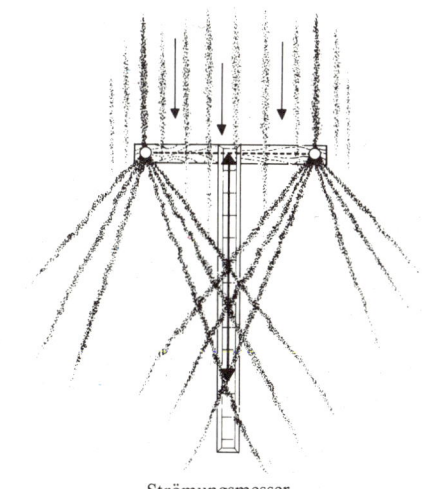

Strömungsmesser

Tauziehen mit der Strömung

Das Leben mitten in einem
Fließgewässer ist eine
dauernde Teilnahme am
Tauziehen mit der Strömung.
Manchmal, wenn ihm bei
Hochwasser größere
Wassermengen zu Hilfe eilen,
gewinnt der Strom.

Nichts ist in dem bewegten und bewegenden Lebensraum eines Fließgewässers von langer Dauer. Menge, Geschwindigkeit und Partikelfracht des Wassers ist täglichen und jahreszeitlichen Schwankungen unterworfen. Pflanzen, die in diesem Gewässer leben, müssen beweglich und dennoch fest sein. Erstaunlicherweise findet man gerade hier feingliedrige und zerbrechlich aussehende Formen, von denen man sich kaum vorstellen kann, wie sie im ständigen Wellenschlag und der Wasserströmung bestehen können. Ihr Erfolgsgeheimnis besteht darin, dem Wasser möglichst wenig Widerstand und Angriffsfläche zu bieten. Die kleinen, fädigen Wasserpflanzen haben genau die Form angenommen, die das Wasser ihnen diktiert: Sie sind stromlinienförmig. Ihre Blätter sind zu bandartigen oder fädigen Gebilden umgestaltet. Oft brechen die Blattstiele leicht ab, was man als Anpassung an plötzliche Veränderungen der Strömungsgeschwindigkeit verstehen muß. Dadurch geht Blattmasse verloren. Die Wurzeln bleiben jedoch und entwickeln bald neue Blätter. Nur wenn eine Pflanze zu groß geworden ist, kann sie von der Strömung fortgerissen werden. Ihre Nährstoffe nehmen Wasserpflanzen meist über die Blätter auf. Den Wurzeln kommt daher in erster Linie die Aufgabe der Verankerung zu. Pflanzen, die in den oberen Schlammschichten wurzeln, können leicht abgerissen und verdriftet werden. Arten mit kräftigen unterirdischen Sprossen oder Wurzeln, wie der Einfache Igelkolben (*Sparganium emersum*), halten eher aus und bilden rasch wieder neue flutende Sprosse, wenn Hochwasser die alten weggenommen hat. Sie ertragen auch eine plötzliche Sedimentaufschüttung sehr viel besser.

Im Wasser bestäuben
Nur wenige Wasserpflanzen führen die Bestäubung im Wasser durch. Pollen ist

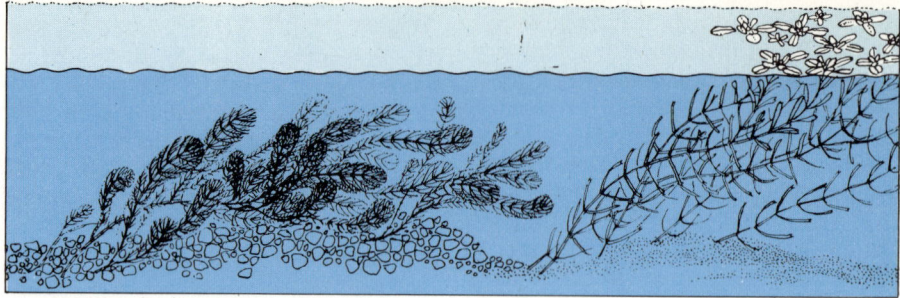

Wechselblütiges Tausendblatt (*Myriophyllum alterniflorum*) mit fein zerteilten Blättern.

Wasserstern (*Callitriche hamulata*) mit bandförmigen Tauch- und Schwimmblättern.

Der Brennende Hahnenfuß (*Ranunculus flammula*) entwickelt eine Vielzahl von Blattypen, je nachdem ob er in tieferem, flacherem, stehendem oder fließendem Wasser vorkommt.

Schwimmendes Laichkraut (*Potamogeton natans*) mit fadenförmigen Tauch- und breiteren Schwimmblättern die mit gelenkigen Verbindungen den Blattstielen ansitzen, so daß sie flach auf dem Wasser liegen.

Wasser-Hahnenfuß (*Ranunculus fluitans*) mit langen, fädigen Blattzipfeln, die sich mit der Strömung bewegen. Die Blüten entfalten sich über Wasser, die Fruchtstände werden jedoch wieder ins Wasser gebogen.

▶ In diesem klaren Fließgewässer kann man die großen Büschel von Wasserstern und Wasser-Hahnenfuß erkennen, die in Richtung der Strömung weisen.

im stehenden oder fließenden Wasser schlecht zu hantieren. Deshalb bleibt die Bestäubung auch bei den meisten Wasserpflanzen eine in der Luft zu erledigende Angelegenheit. Die Anpassungen an die Verbreitung durch Wind oder Wasser sind im Prinzip sehr ähnlich. Auffällige Kronblätter würden dabei stören und werden deshalb stark zurückgebildet. Eine echte Wasserpflanze ist beispielsweise der Wasserstern. Seine Pollen werden mit wasserabstoßendem Öl ausgestattet und in einem einzelnen Staubblatt einer männlichen Blüte nahe der Wasseroberfläche entwickelt. Der Pollen treibt mit dem Strom zu den langen Griffeln der weiblichen Blüten, die an anderen Stellen der Pflanze angelegt werden. Dieses Verfahren klappt zuverlässig. Wenn

man im Sommer eine solche Pflanze überprüft, sieht man, daß in den Achseln der unteren Blätter überall junge Früchte angelegt sind. Wasser-Hahnenfuß verbreitet die Pollen durch die Luft. Im Juni überziehen seine weißen Blüten die Gewässeroberfläche wie ein Teppich. Die Blüten produzieren Nektar und locken die zu diesem Zeitpunkt überall schlüpfenden Insekten an, die die Bestäubung ausführen. Nach erfolgter Befruchtung und Samenreife neigen sich die Fruchtstände ins Wasser. Blüten knapp oberhalb der Wasseroberfläche sind jedoch ziemlich gefährdet. Wenn das Wasser einmal plötzlich stark bewegt wird, können sie vom Wellenschlag erfaßt und versenkt werden. Auch Windbestäubung kommt vor. Einige Laichkraut-Arten lassen

1 Teste die Reißfestigkeit von Sprossen und Blattstielen verschiedener Wasserpflanzen mit Hilfe einer Federwaage. Befestige die Pflanzen mit Klebeband und Schnur.

2 Befestige mit wasserfestem Klebeband verschiedengeformte Flächen an den Blattstielen einer Wasserpflanze. Beobachte den Einfluß der Strömung.

3 Die verschiedenen Wasser-Hahnenfluß-Arten sind wegen ihrer Ähnlichkeit nur schwer zu bestimmen. Sammle einige Pflanzen und mache dir Notizen über Strömungsgeschwindigkeit, Tiefe und Breite des Gewässers. Setze dagegen die Blattmerkmale wie Verhältnis Blattspreite zu Blattstiel, Blattlänge zu Internodienlänge, Zahl der Verzweigungen je Blatt oder Blattform im Wasser. Ändern sich diese Merkmale je nach Standort?

ihre ährigen Blütenstände mit den kronblattlosen Blüten über das Wasser ragen und den Pollen vom Wind übertragen, während andere auch unter Wasser blühen und dort selbstverständlich auch bestäubt werden. In beiden Gruppen ist der Fruchtansatz ziemlich schlecht. Viele Wasserpflanzen gehen daher dazu über, sich vegetativ zu vermehren. Sie bilden dazu in verstärktem Umfang Wurzelorgane aus oder verbreiten sich mit Hilfe abgerissener Sproßstücke, die verdriftet werden und sich flußabwärts ansiedeln können. Auch wenn einige Wasserpflanzen die Bestäubung durch den Wind ausführen lassen, so werden die Samen doch fast ausnahmslos über das Wasser verbreitet. Dabei stellt sich lediglich das Problem, daß die Samen im Wasser nicht eher keimen dürfen, als sie verbreitet wurden. Viele Samen sind mit dicken, wasserabstoßenden Wänden ausgestattet. Sie treiben tage- und wochenlang an der Oberfläche, bevor sie irgendwo an einer geeigneten Stelle zu Boden sinken (S. 82). Seggensamen werden besonders gerne von Wasservögeln gefressen. Sie passieren den Verdauungstrakt der Vögel unbeschadet und werden dabei eventuell verbreitet. Andere Samen heften sich an Füße und Gefieder und reisen als blinde Passagiere mit. Vögel nehmen sogar kleine Stücke von Wasserpflanzen an andere Stellen mit. Nur so ist es vielleicht zu erklären, daß die Kanadische Wasserpest sich über ganz Europa ausbreitete, obwohl nur weibliche Pflanzen eingeschleppt wurden.

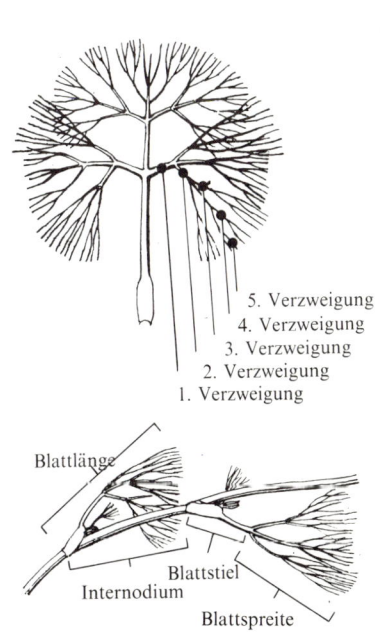

5. Verzweigung
4. Verzweigung
3. Verzweigung
2. Verzweigung
1. Verzweigung

Blattlänge

Blattstiel
Internodium
Blattspreite

Schwimmer und Klammerer

Manche Wassertiere umgehen das ständige Tauziehen mit der Strömung. Andere haben sich so angepaßt, daß sie in voller Strömung an oder auf Steinen sitzen können.

Sorgfältige Messungen der Strömungsgeschwindigkeit zwischen Wasseroberfläche und Grund eines Flusses haben ergeben, daß die Rate in Richtung Boden abnimmt. Im Wasser liegende größere Körper verändern die Strömungsverhältnisse. Über die Oberfläche von Steinen spannt sich beispielsweise eine 0,5–1 mm dicke Schicht, an der das Wasser nahezu still steht oder sich zumindest äußerst langsam bewegt. Diese Zone wird als Grenzschicht bezeichnet. Viele Tiere, die sich auf der Oberseite oder an den Flanken von Steinen aufhalten, besitzen Anpassungen, die ihnen die Eroberung gerade dieses winzigen Lebensraumes ermöglichen.

Typisch für solche Tiere ist ihr flacher Körperbau. Strudelwürmer geben an ihrer Unterseite eine dünne Schleimschicht ab, in der Tausende mikroskopisch kleiner haarähnlicher Fortsätze (Cilien) schlagen. Ihre wellenförmigen Bewegungsfolgen tragen das Tier scheinbar mühelos und sanft gleitend über das Substrat. Sie dienen außerdem der Verankerung und können das Tier an seiner Unterlage festheften.

Klammern

Saugorgane werden von recht verschiedenen Wassertieren eingesetzt. Kriebelmückenlarven (*Simulium* spp.) heften sich an der Oberseite von Steinen gerade in solchen Wasserbereichen fest, wo die Strömungsgeschwindigkeit groß ist. Sie gehören zu den erfolgreichsten Organismen, die ihren Platz auch in kräftiger Strömung fest behaupten. Man könnte fast sagen, daß sie mit allen Mitteln kämpfen, denn sie verwenden verschiedene Mechanismen, um sich an ihrer Unterlage festzuhalten. Am Hinterleibsende besitzen sie eine Saugvorrichtung und eine zweite, etwas kleinere am Ende eines kurzen, fleischigen Stummelfortsatzes unmittelbar hinter dem Kopf. Knapp unterhalb des Außenrandes des hinteren Saugorgans sitzt ein Kranz von 6–64 kräftigen

▼ Die Steinfliegenlarve (*Perla bipunctata*) ruht sich unter einem Stein aus. Ihre fiederigen, gelben Kiemen und der blasse Haarbesatz der Beine sind deutlich zu erkennen.

▶ Die nur in Südeuropa beheimatete (ungiftige!) Vipernatter (*Natrix maura*) bewegt sich mit elegantem Schlängeln durchs Wasser.

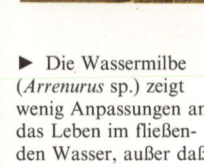

▶ Die Wassermilbe (*Arrenurus* sp.) zeigt wenig Anpassungen an das Leben im fließenden Wasser, außer daß sie recht klein ist.

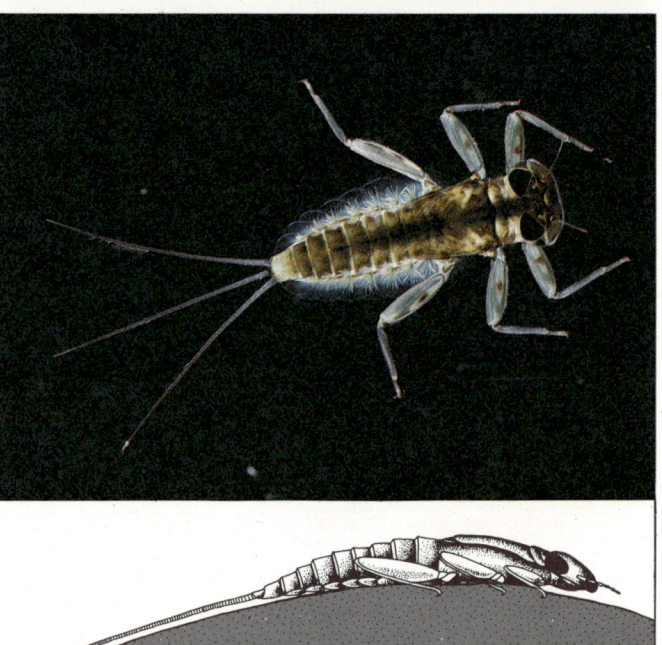

◀ Der breite, flache Kopf dieser Eintagsfliege (*Rhitrogena semicolorata*) ist der Strömung zugewandt, so daß der Körper des ruhenden Tieres dem fließenden Wasser einen geringstmöglichen Widerstand bietet. Das 1. Kiemenpaar ist in ein Saugorgan umgewandelt, so daß sie auch stärkerer Strömung standhalten kann.

▼ Mit Hilfe eines Saugorgans am Hinterende, das zusätzlich noch mit einem Hakenkranz besetzt ist, halten sich diese Kriebelmückenlarven (*Simulium erythrocephalum*) an Wasserpflanzen fest. Der beinartige Fortsatz am Vorderkörper trägt ebenfalls ein Saugorgan.

Haken. Die *Simulium*-Larve setzt sich gewöhnlich zunächst mit ihrem hinteren Saugorgan auf der Unterlage fest. In schneller strömender Umgebung wird auch die vordere Saugeinrichtung benutzt. Außerdem kann die Larve mit Hilfe eines Speicheldrüsensekrets ein flaches Schirmdach über sich ausbreiten und an der Gesteinsunterlage anheften. Beim Spinnen dieser sinnvollen Schutzmatte wirft sie ihren Kopf hin und her. Wenn sie fertig und hart geworden ist, kriecht die Larve darauf, heftet sich mit dem vorderen Sauger fest, zieht mit dem hinteren die Matte über sich und befestigt sie am Gestein. Mit den Saughaken greift sie in das feine Gespinst, läßt den vorderen Sauger los und kann nun der Strömung standhalten. Zusätzlich wird oft auch noch ein Faden zwischen Kopfende und Gestein befestigt. Sollte das Tier von seiner Unterlage abkommen, kann es sich an dieser Ankerleine zurück zum Aufenthaltsplatz hangeln.

Ein Saugorgan wird auch von den Larven der Eintagsfliegen aus der Gattung *Rhitrogena* verwendet. Es entsteht in diesem Fall durch Umbildung des ersten Kiemenpaares. Nicht alle Eintagsfliegenlarven besitzen solche Einrichtungen, aber die meisten sind in idealer Weise stromlinienförmig gebaut und deshalb für das Leben auf der Oberfläche oder an den Flanken größerer Steine im Strömungsbereich besonders geeignet. Ihr Kopf ist breit und flach. Er wird immer der Strömung zugewandt (positive Rheotaxis). Ebenso ist der übrige Körper sehr flach. Das Tier ist im vorderen Körperdrittel am kräftigsten. Wenn das Wasser einen solchen Körper überströmt, drückt es ihn auf der Unterlage fest. Dieses Strömungsverhalten gleicht der Windschlüpfrigkeit eines Rennwagens. Die Beine der Larve setzen nicht auf der Körperunterseite an. Die Hüftgelenke sind vielmehr weit zu den Körperflanken geschoben, so daß das gesamte Tier sich wiederum viel besser in der Grenzschicht der Strömung aufhalten kann. Die Beine enden in langen, kräftigen Klauen. Auch einige andere Wasserinsekten zeigen diese eigenartige strömungsangepaßte Beinstellung. Die drei langen Hinterleibsanhänge der Larve sind mit Sinnesorganen ausgestattet, die geringste Druckunterschiede wahrnehmen können. Mit ihrer Hilfe sucht sich *Rhitrogena* die günstigste Stellung zur Strömung aus.

Der kräftige, muskulöse Fuß der Flußnapfschnecke (*Ancylus fluviatilis*) hält sie auch in starker Strömung fest. Wenn man solche Napfschnecken aus langsam fließenden Flüssen mit solchen aus schnell strömenden Gewässern vergleicht, zeigen ihre Gehäuseabmessungen (Breite, Höhe) deutliche Unterschiede. Ein weiterer Mollusk der Fließgewässer ist die Wandermuschel (*Dreissena polymorpha*). Sie verankert sich genauso wie die Miesmuscheln der Meeresküste mit zahllosen Byssusfäden.

Schwimmen

Fließwassertiere müssen sich nicht nur wirksam an der Unterlage festhalten können, sie müssen auch fähig sein, sich im freien Wasser zu bewegen. Das gilt etwa für räuberisch lebende Arten oder für solche Formen, die zum Luftholen regelmäßig zur Oberfläche aufsteigen müssen. Viele dieser Tiere haben sich ihrem Lebensraum dadurch angepaßt, daß ihr Körper dem strömenden Wasser möglichst wenig Angriffsfläche bietet. Wie bei der Eintagsfliegenlarve ist ihr Körper im vorderen Drittel am breitesten und verschmälert sich dann langsam zum Hinterende. Solche hydrodynamisch günstigen Körper können sich durch Schlängelbewegungen elegant durch das Wasser bewegen. Mit seitlichen Bewegungen erreichen dies die Fische (Forelle und Aal) oder die Wasserschlangen, mit vertikalen die Egel oder freischwimmenden Eintagsfliegenlarven (*Baetis*). Bei anderen Tieren wird die Schwimmbewegung der Beine durch einen dichten Haarbesatz unterstützt.

1 Unterschiedlich gebaute Tiere suchen unterschiedliche Bereiche im fließenden Wasser auf. Welche Tiere findest du über steinigem Grund bei kräftiger Strömung, welche über schlammigem Grund? Welche Tiere findest du, wenn du die Hälfte einer Plastikfußmatte an einer steinigen Stelle im Fluß ausbringst, die andere über Weichboden? Laß dieses künstliche Substrat 4–5 Tage draußen. Welche Tiere findest du an einer schnell strömenden, welche an einer langsam fließenden Stelle?

2 Schwarmfische halten sich immer in der Nähe ihrer Artgenossen auf. Besorge dir einen Stichling und setze ihn in ein großes Wasserbecken mit sauberem Wasser. Teile den Wasserraum mit einem kleinen Stock in zwei Hälften. Beobachte etwa 5 Minuten, wie lange der Fisch sich in einer Beckenhälfte aufhält. Wiederhole die Messung fünfmal und bestimme, wie lange sich der Fisch in jeder der beiden Hälften aufgehalten hat. Bringe nun in einem durchsichtigen Plastikbeutel einen zweiten Stichling in eine Beckenhälfte und miß wieder fünfmal, wie lange sich der freischwimmende Fisch nun in den Beckenhälften aufhält. Bevorzugt er nun eine Hälfte? Was geschieht, wenn du noch 2–3 Stichlinge in den Plastikbeutel setzt?

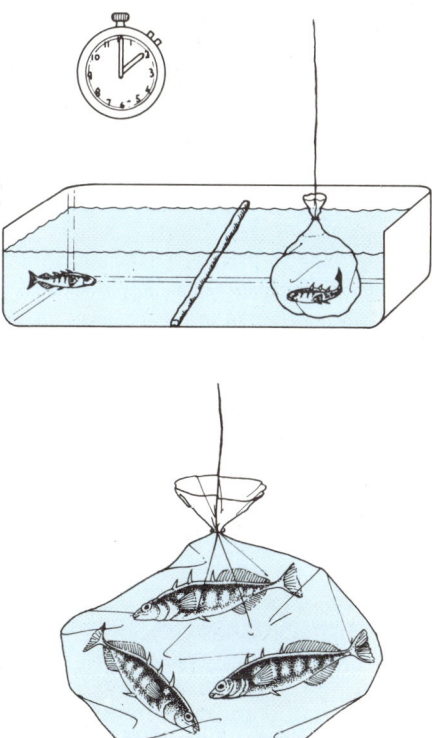

Versteckte und Vergrabene

Wenn man sich ein Fließgewässer nur oberflächlich anschaut, könnte man meinen, daß hier nur sehr wenige Tiere leben. Der Eindruck ändert sich rasch, wenn man einige Steine umdreht oder mit dem Netz über den weichen Gewässergrund fährt.

◀ Die Larve der Eintagsfliege *Ephemera vulgata* gräbt sich in den Bodenschlamm ein: Zwei dornförmige Mandibeln und die flachen behaarten Vorderbeine graben die Tunnelröhre aus. Die verzweigten Kiemen werden über dem Rücken getragen.

▶ Flohkrebse (*Gammarus* sp.) gehören zu den häufigsten Organismen in Bächen und Flüssen. Obwohl der Körper seitlich abgeflacht ist, kann sich ein Flohkrebs kaum in der Strömung halten. Er versteckt sich daher unter Steinen und Wasserpflanzen.

▶ Die räuberisch lebende Larve der Zweigestreiften Quelljungfer (*Cordulegaster boltoni*) verbirgt sich im Weichboden der Fließgewässer. In ihrer dichten Körperbehaarung verfangen sich Schlammteilchen, die das Tier gut tarnen.

◀ Die Groppe (*Cottus gobio*) ist auf dem Gewässergrund im Kiesbett ausgezeichnet getarnt. Hier lauert sie auf zufällig vorbeikommende Beute.

▶ Die Steinfliegenlarve *Taeniopteryx* und die Käferlarve *Haliplus* sind mit rückwärts weisenden Fortsätzen ausgestattet, mit deren Hilfe sie sich zwischen untergetauchten Wasserpflanzen verhaken können.

Unter Steinen versteckt

Es gibt nur wenige wirbellose Wassertiere, die sich nicht wenigstens zeitweise während ihrer Entwicklung unter größeren Steinen verbergen. Eine Reihe von Faktoren ist dafür ausschlaggebend. Unter den Steinen leben die Tiere strömungsgeschützt. Sie entgehen dort auch ihren Fraßfeinden. Außerdem suchen viele diesen Unterschlupf, weil sie negativ phototaktisch (lichtfliehend) sind und sich gegebenenfalls auch von den organischen Bestandsabfällen ernähren, die bevorzugt unter Steinen zusammengetrieben werden.

Es kann kein Zweifel darüber bestehen, daß das Leben unter einem Stein kräfteschonender ist als auf seiner Oberseite. Unter den Steinen ist die Strömung sehr schwach oder setzt völlig aus. In solchen Fällen von Totwasser ist natürlich auch die Sauerstoffversorgung schlecht, weshalb sich dort nicht allzu viele Arten aufhalten. Die Mehrzahl der Bodenbewohner braucht eine schwache Strömung. Unter solchen Steinen, an denen auch die Temperatur oder der Lichtzutritt ziemlich gleichförmig ausfallen, leben im typischen Fall gerade solche Tiere, die wenig Anpassung an das Leben im Fließgewässer erkennen lassen. Ein markantes Beispiel sind Flohkrebse (*Gammarus* spp.). Diese Tiere sind nicht besonders stromlinienförmig gebaut, obwohl ihr Körper seitlich abgeflacht ist. Einige ihrer zahlreichen Gliedmaßen enden in kräftigen Klauen, mit denen sie sich im weichen Boden festhalten können. Flohkrebse schwimmen aufrecht durch das Wasser, allerdings nicht sehr weit und schon gar nicht gegen die Strömung. Etwa 90% der Flohkrebs-Population eines Baches wird man tagsüber unter den Steinen antreffen. Nachts ändert sich das Bild allerdings etwas.

Außer den Nichtspezialisten ziehen sich zeitweise auch die gut strömungsangepaßten Tiere in die Sicherheit der Steinunterseite zurück, wenn Sturzwasserfluten oder bestimmte physiologische Vorgänge dies erfordern. Überwiegend wird man zwar die Larven verschiedener Köcherfliegen oder der Kriebelmücke *Simulium* auf der Oberseite der Steine finden, doch suchen sie die geschützten Bereiche auf, sobald sie sich verpuppen wollen. Sie wandern dann in den Strömungsschutz der Steine, heften sich dort an und setzen ihre Entwicklung fort. In ähnlichen Situationen ziehen sich auch andere Tiere zurück. Häutungen können dieses Verhalten auslösen. Nach einer Häutung sind die Körper dieser Tiere besonders weich

und verletzlich. Schließlich ist der Platz zwischen oder unter den Steinen auch der Aufenthaltsort von Räubern. Ein Fisch, die Groppe, liegt dort auf der Lauer und überfällt seine Beutetiere, die der Strom ihm zuführt.

Im Schlamm eingegraben

Eines der Tiere, das an eine eingegrabene Lebensweise besonders gut angepaßt ist, ist die bräunlich gefärbte Larve der Eintagsfliege *Ephemera*. Sie legt ihre Höhlen in Bereichen an, wo der Boden aus feinem Sand oder Ton besteht, und gräbt mit ihren hakigen Kiefern oder Mandibeln, die ihren Kopf noch ein kleines Stück überragen. Sie werden in das weiche Sediment gestoßen. Die Vordergliedmaßen werden

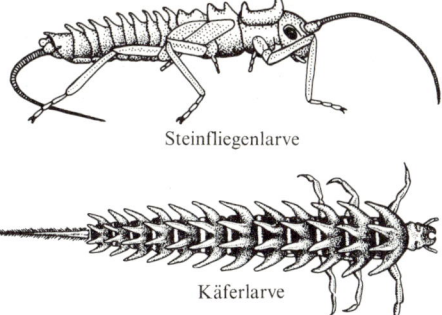

Steinfliegenlarve

Käferlarve

nun vorgestreckt und schieben das Sediment kräftig zur Seite. Die Mandibeln kommen nun frei, und die Larve rammt ihren Kopf erneut in den Boden. Dieser Vorgang wird so oft wiederholt, bis eine etwa 4–6 cm lange Röhre entstanden ist. Ein solcher Tunnel kann tief in den Boden reichen oder auch fast parallel zur Oberfläche angelegt sein. Der stark behaarte Körper der Larve hilft, das lockere Sediment zu stützen, und bewahrt sie so vor Verschüttung. Bei Hochwasser und starker Strömung vergräbt sie sich tiefer. Auf ähnliche Weise pumpt sie auch sauerstoffreicheres Wasser in ihre abgeschlossene Wohnung. Ihre fein verästelten Kiemen liegen über dem Rücken und werden sanft auf und ab bewegt. Da-

durch wird ein ständiger Wasserstrom erzeugt, dessen Strömungsmuster man mit etwas Zeichentusche eindrucksvoll darstellen kann, wenn man einen Tropfen vor den Kopf des Tieres bringt. Das Wasser wird von den Seiten hoch an den Kiemen vorbei nach hinten bewegt. Die meisten frei lebenden Eintagsfliegenlarven bewegen ihn in umgekehrter Richtung: Der Atemwasserstrom verläßt den Kiemenbereich über die Körperflanken. Bei einen eingegrabenen Tier würde ein seitlicher Wasserstrom jedoch die Wände der Wohnröhre angreifen und sie zum Einsturz bringen. *Caenis* ist eine andere Eintagsfliegenlarve, die im Bereich weicher Gewässerböden vorkommt. Sie gräbt jedoch keine Höhle, sondern wühlt sich teilweise in den Schlamm ein. Ihre Kiemen liegen geschützt unter einem Paar horniger Klappen – dem umgewandelten ersten Kiemenpaar, unter dem die restlichen Kiemen emsig hin und her bewegt werden. Ein anderes Tier, das sich teilweise in den weichen Grund des Flußbettes eingräbt, ist die Larve der Quelljungfer (*Cordulegaster*). Die zahlreichen Haare auf ihrer Körperoberseite werden mit Schlammteilchen und organischem Detritus beladen, so daß die Larve alsbald aussieht wie der Gewässergrund um sie herum. So liegt sie unbeweglich auf der Lauer und wartet auf nichtsahnende Beutetiere, die sie bis auf nächste Nähe herankommen läßt.

Unsichtbare Tiere

Verschiedene Tiere verstehen sich auf die Kunst der Tarnung. Sie passen ihre Farbe und ihre Körperumrisse so hervorragend in ihre Umgebung ein, daß sie optisch damit verschmelzen und auf diese Weise dem Blick ihrer Feinde entzogen werden. Die Larven verschiedener Köcherfliegen sind beispielsweise solche Verkleidungskünstler. Man benötigt einige Zeit, um sie mit ihren gut getarnten Gehäusen zu entdecken, da man sie selbst auf kurze Entfernung noch für ein Zweigstück oder ein welkes Blatt hält, wenn sie beispielsweise in einer Fangprobe aussortiert werden. Andere Tiere verstecken sich nicht weniger geschickt. Verschiedene Zuckmückenlarven bauen aus Spinnfäden eine Röhre um sich herum, die auf ihrer Außenseite Schlamm- und Detritusteilchen festhält. Zuckmücken sind überhaupt eine außergewöhnlich erfolgreiche Tiergruppe des Süßwassers. Annähernd 1000 Arten sollen in Mitteleuropa vorkommen.

Versuche

① Suche einen flachen, etwa handgroßen Stein im Flußbett und bürste die auf seiner Unterseite lebenden Organismen in ein Sammelgefäß. Lege den Stein mit den übrigen, auf ihm lebenden Tieren in ein anderes Gefäß. Bestimme und zähle die Tiere, die du von der Unterseite abgesammelt hast. Bestimme und zähle dann die übrigen Organismen auf dem Stein. Bestimme den prozentualen Anteil der Arten, die unter den Steinen leben, nach der folgenden Formel:

$$\frac{\text{Anzahl der von der Unterseite entfernten Tiere}}{\begin{array}{c}\text{Anzahl der von der Unterseite und von den}\\\text{übrigen Flächen entfernten Tiere}\end{array}} \times 100$$

Werden wirbellose Wassertiere häufiger auf, an oder unter den Steinen gefunden? Ist die Verteilung bei Dunkelheit die gleiche?

Untersuchung von Steinen in einem Fließgewässer.

② Stelle eine Schale so auf, wie es das Bild zeigt. Setze einige Bachflohkrebse hinein und notiere alle halbe Stunde die Zahl der Tiere im beleuchteten Teil. Versuchen die Flohkrebse das Licht zu meiden (negative Phototaxis) oder suchen sie den hellen Teil auf (positive Phototaxis)? Bringe nach Beendigung des Versuchs alle Tiere wieder in ihren natürlichen Standort.

Die obere Schale verdeckt die untere zur Hälfte.

Versuch zur Klärung der Frage, ob Flohkrebse Licht aufsuchen oder meiden.

Brut und Brutpflege

Die meisten Tiere im Süßwasser verlassen ihre Gelege nach dem Ablaichen. Einige Arten jedoch verbringen viel Zeit mit der „Bemutterung" ihrer Nachkommenschaft.

Warum Brutpflege?

Um zu überleben, haben die meisten Arten im Laufe der Evolution besondere Tricks oder Sicherungen entwickelt. Zwei Fortpflanzungsstrategien sind dabei zu unterscheiden. Tiere, die in unbeständigen, vergänglichen Lebensräumen vorkommen, lösen das Problem der Arterhaltung ähnlich wie viele Unkrautpflanzen. Sie sind selbst kurzlebig (meist einjährig) und verwenden fast alle Energie auf die Produktion einer zahllosen Nachkommenschaft. Jedes winzigste Ei enthält für sich gesehen nur ein Minimum dieser Energie. Dafür hat es aber auch so gut wie keine Überlebenschance. Diese Vermehrungsstrategie gleicht eher einem Glücksspiel. Je mehr eingesetzt wird, um so größer ist die Wahrscheinlichkeit eines Gewinns, und der besteht im Überleben.

Die zweite Fortpflanzungsstrategie besteht darin, länger zu leben, sich dafür jedoch häufiger zu paaren, wobei jeweils nur wenige Eier oder lebende Junge entwickelt werden, von denen jedes die Investition eines großen Energiebetrages erfordert. Wenn die Nachkommenschaft im Körper des Weibchens entwickelt wird, auf dem Körper der Eltern herumgetragen oder nach dem Ausschlüpfen besonders betreut wird, erhöht sich ihre Überlebenschance beträchtlich.

Ablaichen

Die verschiedenen Möglichkeiten, wie wirbellose Wassertiere ihren Laich ablegen, wurden bereits vorgestellt (S. 28/29). Fische laichen ebenfalls auf verschiedene Weise ab. Die abgelegte Eizahl ist von Art zu Art verschieden und kann selbst innerhalb der gleichen Fischart in weiten Grenzen schwanken. Die meisten Fische laichen im flachen Wasser ab. Lachse, Forellen, Elritzen oder Neunaugen wählen dazu einen steinigen Abschnitt an einer gut durchströmten Stelle aus. Brachsen, Karpfen oder Flußbarsche ziehen dagegen eher ruhige, pflanzenbewachsene Wasserbe-

reiche vor. Im allgemeinen werden die Eier vom Männchen im freien Wasser besamt. Groppen und Gründlinge paaren sich dagegen, so daß die Eier innerhalb des Weibchens befruchtet werden. Die kieferlosen Rundmäuler setzen ihr Saugorgan ein, wenn der Laich abgesetzt wird. Die Weibchen saugen sich an einem größeren Stein im Bachbett fest. Die Männchen halten sich hinter dem Kopf des Weibchens fest, so daß sie seinen Körper umwinden und die abgelegten Eier sogleich besamen können.

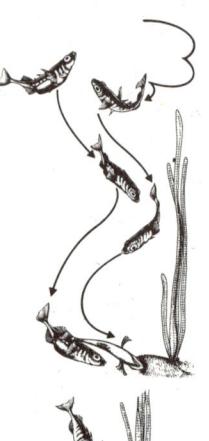

▲ Pärchen des Dreistacheligen Stichlings (*Gasterosteus aculeatus*) vor der Balz. Das Männchen trägt sein Balzkleid: Roter Bauch und blaue Augen.

◀ Balz des Dreistacheligen Stichlings (*Gasterosteus aculeatus*).

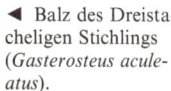

▶ Das Weibchen des Bitterlings (*Rhodeus amarus*) nähert sich mit seiner Legeröhre einer Teichmuschel, die das Männchen ausgesucht hat.

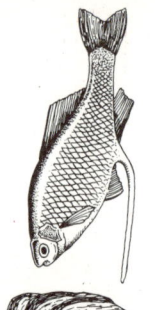

▶ Bei diesem Süßwasserkrebs (*Austropotamalius pallipes*) sieht man die unter dem Hinterleib getragenen Eier recht gut.

▶ Bachneunaugen (*Lampetra planeri*) laichen im Frühjahr über steinigem Grund ab. Das Weibchen (oben links) saugt sich an einem Stein fest – mehrere Männchen schlingen sich um ihren Körper.

Die Stichling-Geschichte

Der in Europa weit verbreitete Dreistachelige Stichling ist ein eindrucksvolles Beispiel für eine Fischart mit hochentwickelter Balz und mit Brutpflege. Zu Beginn der Laichzeit (meist Frühjahr) trennen sich die Männchen vom Schwarm, um sich ein Revier zu suchen. Gleichzeitig legen sie ein farbenprächtiges Hochzeitskleid mit blauen Augen und leuchtend roter Bauchseite an.

Jedes Männchen beginnt nun mit dem

▼ Der Flußbarsch (*Perca fluviatilis*) legt seine Eier in Schnüren in ruhig fließendem Wasser an Pflanzen ab.

Im Durchschnitt werden etwa 200 000 Eier pro kg Körpergewicht abgelaicht.

er den Konkurrenten mit offenem Maul und aufgerichteten Rückenstacheln.

In der Zwischenzeit haben die Weibchen den Laich entwickelt und davon einen verdickten Bauch bekommen. Das Männchen lockt das laichbereite Weibchen mit einer einzigartigen Balz zu dem am Boden gelegenen Nest. Sobald die Eier abgelegt sind, werden sie vom Männchen besamt.

Jedes Männchen balzt mit mehreren Weibchen und hat daher Laich verschiedener Herkunft in seinem Nest. Nach der Eiablage werden die Weibchen vom Nest verjagt, und nur das Männchen übernimmt die Pflege und Bewachung des Geleges. Es verjagt Eindringlinge und fächelt dem Laich frisches Wasser zu. Nach etwa einer Woche schlüpfen die Jungen, und immer noch betreut das Männchen seinen Nachwuchs.

Bitterlinge und Muscheln

Noch auffallender ist das Fortpflanzungsverhalten des Bitterlings, in dessen Entwicklung immer eine Süßwassermuschel eingeschaltet wird. Im Frühjahr entwickelt das Weibchen eine etwa 6 cm lange Legeröhre. Währenddessen legt das Männchen ein farbenprächtiges Hochzeitskleid an: Seine Flossen werden rötlich, der Bauch gelb, und am Kopf entwickeln sich weiße Knötchen. Zuvor hat es sich eine Teich- oder Malermuschel ausgesucht. Es führt das Weibchen zu seiner Muschel, und beide warten, bis die Muschel die Klappen öffnet. Dann legt das Weibchen 1–2 Eier in deren Kiemenraum. Der Samen des Männchens wird mit dem Atemwasserstrom der Muschel eingesaugt. Von dieser eigenartigen Laichplatzwahl nimmt die Muschel offenbar keinen Schaden.

Nestbau, nachdem es zuvor durch Wegtragen von Sand eine kleine Vertiefung am Gewässerboden angelegt hat. Algen und Stücke anderer Wasserpflanzen werden zusammengetragen und mit einem Nierensekret verklebt. Das Nest erhält einen seitlichen Eingang. Nach seiner Fertigstellung wird die Bauchseite noch leuchtender, und der Rücken schimmert jetzt in einem weißlichen Blau. Wenn ein Männchen im Hochzeitsgewand auf einen ebenso gefärbten Artgenossen trifft, bedroht

Versuche

① Richte dir im Frühjahr ein Aquarium mit einigen Steinen, feinem Kies aus einem Fluß und einigen Wasserpflanzen ein. Besorge dir ein Männchen vom Dreistacheligen Stichling im Hochzeitskleid und beobachte, wie er sein Nest baut.

② Befestige an der Außenwand des Aquariums einen kleinen Spiegel und beobachte, wie der Stichling sich verhält. Wie reagiert das Männchen auf sein Spiegelbild? Entferne den Spiegel und schneide aus Pappe ein ovales Stück aus, das ungefähr der Größe und Form eines Stichling-Männchens entspricht. Male eine Hälfte des Pappstückes mit roter Farbe an. Wie verhält sich der Stichling, wenn er diese Attrappe sieht?

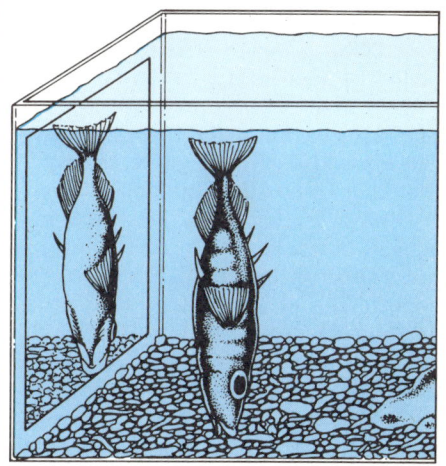

Das Männchen des Dreistacheligen Stichlings (*Gasterosteus aculeatus*) antwortet mit Drohhaltung auf sein Spiegelbild.

Männchen des Dreistacheligen Stichlings greift eine Männchen-Attrappe an, die von außen ans Aquarium geklebt wurde.

③ Entferne die Stichlings-Attrappe und setze einen weiblichen Stichling in das Becken. Wie reagiert nun das Männchen?

Tiere als Architekten

Viele Tiere des Süßwassers
sondern bestimmte
Substanzen ab und bauen
seltsame Gehäuse auf, um
darin Schutz zu suchen oder
zu wohnen, sich zu
befestigen oder Nahrung
zu sammeln.

Eine sichere Behausung für Kleinstlebewesen

Die Amöbe *Arcella* baut sich aus Sekret eine lederige, napfförmige Schale,
so daß sie fast wie eine winzige Napfschnecke aussieht. Unter der Schale
streckt sie ihre fingerähnlichen Schein-
füßchen aus, mit deren Hilfe sie sich
bewegt und kleinste Organismen, etwa
Bakterien und Algen, einfängt, von denen sie sich ernährt. *Difflugia* ist eine
andere beschalte Amöbe, deren lede-
riges Gehäuse außen mit Sandkörnern
besetzt ist und auf der Oberseite oft
noch zinnenartige Fortsätze trägt.
Wenn man in Tümpeln und Teichen
die Unterseite oder Stiele von Seerosen-
blättern sorgfältig untersucht, wird man
daran mikroskopisch kleine Wohnzylin-
der des Rädertieres *Floscularia* entdek-
ken können. Seine aus Sandkörnern ge-
fertigten Wohnröhren sind am Grunde
an der Pflanze befestigt. Am oberen
Ende kann man die kleinen, haarigen
Cilienkränze (das Räderorgan) sehen,
die unablässig in Bewegung sind und
feine Nahrungspartikel herbeistrudeln.

Bewegliche Eigenheime

Von allen gehäusebauenden Tieren des
Süßwassers sind die Köcherfliegen
wahrscheinlich die bekanntesten. Ihre
Larven, die am Grunde der Gewässer
leben, gehören gleichzeitig aber auch zu
den geschicktesten Baumeistern.
Köcherfliegenlarven bauen ihre Gehäuse nach zwei verschiedenen Verfahren: Die Mehrzahl der Arten spinnt
einen seidenen Zylinder um sich herum,
dessen Fadenmaterial von den Speichel-
drüsen im Mundbereich der Tiere produziert wird. Auf diesem röhrigen Sei-
dengebilde werden verschiedene weitere
Baumaterialien befestigt, beispielsweise Sandkörner, kleine Steine, leere
Schneckengehäuse, Ästchen, Blätter
oder Detritusteilchen. Ein Hakenpaar
am letzten Hinterleibssegment greift in
die Fadenwand dieses Köchers, und so

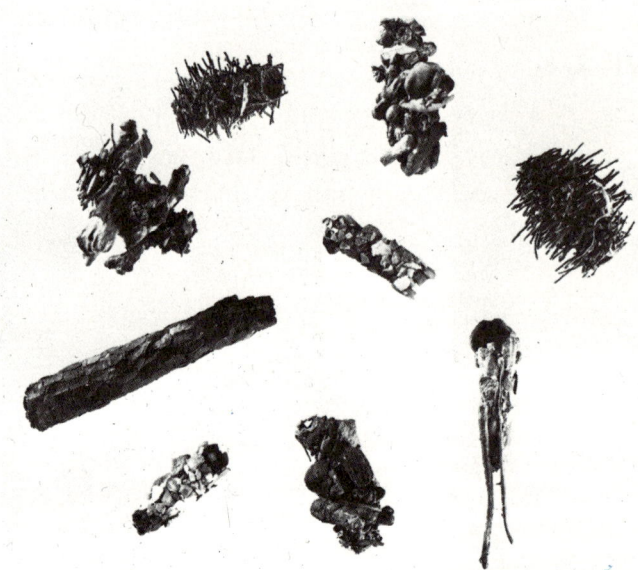

◄ Auswahl von Kö-
chern aus Zweig-
stücken, Steinen und
zerkleinerten Pflanzen-
teilen.

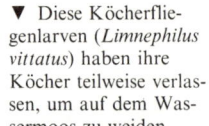

▼ Diese Köcherflie-
genlarven (*Limnephilus
vittatus*) haben ihre
Köcher teilweise verlas-
sen, um auf dem Was-
sermoos zu weiden.

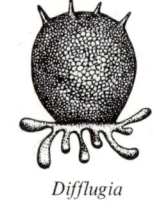

Difflugia

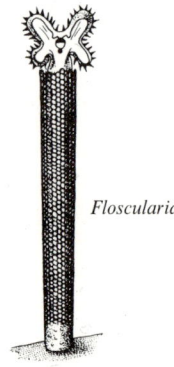

Floscularia

Arcella

▲ Mikroskopisch
kleine Architekten:
Difflugia baut sich ein
helmartiges Gehäuse
aus Sandkörnern, *Ar-
cella* eine napfförmige
Schale aus einem lede-
rigen Sekret. Die zylin-
drischen Röhren des
Rädertiers *Floscularia*
sp. bestehen aus Sand-
körnern. Die Tiere hef-
ten diese Röhren an pas-
senden Unterlagen fest.

◀ Dieser Köcher gehört der Larve von *Glyptotaelius pellucidus*. Er besteht aus zusammengeklebten Weidenblättern. Die Larve hat ihren Köcher teilweise verlassen. Man erkennt sehr gut die Kiemen.

▼ Diese Wasserspinne (*Argyroneta aquatica*) baut sich gerade eine Tauchglocke, die sie zwischen Wasserpflanzen aufgehängt hat.

▲ Der Köcher der Köcherfliegenlarve *Phrygaena* sp. besteht aus zurechtgeschnittenen, zusammengerollten Blattstücken.

trägt die Larve ihr Gehäuse bei der Fortbewegung mit sich herum. Einige Arten verwenden ein anderes Konstruktionsverfahren. Die Larve bewegt sich in diesem Fall über den sandigen Boden des Bachbettes und überspannt ihn mit seidigen Spinnfäden. Wenn auf diese Weise ein kleiner Teppich mit darin eingewobenen Sandkörnern entstanden ist, verläßt die Larve ihren alten Köcher und rollt sich blitzschnell in die neue Matte ein, wobei selbstverständlich auch die Säume rasch vernäht werden – fertig ist ein neuer Köcher. Die Köcher schützen nicht nur die weichen Körper der Larven, sie verbergen die Tiere auch. Schwergewichtige Köcher helfen den Larven, sich am Boden schnell fließender Gewässer aufzuhal-

ten. Köcher, aus den Blättern der Kanadischen Wasserpest gefertigt, verleihen ihren Bewohnern dagegen Auftrieb. Solche Köcher werden von teichbewohnenden Arten verwendet, die man an warmen Sommertagen dabei beobachten kann, wie sie Algen und anderen Aufwuchs von Wasserpflanzenblättern abweiden. Die winzigen Sauerstoffbläschen, die im Licht von den Pflanzen aufsteigen, fangen sich im Köchereingang und dienen dem Bewohner als Schwimmhilfe. Wenn sich eine genügend große Menge angesammelt hat, kann die Larve wie ein U-Boot auf Tauchfahrt von Pflanze zu Pflanze treiben und den Blattaufwuchs abweiden. Sollte sie zur Wasseroberfläche aufgetrieben werden, stößt sie die Sauerstoffblase einfach heraus und sinkt sofort wieder zu Boden.

Manche Köcherfliegenlarven sind bei der Zusammenstellung des Baumaterials recht wählerisch und verwenden nur eine bestimmte Sorte Baustoff. Larven der Gattung *Limnephilus* verwenden anfangs pflanzliche Reste und Abfälle, bauen dann Köcher aus kleinen Steinen oder winzigen Schneckengehäusen, um zu einem späteren Zeitpunkt wiederum pflanzliche Materialien zusammenzustellen.

Einige Köcherfliegenlarven bauen überhaupt keinen Köcher, sondern leben in einem selbst gesponnenen Netz, das sie an den Flanken von Steinen oder zwischen den Wassermoosen befestigen, die darauf wachsen. Die Larven kriechen mit dem Kopf zur Strömung unter dieses Netz und sammeln in dieser Haltung auch alle als willkommene Nahrung antreibenden Algen oder Kleintiere ein. Aus diesem Netz kriechen sie immer nur rückwärts heraus, wobei sie die Haken an den langen Hinterleibsanhängen einsetzen. Wenn diese Larven sich zur Verpuppung anschicken, befestigen sie einige kleine Steine am Netz, das dann wie ein mißratener Köcher aussehen kann.

Außer den Köcherfliegen bauen auch einige Zuckmückenlarven röhrige Behausungen, die mit Schlammteilchen und feinen Sandkörnern verfestigt werden. Andere dieser Larven spinnen seidige Kokons und heften diese an Wasserpflanzen und Steine an oder verbergen sich darin im schlammigen, weichen Gewässerboden.

Versuche

1 Sammle einige Köcherfliegenlarven und untersuche mit der Lupe ihre Köcher. Zeichne die verschiedenen Formen auf und stelle fest, zu welchen Anteilen sie aus lebenden Blattstücken, totem Pflanzematerial, Sand oder Schneckengehäusen zusammengesetzt sind. Bringe die Larven zum Fundort zurück! Untersuche Köcherfliegenlarven aus fließenden und stehenden Gewässern. Welcher Köchertyp paßt am besten in die jeweilige Umgebung?

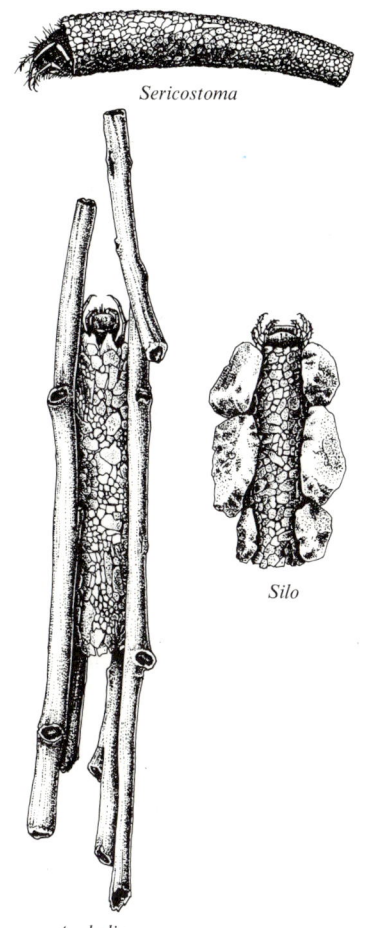

Sericostoma

Silo

Anabolia

2 Die Larve der Köcherfliege *Anabolia* ist daran zu erkennen, daß sie lange Zweigstückchen auf die Oberseite ihres Köchers heftet. Sammle einige dieser Larven und bringe sie in einen nicht zu starken Wasserstrom. Wie richtet sich der Köcher aus? Ist dies für den Nahrungserwerb der Larve vorteilhaft?

3 Sammle Wasserlinsen und suche nach den Gehäusen von *Cataclysta*-Raupen. Wie unterscheiden sich diese Gehäuse von Köchern, die ebenfalls aus lebenden Pflanzen gefertigt wurden? Suche die Unterseite von Teichrosenblättern nach Gehäusen von *Nymphula nympheata* ab. Welche Teile der Pflanze verwenden diese Raupen?

Stoffkreislauf und Nahrungskette

Ein Großteil pflanzlicher Biomasse wird von den Konsumenten verzehrt und über die Nahrungskette weitergegeben. An deren Ende stehen die Destruenten, die die organischen Stoffe zersetzen und dem Stoffkreislauf erneut verfügbar machen.

Die Beziehungen zwischen Räubern (Fleischfressern) und ihrer Beute kann man besonders gut in Bergbächen untersuchen. Größere Blütenpflanzen (Makrophyten), die für den langsameren Unterlauf der Bäche und Flüsse typisch sind, fehlen hier, weil sie den gelegentlichen Überflutungen und Hochwassern nicht standhalten können. Größere Grünalgen, fädig oder büschelig, können ebenfalls ziemlich knapp sein. Die unersetzlichen Photosynthetiker unter den Organismen werden daher überwiegend nur von zahllosen mikroskopisch kleinen Algen gestellt, besonders Kieselalgen und Zieralgen, die die Steine und größeren Kiesel mit Aufwuchs überziehen. Außer den Algen gibt es noch weitere zur Photosynthese befähigte Pflanzen in diesem Lebensraum. Es sind die auf den Steinen wachsenden Laub- und Lebermoose sowie die größeren Pflanzen am Bachufer, deren Sprosse zum Teil in den Bach hineinragen.

Die mehr oder weniger reichlich vorhandene Pflanzennahrung wird auf verschiedene Weise gefressen: Die Flußnapf- oder Mützenschnecke (*Ancylus fluviatilis*) besitzt – wie alle ihre Verwandten – eine rauhe, raspelartige Zunge (Radula), mit der sie den Algenaufwuchs von der Unterlage abschaben kann. Viele der bach- oder flußbewohnenden Pflanzenfresser sind Insekten. Ihre Mundwerkzeuge bestehen unter anderem aus einem Paar Kiefern oder Mandibeln, die mit breiten, runden, schneidenden Rändern ausgestattet sind und sich somit hervorragend dazu eignen, die harten Kieselpanzer der Diatomeen zu knacken. Außer den Mandibeln besitzen sie auch noch zwei

▲ Wasserasseln (*Asellus aquaticus*) gehören zu den Detritusfressern, die gebundene Nährstoffe wieder in den Stoffkreislauf eines Gewässers zurückführen.

► Die Forelle (*Salmo trutta*) gehört zu den Tertiärkonsumenten in der Nahrungskette eines Fließgewässers. Sie lebt von verschiedenen Kleintieren – auch kleinen Fischen.

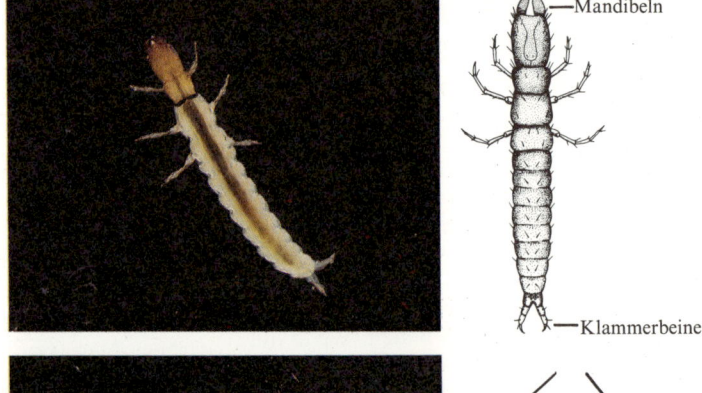

► Die Larve der Köcherfliege *Philopotamus montanus* baut sich ein Fangnetz. Am Hinterleibsende sind die Klammerfüße zu erkennen, mit denen sie sich im Netz verkrallt. Trotz der großen Mandibeln ist dieses Tier ein Pflanzenfresser.

Mandibeln

Klammerbeine

► Die Larve der Schlammfliege *Sialis lutaria* ist ein frei umherschwimmender Räuber, der seine Beute mit den kräftigen Mandibeln packt und zerlegt. Am Ende des Hinterleibs sind 6 Paar Kiemen zu sehen.

▼ Mützenschnecken (*Ancylus fluviatilis*) setzen sich auf Steinen im fließenden Wasser fest und weiden mit Hilfe ihrer Raspelzunge die Steinoberfläche nach Algen ab.

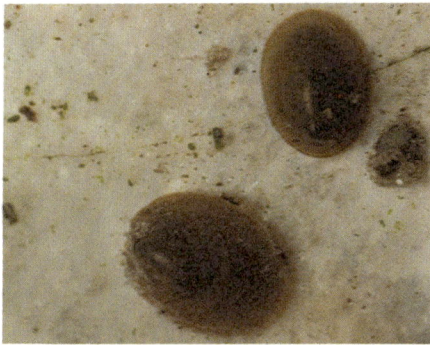

▲ Das koloniebildende Glockentierchen *Carchesium* beteiligt sich neben vielen anderen Mikroorganismen am Abbau des Bestandsabfalls und am Stoffrücklauf im Gewässer.

fingerartige Fortsätze (= Palpen), mit denen die Nahrung in die Mundöffnung gestopft wird. Bei verschiedenen Steinfliegenlarven sind diese Palpen mit Borsten besetzt, so daß das Tier Algen von ihrer Unterlage regelrecht abbürsten kann. Bei einigen Eintagsfliegenlarven dienen dornige oder stachelige Fortsätze dem gleichen Zweck. Köcherfliegenlarven unterstützen die Arbeit ihrer Palpen mit den Vorderbeinen. Die von diesen losgelösten Algen werden nach rückwärts auf den Haarbesatz des zweiten Beinpaares gestrudelt und erst von dort der Mundöffnung zugeführt. Die Larve von Kriebelmücken der Gattung *Simulium* ernährt sich ebenfalls von Algen. Bei diesen Tieren tragen die Palpen einen Besatz von ziemlich langen Haaren, so daß auf beiden Seiten des Kopfes ein breites, fächeriges Gebilde entsteht, mit dem kleine Nahrungspartikel, Algen oder Bakterien, aus der Strömung herausfiltriert werden. Die Weibchen der geflügelten Adulten fallen dagegen über warmblütige Wirbeltiere her. (*Simulium tuberosum* plagt besonders auch die Wanderer in Schottland oder Skandinavien). Die Nahrungsbeschaffung durch Filtration des strömenden Wassers ist eine besonders zweckmäßige Anpassung an das Leben im Fließgewässer, die man bei verschiedenen Tiergruppen wiederfindet. Beispiele dafür sind auch die

netzspinnenden Köcherfliegenlarven, die ihre trichter- oder zigarrenförmigen Netze in die Strömung stellen und auf diese Weise Nahrungspartikel herausfischen. In kleineren Bergbächen findet man vor allem Vertreter zweier Gattungen, nämlich *Philopotamus* in den quellnahen Abschnitten, *Hydropsyche* dagegen im Mittellauf. *Philopotamus* ist Pflanzenfresser und baut feine Netze, die Diatomeen aus dem Wasser filtrieren können, aber dennoch fest genug sind, um der Strömung standzuhalten. Die Netze von *Hydropsyche* haben eine größere Maschenweite, sind aber aus dünneren Fäden gesponnen. Zu den räuberisch lebenden Sekundärkonsumenten gehören auch die Larven der Quelljungfern (*Cordulegaster* spp.). Sie graben sich so weit in das Sediment des Bachbettes ein, daß nur noch ihre großen Augen und die kurzen Antennen hervorschauen. Wenn geeignet erscheinende Beutetiere in die Nähe des lauernden Räubers kommen, schnellt die Fangmaske vor und faßt das Beutetier mit einem Paar gezähnter, zangenartiger Fortsätze. Die Maske, durch Umgestaltung der Unterlippe und der Palpen entstanden, wird dann zurückgezogen, die Beute eingeholt, und die Kiefer können mit ihrer Arbeit beginnen.

Die Mehrzahl der Räuber fängt sich die Beutetiere durch ständiges Umherstreifen und Suchen. Dabei werden die großen Augen und, wie im Fall großer Steinfliegenlarven, die empfindlichen Antennen eingesetzt, um Brauchbares aufzuspüren. Schnakenlarven der Gattungen *Pedicia* und *Dicronota* scheinen nur wenige Hilfsmittel zur Beutesuche zu haben, da ihre Kopfkapsel lediglich ein kräftiges Kieferpaar und sehr kleine Antennen trägt. Große carnivore Tiere, wie die Fische, können bei der Verfolgung von Beutetieren beachtliche Geschwindigkeiten entwickeln. Groppen verstecken sich zwischen oder sogar unter den Steinen im Flußbett, von wo sie schnelle Beutezüge in das freie Wasser unternehmen. Forellen stehen dagegen nahezu reglos in der Strömung, wobei sie einen Stein im Bachbett oder einen Strauch am Ufer als Orientierungsmarke verwenden. Pflanzen und Tiere, die nicht gefressen werden, wachsen, vermehren sich und sterben dann irgendwann einmal ab. Ihre Reste und alle Abfälle, die sie im Laufe ihrer Entwicklung produziert haben, sind immer noch sehr energiereich. Solche Bestandteile werden daher von einer besonderen Organismengruppe, den Detritusfressern oder Destruenten als Nahrung benutzt. Zu ihnen gehören Würmer, Asseln, Flohkrebse und natürlich die große Zahl mikroskopisch kleiner Lebewesen wie Bakterien und Pilze.

Versuche

1 Bachflohkrebse gelten als Detritusfresser. Sammle eine größere Anzahl dieser Tiere und verteile sie auf zwei Gläser, die mit Wasser aus dem Bach gefüllt sind. Setze frische grüne Blätter von Wasserpflanzen oder Moose und Algen in das eine, etwas halbzersetztes Fallaub in das andere Glas. Das Pflanzenmaterial vorher gut abwaschen, damit andere daran sitzende Organismen entfernt werden. Welche der zahlreichen Gliedmaßen werden bei der Nahrungsaufnahme eingesetzt? Welche Gruppe nimmt die angebotene Pflanzennahrung an?

2 Hebe am Grund sauberer Bergbäche Steine hoch und siehe nach, ob sich darunter Netze von Köcherfliegenlarven der Gattungen *Hydropsyche* oder *Philopotamus* befinden (feine Fadengespinste, an denen sich Sand und kleine Steinchen angeheftet haben). Nimm solche Netze mit nach Hause und bürste ihren Inhalt mit einem feinen Malpinsel auf einen Objektträger. Untersuche das Material unter dem Mikroskop.

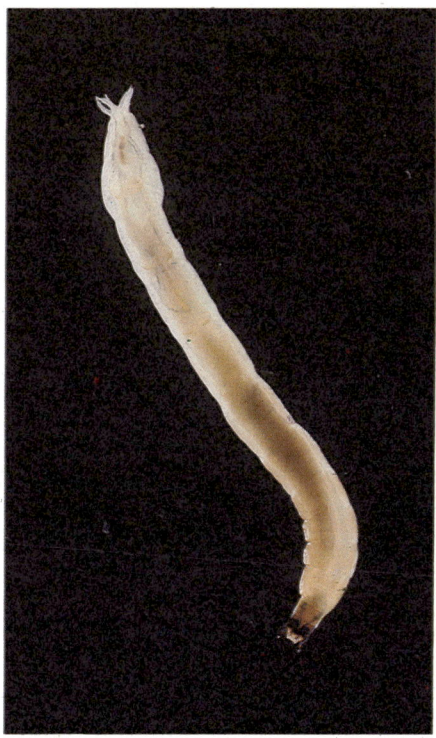

Pedicia rivosa – Schnakenlarve aus einem Bergbach.

3 Sammle einige Schnakenlarven der Gattungen *Pedicia* oder *Dicronota* und füttere sie mit gefärbten Fliegenmaden (aus dem Angelgeschäft). Wie lange benötigt die Nahrung für die Darmpassage? Verkürzt sich diese Zeit, wenn man das Glas mit den Larven sonnig aufstellt? Welche Funktion haben die silbrigen Röhrchen, die den Körper der Larven überziehen?

Das Nacht-
leben im Bach

Ein gelegentlicher Blick in
das Bachbett zur Tageszeit
zeigt nur verhältnismäßig
wenig tierisches Leben, bei
Nacht sieht es hier aber
ganz anders aus!

Die Pflanzenfresser stellen den mengen-
mäßig größten Anteil unter den wasserlebenden Tieren. Ihre wichtigsten Nah-
rungsquellen sind die mikroskopisch
kleinen, braun und grün gefärbten
Kiesel- und Zieralgen. Algen sind als
Aufwuchs überall auf und an den Steinen im Fließgewässer anzutreffen,
jedoch nur an solchen Stellen, an denen
das Licht sie erreichen kann. Daraus
ergibt sich eine bemerkenswerte räumliche Trennung zwischen dem Aufenthaltsort der Pflanzenfresser und dem
Wuchsort ihrer Nahrung. Zur Nahrungsaufnahme müssen diese Tiere
tagsüber oder nachts auf die Steine
klettern und ihre schützenden Bereiche
unterhalb der Steine verlassen.

Tiere als Treibgut
In wirbelfreien Bereichen bildet sich
eine laminare Strömung aus – das Wasser verhält sich beim Abfließen so, als
ob es aus verschiedenen, neben- oder
aufeinanderliegenden Schichten be-
stünde. Die Strömungsschichten nahe
der Oberfläche fließen am schnellsten,
die in Bodennähe werden durch Reibungskräfte merklich verlangsamt.
Wenn Tiere sich vom Boden in ober-
flächennahe Bereiche begeben, um
auf Nahrungssuche zu gehen, besteht
eine relativ große Wahrscheinlichkeit,
daß sie dort von der Strömung erfaßt
und weggetrieben werden. Sie werden
dann zum Bestandteil der Wirbellosen-
drift, die aus Fließgewässern schon
lange bekannt ist.
Tiere, die von der Strömung verdriftet
werden, kann man mit einem einfachen
Driftnetz sammeln. Wenn man die
Netzfänge über Tag und während der
Nacht etwa stündlich kontrolliert, kann
man eine Menge über den Licht-/Dun-
kel-Rhythmus der Wasserbewohner
erfahren.
Die Driftmuster warmer Sommernächte
und kalter Winternächte sind in den
beiden Schemata der Abbildung auf
S. 80 dargestellt. Aus dem Kurvenverlauf kann man verschiedene Phasen
herauslesen. Bei A wird das Fangnetz

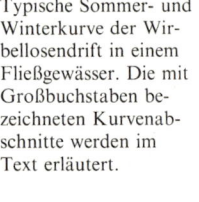

▲ Driftnetz, das im
Bachbett verankert
wurde.

Typische Sommer- und
Winterkurve der Wir-
bellosendrift in einem
Fließgewässer. Die mit
Großbuchstaben be-
zeichneten Kurvenab-
schnitte werden im
Text erläutert.

SA = Sonnenaufgang
SU = Sonnenuntergang

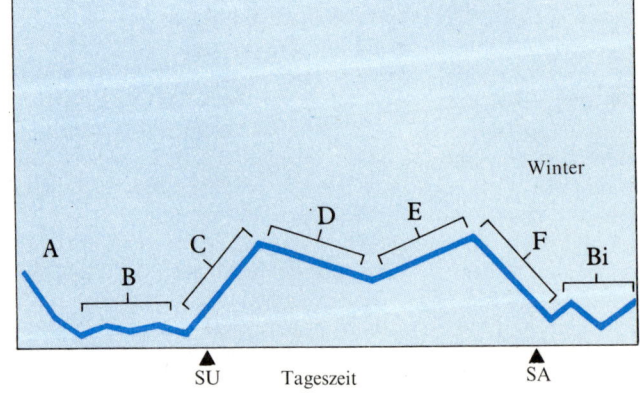

▶ Steiniger Bergbach
in dem sich viele Strö-
mungswirbel, aber
auch Stillwasserberei-
che ausbilden.

in der Strömung verankert, wobei Störungen im Bach- oder Flußbett nicht zu
vermeiden sind. Dabei ändert sich auch
etwas das Strömungsmuster. Im weiteren Tagesverlauf sind dann nur noch
geringfügige Schwankungen in der Zahl
zufällig verdrifteter Tiere zu beobachten (Phase B). Nach Sonnenuntergang
erhöht sich ihre Zahl jedoch beachtlich,

wie aus dem ansteigenden Kurvenast
bei C zu entnehmen ist. Man kann
dazu ein hübsches Kontrollexperiment
durchführen. Wenn man einige größere
Steine im Bachbett mit heller Farbe
markiert und dann einen oder zwei
Tage am Gewässergrund liegen läßt,
sollte man sie in den folgenden Nächten etwa stündlich mit einer Taschen-

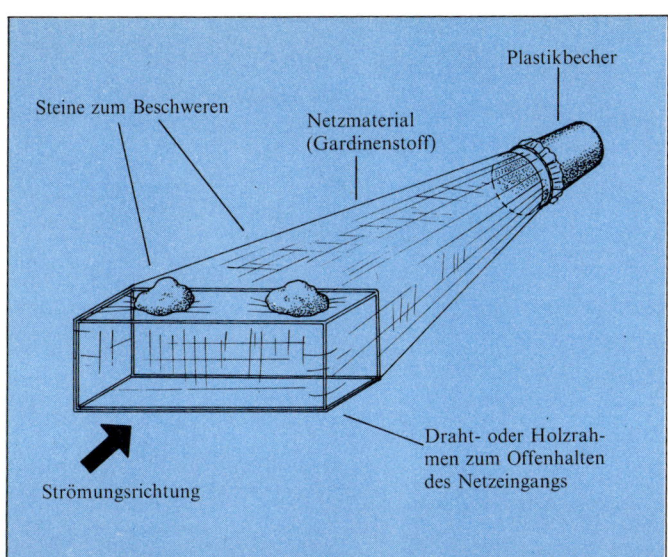

▶ Driftnetz zum Sammeln wirbelloser, von der Strömung weggetragener Wassertiere: Ein großes Nylonnetz (etwa 10 Maschen pro cm²), das vorne und hinten offen ist, wird an einem Draht- oder Holzrahmen befestigt. Das andere Ende wird um einen Plastikbehälter gebunden. Der Rahmen wird so im Bachbett aufgestellt, daß er gut mit dem Boden abschließt (so daß keine Tiere darunter weggespült werden). Der Rahmen wird mit Steinen beschwert und in Position gehalten.

Steine zum Beschweren

Netzmaterial (Gardinenstoff)

Plastikbecher

Draht- oder Holzrahmen zum Offenhalten des Netzeingangs

Strömungsrichtung

Abschnitt C folgt daher ein Kurventeil D, in dem die Tiere sich auf dem Substrat festhalten und langsam fressen. Die Driftrate sinkt dann langsam ab, steigt aber mit Dämmerungsbeginn wieder an, wenn die Tiere zu ihren Tagesquartieren unter die Steine zurückwandern (E). Anschließend, nachdem sie dort angekommen sind, gehen die Zahlen im Driftnetz zurück (F), und nur die zufällig in den strömenden Wasserbereich geratenen Tiere sind als Driftgut nachzuweisen (Bi).

Kontrollierende Faktoren

Man kann dem Kurvenverlauf unmittelbar entnehmen, daß das Licht einen großen Einfluß darauf hat, wann die Tiere aktiv werden. Ihre Ruhe- und Bewegungsphasen werden vom Licht kontrolliert. Die Unterschiede der sommerlichen und winterlichen Kurvenform zeigen dagegen, daß auch die Wassertemperaturen am Driftumfang beteiligt sind. Sie bestimmen, wieviele Wassertiere im Driftgut auftreten. Wissenschaftlich drückt man diese Beobachtungen so aus: Das Licht ist ein Umweltfaktor, der in diesem Fall die Periodizität der Bewegungen auslöst und bestimmt, während auf die Temperatur die Amplitude der beobachteten Veränderungen zurückgeht. Andere an der Amplitude beteiligte Faktoren sind natürlich die abfließende Wassermenge und die Verteilungsdichte der Tiere am Bachbett.

Licht und Temperatur sind typische Umweltfaktoren oder Außenfaktoren, die das Verhalten der Tiere steuern und lenken. Daneben gibt es aber auch noch die nicht weniger wichtigen inneren Uhren, die periodische Verhaltensmuster überwachen. Sie schaffen dies unter anderem durch eine Reihe von Hormonen, die im Nervensystem der Tiere gebildet werden.

lampe kontrollieren, deren Licht man mit einem Rotfilter abschwächt (Signallampe). Dabei wird man überrascht feststellen, daß die Zunahme der Driftfänge mit einem wahren Gewimmel auf den Bachsteinen zeitlich zusammenfällt. Die vorwiegend nächtliche Lebensweise vieler Tiere trägt daher zur Driftzunahme erheblich bei. Im Sommer folgt auf diese Phase der Kurvenabschnitt D, bei dem die Fänge wieder erheblich nachlassen. Darin drückt sich aus, daß viele Tiere ihre Nahrungssuche auf oder an den Steinen beendet und sich inzwischen wieder in den vergleichsweise sicheren Raum unter die Steine zurückgezogen haben. Die Winternächte sind länger und kälter. Dem

Bänke und Bachufer

An ungestörten Stellen entwickeln sich die Bach- und Flußufer zu urtümlichen Lebensräumen, an denen zahlreiche Pflanzen- und Tierarten, darunter viele seltene oder bedrohte Formen, vorkommen.

Jeder kleine Bach oder Fluß, der seinen Weg durch die Landschaft sucht, berührt Moore und Wiesen, umspült die Büschel von Wasserkresse und Bachbunge, fließt an Weiden- und Erlensäumen vorbei, nimmt immer mehr Wasser von seinen Zuflüssen auf, bis ein großer, breiter, behäbiger Fluß entstanden ist, der seine schlammigen Fluten zum Meer wälzt.

Zwischen Land und Wasser

Im Winter und Frühjahr verschwinden die grünen Säume an Bächen und Bänken unter dem jährlichen Hochwasser, das an der Abflußrinne erodierend arbeitet oder Teile des Ufers mit Sand oder Schlamm verschüttet. Auch kleine Stücke von Wurzelstöcken und Sprossen überleben diese Zeiten und beginnen sofort mit raschem Wachstum, sobald sich die Bedingungen verbessern. Neue Ablagerungen werden auf diese Weise in kurzer Zeit besiedelt. Die großen einkeimblättrigen Pflanzen am Gewässerrand, die Gräser, Seggen, Binsen und Schwertlilien, besitzen tiefreichende Rhizome oder Wurzelstöcke und entgehen dort mechanischen Belastungen während der Hochwasserzeiten. Diese unterirdischen Organe verzweigen sich zu einem ausgedehnten Netzwerk, das selbst von stärkster Strömung nicht weggerissen wird. Ihre rasch aufschießenden Stengel stehen meist sehr dicht und ermöglichen somit das Absetzen besonders großer Schlamm- und Sandmengen. Sie können dadurch den Bach zwingen, sich beim nächsten Hochwasser eine andere Abflußrinne zu suchen.

Zwischen Wasser und Luft

In der wärmeren Jahreszeit ragen überall am Uferbereich hochwüchsige Pflanzen auf. Jede bemüht sich um einen besonders günstigen Platz an der Sonne. Im Hochsommer stehen sie alle in Blüte. Jeder Stengel trägt eine schlanke Ähre oder Rispe mit zahllosen kleinen Blüten. Obwohl oberhalb der Wasser-

▲ Ein kleiner Bach nimmt seinen Weg durch Wiesengelände im Flachland. Die Ufer werden von reichen Pflanzenbeständen gesäumt, u.a. Schwarz-Erle (*Alnus glutinosa*), Mädesüß (*Filipendula ulmaria*), Wasserhanf (*Eupatorium cannabinum*), Ästiger Igelkolben (*Sparganium erectum*), Bachbunge (*Veronica beccabunga*), Wasserkresse (*Nasturtium officinale*), Knotenblütiger Scheiberich (*Apium nodiflorum*).

▶ Die Raupe des Abendpfauenauges (*Smerinthus ocellata*) ist im Weidenlaub, von dem sie sich ernährt, perfekt getarnt.

▶ Von den zahlreichen Köcherfliegen, die im Mai von den Gewässern aufsteigen, verfangen sich immer einige in den filzigen Haaren der Beinwellblätter. Hier z.B. *Brachycentrus subnubilus*.

▼ Die auffälligen Gallen auf dem Weidenblatt werden durch die Blattwespe *Pontania proxima* hervorgerufen, die ihre Eier ins Blatt ablegt.

▲ Das Drüsige Springkraut (*Impatiens glanduligera*) ist in Europa weit verbreitet. Die Samen werden explosionsartig aus den Fruchtständen geschleudert.

fläche ein reiches Insektenleben anzutreffen ist und damit viele Blütengäste oder Bestäubungshelfer zur Verfügung stehen, sind die meisten Pflanzen am Gewässerrand windblütig und lassen ihre Samen mit dem Wasser verbreiten. Das Drüsige Springkraut stammt ursprünglich aus Südostasien und wurde als Zierpflanze eingeführt. Die Pflanze hat jetzt an vielen Stellen der Welt die Ufer von Bächen und Flüssen erobert. Pflanzen müssen mit dem gleichen Sproß oder Stengel sowohl an das Wasser als auch an die Luft angepaßt sein. Pflanzenstengel dienen z. B. den Libellenlarven als Klettergerüst, an dem sie das Wasser verlassen und schon an der Luft die letzte Verwandlung zur geflügelten Libelle durchlaufen können. Aus einem krabbelnden Bodenbewohner mit weichem Körper wird ein fluggewandtes Geschöpf, dessen einzige Verbindung zu seinem früheren Lebensraum die Wasserpflanzen darstellen, auf denen es sich zur Ruhe niederläßt. Das fertige Insekt kann nun zu anderen Gewässern fliegen oder über Feuchtwiesen auf die Jagd gehen. Nur die nächste Generation muß wieder in einem wäßrigen Lebensraum untergebracht werden. Dazu haben die verschiedenen Libellenarten ihre jeweils besonderen Methoden entwickelt.

Einige fliegen dicht über der Wasserfläche, tauchen ab und zu ihre Hinterleibsspitze hinein und setzen befruchtete Eier ab; andere klettern an Wasserpflanzen stengelabwärts in das Wasser und legen die Eier unter der Oberfläche an Pflanzen ab – eine Portion Atemluft nehmen sie zwischen ihren vielen Körperhaaren mit nach unten. Die Schlammfliegenlarve sucht zur Verpuppung die schlammigen Uferbereiche auf. Dort schlüpft auch die große, dunkel geflügelte Imago. Nach der Paarung legt die weibliche Schlammfliege ihre Eier auf den Blättern von Pflanzen ab, die über die Wasserfläche ragen. Nach dem Schlüpfen können sich die kleinen Larven dann sofort ins Wasser stürzen.

Baumbestand am Wasser

Auwälder, die früher weite Teile der Flußniederungen einnahmen, sind heute in verschwindenden Resten nur noch auf den unmittelbaren Uferbereich beschränkt. Zur Gewinnung von Akkerland und anderen Nutzflächen wurden ihre Standorte gerodet, trockengelegt und überbaut. Erlen und Weiden bilden daher nur noch an wenigen Stellen geschlossene Bestände, an denen man Aufbau und Artenzusammensetzung eines Auwaldes untersuchen könnte. Auf diesen Bäumen leben zahlreiche kleine Tierarten, die die Gewässernähe ebenfalls schätzen. Löcher oder andere Fraßstellen an den Blättern verraten die Anwesenheit von Tieren, obwohl man sie zunächst nicht entdecken wird. Einige verstecken sich nämlich tagsüber in Blattmaterial, das sie zu Tüten und Taschen vernähen, oder tarnen sich durch Anpassung von Körperfarbe und -musterung so gut, daß sie mit ihrer Umgebung optisch verschmelzen.

Die Gallen an den Weidenblättern werden von einer kleinen Blattwespe (*Pontania proxima*) hervorgerufen. Sie legt ihre Eier in das Blatt, und dessen Gewebe reagiert mit der Ausbildung der auffälligen Galle. Später schlüpfen daraus die geflügelten Imagines. Gerade auf Weiden kann man sehr verschiedene Gallenformen finden, wobei jede Blattwespenart ihre besondere Gallenform hervorruft. Die Weidenbäume selbst sind ebenfalls sehr unterschiedlich gestaltet. Zum Teil geht dies auf die Fähigkeit abgebrochener Zweige zurück, sich erneut zu bewurzeln. Zum Teil ist es aber auch das Ergebnis von regelmäßigem Schnitt, denn Weidenzweige werden immer noch für die Korbflechterei verwendet.

Versuche

1 Wieviele verschiedene Wirbellose findest du auf einer Weide? Beachte ihre Verteilung über die verschiedenen Äste des Baumes. In welchem Entwicklungsstadium findest du sie? Bevorzugen bestimmte Arten bestimmte Stellen?

2 Suche dir im Frühjahr im Uferbereich eines Baches eine Stelle aus, an der es reichlich Pflanzen gibt. Markiere den Rand des Pflanzenbestandes mit einem farbigen, bewimpelten Stock (siehe Bild). Verfolge den Sommer über das Pflanzenwachstum. Entwickelt sich der Bestand in Abhängigkeit von der Strömung, bachabwärts also schneller als bachaufwärts? Sind die Blätter über Wasser anders als unter Wasser?

3 Überprüfe im Mai oder Juni an einer ruhigen Stelle am Bach, ob Vögel immer eine gleichbleibende Menge von Insekten fressen. Wie oft füttern die Altvögel? Welche Art von Nahrung füttern sie? Welche Schlüsse kannst du daraus ziehen?

Anzeiger der Umwelt-verschmutzung

Überall wo der Mensch in Erscheinung tritt, wird die Natur verändert und zerstört. Wie wirkt die Verschmutzung auf die Lebensräume ein und wie werden Pflanzen und Tiere davon betroffen?

Umweltbelastung und Umweltver-schmutzung sind Begriffe, die heute jeder kennt. Sie bezeichnen die Gesamt-heit menschlicher Einflüsse auf die Natur, die irgendwie die natürlichen Verhältnisse verändern oder beein-trächtigen. Umweltverschmutzung sind die wenig erfreulichen Müll- und Schutthaufen in der Landschaft, aber auch die vielen ungeklärten Abwässer, die in die Flüsse eingeleitet werden. Uns interessiert meist nur die Frage, ob wir bestimmtes Wasser trinken können. Pflanzen und Tiere müssen jedoch in den abwasserbelasteten Flüssen leben, sofern sie es überhaupt noch können. Sicherlich müssen verschiedene Arten und Grade von Wasserverschmutzung unterschieden werden. Wenn große Wassermengen aus einem Fluß für Kühlzwecke entnommen werden, wird warmes Wasser in den Fluß zurückge-leitet. Solches Wasser ist jedoch erheb-lich sauerstoffärmer geworden und bringt deshalb für die Wassertiere schwere Probleme mit sich. Erwärmtes Wasser kann auch in die Entwicklungs-abläufe der wasserlebenden Organismen eingreifen, wenn deren Lebensäußerun-gen (Fortpflanzung, Ruhephasen) tem-peraturgesteuert sind. Abwässer der chemischen Industrie verändern den pH-Wert des Wassers und seine stoff-liche Zusammensetzung. Eines der schlimmsten Probleme sind jedoch die Abwässer aus Siedlungen und Bauern-höfen, die nicht nur Wasch- und Reini-gungsmittel, sondern auch eine Un-menge organischer Verunreinigungen führen. Viele Produkte, die die chemi-sche Industrie uns so gerne verkauft, landen früher oder später im Abwasser. In der Natur wird nichts verschwendet oder vergeudet. Die Abwasserfracht der Gewässer setzt deswegen zunächst an der Nahrungskette an. Die Populatio-

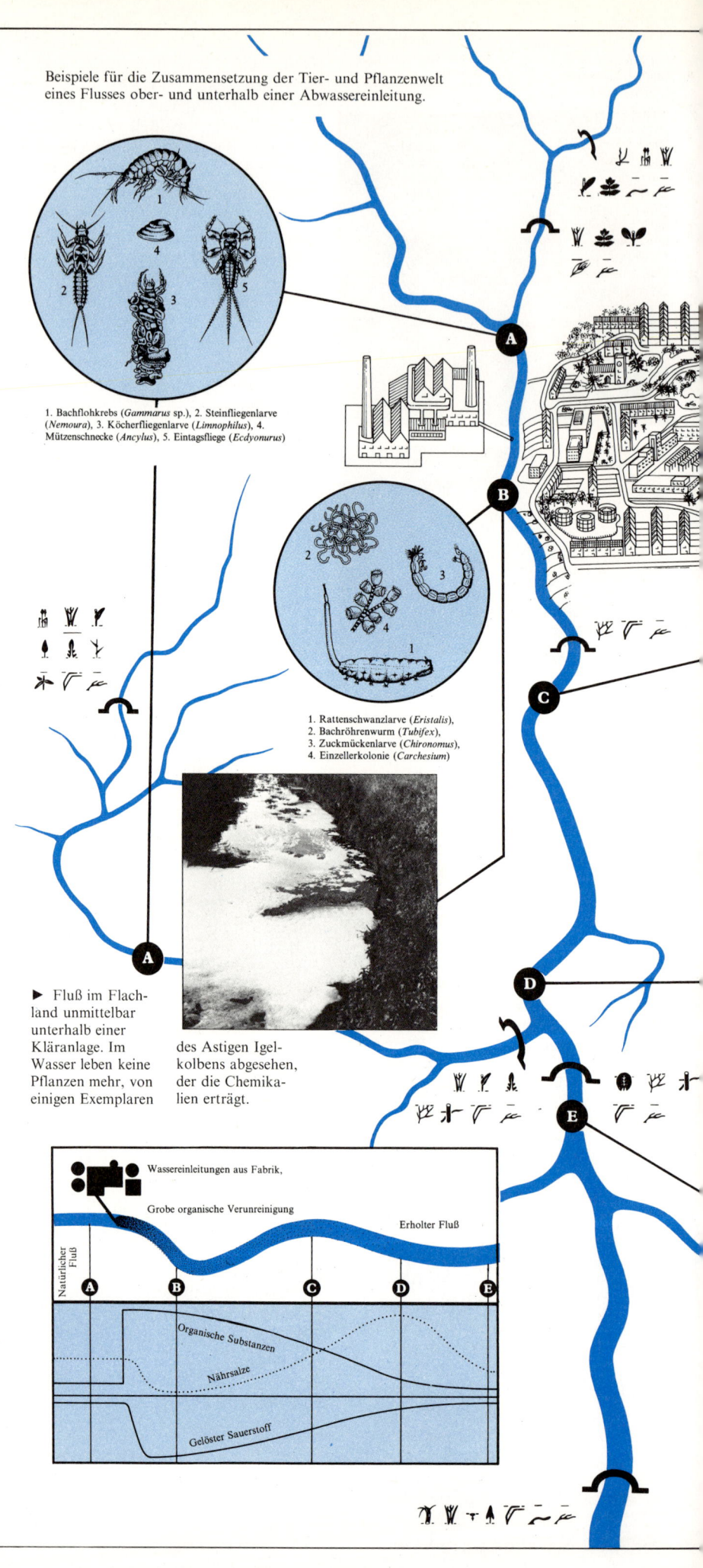

Beispiele für die Zusammensetzung der Tier- und Pflanzenwelt eines Flusses ober- und unterhalb einer Abwassereinleitung.

1. Bachflohkrebs (*Gammarus* sp.), 2. Steinfliegenlarve (*Nemoura*), 3. Köcherfliegenlarve (*Limnophilus*), 4. Mützenschnecke (*Ancylus*), 5. Eintagsfliege (*Ecdyonurus*)

1. Rattenschwanzlarve (*Eristalis*), 2. Bachröhrenwurm (*Tubifex*), 3. Zuckmückenlarve (*Chironomus*), 4. Einzellerkolonie (*Carchesium*)

▶ Fluß im Flach-land unmittelbar unterhalb einer Kläranlage. Im Wasser leben keine Pflanzen mehr, von einigen Exemplaren des Astigen Igel-kolbens abgesehen, der die Chemika-lien erträgt.

Wassereinleitungen aus Fabrik, Grobe organische Verunreinigung

Erholter Fluß

Natürlicher Fluß

Organische Substanzen

Nährsalze

Gelöster Sauerstoff

Sumpfkresse
(Rorippa amphibia)
Einfacher Igelkolben
(Sparganium emersum)
Kleine Wasserlinse
(Lemna minor)
Ästiger Igelkolben
(Sparganium erectum)
Kamm-Laichkraut
(Potamogeton pectinatus)
Froschlöffel
(Alisma plantago-aquatica)
Kanadische Wasserpest
(Elodea canadensis)
Weißes Straußgras
(Agrostis stolonifera)
Knotenblütiger Scheibe-
rich (Apium nodiflorum)
Sumpf-Segge
(Carex acutiformis)

Gelbe Teichrose
(Nuphar lutea)
Rohr-Glanzgras
(Phalaris arundinacea)
Gemeines Schilf
(Phragmites australis)
Zottiges Weidenröschen
(Epilobium hirsutum)
Wasser-Schwaden
(Glyceria maxima)
Sumpf-Vergißmeinnicht
(Myosotis palustris)
Pfeilkraut
(Sagittaria sagittifolia)
Gemeine Teichsimse
(Schoenoplectus lacustris)
Bachbunge
(Veronica beccabunga)
Darmtang
(Enteromorpha sp.)
Büschelalge
(Cladophora sp.)

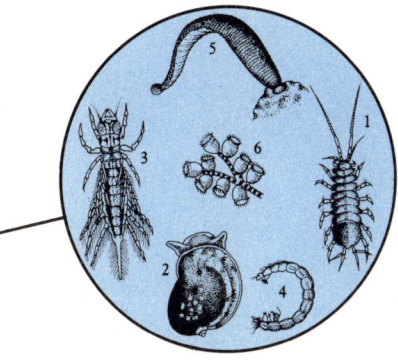

1. Wasserassel (Asellus), 2. Schlammschnecke (Lymnaea), 3. Schlammfliegenlarve (Sialis), 4. Zuckmückenlarve (Chironomus), 5. Egel (Herpobdella), 6. Einzellerkolonie (Carchesium)

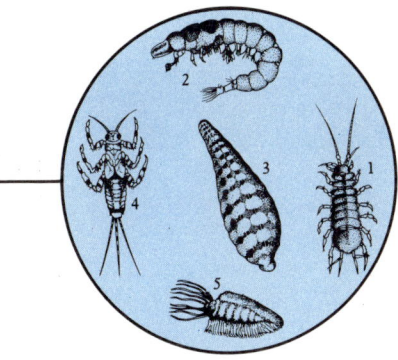

1. Wasserassel (Asellus), 2. Köcherfliegenlarven (Hydropsyche). 3. Egel (Glossiphonia). 4. Eintagsfliegenlarve (Baetis), 5. Kriebelmükkenpuppe (Simulium)

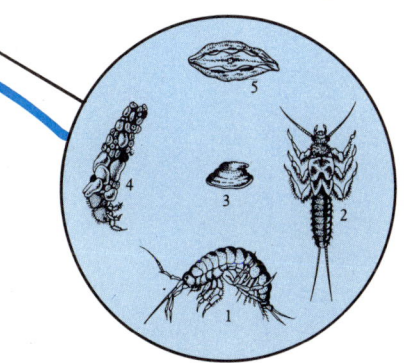

1. Bachflohkrebs (Gammarus sp.), 2. Steinfliegenlarve (Nemoura), 3. Mützenschnecke (Ancylus), 4. Köcherfliegenlarve (Stenophylax), 5. Plattwurm (Dugesia)

nen der Detritusfresser können in abwasserbelasteten Gebieten stark gefördert werden. Das Reinigungspersonal der Flüsse, Kleintiere, Bakterien, Pilze, tritt in großen Mengen auf. Sie brauchen für den Abbau organischer Substanzen große Mengen Sauerstoff. Der Sauerstoffgehalt des Wassers wird rasch aufgezehrt, und alle sauerstoffbedürftigen Tiere können nicht mehr leben. Damit gerät das Gleichgewicht aus den Fugen – die typischen Lebensgemeinschaften brechen zusammen.

Insgesamt schaffen organische Verunreinigungen starke Ungleichgewichte in den Lebensgemeinschaften, weil sie in die empfindlich eingestellte Wettbewerbssituation der Arten eingreift. Einige wenige Arten gewinnen dann rasch überhand, während die meisten anderen sich zurückziehen. Die Gesamtartenzahl des betroffenen Lebensraumes nimmt dabei drastisch ab.

Bedingt durch Verdünnungseffekte, nimmt der Einfluß der Wasserverunreinigung mit wachsender Entfernung von der Einleitungsstelle des Abwassers ab. Da die Pflanzen- und Tiergemeinschaften entlang eines Flusses aus verschiedensten Gründen unterschiedlich zusammengesetzt sind, kann man die Wirkung einer Abwassereinleitung nur durch den Artenvergleich unmittelbar ober- und unterhalb der Einleitungsstelle ermitteln. Auch im Bereich von Nebenflußmündungen können solche Vergleiche sehr aufschlußreich sein.

Artenarmut, aber hohe Individuenzahlen einzelner Arten, sind fast immer ein sicheres Kennzeichen für die Belastung eines Lebensraumes.

Die Fauna eines Fließgewässers hängt immer vom verfügbaren Pflanzenmaterial ab. Da bei Abwasserbelastung sich zwar das Artenbild ändert, aber immer Pflanzen vorhanden sind, ist ein verändertes Nahrungsangebot weniger wirksam als die drastischen Änderungen im Sauerstoffgehalt. Die deutlichsten Anzeichen einer Abwasserbelastung wird man deswegen unter den Bodenbewohnern in einem Bach oder Fluß finden. Wenn der Sauerstoff an dieser Stelle des Lebensraumes knapp wird, können nur noch solche Arten überleben, die besondere Vorrichtungen zur erhöhten Sauerstoffaufnahme besitzen, die Rattenschwanzlarven etwa oder die von Hämoglobin rötlich gefärbten Bachröhrenwürmer. Geringe Verschmutzung kann man nur durch den genauen Vergleich von Standardproben entlang einer Fließwasserstrecke ermitteln.

Versuche

① Führe eine Untersuchung der Wasserpflanzenbestände in deiner Gegend durch. Um vergleichbare Proben zu gewinnen, sammle am besten an Brücken, die auch die Probennahme an breiteren Stellen des Flusses erleichtern. Sammle die Pflanzen nur im strömungszugewandten Bereich der Brücke, und nur solche, die im Wasser wachsen. Findest du Hinweise auf Wasserverschmutzung? Wie verändert sich die Artenzahl, nachdem andere Zuflüsse einmünden?

Der Fluß wenig oberhalb der Abwassereinleitung. Im Wasser ist der Einfache Igelkolben (Sparganium emersum) prächtig entwickelt. Vereinzelt wachsen auch Teichsimsen (Schoenoplectus lacustris) im Flußbett.

② Untersuche den Fluß auf seine Wirbellosenfauna und verwende dazu eine große Konservendose als Bodenprobennehmer. Sortiere jede einzelne Probe sorgfältig aus und zähle die Individuen und Arten. Unterscheiden sich deine Ergebnisse von den Resultaten deiner Wasserpflanzenuntersuchungen?

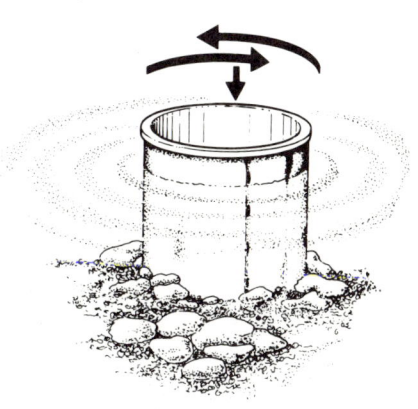

Große Ströme

Dieser breite, tiefe Fluß, die Dordogne, erhält sein Wasser von Zuflüssen aus dem Zentralmassiv im Südosten Frankreichs. Die V-förmigen, bewaldeten Täler des Zentralmassivs mit ihren schnellen Wasserläufen werden bald von tiefen Kalksteinschluchten abgelöst, in denen der Fluß unterirdische Zuflüsse aufnimmt. Schließlich durchmißt der Fluß weite Ackerflächen und fließt in einem breiten Bett langsam und behäbig dem Meer zu. In der Nähe von Bordeaux mündet er.

Der Fluß hat seinen Weg durch die Täler seit Millionen Jahren eingeschnitten, lange bevor der Mensch in dieser Region in Erscheinung trat. Aber schon vor 85 000 Jahren entdeckte der Mensch die vom Wasser ausgespülten Höhlen, die der tieferschneidende Fluß bereits verlassen hatte, und nahm sie als Wohnraum an. Später, etwa vor 26 000 Jahren, lieferten die Höhlenbewohner einzigartige Dokumente ihrer Jagdbeute aus den Flußtälern: Sie malten Bilder davon an die Höhlenwände, so wie in Lascaux, tief unter der Erde. An den steilen Flußufern können nur wenige Pflanzen Fuß fassen, denn die jährlichen Hochwasser schwemmen alles weg. So können nur die tiefwurzelnden, überhängenden Weiden den Uferbereich einnehmen. Im Frühsommer gibt es jedoch Schwaden weißblühenden Wasser-Hahnenfuß, die sich in der Mitte des Strombettes eingewurzelt haben.

Spuren und Fährten am Flußufer

Uferbewohnende Säugetiere an Flüssen und Strömen sind meist dämmerungs- oder sogar nachtaktiv und daher nur selten zu beobachten. Alle aber hinterlassen ihre typischen Markierungen.

Spuren und Fährten

Die Laufspuren von Säugetieren und Vögeln drücken sich am besten in weichem, schlammigem oder tonigem Grund ein. Im Winter findet man sie dagegen am besten im frischen Schnee. Obwohl gerade die Spuren im Schnee sehr klar erkennbar sind, bleiben sie doch nur für kurze Zeit erhalten, weil neuer Schneefall sie verdeckt oder Antauen der Schneedecke sie verwischt. Eine klare Spur im weichen Uferboden hält dagegen sehr viel länger. Nur wenn sehr viele Abdrücke vom ständigen Hin- und Herlaufen verschiedener Tiere vorhanden sind, ist das Spurenlesen mühsam.

Fußabdrücke sind auf keinen Fall die einzigen verwertbaren Hinweise auf Tiere. Wenn ein Tier beim Laufen seinen Schwanz hinter sich herzieht, wird auch er eine Spur im weichen Grund hinterlassen. So unterscheidet sich die breite Spur eines Biberschwanzes deutlich von den Marken der dünneren Nutria- bzw. Bisamrattenschwänze. Erwachsene und junge Fischotter hinterlassen ebenfalls breite Spuren, wenn sie sich auf dem Bauch spielerisch ins Wasser lassen. Ein räuberisches Säugetier zeigt an seinem Spurenverlauf, wie es sich an die Beute herangepirscht und sie schließlich ergriffen hat.

Außer den echten Wasserbewohnern oder Gewässeransiedlern kommen auch andere Tiere zum Fluß, um dort zu trinken. So kann man außerdem mit den Spuren von Füchsen, Kaninchen, Rehen oder Dachsen rechnen.

Von folgenden Wasservögeln werden mit einiger Gewißheit Spuren zu erwarten sein: Neben Bläßrallen (erkenntlich an den Marken ihrer breitlappigen Zehen) finden sich Teichhühner, Graureiher, Schwäne, Gänse, Enten, Sumpfhühner und Bachstelzen am Ufer

▲ Die schwergewichtigen Schwäne hinterlassen im nassen Ufersand deutliche Spuren.

► Das Teichhuhn legt sein Nest im dichten Unterwuchs der Ufergehölze an.

▼ Der weiche Boden am Flußufer hat die Fährte eines Teichhuhnes bewahrt.

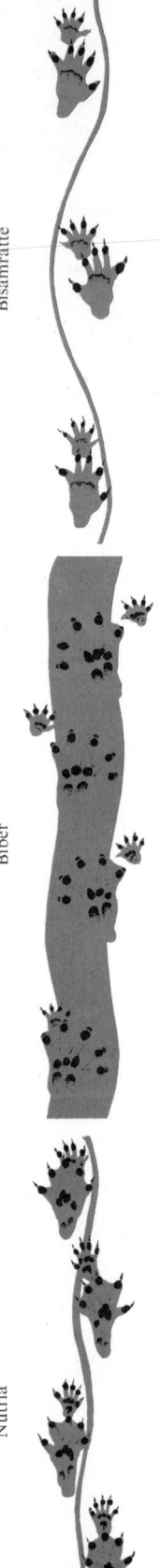

▼ Laufspuren einiger uferbewohnender Säugetiere. Beachte das Größenverhältnis von Fußabdruck und Schwanzspur!

Bisamratte

Biber

Nutria

▲ Ein Jahr, nachdem diese Pappel von Bibern „gefällt" wurde, schießen neue Triebe als Stockausschlag hervor.

▼ Eine Teichmuschel (*Anodonta cygnea*) mit Bißspuren der Bisamratte.

ein. Außerdem kommen aber auch gelegentlich andere Vogelarten zur Nahrungsaufnahme und zum Trinken. Ihre Spuren sind nicht immer eindeutig auseinanderzuhalten.

Wen können wir entdecken?

Pflanzenfresser weiden die Pflanzen am Flußufer sauber und unauffällig ab. Sie lassen unbrauchbare Teile nicht in der Gegend herumliegen, so wie die Fleischfresser unbrauchbare Hartteile (z. B. Schnecken- oder Muschelschalen) einfach fallenlassen. So wird man die Wohnstätte der Tiere nicht leicht entdecken. Sehr dichte Vegetation verbirgt meist den Eingang zum Nest der Schermaus. Diese Tiere gehören zu den Pflanzenfressern und nagen im Sommer vor allem Baumrinde ab, soweit sie vom Boden aus daran hochreichen. Auf diese Weise können sie an den Uferbäumen große Schäden anrichten. In vielen Gegenden Europas wurden die Biber vollständig ausgerottet. In den letzten Jahrzehnten wurden viele Versuche unternommen, sie wieder anzusiedeln. Biber gibt es heute (noch

oder schon wieder) in Skandinavien, Frankreich (Rhône), Polen, der Schweiz und der Bundesrepublik Deutschland (Donau, Elbe, Rheinland). Sie ernähren sich in der Hauptsache von Rinde, Zweigen und Blättern verschiedener Laubbäume. Typisch für Biber sind die kegelförmig abgenagten Stämme und Äste. Dickere Äste und Zweige werden zum Dammbau verwendet. Damit schaffen sich die Biber Stillwasserbereiche, in denen sie ihre unterirdischen Baue mit Zugang vom Wasser anlegen. Äste werden auch als Winterfutter abgeschleppt.

Die Bisamratte stammt eigentlich aus Nordamerika, wurde aber 1905 nach Europa eingeführt und hat sich unterdessen überall eingebürgert. Auch dieses Nagetier legt große Baue an, meist in der Form von Erdburgen, zu deren Bau Schilf und Seggen anstelle von Holz verwendet werden. Bisamratten siedeln gerne an Bächen und Kanälen mit langsam fließendem Wasser. Nutria oder Sumpfbiber wurden als Pelztiere aus Südamerika eingeführt. An vielen Stellen sind Tiere aus Pelzfarmen entkommen und haben sich in Gewässernähe angesiedelt. In England gibt es eine frei lebende Population, und in Deutschland sind Vorkommen aus Schleswig-Holstein bekannt. Sumpfbiber sind ebenfalls Pflanzenfresser, die Hackfruchtäcker zur Nahrungssuche aufsuchen und vor allem durch ihre Wühlarbeit Schäden verursachen. In Pelzfarmen werden auch seit langem der amerikanische Mink und sein europäischer Verwandter, der Nerz, gehalten. Gerade der Mink ist häufig ausgebrochen und hat sich stellenweise angesiedelt. In Deutschland sind beide Arten außerordentlich selten. In Skandinavien kann man sie dagegen häufiger antreffen. Beide sind Fleischfresser. Der Mink schlägt dabei mehr Beute, als er verzehren kann. Für brütende Vögel oder Kleinsäuger sind sie deswegen eine echte Gefahr. Außerdem greifen sie sich auch Frösche, Fische, Schermäuse und junge Sumpfbiber, die alle in ihrem Lebensraum vorkommen. Manchmal jagen sie aber auch an anderen Stellen, zum Beispiel in Geflügelhöfen. In ihren Bauten, hohlen Baumstämmen oder erweiterten Schermaushöhlen, findet sich oft eine große Zahl von Kadavern.

Zu den Jägern, die den besonderen Insektenreichtum von Flüssen schätzen, gehören die leider immer seltener werdenden Fledermäuse. Sie fliegen völlig geräuschlos; nur sehr empfindliche Ohren können ihre sehr hohen Klicklaute hören, mit denen sie ihre Beute orten. Flügel von Nachtschmetterlingen, die man hier und da am Flußufer findet, sind meist die Reste einer Fledermausmahlzeit.

Versuche

1 Suche an einem Flußufer nach Spuren und Fährten. Schau dir die Abdrücke gut an und achte auf die Zahl und Anordnung der Zehen, Vorkommen oder Fehlen von Krallen, Form und Größe der Ballen. Um welche Tiere handelt es sich?

Trittspur einer Schermaus im weichen Ufergrund.

2 Stelle dir einen Abguß eines besonders deutlichen Fußabdruckes her. Dazu schneidest du dir einen Kartonstreifen von etwa 30 cm Länge und 5 cm Breite zurecht, den du zu einem Ring formst (Enden überlappen lassen!). Drücke diesen Ring vorsichtig in den Grund rund um den Abdruck. Rühre nun etwas Gips an und gieße die flüssige Masse ca. 3 cm hoch in den Ring. Nun 30 Minuten erhärten lassen. Mit Hilfe eines Taschenmessers wird nun die Form vorsichtig angehoben, der Pappring aufgeschnitten und der Gipsabdruck umgedreht. Bevor du die anhaftenden Schlammteilchen auswäschst, sollte der Abdruck noch eine Nacht trocknen. Um den Abdruck zu verdeutlichen, kann man ihn noch farbig anmalen.

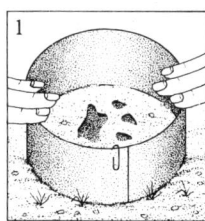
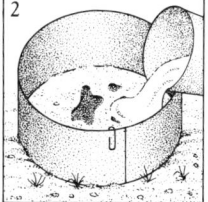
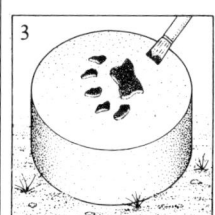

1. Drücke den Ring vorsichtig ein.

2. Vorsichtig Abdruckmasse eingießen.

3. Der fertige Abdruck kann angemalt werden.

Herstellung eines Gipsabgusses einer Fußspur

Flußufer

Flußufer bieten ebenso
viele interessante
Lebensräume an wie das
Wasser.

Der genauere Blick auf den Uferbereich
zeigt, daß dieser Saum ein wichtiger
Bestandteil des Lebensraumes Fluß ist.
Er bietet Nahrung und Versteckplätze
für die Insekten, die als geflügelte Imagines
den wäßrigen Lebensraum verlassen, oder Brut- und Wohnraum für
Vögel und Säugetiere, die am Gewässerrand leben, aber eine trockenere
Stelle brauchen, um ihre Jungen aufzuziehen.

Das Baumaterial eines Flußufers kann
sehr verschieden sein. Felsriegel oder
große Blöcke kann man hier ebenso antreffen wie Kies, Sand, Schlamm oder
Lehm. Je nach Wasserführung und
Wasserbewegung im Fluß sind die
Ufersäume mehr oder weniger fest. Auf
die Standfestigkeit der Uferböschungen
haben natürlich auch die Pflanzen einen großen Einfluß, die die Säume besiedeln. Wo Erlen und Weiden wachsen
können, festigen sie den weicheren
Sand- oder Schlammboden mit ihrem
stark vernetzten Wurzelwerk. Gräser
oder andere Pflanzen, die kriechende
Wurzelstöcke haben, tragen ebenfalls
zur Sicherung und Festigung der Uferbänke bei, besonders auch im Sommer,
wenn der Wasserspiegel niedrig ist und
die Erosion des Ufers eher von der
Landseite ausgeht. Pflanzen mit ausgedehntem Wurzelwerk widerstehen
natürlich auch viel besser den Winter-
und Frühjahrshochwassern. Unbeständige Ufer findet man besonders an
solchen Flußabschnitten, wo die Pflanzendecke abgeweidet und das festigende
Wurzelwerk durch Tritt zerstört wird.
Entlang der großen Flüsse sind die
Ufer häufig durch Steinverkleidungen
gesichert, mancherorts aber auch in
einem halbnatürlichen Zustand belassen
worden. Gerade an solchen Stellen
siedelt eine artenreiche Pflanzengemeinschaft.

Am Ufer zu Hause

Die meisten am Wasser lebenden Säugetiere und Vögel bevorzugen einen
besonderen Ufertyp, an dem sie ihre
Nest- und Brutplätze errichten. Vor allem muß reichlich Nahrung in der
Nähe sein, denn die Jungtiere sind immer hungrig und müssen regelmäßig
gefüttert werden. Nahezu ideal ist das
Wohngebiet der Schermäuse oder Gro-

◄ Der Eisvogel (Alcedo atthis) hat seinen
Posten bezogen. Er ist
ein sehr standorttreuer
Vogel und nistet wahrscheinlich ganz in der
Nähe.

▼ Auch an schotterigen und kiesigen Stellen, die im Frühjahr
vom Hochwasser überspült werden, siedelt
sich eine artenreiche
Pflanzengesellschaft an.
Hier Fluß-Pferdesaat
(Oenanthe fluviatilis),
Gelbe Gauklerblume
(Mimulus guttatus) und
Schmalblättriges Weidenröschen (Epilobium
angustifolium).

▲ Das Brunnenlebermoos (Marchantia polymorpha) kommt auch
an schattigen, feuchten
Uferstellen vor. Die
zahlreichen Brutbecher
auf seiner Oberfläche
dienen der vegetativen
Vermehrung.

► Schattige Uferbereiche werden besonders
gerne von Lebermoosen, Laubmoosen und
Farnen besiedelt.

▼ Die gut entwickelten Röhrichtzonen sind
artenreiche Lebensgemeinschaften, in der es
für viele Tiere reichlich
Nahrung gibt. Häufiger
Tritt durch Viehtrieb
verändert jedoch die
typische Flora.

ßen Wühlmäuse (*Arvicola amphibius*), die in Europa nur westlich der Maas-Rhône-Linie vorkommen und, abgesehen von der Bisamratte, zu den größten Wühlmausarten gehören. Die Schermaus besiedelt Uferpartien mit weichem Boden. Hier findet sie Sommer wie Winter nur einen Steinwurf vom Wasser entfernt ein reiches Nahrungsangebot. Bei Hochwasser kann ihre Wohnung zwar ein wenig feucht werden, doch kümmert dies das Tier wenig, da es ein geschickter Schwimmer und Taucher ist.

Grundnahrungsmittel der Schermaus sind beispielsweise die Wurzeln und Sprosse von Ufergräsern, die sich im Weichboden an langsam strömenden Stellen ansiedeln – genau dort, wo die Tiere auch bequem ausgedehnte Gänge und Tunnel anlegen können. Junge Schermäuse kommen blind und nackt zur Welt. Die ersten Lebenstage verbringen sie in einer mit Gräsern ausgepolsterten Nestkammer.

Die Wasseramsel (*Cinclus cinclus*) sucht ihre Nahrung auf dem Gewässergrund und baut ihr Nest in überhängenden Baumästen oder auf Felsriegeln in der Nähe eines Wasserfalls. Der Eisvogel (*Alcedo atthis*) sitzt meist auf einem die Wasserfläche überragenden Ast, benötigt aber zum Nestbau eine steile Böschung aus weichem Material, in das er die fast einen halben Meter lange Neströhre eingraben kann. Es gibt noch eine Reihe anderer Interessenten für steile, körnige Uferbänke, beispielsweise die koloniebildenden, leider schon sehr seltenen Uferschwalben, die ebenfalls lange Neströhren anlegen.

Schotter- und Kiesbänke im Flußbett werden vom Uferbereich oft durch tiefe Wasserrinnen getrennt. Sie werden besonders gerne von Vögeln als Brutplatz ausgewählt, da hier auch Räuber wie Marder oder Füchse keinen Zutritt haben. Außer Schwänen nisten dort viele Enten, Teichhühner, Bläßrallen und Sumpfhühner. Diese Vogelarten bevorzugen solche Schotterinseln, die schon eine etwas festere Pflanzendecke tragen. Sie bauen ihre Nester zwischen den Pflanzen des Röhrichts, das ein schützendes Dach über sie ausbreitet. Schwäne suchen manchmal auch offene Stellen für das Brutgeschäft auf. Als besonders große Vögel sind sie in der Lage, Störenfriede recht gewaltsam aus ihrem Nestbereich zu vertreiben. Die gezielt ausgeteilten Flügelhiebe sind nicht von schlechten Eltern!

In bewaldeten Tälern wechselt der Ufercharakter häufiger als im Flachlandbereich. Steinige Abschnitte oder sogar Blockhalden werden von Weichböden abgelöst, in denen die Uferbäume besonders gut wurzeln können. Auf den offenen, schlammigen Uferbänken sollte man auf die Spuren des Otters (*Lutra lutra*) achten, der überall in Europa vorkommt, insgesamt jedoch stark im Rückgang begriffen ist. Sein Uferbau ist meist geschickt unter dem Wurzelwerk der Bäume mit wasserseitigem Eingang und landseitigem Luftloch versteckt.

Einwanderer und Neubürger

Gerade Flußufer sind ein idealer Lebensraum für Zuwanderer, da jedes Jahr größere Uferteile umgestaltet und neugeschüttet werden, die von vielen Arten rasch besiedelt werden. Besonders erfolgreich sind dabei die verschiedenen Weidenröschen-Arten, allen voran das Schmalblättrige Weidenröschen (*Epilobium angustifolium*), das nah verwandte Arten durchaus verdrängen kann. Da jede Pflanze im Durchschnitt rund 80 000 vom Wind verbreitete Samen hervorbringt, kann man sich leicht vorstellen, daß Weidenröschen jeden sich bietenden Lebensraum sofort besetzen, wenn eine freie Fläche besiedelt werden soll. Früher kam diese Art fast ausschließlich im Bergland vor, verbreitete sich aber gerade unter menschlichem Einfluß sehr stark, da Kahlschläge, Straßenränder oder Ödland ideale Standorte darstellen.

Die Gelbe Gauklerblume (*Mimulus guttatus*) wurde um 1830 aus Nordamerika nach Europa eingeführt und hat sich seither entlang der Flußtäler rasch ausgebreitet. Die großen gelben, bisweilen auch rot gefleckten Blüten fallen dort im Juli und August stark auf. Die Samen sind recht klein und werden zu etwa 100–150 in einer Kapsel entwickelt. Hauptverbreitungsmittel sind Wasservögel (S. 20/21). Die lustigen Springfrüchte des Drüsigen Springkrautes (*Impatiens glanduligera*) (S. 83) kann man jetzt an vielen Stellen entlang der europäischen Flüsse finden, seit die Pflanze sich nach ihrer Einführung aus Südostasien verbreitet hat. Die Erdbirne oder Topinambur (*Helianthus tuberosus*) ist ein Zuwanderer, der sich besonders entlang des Rheins und in den großen Nebentälern angesiedelt hat.

Versuche

1 Suche dir eine Uferstelle, zu der du leicht und regelmäßig Zugang hast. Vergewissere dich, daß die Uferböschung abrutschsicher ist. Miß ihren Neigungswinkel und notiere das vorhandene Ufermaterial (Schotter, Lehm), Lage zum Wasserspiegel, Bewuchs, Nutzung des angrenzenden Gebietes. Markiere mit zwei Rohrstöcken eine etwa 1 m² große Probefläche, die du im Laufe eines Jahres immer wieder aufsuchst. Untersuche die Uferpflanzen, ihre Blüh- und Fruchtzeiten und ihren Mengenanteil an der Pflanzendecke. Ändert sich der Bedeckungsgrad in einem Jahr?

2 Untersuche einen Uferabschnitt an verschiedenen Flüssen mit unterschiedlichem Untergrund Neigungswinkel. Stelle fest, welche Pflanzen mit welcher Wuchshöhe dort vorkommen.

Die Westschermaus (*Arvicola amphibia*) ist ein geschickter Schwimmer. Sie ernährt sich von den Pflanzen am Flußufer.

3 Suche am Flußufer nach Anzeichen, die das Vorhandensein von Tieren verraten. Werden Pflanzenbestände von der Land- oder Wasserseite beweidet? Welche Tiere leben vermutlich hier?

Eingang zum Bau einer Westschermaus.

Wirtschaftliche Nutzung

Flüsse und Ströme werden
seit langem wirtschaftlich
genutzt, z. B. als Transport-
weg, zum Turbinenbetrieb,
als Fischgrund.

Uferschutzbauten

Ein hochwassergesicherter Fluß gleicht
eigentlich mehr einem Kanal. Die Uferlinie wird weitgehend begradigt und mit
Spundwänden oder durch Steinverklei-
dung vor weiterer Erosion durch das
fließende Wasser geschützt. Wasser-
und Uferpflanzen sind solcher Verbau-
ung ein wesentliches Hindernis und
werden deswegen zuvor entfernt. Auf
längeren Strecken sind die Flußlandschaften in Europa daher recht eintönig
geworden. Auch können sie Pflanzen
und Tieren keinen Siedlungsraum mehr
bieten, so daß ihr natürlicher Artenreichtum stark zurückgeht. Sportangler
und andere Leute, die sich für Naturfreunde halten, sehen in den Röhrichten und Gebüschen entlang der Ufer
ebenfalls ein Hindernis und sorgen dafür, daß die Säume offen gehalten werden.
Eine Uferbefestigung wird immer dort
vorgenommen werden, wo die
Böschungen abrutschgefährdet sind
oder ein Ufersaum häufig von Spazier-
gängern oder zu Freizeitaktivitäten
aufgesucht wird.

Verbesserungen?

Riesige Kraftwerk- und Turbinenanla-
gen an der Wolga unterbrechen die
flußaufwärts gerichteten Laichwanderungen der Störe, deren Laich unter der
Bezeichnung Kaviar als Delikatesse
sehr geschätzt wird. Laichbereite Störe
müssen nun gefangen und abgestreift
werden. Der Laich wird künstlich befruchtet und in besonderen Zuchtan-
stalten betreut, damit diese Fischart,
die auch wirtschaftlich wichtig ist, nicht
ausstirbt. Ähnlich behindern in Schweden der Ausbau vieler Flüsse mit Was-
serkraftwerken und der häufige Flö-
ßereibetrieb den Aufstieg der Lachse in
die quellnahen Laichgebiete. Auch die
laichreifen Lachse werden zu Beginn
ihrer Wanderung gefangen und die
Lachsbrut in speziellen Fischzuchtanstalten gezüchtet.
Viele Krafwerke oder andere Industrie-
anlagen haben einen enormen Kühl-
wasserbedarf. Vielfach wird dazu Fluß-

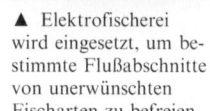

▲ Elektrofischerei
wird eingesetzt, um be-
stimmte Flußabschnitte
von unerwünschten
Fischarten zu befreien.

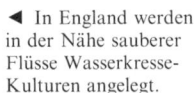

◄ In England werden
in der Nähe sauberer
Flüsse Wasserkresse-
Kulturen angelegt.

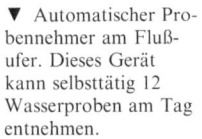

▼ Automatischer Pro-
bennehmer am Fluß-
ufer. Dieses Gerät
kann selbsttätig 12
Wasserproben am Tag
entnehmen.

▲ Um eine weitere
Erosion des Uferberei-
ches zu verhindern
wird ein mechanischer
Schutz aufgebaut.

▲ Um den Wasserab-
fluß nicht zu behindern
und freie Wasserflä-
chen zu schaffen, wer-
den Wasserpflanzen
abgeschnitten und ab-
transportiert.

► Futterzeit in einer
Forellenzucht.

anrichten können. Viele dieser Stoffe sind auch stark giftig. Wenn sie absichtlich oder unabsichtlich in das Wasser gelangen, sind große Fischsterben die Folge. Davon kann man in den Zeitungen immer wieder lesen. Meist sind am Gewässer angesiedelte Betriebe, die chemische Produkte herstellen oder verarbeiten, die unwissentlichen oder verantwortungslosen Verursacher solcher Katastrophen. Zum Glück gehören wenigstens die unschönen Schaumberge biologisch nicht abbaubarer Waschmittel auf den Gewässern weitgehend der Vergangenheit an. Eine konsequente Überwachung und Einhaltung der Wasserqualität hilft nicht nur der Umwelt, sondern ist auch für unsere eigene Gesundheit äußerst wichtig. Wenn der Nitratgehalt des Trinkwassers zu hoch ist, kann das Nervensystem von Säuglingen und Kleinkindern geschädigt werden. Wenn die häuslichen Abwässer nicht gründlich geklärt werden, breiten sich auch gefährliche Krankheitserreger rasant aus. Typhus, Paratyphus, Cholera, Amöbenruhr, Hepatitis, Kinderlähmung oder Salmonelleninfektionen sind schwere Krankheiten, die mit Wasserverunreinigungen in engem Zusammenhang stehen. Im Jahre 1931 starben in England rund 50 000 Menschen an asiatischer Cholera, weil der Zusammenhang zwischen Abwasserfracht der Flüsse und Krankheitsepidemien noch nicht genügend bekannt war. Viele Orte im Mittelmeergebiet mit ihren oft unbeschreiblichen hygienischen Verhältnissen sind auch heute noch ein erhebliches Gesundheitsrisiko.

Fischerei
Eine geregelte fischereiliche Nutzung der Binnengewässer ist nötig, um sowohl den Artenbestand als auch die Bestandsgrößen der Süßwasserfische zu erhalten. Fischereibiologisch sinnvoll kann es zum Beispiel sein, eine im Übermaß vorhandene und mit wertvollen Fischarten konkurrierende Art aus einem Gewässer weitgehend zu entfernen. Dazu wird meist das Elektrofischen eingesetzt. Bei Verwendung von Wechselstrom werden die Fische gelähmt und können mit dem Netz gefangen werden. Beim Gleichstromverfahren werden die Fische dagegen nur von einer Elektrode angezogen und müssen gefangen werden, bevor sie diese berühren, da sie sonst vom elektrischen Schlag getötet werden. An Wehren und Staudämmen, an denen die Energie des fließenden Wassers in elektrischen Strom umgewandelt werden soll, werden die Fische von besonderen Elektroden im Wasser verscheucht, damit sie nicht in die Turbinendruckleitungen geraten.
Fischzuchtanstalten werden meist dort angelegt, wo größere Mengen kalten,

klaren Fließwassers zur Verfügung stehen, oft also in der Quellregion der Flüsse. Obwohl die meisten Fischarten in wärmerem Wasser schneller wachsen, erhöht sich gleichzeitig ihre Anfälligkeit für bakterielle oder Pilzinfektionen. Wenn man die Fischzucht im Oberlauf der Fließgewässer anlegt, verringert sich auch die Gefahr, daß Infektionen eingeschleppt werden. Eine große Durchflußrate ist ebenfalls wichtig, damit nicht aufgebrauchte Nahrung und anderer Bestandsabfall den Sauerstoffbedarf des Gewässers unnötig belasten.

Kultur von Wasserpflanzen
Die krausen, grünen Blätter der Wasserkresse, die in den letzten Jahren wieder sehr beliebt geworden ist, stammen zum größten Teil nicht aus Wildpflanzenbeständen, sondern aus Spezialkulturen. Gerade im Bereich der südenglischen Kalkflüsse wurden neben dem Strombett tiefliegende Felder angelegt, die regelmäßig geflutet und mit langsam fließendem Flußwasser versorgt werden können. Solche Wachstumsbedingungen schätzt die Wasserkresse sehr. Etwa 130 ha Land werden mit derartigen Kresse-Kulturen bewirtschaftet. Ein Feld kann etwa vier- bis fünfmal im Jahr abgeerntet werden. Im April oder Mai werden alle älteren Pflanzen entfernt, und neue Pflanzen werden eingesät. Schon nach sechs Wochen kann die neue Ernte beginnen. Solche Monokulturen sind nicht unproblematisch. Flohkrebse siedeln sich in den Flutbeeten ebenfalls an. Obwohl sie den Kressekulturen selbst nichts anhaben, locken sie Wasservögel, vor allem Enten an, die natürlich auch an den Pflanzenbeständen herumzupfen. Die Kressebeete werden gelegentlich von Pilzinfektionen befallen, die die Ernte ernsthaft gefährden könnten. Man bekämpft sie mit einer Zinkverbindung. Zink gehört zu den umweltschädlichen Schwermetallen. Daher muß der Einsatz dieses Produkts sorgfältig erwogen und zeitlich so geplant werden, daß die Wasserbewohner des angrenzenden Flusses nicht gefährdet werden. Ein Bündel von Problemen ergibt sich aus einer einfachen Nutzung der uferangrenzenden Bereiche, die auf den ersten Blick besonders umweltverträglich aussehen.

wasser angepumpt, in das Kühlsystem gebracht und nach Erwärmung wieder dem Fluß zugeführt. An manchen Abschnitten der Donau wird das Flußwasser dadurch um durchschnittlich 10° C erwärmt. Ein solcher Temperaturanstieg verringert nicht nur den Sauerstoffgehalt im Wasser, sondern kann auch die Laichwanderungen verschiedener Fischarten stören. Gerade die Donau ist mit einer Reihe von Arten bestückt, die nur dort vorkommen (z. B. der Huchen). Eingriffe in ihre natürliche Umwelt bedrohen sie daher in ihrer Existenz.

Wasserüberwachung
Eine sorgfältige Überwachung der Wasserqualität ist überall dort erforderlich, wo das Flußwasser nicht nur für technische Zwecke verwendet werden soll. Dazu werden laufend Wasserproben entnommen und auf Verunreinigungen untersucht. Entsprechend kann man Art und Menge von Abwassereinleitungen in ein Fließgewässer erfassen und für eine Regulation Sorge tragen. Schadstoffe, die in geringer Konzentration in einen Fluß gelangen, werden auf ihrer Reise flußabwärts stark verdünnt. Viele Chemikalien sind jedoch synthetische Stoffe, die in den Gewässern nicht biologisch abgebaut werden können und deswegen enorme Schäden

Flüsse in der Landschaft

Flußlandschaften unterscheiden sich je nach Gestein und Niederschlagsmenge erheblich voneinander.

Wahrscheinlich sind die Flüsse und Wasserläufe die ältesten Züge im Gesicht unserer Landschaft, denn Relief und Zertalung werden erst durch die Wirkung des fließenden Wassers geschaffen. Sobald sich ein Wasserlauf ein Tal in den Untergrund geschnitten hat, ist er darin gefangen. Solange nicht großräumige Bewegungen der Erdkruste oder Änderungen in der Niederschlagsversorgung eintreten, wird er über Jahrtausende hinweg seinen Weg fortsetzen. Die Gestalt eines Flusses hängt von der Zahl und Wasserführung seiner Zuflüsse ab, die aus Einzugsgebieten unterschiedlicher Eigenart abfließen können. Flüsse erhalten ihr Wasser durch Ablauf von der Oberfläche oder durch Einsickerung von Grundwasser. Die unter der Oberfläche vorhandenen Grundwassermengen werden von der Speicherkapazität des Gesteins bestimmt. Diese ist um so größer, je wasserdurchlässiger ein bestimmtes Gestein ist. Die Niederschlagsmengen prägen nicht nur Größe und Kraft eines Flußsystems, sondern auch die Lebensgemeinschaften und deren Artenzusammensetzung im freien Wasser und in den Uferbereichen.

Im Gebirge steht oft sehr harter, nahezu undurchlässiger Fels mit nur dünner Bodenauflage an. Die Wasserläufe erhalten daher nur das Oberflächenwasser, dessen Menge mit den auftreffenden Niederschlägen im Gebiet einhergeht. Gerade in solchen Flüssen treten daher schnelle Veränderungen im Wasserstand und in der Strömungsgeschwindigkeit auf. Sie entfalten eine beachtliche Erosionskraft und neigen dazu, flußabwärts Täler mit steilen Flanken einzuschneiden. Die Zuflüsse und Wasserläufe in einem Gebiet mit Hartgestein sind baumartig verästelt und verzweigt. Im Gebirge werden Siedlungen kaum oder überhaupt nicht an den Flüssen angelegt. Häuser und Dörfer liegen dort hoch oben an den Talflanken, wo sie von Hochwasserfluten nicht mehr erreicht werden. In Gebieten, in denen Flüsse durchlässiges Gestein wie Kreide, Kalke oder Sandstein überfließen, rücken die Dörfer und Städte näher an das Wasser

▲ Dieser kleine Fluß in Portugal durchfließt ein durchlässiges Sandsteingebiet und wird zum Teil vom Grundwasser gespeist. Hinweise auf Hochfluten fehlen. Im Wasser ist eine reiche Pflanzengesellschaft vorhanden. Am Ufer wächst Oleander (*Nerium oleander*).

▲ Dieser Fluß im spanischen Nationalpark Ordes erhält fast nur Oberflächenwasser und transportiert große Mengen erodiertes Material von den steilen Talflanken.

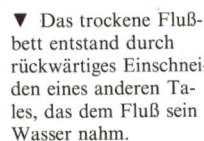

▼ Das trockene Flußbett entstand durch rückwärtiges Einschneiden eines anderen Tales, das dem Fluß sein Wasser nahm.

▲ Die Gordale-Schlucht in England entstand durch fließendes Wasser im harten Kohlenkalk. Zunächst wurde ein unterirdischer Wasserlauf mit Höhlen und Gängen aus dem Fels gelöst, die später einstürzten und die steilen Schluchtwände freigaben.

▲ Rekonstruktion alter Rheinmündungen nach der Tiefenlinienkarte der Nordsee.

▼ Dieser Fluß und seine Nebenflüsse entspringen im flachen Kreidehügelland Südenglands. Der Wasserablauf ist ruhig und regelmäßig, das Wasser nährstoffreich.

heran. Solche Landschaften vermitteln Urbilder von Ruhe und Frieden. Selbst nach kräftigen Regenfällen steigen diese Flüsse nicht über die Ufer, weil ein großer Teil des Wassers vom durchlässigen Untergrund festgehalten und erst nach und nach dem Fluß zugeführt wird.

Wasser, das über hartem Kalkstein abläuft, modelliert eine Landschaft von besonderem Gepräge heraus. Schluchttäler mit steil aufragenden Flanken, überhängende Wände, Höhlen und unterirdische Flüsse sind ihre Kennzeichen. Man findet sie in der Dordogne in Südwestfrankreich oder auch im Norden Englands. Obwohl das Wasser den Fels auch in diesen Fällen langsam an- und auflöst, kann die Erosion nur sehr langsam fortschreiten, weil das Gestein sehr hart ist. Es ist gleichzeitig auch ziemlich undurchlässig, so daß seine Wasserkapazität nicht groß ist. Die Flüsse solcher Gebiete führen daher häufiger Hochwasser, die für die Uferbereiche verheerend ausfallen können. Untergetauchte Wasserpflanzen können solche Ereignisse oft besser überleben und beherrschen während der nächsten Vegetationsperiode wiederum die Szene.

Flußtäler und ihre Formen

Wasser sucht sich im allgemeinen den schnellsten und einfachsten Weg. Wo die Gesteinsart wechselt oder wo im Gestein Härtlinge oder verkieselte Quarzzüge auftreten, wird sich der Talverlauf der Richtung des weicheren Gesteins anpassen. So kommt die eigenartige Erscheinung zustande, daß selbst in gebirgigen Gegenden die Flüsse nicht einfach geradeaus fließen, sondern sich einen kurvenreichen, gewundenen Talzug ausräumen müssen. Das Mittelrheintal und einige Abschnitte seiner Nebentäler sind dafür eindrucksvolle Beispiele. Die Erosion durch das Fließwasser ist jedoch nicht nur vorwärts in Richtung der Talweitung gerichtet. Sie findet auch rückwärts statt, wobei der Talverlauf in Richtung der Quellregionen verlängert wird. Es kann vorkommen, daß durch eine rückwärtige Talverlängerung ein Nachbartal angeschnitten wird und sich die Abflußrichtung des Wassers ändert. Von der ursprünglichen Abflußrinne bleibt dann nur noch ein trockenes, langsam verwachsendes Bett zurück. Mit der Zeit wird es sich mit Sediment und Boden anfüllen und so die unmittelbaren Einblicke in seine Entstehung verbergen. Erst bei Bohrungen oder Schachtarbeiten trifft man nach langer Zeit auf die gerundeten Kiesel und Steine, die die Arbeit des fließenden Wassers verraten.

Aus solchen Beobachtungen lassen sich Talentstehungen, Abflußrichtungen und Veränderungen in der Reliefgestaltung über einen längeren Zeitraum rückwärts rekonstruieren. An der ostenglischen Küste finden sich beispielsweise Flußsedimente mit Gestein, das nur aus den Ardennen und aus den Vogesen stammen kann. Es sind Ablagerungen, die der Rhein vor rund einer Million Jahre hinterlassen hat, als Großbritannien noch Bestandteil des kontinentalen Europas war, die Küstenlinie der Nordsee viel weiter im Norden lag und die Themse ein linker Nebenfluß des Rheins war. Aus dem Verlauf der Tiefenlinien in der Nordsee kann man den ehemaligen Talverlauf des Rheins und anderer Fließgewässer rekonstruieren. Erst vor wenigen tausend Jahren stieg der Wasserspiegel der Nordsee wieder an, durchbrach die Landverbindung zwischen Frankreich und England und verlagerte die Rheinmündung in die Gegend von Rotterdam, wo wir sie heute auf der Landkarte finden. Der Anstieg des Meeresspiegels wurde durch das Abschmelzen der eiszeitlichen Gletscher verursacht und hatte zur Folge, daß auf der Westseite von England und Frankreich die größeren Flußtäler sozusagen ertranken. In solchen Landeinschnitten beobachtet man heute mächtige Gezeitenströme, die den ehemaligen Talboden mit Sediment anfüllen und ihn tief unter der Oberfläche begraben. Es gibt keine historischen Zeugnisse für diese Ereignisse. Man kann sie aber mit einiger Übung aus dem heutigen Gesicht der Landschaft herauslesen.

Versuche

1 Nimm eine Karte im Maßstab 1:100 000 oder kleiner und zeichne das Gewässersystem besonders heraus. Kannst du aus dem Kartenbild der Gewässer Schlüsse auf verschiedene Gesteinsarten schließen? Wiederhole diese Zeichenaufgabe mit Hilfe einer geologischen Karte. Suche verschiedene Flußbereiche auf und notiere dir ihre Ufergestalt, die Pflanzengemeinschaften im Wasser und am Ufer und die Gewässertiefe und -breite.

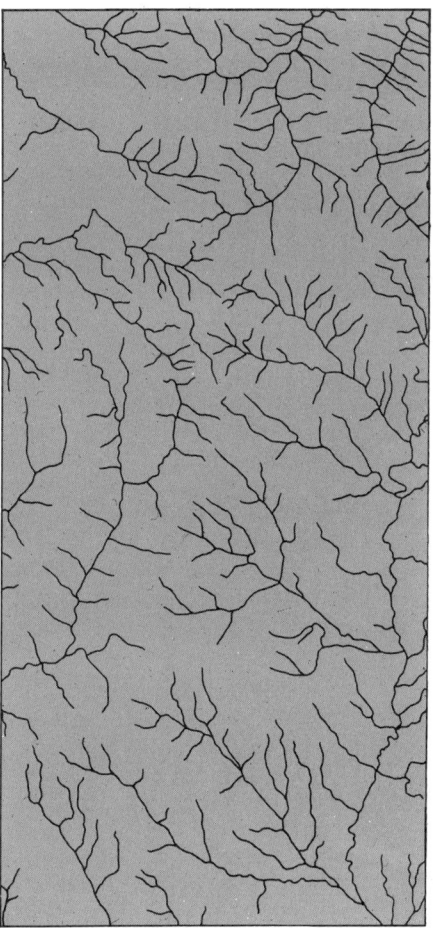

Fließwassersystem in einem Gebiet mit Hartgestein.

2 Untersuche an einer Stelle, an der zwei Flüsse aus geologisch verschiedenen Bereichen zusammentreffen, die Fauna und Flora oberhalb und unterhalb des Zusammenflusses. Gibt es da Unterschiede? Welche Arten aus welchem Fluß sind nach wie vor vertreten?

3 Sammle aus verschiedenen Flüssen zu verschiedenen Jahreszeiten Wasserproben, indem du eine Flasche von einer Brücke zum Schöpfen herabläßt. Wieviel Sediment ist jeweils enthalten? Ist das Sediment feinkörnig (tonig) oder grobkörnig (sandig)? Bestimme den pH-Wert. Entsprechen bestimmte Sedimentmengen und -arten einem bestimmten pH-Bereich?

Ein Fluß im Wandel

Die Themse gehört zu den am stärksten verschmutzten Flüssen Europas. Ihre allmähliche Rückverwandlung vom stinkenden Vorfluter in ein Gewässer, in dem wieder Pflanzen und Fische leben können, gibt uns die Hoffnung, daß auch in anderen Gebieten die Flüsse gesunden können.

Die Vergangenheit

Seit römischen Zeiten diente die Themse als wichtigster Verkehrsweg zwischen der Nordsee und London. Die Stadt war bis zum 19. Jahrhundert zum größten Hafen der Welt angewachsen. Die Menschen lebten und arbeiteten an den Ufern dieses Flusses, der sie auch mit verschiedener Nahrung versorgte. Aale gab es reichlich. Forellen und Lachse waren so zahlreich, daß sie als Essen armer Leute galten und von den reicheren Bevölkerungsschichten kaum verzehrt wurden.

Schon im Mittelalter zeichneten sich Konflikte bei der Nutzung des Flusses und seiner Gaben ab. Klöster und Mühlen, die die Wasserkraft ausnutzen wollten, wurden an den Flußufern gebaut. Gleichzeitig errichtete man Stauwehre, an denen besonders leicht gefischt werden konnte und die den Mühlenantrieb verstärkten. An solchen Stellen konnten aber die Lastkähne nicht mehr passieren. Später wurden in die Stauwehre bewegliche Teile eingelassen, um die Schiffahrt nicht weiter zu behindern. Aber immer noch konnten die Lastkähne den Wehrbereich nur bei Hochwasser des Flusses sicher überwinden. Die erste moderne Schleuse mit zwei Toren wurde bereits 1630 errichtet.

In diesen längst vergangenen Zeiten fror der Fluß in manchen Wintern zu. Dies war Anlaß für besondere Festlichkeiten, deren letzte im Jahre 1814 auf dem Fluß stattfand. Der Gezeiteneinfluß macht sich auf der Themse bis etwa in Höhe von Teddington bemerkbar. Da die Schiffahrtsrinne wiederholt vertieft wurde, wird im Gezeitenrhythmus auch entsprechend mehr Wasser bewegt, so daß die Themse im Unterlauf heute nicht mehr zufriert. Im sehr

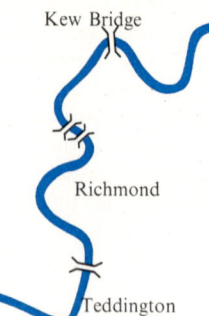

Die Themse im Einzugsbereich Londons zwischen Hampton Court und Gravesend.

Kew Bridge · Fulham · Richmond · Teddington · Hampton Court · Westminster · London Bridge · London · Southwark Docks · Docks · Klärwerke · Woolwich Reach · Klärwe

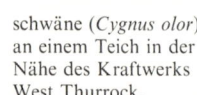

▲ Unbeeindruckt von der industriellen Szenerie im Hintergrund brüten die Höcker-schwäne (*Cygnus olor*) an einem Teich in der Nähe des Kraftwerks West Thurrock.

▲ Auf der Themse findet jedes Jahr im Juli das traditionelle Schwanenzeremoniell statt, d.h. Jungschwäne werden eingefangen und markiert. Zwei Londoner Zünfte haben ihre eigenen Markierungszeichen. Unmarkierte Schwäne gehören der Krone.

▲ Treibholz auf der Themse ist ein ernsthaftes Problem. Es sieht nicht nur häßlich aus, sondern gefährdet auch die Binnenschiff-fahrt.

▲ Diese Fotomontage zeigt, wie sich eine schwere Sintflut im Stadtinnern von London auswirken würde. Das Bild wurde von einer Finanzierungsgesellschaft, die Anteile für ein Flutsperrwerk anbot, zu Werbezwecken verwendet.

Tilbury

Docks

Gravesend

Kraftwerk und
Fischfangstation

5 km

◀ Luftansicht des
Themse-Sperrwerks im
Bau (Juni 1980). Links
vorne: Kontrollturm
und noch unvollendete
Maschinenhallen. Im
Fluß sind vier Pieranla-
gen bereits weitgehend
fertig. Zwei weitere
Hauptpiers und drei
kleinere sind noch im
Bau. Die rechte Bild-
seite weist flußabwärts.

kalten Winter 1962/63 konnte sich
jedoch oberhalb von Teddington noch
einmal eine geschlossene Eisdecke ausbilden.

Jahrhundertelang wurde die Themse
wie alle anderen Flüsse als Abfall- und
Müllgrube mißbraucht, in die man allen Unrat unbesehen hineinwarf. Häusliche Abwässer wurden nach Einführung der Wasserspülung ebenfalls
ungeklärt in die Themse eingeleitet. In
der Mitte des vorigen Jahrhunderts war
der Gestank so überwältigend, daß
man am Parlamentsgebäude, das direkt
an der Themse liegt, mit Desinfektions-
mitteln getränkte Tücher aufhängte.

Die Gegenwart
Der windungsreiche Lauf der Themse
von Teddington bis Gravesend läßt den
flußaufwärts wandernden Gezeitenstrom ständig von einer Uferseite auf
die andere wechseln. Süßwasser und
Salzwasser werden dabei gründlich vermischt, so daß der Salzgehalt der
Themse von der Mündung bis über
London hinaus ständig abnimmt.
Die Verschlechterung der Wasserqualität im Unterlauf der Themse führte
nicht nur zu einem Zusammenbruch
der Fischpopulationen, sondern be-
schleunigte auch den Rückgang der
Wasservögel, die sich von Fisch ernähren. Bis etwa 1960 kamen auf der
40 km langen Flußstrecke zwischen
London Bridge und Tilbury nur wenige
vereinzelte Vögel vor. Heute wird der
gleiche Flußabschnitt von großen Mengen überwinternder Wasser- und Watvögel aufgesucht.

Im Jahre 1957 wurde auf der 57 km
langen Strecke zwischen Tilbury und
Richmond buchstäblich kein Fisch
mehr gefangen, von einigen Aalen abgesehen, die zur Oberfläche aufstiegen
und dort Luft schnappen konnten.
Etwa sechs Jahre später begannen sich
wieder Fische auszubreiten, und 1965
fing man wieder mehrere Fische am
Kühlwasseransaugstutzen des Kraftwerks von Fulham. Regelmäßige Über-
wachungen der Fischfänge an den
Kühlwasserpumpstationen von acht
Kraftwerken lieferten mehr und mehr
den Beweis dafür, daß die Fischfauna
in die Themse zurückkehrt. Bis Ende
1975 wurden insgesamt 86 Arten von
Süß- und Meerwasserfischen zwischen
Richmond und der Themsemündung
gefangen. Wie kam es zu dieser ein-
drucksvollen Wende?

Im Jahre 1959 begannen die Hafenbe-
hörden und der Stadtrat von London
eine Kampagne gegen die Umweltverschmutzung. Das längst überfällige
Reinwasserprogramm wurde jedoch
erst möglich, nachdem die besonderen
Probleme der Themse erkannt und verstanden waren. Dazu gehören die langen Verweilzeiten des Wassers mit all
seiner Schmutzfracht, trotz zweimal
täglich wiederkehrender Ebbe- und
Flutzeiten. Ein Stock, den man an der
London Bridge in das Wasser wirft,
braucht fast 20 Tage für den 64 km
langen Weg zum offenen Meer. Wenn
die Wasserführung der Themse nach
längeren Regenpausen gering ist, benötigt er sogar 80 Tage, also fast ein Vier-
teljahr. Solche Überlegungen lösten den
Alarm aus. Klärwerke wurden erheblich verbessert. Nach Filtration und Be-
lüftung ist das Wasser, das sie jetzt abgeben, nahezu sauber. Dennoch gibt es
in einer Gegend, in der mehrere Millionen Menschen auf verhältnismäßig kleinem Raum nahe am Fluß beieinander
wohnen, immer noch Probleme. Mehr
als 1500 Tonnen Müll und Unrat müssen jedes Jahr aus dem Fluß entfernt
werden. Darunter befinden sich jede
Menge verschiedener Plastikartikel
ebenso wie Treibholz. Viele dieser im
Wasser treibenden Abfälle stellen auch
für die Flußschiffahrt eine ernste Gefahr dar. Wenn sich Verpackungsmate-
rial aus Plastik in einer Schiffsschraube
verfängt, ist das Schiff manövrierunfä-
hig und kann folgenschwere Havarien
verursachen.

In den letzten Jahren fand man heraus,
daß die Hauptursache für den Rückgang der Schwäne auf der Themse Vergiftungen der Tiere durch Bleikügelchen waren, wie sie von Anglern
verwendet werden. Um 1970 nahmen
die Höckerschwanbestände beängstigend ab. Andererseits werden gerade
die Schwäne auf der Themse sorgsam
gehegt. Jedes Jahr im Juli findet ein

traditionelles Zeremoniell statt. Dabei
werden auf der oberen Themse die
Jungschwäne eingefangen und markiert. Sechs Boote (drei Parteien mit je
einem eigenen Banner, die die englische
Krone und zwei städtische Zünfte re-
präsentieren) machen sich auf den Weg
flußaufwärts, bis sie eine Schwanfamilie
mit Jungen finden. Zunächst werden
die Schnäbel der Altvögel auf Markierungen untersucht. Die Schwäne der einen Zunft (Weinhändler) tragen zwei
Marken auf der Schnabeloberseite, die
der zweiten Zunft (Färber) eine auf der
Schnabelunterseite. Die Schwäne der
Königin sind unmarkiert. Die Jungschwäne erhalten die gleiche Markie-
rung wie ihre Eltern und werden dann
wieder freigelassen.

Die Zukunft
Schwere Sturmfluten entlang der englischen Ostküste und im Mündungsbe-
reich der Themse forderten 1953 mehrere hundert Menschenleben. Sie
machten auf das besondere Problem
aufmerksam, daß die untere Themse
ein Gezeitenfluß ist, der immer wieder
enorme Wassermassen von See heran-
führen kann. Diese Erkenntnis ist eigentlich nicht neu. Im Jahre 1236 stand
der Westminster Palast unter Wasser,
und vor dem Rathaus der Stadt konnte
man Ruderboot fahren. In jedem Jahr
vergrößert sich jedoch die Gefahr einer
Flutkatastrophe, da der weiche Boden,
auf dem London erbaut ist, sich langsam absenkt. Zum anderen erhöhen
sich aber auch die Tidenhochwasser-
stände. Am Pegel der London Bridge
wurde während des letzten Jahrhunderts eine Zunahme um 60 cm gemessen. Wenn eine Springtide mit einer
Sturmflut zusammenfällt und auch
noch auf hohe Wasserführung der
Themse trifft, würde London von einer
Katastrophe bedroht. Ein solch un-
glückliches Zusammentreffen ungünstiger Ereignisse hat die schwere
Februarsturmflut 1962 mit schweren
Verlusten an Menschen und Material
an der Unterelbe und in Hamburg verursacht.

Nach jahrelangen Vorüberlegungen und
Untersuchungen wurde entschieden, bei
Woolich Reach ein gewaltiges Sperrwerk quer durch die Themse zu bauen.
Es ist die größte bewegliche Sperre, die
auf der Welt je errichtet wurde. Ende
1982 soll sie fertig sein und dann im
Bedarfsfall mehr als eine Million Menschen schützen, die in Zentrallondon
leben und arbeiten. Das Sperrwerk
umfaßt eine Anzahl beweglicher Tore,
die unabhängig voneinander zu bewegen sind. Normalerweise werden sie im
Flußbett ruhen, können aber bei Gefahr innerhalb von 30 Minuten in senk-
rechte Position gefahren werden.

Gräben und Kanäle

Seit Urzeiten haben die Menschen Kanäle angelegt, meist zu technischen Zwecken. Mit der Zeit siedeln sich auch hier zahlreiche Pflanzen und Tiere an. Lebewesen füllen alle Nischen dieses Biotops aus.

Seit die Menschen sich feste Siedlungsplätze suchten, das Land bestellten und Vieh züchteten, haben sie auch Wasserkanäle angelegt. Sobald feste Behausungen errichtet waren, wurden auch Gräben gezogen. Die Felder mußten ent- oder bewässert werden. Schon zur Römerzeit vervollständigten breite Kanäle das Wasserstraßensystem, denn mit Frachtkähnen konnte man bequem große Lasten transportieren.

Nach der Erfindung von Schleusen konnten Frachtkähne auch talaufwärts gehen und in Flußabschnitten fahren, die zuvor wegen starken Gefälles oder niedriger Wasserführung nicht passierbar waren. Schon im Jahre 1681 wurde die Bucht von Biscaya durch den Canal du Midi mit dem Mittelmeer verbunden. Dazu waren 119 Schleusen erforderlich, die die Frachtkähne und Schiffe auf 209 m über dem Meeresspiegel schleusen. Durch die Kanäle wurden Flüsse verknüpft, die nie zuvor in Verbindung gestanden haben. Pflanzen und Tieren standen damit neue Ausbreitungsmöglichkeiten zur Verfügung. Eine Süßwasserschnecke aus dem Rhein kann heute nach langer Wanderung ohne weiteres die Elbe aufsuchen – wenn sie nicht vorher ein Opfer der Wasserverschmutzung geworden ist.

Wasser in Kanälen bietet Pflanzen und Tieren einige besondere Lebensbedingungen, die sich aus der Anlage, dem Gebrauch und der laufenden Unterhaltung des Kanals ergeben. Kleinere Kanäle für den Abwassertransport sind meist aus glattwandigen Röhren oder Rinnen gebaut, die durch gelegentliche Durchspülung sauber gehalten werden. An solchen Stellen gibt es nur wenig Siedlungsplätze für Pflanzen und Tiere, obwohl einige Moostierchenkolonien es immer noch schaffen können. Gerade in den Städten müssen die Kanalrohre frei gehalten werden, da sie alle Nieder-

▲ Mit einem Bagger wird das Grabenprofil vergrößert. Nach Entfernen der Uferpflanzen können sich vor allem die Tauch- und Schwimmpflanzen vermehren.

▶ Zur Entwässerung einer feuchten Niederung wurde ein Graben angelegt. Der Gemeine Schilf (*Phragmites australis*) hat die Grabenränder eingenommen, im freien Wasser siedelte sich die Wasserfeder (*Hottonia palustris*) an.

▼ Abwasserkanal im Süden Londons. Die Klärwerke müssen täglich 43 Millionen Hektoliter Abwasser bewältigen.

▲ Dieser Entwässerungsgraben fließt nur sehr langsam, daher haben sich Wasserlinsen (*Lemna* sp.) und Schwimmendes Laichkraut (*Potamogeton natans*) angesiedelt. Über der Wasserfläche sind die ährigen Blütenstände des Laichkrautes zu erkennen.

schläge, die auf Asphalt und Beton der Straßen, Plätze und Bürgersteige auftreffen, abführen müssen. Kanäle zur Trockenlegung von Feuchtgebieten oder zur Bewässerung des Landes lassen sich im Unterschied zur städtischen Kanalisation weitaus weniger einfach offenhalten. Sie werden deshalb in regelmäßigen Abständen ausgehoben. Früher verwendete man zum Kanalausbau einfach Lehm- oder Tonlagen. Heute kommt zunehmend auch Beton oder Asphalt zum Einsatz. Das wiederum erschwert Pflanzen und Tieren die Ansiedlung auf dem Boden oder an den Uferböschungen. Wasserfahrzeuge, die ein Kanalgewässer befahren, verhindern das Aufkommen größerer Wasserpflanzen. Sobald ein Kanal jedoch nicht mehr benutzt wird, halten die Pflanzen der Röhrichtgesellschaften Einzug.

Kanalbewohner

In den meisten Kanälen ist das Wasser ausgesprochen nährstoffreich, aber ziemlich sauerstoffarm. Früher wurden offene Kanäle im Stadtbereich als Vorfluter für häusliche Abwässer verwendet. Durch die Massenentfaltung von Bakterien, die auch anaerob (d.h. ohne Luftsauerstoff) leben können, bildeten sich Wolken von Methan und Grubengas, die sich manchmal sogar entzündeten. Die Abwasserprobleme sind zum größten Teil aber immer noch nicht vollständig gelöst. Mitunter erfordert dies einen gewaltigen Aufwand, wofür Amsterdam und sein Grachtensystem ein oft zitiertes Beispiel ist. Auch in der freien Landschaft ist das Graben- und Kanalwasser meist nährstoffreich. Wellenschlag und Wasserwirbel verdrängen

viele Wasserpflanzen und mit ihnen die Pflanzenfresser der Kanalfauna. Wo der Bootsverkehr eingeschränkt oder unmöglich ist, siedeln sich dagegen artenreiche Gemeinschaften an. In solchen Gewässern stellen sich sogar Fischpopulationen mit Barschen, Plötzen und Schleien ein. Gelegentliche Netzfänge mit dem Planktonnetz werden eine Menge von wirbellosen Wassertieren zutage fördern, die uns schon von anderen stehenden Gewässern bekannt sind. Rückenschwimmer, Egel, Strudelwürmer, Wasserkäfer oder Schnecken werden mit einiger Gewißheit darunter sein. Auch Pflanzen, die sonst bevorzugt in Tümpeln oder Teichen siedeln, kommen in ruhigen Kanalgewässern vor. Die hübsche Dreifurchige Wasserlinse, Hornkraut, verschiedene Laichkraut-Arten und die überall vorhandene Kanadische Wasserpest sind sicher zu finden. Viele andere Arten siedeln sich gerne im Lebensraum Wasserkanal an. Bei der Verbreitung und Verschleppung sind Wasserfahrzeuge ohne Zweifel sehr hilfreich gewesen. Das zeigt sich am Beispiel der festsitzenden Kolonien des Polypen *Cordylophora lacustris*, der zunächst an Holz und Schiffsrümpfen in irischen und belgischen Kanalschleusen auftrat. Seit 1850 tritt diese Art auch zunehmend in Frankreich und Deutschland auf. Die Wander- oder Dreieckmuschel (*Dreissena polymorpha*) kam als Brackwasserbewohner ursprünglich nur im Bereich des Schwarzen und Kaspischen Meeres vor. Durch Verschleppung mit Schiffen und Floßholz hat sie sich seit der Mitte des letzten Jahrhunderts über fast alle Kanäle und Flüsse Europas ausgebreitet. Es gibt eine Reihe von Arten, die in vielen Gewässern schon sehr selten geworden sind, aber gerade in den Gräben und Kanälen noch eine letzte Bastion halten. An nur wenigen Stellen in Westeuropa kommt beispielsweise das Schwimmende Froschkraut (*Luronium natans*) vor. Selten geworden ist auch die Wasserfeder (*Hottonia palustris*) mit ihren hübschen, blaßpurpurnen Blüten. Vielleicht trifft man auch auf einige selten gewordene Wassertiere, etwa auf den Kolbenwasserkäfer (*Hydrous piceus*), der mit 5 cm Körperlänge zu den größten einheimischen Käferarten zählt, aber leider schon fast ausgerottet ist. Er steht unter Naturschutz, und man sollte ihn nicht aus seinem Lebensraum entfernen, wenn man ein noch vorhandenes Vorkommen entdeckt.

Versuche

1 Suche dir einen künstlich angelegten Kanal oder Wassergraben. Woher kommt das Wasser? Erhält er Zustrom von Bauernhöfen, Weiden oder Siedlungen? Wird er regelmäßig oder nur gelegentlich unterhalten? Untersuche die im Wasser und am Boden lebenden Pflanzen- und Tierarten. Versuche herauszufinden, wie lange die einzelnen Arten für ihre Entwicklung benötigen. Wie verhalten sich diese Zeiten zu den Unterhaltsabständen des Gewässers?

2 Überprüfe am Kanalufer den Pflanzenwuchs und achte dabei auf den Untergrund und die Wassertiefe, die die einzelnen Arten besiedeln. Haben Form der Böschung und Bootsverkehr einen Einfluß auf den Pflanzenwuchs?

Viele Kanäle, die früher als Transportwege benutzt wurden, sind heute Teil der Erholungslandschaft geworden. Wellenschlag und Wasserwirbel der vielen Sportboote halten das Gewässer frei von Pflanzenwuchs.

3 Verfolge, wie Gräben, die regelmäßig unterhalten und gesäubert werden, von Pflanzen rückerobert und besiedelt werden. In welcher Reihenfolge treten die Arten auf? Vergleiche den Artenbestand mit einem Graben, der längere Zeit nicht gesäubert wurde. Wo finden sich mehr Arten? Welche Pflanzen ertragen die Unterhaltungsarbeiten am besten?

Meeresküsten

Wo Land und Meer sich treffen, entstehen die besonders dynamischen Lebensräume des Küstensaumes. Sie unterliegen raschen und tiefgreifenden Veränderungen.

Gezeiten

Einer der wichtigsten Faktoren, die das Leben an der Küste beeinflussen und prägen, sind die Gezeiten, die tagaus, tagein gewaltige Ebb- und Flutströme hin- und herbewegen. Pflanzen, Tiere und Menschen sind dem Gezeitenrhythmus gleichermaßen ausgesetzt. Gezeiten sind ein ungewöhnlich kompliziertes Naturereignis. Verursacht werden sie durch die Anziehungskräfte des Mondes. Auf der mondzugewandten Seite der Erde werden durch diese Kräfte die Wasser der Ozeane zu einem Wasserberg aufgetürmt. Auf der mondabgewandten Seite entsteht durch Fliehkräfte ebenfalls ein Flutberg. Die Gebiete, aus denen das Wasser abgezogen wird, erleben dagegen eine Ebbe. Da der Mond die Erde umkreist (genau genommen drehen sich beide um eine gemeinsame Achse), treffen die Flut- und Ebbegebiete im Wechsel auf die Küsten der Kontinente. Die Erde dreht sich einmal innerhalb von 24 Stunden um ihre eigene Achse. Bis Erde und Mond wieder die gleiche relative Lage zueinander eingenommen haben, verstreichen noch weitere 50 Minuten. Daher treffen die Gezeiten nicht immer zur gleichen Uhrzeit ein, sondern verspäten sich jeden Tag um fast eine Stunde. Der Unterschied zwischen Hochwasser und Niedrigwasser heißt Tidenhub. Auch er verändert sich von Tag zu Tag. Bei Vollmond und bei Neumond stehen Sonne, Erde und Mond genau auf einer Linie. Dann verstärkt die Anziehungskraft der Sonne die des Mondes, und es kommt zu besonders hohem Tidenhub – man spricht dann von Springtiden. Sie treten regelmäßig alle 14 Tage auf. Wenn der Mond sein erstes oder drittes Viertel vollendet, bilden Sonne, Mond und Erde ein rechtwinkliges Dreieck. Dann schwächt die Anziehungskraft der Sonne die fluterzeugenden Kräfte des Mondes ab, und an den Küsten treten Nipptiden auf.

▲ An Flußmündungen und an Stellen, die durch erhöhte Strandwälle dem unmittelbaren Meeresangriff entzogen sind, bildet sich der eigenartige Lebensraum des Ästuars mit weiten, flachen Schlickflächen. Hier mischt sich das Meerwasser mit dem einmündenden Süßwasser und es ergibt sich Brackwasser mit wechselndem Salzgehalt.

◄ Die Erosionskraft des Meerwassers hat einen Basaltlavagang freigelegt und einen Naturbogen mit Brandungstor geschaffen.

▼ Querschnitt durch eine Küste und Entstehung der wichtigsten Küstenformen durch Abtragung und Auflandung.

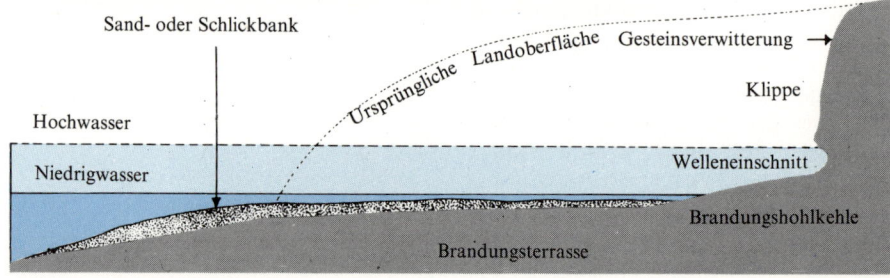

Sand- oder Schlickbank

Ursprüngliche Landoberfläche

Gesteinsverwitterung →

Klippe

Hochwasser

Niedrigwasser

Welleneinschnitt

Brandungshohlkehle

Brandungsterrasse

◄ Durch heftige Winterstürme können Sandbuchten von der Brandung vollständig ausgeräumt werden. Im günstigsten Fall sammelt sich im Sommer wieder Sand oder Schlick an.

◄ Eine langgezogene Nehrung hat den Dyrhólaey-See (rechts) vom offenen Meer (links) abgetrennt.

▼ Eine untypisch ruhige See umspült die von ihr geschaffene Brandungsterrasse, die bei Niedrigwasser freiliegt. Bei stürmischem Wetter gehen bis 10 m hohe Wellen über die Plattform hinweg.

Neuland aus dem Meer

Gleichzeitig mit den Landverlusten, die das Meer durch unausgesetzte Erosion und Zerstörung der Küsten fordert, wird an anderen Stellen dem Meer immer wieder ein Stück neues Land abgetrotzt. Dabei ist nicht nur an Sandbänke zu denken, die stellenweise vom Meer aufgespült werden und selbst auf Inselgröße, wie in Ostfriesland, heranwachsen. Selbst solche Gebilde sind nicht notwendigerweise von Dauer.

Sandbänke, die vom Menschen als Schutz für die Küste vorgespült wurden, können nach einer einzigen Sturmflut wieder verschwunden sein. Andererseits werden im Küstenbereich auch viele Maßnahmen ergriffen, um die Schlickauflandung zu fördern. Schlickfangzäune und Lahnungen werden angelegt, um die Sedimentation zu fördern, bevor das Vorland eingedeicht und in fruchtbare Marschen verwandelt werden kann. Köge (Nordfriesland) oder Polder (Westfriesland) nennt man das dem Meer mühsam abgerungene Land.

Land unter

Wenn das Meer im Gezeitenwechsel nur geringe Tidenhübe erreichte, wie man es in abgeschlossenen Randmeeren wie der Ostsee beobachten kann, wäre seine Wirkung auf das Festland nur geringfügig. Aber schon ein Sommerurlaub an der Nordsee zeigt nachdrücklich, daß das offene Meer sich anders als ein Mühlteich verhält. Kraftvoll geht die Brandung an den Küstenfelsen hoch. Sand- und Schlickbänke werden im Gezeitenrhythmus versetzt. Bei stärkerem Seegang nimmt an der Küste die Brandung zu. Die auftretenden Wellenhöhen sind dabei vor allem eine Funktion der Windstärke und der Streckenlänge, über die der Wind auf die Meeresoberfläche einwirken konnte. Wenn eine Welle auf den Strand läuft, überschlägt sie sich, und der vorauseilende Wellenkamm transportiert Sand, Schlick, Kies und Schill. Die Wellenaktion im unmittelbaren Bereich der Uferlinie heißt Brandung. Weiter draußen spricht man von Dünung.

Wenn starke Stürme oder Orkane mit Springtiden zusammentreffen, entstehen die an der Küste so gefürchteten Springsturmfluten. Ihre zerstörerische Wucht und Gewalt kann katastrophale Ausmaße erreichen. Schwere Flutkatastrophen ereigneten sich beispielsweise im Januar 1953 in den Niederlanden, im Februar 1962 an der gesamten deutschen Nordseeküste (vor allem im Elbgebiet), im Januar 1976 gleich zweimal innerhalb weniger Tage. Im November 1981 wurden an manchen Stellen die höchsten Flutwasserstände gemessen, die seit dem Beginn regelmäßiger Pegelaufzeichnungen registriert wurden. Da in den Jahren zuvor überall die Deiche erhöht und zusätzlich gesichert worden waren, blieben in diesem Fall die Verluste gering. Seit dem Mittelalter ist jedoch gerade Nordfriesland wie kaum eine zweite Landschaft auf der Erde vom Meer angegriffen und zerrissen worden. Wo sich heute das nordfriesische Wattenmeer mit seinen Marscheninseln und Halligen erstreckt, war noch vor wenigen Jahrhunderten Festland. Diese Landstriche, mit denen Städte und Dörfer untergingen, sind ein Opfer besonders schwerer Sturmfluten geworden.

Mehr oder weniger salzig?

Ästuarien entstehen, wo Meer, Festland und Süßwasser aufeinandertreffen. Süßwasser aus Flüssen und Strömen mischt sich dort mit dem Meerwasser zu Brackwasser, dessen Salzgehalt sich mit dem Rhythmus von Ebbe und Flut ständig verändert.

Lebensraum Ästuar

Die heute im Küstenbereich anzutreffenden Ästuarien sind geologisch und ihrer Entstehung nach recht verschieden. Viele entstanden aus ertrunkenen Flußmündungen (= Rias), die überflutet wurden, als der Meeresspiegel stieg oder das Festland sich absenkte. Sandbänke oder Wälle aus Schotter und Kies können eine Flußmündung auch abdämmen und auf diese Weise ein Brackwassergebiet bilden. Täler, die durch eiszeitliche Gletscherbewegungen ausgetieft wurden und später unter Wasserbedeckung gerieten, gehören ebenfalls zu diesem Typ Lebensraum. Die tiefen Fjorde an der Westküste Norwegens und Schottlands sind eindrucksvolle Beispiele dafür. Seit der letzten Eiszeit stieg der Meeresspiegel gewaltig an. Die meisten heute an der Küste vorhandenen Ästuarien sind daher kaum älter als etwa 3000 Jahre. Meerwasser, das mit dem Gezeitenstrom in das Ästuar eindringt, wird durch das zuströmende Flußwasser verdünnt und ergibt Brackwasser, dessen Salinität weit weniger als die 35 Promille durchschnittlichen Meerwassers beträgt. Süßwasser neigt dazu, auf dem dichteren Meerwasser zu schwimmen. Es fließt daher in den oberflächennahen Zonen dem offenen Meer zu, während am Boden fast reines Meerwasser in das Ästuar eindringt.

Das typische Erscheinungsbild der halbtägigen Gezeiten wird in Ästuarien häufig verformt. Im Ästuar des Severn verursacht die Trichterform der Mündung nicht nur ungewöhnlich hohe Tidenhübe (um 14 m bei Springtiden im Frühjahr und Herbst), sondern läßt die auflaufende Flut in einem einzigartigen Naturschauspiel als hohe Flutwelle oder Bore vordringen.

Wenn man die Zahl der Arten, die in einem Ästuar vorkommen, in einem Diagramm gegen den Salzgehalt aufträgt, nimmt der Anteil der echten marinen Arten rasch ab, wenn die Salinität sinkt. Umgekehrt sinkt der Anteil der Süßwasserarten noch rascher bei zunehmenden Salzgehalt. Nur eine kleine Artengruppe hat sich an weite Schwankungen des Salzgehaltes angepaßt, und diese Arten werden daher als Brackwasserarten unterschieden. Doch wird die Verteilung der Arten auf keinen Fall nur durch den Salzgehalt reguliert. Andere Umweltfaktoren sind oft noch von stärkerem Einfluß. So weiß man, daß die Korngrößen im Sediment für das Vorkommen des Schlickkrebses *Corophium* viel bedeutsamer ist. Die Plattmuschel (*Macoma baltica*) ist dagegen als Detritusfresser auf Sedimente mit hohem Gehalt an organischen Stoffen beschränkt.

Wirbellose Meerestiere, die auch ein Ästuar erfolgreich besiedeln, passen sich an den Wechsel im Salzgehalt einfach dadurch an, daß sie Bereiche mit zu geringer Salinität meiden: Planktonarten wandern passiv mit dem Gezeitenstrom, während andere Organismen ihren Salzgehalt auch physiologisch einregulieren können. Die aktiven Vermeidungstechniken bestehen beispielsweise im Verschluß der Schalenklappen (Miesmuschel), Rückzug in das Gehäuse (Strandschnecke), Aufsuchen tieferer Bereiche im Boden (Pierwurm) oder Zurückziehen der Röhren (Siphonen) (Große Pfeffermuschel). Strandkrabben, die die Felsküsten besiedeln, treten auch in Ästuarien in großer Zahl auf. Sie überleben noch einen Salzgehalt von nur sechs Promille, weil sie die Salzkonzentration ihrer Körperflüssigkeiten auf einem höheren Wert als im umgebenden Wasser halten können.

◀ Zur Springtidenzeit läuft der Flutstrom mit einer Flutwelle (= Bore) in das Ästuar des Severn (England) auf.

▶ Grünalgen der Gattung *Enteromorpha* ertragen an ihren Standorten in Ästuaren sogar Süßwasser.

▲ Salzlagunen bei Salin-de-Giraud (Südfrankreich). Die Salzkonzentration nimmt durch Verdunstung immer mehr zu, bis schließlich Salz auskristallisiert. Die rötliche Verfärbung stammt von hier lebenden Planktonorganismen (*Dunaliella* spp.).

▲ Salzhalde bei Salin-de-Giraud.

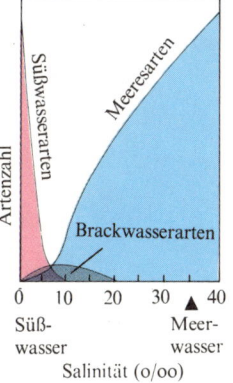

Diagramm der Süßwasser- und Meeresorganismen in Abhängigkeit vom Salzgehalt in einem Ästuar.

Eier und Larven vieler Meerestiere ertragen einen niedrigen Salzgehalt sehr schlecht. Eier der Strandkrabbe entwickeln sich schon nicht mehr bei 28 Promille Salzgehalt. Erwachsene Strandschnecken überleben 7–8 Promille, während ihre Gelege höchstens noch Brackwasser mit 15 Promille Salinität überstehen. Um solche Probleme zu vermeiden, wandern viele marine Bewohner des Ästuars zum Ablaichen in das Meer zurück.

Hohe Salzkonzentrationen

In Salzseen und Salzpfannen wird der Salzgehalt durch Verdunstung des Wassers über den des normalen Meerwassers hinaus erhöht. Nur wenige Lebewesen können mit solchen Extrembedingungen überleben. Ein ausgesprochen erfolgreicher Besiedler derartiger Gewässer ist der Salinenkrebs (*Artemia salina*), der an vielen Stellen der Welt vorkommt. Er ist ein Verwandter des Bachflohkrebses und erträgt Salzkonzentrationen von normalem Meerwas-

ser bis zu einer fast gesättigten Lösung von Kochsalz.

Besonders im Bereich der Rhône-Mündung in Südfrankreich (Camargue) werden in großem Umfang küstennahe Teiche zur Salzgewinnung angelegt. An dem einen Ende einer langen Kette von Lagunen und Teichen wird Meerwasser eingepumpt. Durch Verdunstung wird das Wasser immer salzhaltiger, bis die konzentrierte Salzlösung schließlich in einer etwa 10 cm dicken Schicht kristallisiert. Die erstarrte Salzkruste wird dann abgegraben, zerkleinert, gewaschen und auf großen Halden gelagert. Das Tote Meer ist ein Binnengewässer, dessen Wasserspiegel rund 400 Meter unter Meeresniveau liegt. Die Verdunstung ist in diesem See wesentlich größer als die Wasserzufuhr, so daß der Salzgehalt fast sieben Mal so hoch ist wie wie der nomalen Meerwassers. Wasser mit noch höherem Salzgehalt wurde in den vergangenen Jahren am Grunde des Mittelmeeres und vor allem in abgeschlossenen Tiefseerinnen des Roten Meeres entdeckt. Dort liegt der Salzgehalt bei rund 32%.

Geringe Salzkonzentrationen

In Brackwassergebieten, in denen die Strömungsverhältnisse und der Salzgehalt des Wassers keinen größeren täglichen Schwankungen unterliegen, können wenige marine und einige Süßwasserorganismen Seite an Seite leben. In Schottland gibt es vom Meer abgetrennte, aber noch beeinflußte Gewässer, in denen Laichkraut neben Miesmuscheln vorkommt. In vielen Gebieten der Ostsee liegen ähnliche Verhältnisse vor. Hier findet sich beispielsweise der Wasser-Hahnenfuß (*Ranunculus baudotii*) neben dem Blasentang (*Fucus vesiculosus*).
Die Ostsee ist ein Meeresgebiet besonderer Prägung. Sie erstreckt sich etwa von der Linie Kopenhagen-Malmö bis nach Finnland. Von den rund 250 Flüssen, die in dieses Becken einmünden, wurde das Meerwasser so stark verdünnt, daß es nun im Durchschnitt nur noch eine Salinität von etwa 8 Promille aufweist, die in östlicher Richtung bis unter 2 Promille fällt. Wenn Meerwasser über Skagerrak und Kattegat in die Ostsee eindringt, sinkt es ab. Süßwasser fließt dagegen in den oberflächennahen Schichten aus dem Ostseebecken hinaus. Insgesamt kommen in der Ostsee nur verhältnismäßig wenige Arten vor, die jedoch eine auffallende Bindung an ihren Lebensraum zeigen. Gezeitenströmungen und -bewegungen sind in der Ostsee vernachlässigbar gering. Daher sind die Salzgehaltsgradienten auch ziemlich stabil. Ein eingreifendes Ereignis für die Organismen in diesem Gewässer ist jedoch das regelmäßige Zufrieren weiter Gebiete.

Versuche

1 Besorge dir aus einer Zoohandlung Dauereier von Salinenkrebsen (*Artemia salina*). Setze eine Salzlösung an (1 Teelöffel Kochsalz 1/2 Liter Leitungswasser). Stelle diese Lösung in einen Raum von etwas mehr als 20°C Wärme oder erwärme das Wasser auf diese Temperatur. Streue nun einige Dauereier ein und bewege das Gefäß regelmäßig, um das Wasser zu durchmischen. Nach etwa 24–36 Stunden schlüpfen die Nauplius-Larven der Salinenkrebschen aus. Füttere die Larven (Artemien-Futter gibt es im Zoogeschäft) und verfolge, wie sie sich häuten und allmählich zu geschlechtsreifen Tieren heranwachsen. Wie lange dauert es, bis sich die Krebschen paaren? Wie hält das Männchen dabei das Weibchen? Vergleiche die Salinenkrebse mit Größe und Aussehen der Flohkrebse (Seite 36/37).

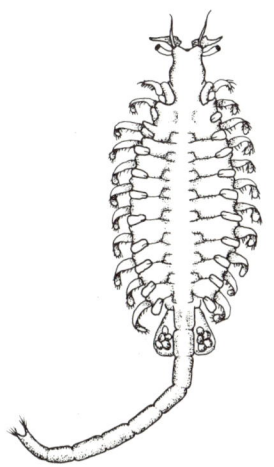

Salinenkrebs (*Artemia salina*)

2 Fange dir einige Bachflohkrebse und lege ein Exemplar mit dem Rücken in etwas Knetmasse (siehe Bild). Fülle das Gefäß mit Meerwasser, warte 5 Minuten und zähle dann die Zahl der Schläge pro Minute, die der Flohkrebs mit seinen Pleopoden (A) durchführt. Führe diesen Versuch mit verschiedenen Individuen durch und berechne den Durchschnitt. Welche Funktion haben diese Schläge? Ändert sich die Schlagzahl mit der Salinität? Hängt sie vielleicht mit der Anpassung an verschiedene Salzgehalte der Umgebung zusammen?

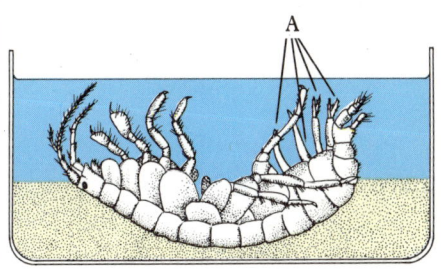

Ästuarien und Watten

Das Bild zeigt den Gillan Creek in Cornwall im Südwesten Englands während der Ebbezeit. Dieses Ästuar ist eine ertrunkene Flußmündung. Der ehemalige Talboden wird jetzt von breiten Schlickflächen eingenommen. Die Süßwasserabflußrinne ist zur linken Seite abgedrängt worden. Auf den Schlickbänken am rechten Bildrand ist eine Anzahl Heringsmöwen eingefallen. Die Wirbellosen, die in den Schlickflächen leben, sind eine wichtige Nahrungsquelle für Wat- und Wasservögel, von denen man in den Ästuarien Nordwesteuropas oft große Scharen beobachten kann.

Versunkene Flußmündungen wie diese werden in der Geologie nach einem portugiesischen Wort als Rias bezeichnet. Sie sind in Südengland und in der Bretagne recht häufig und ein typischer Landschaftsbestandteil. Sie entstanden durch den nacheiszeitlichen Anstieg des Meeresspiegels.

Die scharfgeschnittene Grenze des Gehölzbewuchses am Ufer des Ästuars ist ein Effekt des Salzwassers, das von den Bäumen und Sträuchern nicht ertragen wird.

Salzwiesen

Salzmarschen werden jeden Tag von der hereinkommenden Flut überspült. Nur salzverträgliche Pflanzen können daher den Schlickboden besiedeln. Eine dichte Pflanzendecke trägt erheblich zur Festigung des Marschenbodens und zum Auflanden weiterer Schlickmassen bei.

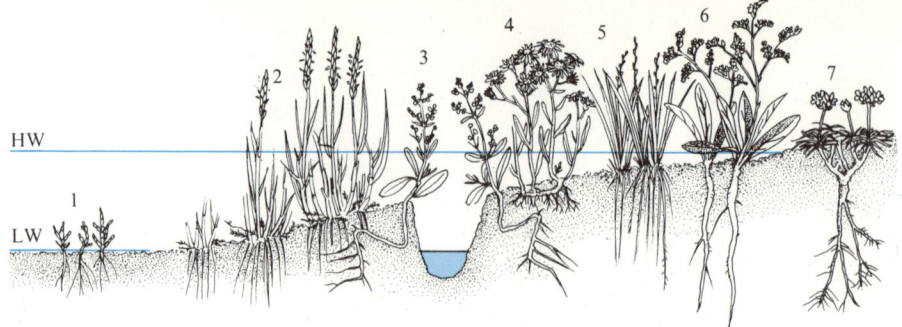

▲ Schema einer Salzmarsch zwischen Niedrigwasser- und Hochwasserlinie mit dem typischen Schlickgefälle und der Abfolge typischer Pflanzen. Von links nach rechts werden die Pflanzen immer seltener überflutet und nur noch von Springtiden erreicht.

1 Queller (*Salicornia europaea*)
2 Schlickgras (*Spartina townsendii*)
3 Salzmelde (*Halimione portulacoides*)
4 Salzaster (*Aster tripolium*)
5 Strand-Dreizack (*Triglochin maritimum*)
6 Strandflieder (*Limonium vulgare*)
7 Strandnelke (*Armeria maritima*)

Eine Schlickbank zu überqueren ist oft schlimmer als in Pudding herumzuwaten. Sehr bald hat man gelernt, Stellen aufzusuchen, an denen die Stiefel nicht mehr im Schlamm steckenbleiben, sondern wo eine schon dichtere Pflanzendecke festeren Tritt gibt. Früher oder später steht man aber am Prielrand mit seinen noch nachgiebigen Rändern und einer trügerischen, weil sehr zähen Schlammsohle. Seewärts wird eine Salzmarsch oft durch eine Kies- oder Schotterbank dem unmittelbaren Wellenzugriff entzogen. Im Bereich von Flußmündungen bleibt die Erosionstätigkeit des fließenden Wassers meist auf den Bereich der Abflußrinne beschränkt. An ruhigeren Stellen breitet sich rasch die charakteristische Gesellschaft der Salzmarsch und der Salzwiesen aus. Hier lösen sich weite, grüne Flächen mit gewundenen, zum Teil recht tiefen Prielen ab.

Der an organischen Stoffen reiche Schlick, der vom Fluß oder vom Gezeitenstrom im Wattenmeer herangeführt wird, ist für viele Organismen ein idealer Lebensraum. Höhere Pflanzen haben die besonderen Probleme dieses Biotops recht erfolgreich gelöst. Pflanzen, die an solchen Stellen gedeihen, sind Spezialisten. Man nennt sie wegen ihrer Anpassung an den Salzgehalt ihres Lebensraumes auch Halophyten (vom Griechischen: halos = Salz). Wenn man ein Stück Queller zerkaut, schmeckt man seinen hohen Salzgehalt. Der Zellsaft vieler Salzpflanzen ist stärker konzentriert als der gewöhnlicher Landpflanzen. Salzpflanzen können daher Süßwasser durch Osmose aufnehmen. Um dies an ihrem besonderen Standort zu erreichen, muß die Innenkonzentration immer wesentlich höher sein als in der Umgebung. Mehrjährige Halophyten wurzeln tief im Marschboden, so daß sie nur geringen Schwan-

◄ Tümpel der Salzmarschen enthalten infolge Verdunstung oft Wasser von hohem Salzgehalt. An den tiefer gelegenen Stellen wachsen reich Queller-Bestände (*Salicornia europaea*), während die höheren Schwellen schon vom Strandflieder (*Limonium vulgare*) eingenommen werden.

◄ An den Marschrändern, an denen die Aufschlickung erfolgt, geht das Watt mosaikartig in seine tiefer gelegenen Bereiche über. Abbruch der Marschkanten und Neuauflandung wechseln ständig miteinander ab.

▼ Schlickgras (*Spartina townsendii*), ein fertiler Bastard aus zwei *Spartina*-Arten. Der Wind verfrachtet die Pollen, die in den großen, weißlichen Staubbeuteln entwickelt werden.

◄ Die Salzmelde (*Halimione portulacoides*) ist eine buschige, mehrjährige Art, die sich besonders entlang der Prielkanten ansiedelt. Die nackten Schlickflächen dagegen werden vom Queller (*Salicornia europaea*) eingenommen (im Vordergrund).

▼ Die Rotschwingelwiesen knapp oberhalb der Salzmarsch werden – wie diese – als Schafweide benutzt.

Versuche

1 Zeige den osmotischen Druck einer Lösung, indem du eine Schweinsblase fest über das weite Ende eines durchsichtigen Plastiktrichters spannst. Fülle den Trichter mit einer konzentrierten Zuckerlösung (etwas mit Tinte anfärben). Setze den Trichter dann in ein weites Glas, das mit Leitungswasser gefüllt ist. Was kannst du beobachten? Wiederhole den Versuch mit einer Salzlösung. Was geschieht jetzt?

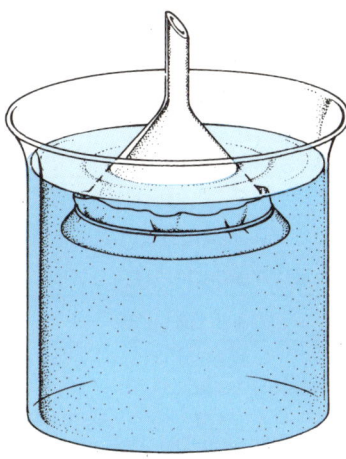

2 Untersuche die Wirkung verschieden konzentrierter Salzlösungen auf Pflanzen einer Mähwiese und einer Salzmarsch. Stelle dir eine gesättigte Lösung von Kochsalz her (soviel Salz ins Wasser geben, bis sich nichts mehr auflöst). Verdünne diese Stammlösung mit Leitungswasser im Verhältnis von 9:1 bis hinunter zu 1:9 und gib jede Stufe in ein eigenes Glas.
Stelle in jedes Glas eine Wiesenpflanze und eine Pflanze aus der Salzmarsch. Bestimme die Zeit, die die Pflanzen zum Welken brauchen. Kann man das Welken rückgängig machen?

3 Untersuche die Stabilität des Schlicks an verschiedenen Stellen im Watt. Laß dazu einen markierten, oben mit einem Gewicht beschwerten Maßstab senkrecht aus der gleichen Höhe auf den Boden fallen. Miß nun die Eindringtiefe.

---

kungen des Salzgehalts ausgesetzt sind. Einjährige Arten wie der Queller wurzeln dagegen sehr flach. Sie müssen also Salz einspeichern, um aus der Bodenlösung weiteres Wasser aufnehmen zu können. Viele Salzpflanzen haben auffallende Gestaltähnlichkeit mit Arten trockener Standorte. Bemerkenswert sind etwa die kleinen, sehr dickfleischigen Blätter, die harte, dicke, verdunstungsmindernde Kutikula oder ein reiches, stark verzweigtes Wurzelsystem. Die Verankerung der Sämlinge in diesem weichen Lebensraum ist ein besonders schwieriges Geschäft. Viele Quellerkeimlinge gehen deswegen verloren, bevor sie sich im Schlick genügend verankern konnten. Schlickgras ist ebenfalls ein erfolgreicher Besiedler der weichen Watten. Die Pflanze entwickelt ein ausgedehntes Wurzelsystem im festeren Untergrund, feine Würzelchen im weichen Wattboden und zusätzlich lange Ausläufer an der Oberfläche. Eine besonders widerstandsfähige Hybride zwischen einer europäischen und einer amerikanischen Art trat erstmals um 1870 in der Gegend von Southampton auf. Diese Form wurde besonders in den Wattengebieten der Nordsee als Schlickfänger angepflanzt.

Sobald sich der Wattboden durch Aufschlickung genügend erhöht und verfestigt hat, siedeln sich weitere Arten an. Die Pflanzengesellschaften der Salzwiesen zeigen noch enge Beziehungen zur gezeitenabhängigen Überflutung ihres Standortes und treten daher in gut unterscheidbaren Zonierungsmustern auf. Die einzelnen Zonen lassen sich besonders im Spätsommer gut auseinanderhalten, wenn die Bestände von Strandflieder und Salzaster in Blüte stehen. Weiter landwärts folgt ihnen die Strandnelkenwiese, die meist schon früher im Jahr blüht. Überflutungen durch das Seewasser könnte die Blütenentwicklung der Salzpflanzen gefährden. Die meisten Arten der Salzflora blühen deshalb später im Sommer, wenn hohe Strumfluten unwahrscheinlich sind. Wind- und Insektenbestäubung sind etwa gleich häufig.

Wo die Marsch nur noch selten überflutet wird, gehen die Salzpflanzenbestände allmählich in eine Rotschwingel-Wiese über. Salzmarschen, Salzwiesen und Rotschwingel-Wiesen sind äußerst wüchsige Pflanzenstandorte, die an vielen Küstenstrichen für eine intensive Beweidung durch Schafe verwendet werden.

Ästuarien und Watten

Durchgangs-station Ästuar

Ästuarien sind Lebensräume, in denen Umweltfaktoren wie Salzgehalt, Wasserabfluß, Strömungsgeschwindigkeit und Temperatur dauernden Veränderungen unterliegen. Viele Tiere ertragen diese Bedingungen nicht. Andere wandern dagegen auf ihrem Weg zwischen Meer und Süßwasser durch die Ästuarien.

◄ Laichreife Aale, die bei ihrer Wanderung zum Meer auf dem Rost einer Aalfalle gefangen wurden.

► Eines der heute seltenen Lachsreusengestelle. Die Reusen sind bei Niedrigwasser zugänglich und lassen die breiten Öffnungen erkennen.

▼ Lachslarven (*Salmo salar*), etwa 4 Tage nach dem Schlüpfen. Die großen Dottersäckchen ernähren die Tiere etwa 6 Wochen lang.

Wandernde Fische

Aale und Lachse müssen auf ihrem Weg zwischen den Laichplätzen und dem dauernd bewohnten Lebensraum die Ästuarien passieren. Die Lachse wandern zum Ablaichen flußaufwärts (anadrome Fische); die Aale suchen zum Ablaichen das Meer auf (katadrome Fische). Beide Fischarten wechseln zwischen Gewässern unterschiedlicher Salzkonzentration und müssen daher den Salzgehalt ihrer Körperflüssigkeiten dem Salzgehalt ihrer Umgebung anpassen, deren Konzentration zwischen 0,5 (Süßwasser) und 35 (Meerwasser) Promille liegt. Der Salzgehalt im Blut eines Knochenfisches liegt etwa zwischen dem des Meer- und dem des Süßwassers. Wenn sich solche Fische im Süßwasser aufhalten, neigen sie dazu, Wasser aufzunehmen und anzuschwellen. Um die überschüssige Wasseraufnahme unter Kontrolle zu halten, geben sie im Süßwasser große Mengen eines stark verdünnten Urins ab. Im Meerwasser liegt der Salzgehalt des Blutes jedoch unter dem der Umgebung. Hier treten dann Wasserverluste auf, die den Fischkörper schrumpfen lassen. Die Fische wirken dem Schrumpfprozeß durch Trinken großer Mengen Meerwasser entgegen und geben überschüssiges Kochsalz über besondere Drüsen an den Kiemen wieder ab. Außer dem Lachs führen Meerneunauge, Flußneunauge, Störe, Finte, Seeforelle und eine Reihe weiterer Fischarten solche Laichwanderungen durch.

Vom Spätsommer bis weit in den Herbst hinein löst die Wasserzunahme in den sauberen, noch nicht vergifteten Flüssen Europas das einzigartige

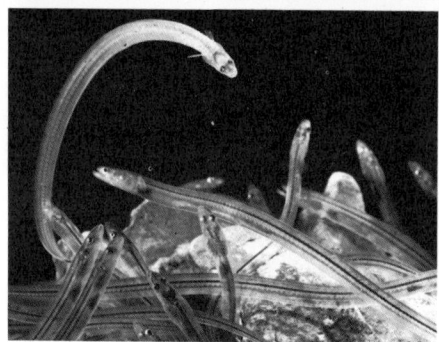

▲ Dieser Fischer geht mit einem Spezialnetz auf den Fang von Glasaalen.

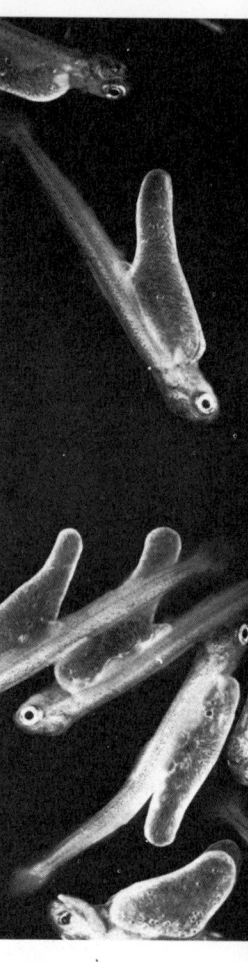

◄ Larven des Europäischen Aals (*Anguilla anguilla*) im Glasaal-Stadium. Die Fischchen sind so transparent, daß man Wirbelsäule, Herz und Kiemenbögen deutlich erkennen kann.

Schauspiel der Lachswanderung aus. Fische, die sich vor den Flußmündungen im Meer eingefunden haben, beginnen nun, flußaufwärts zu schwimmen und überwinden dabei auch Wasserfälle und Wehre bis 3 m Höhe. Ohne weitere Nahrungsaufnahme suchen sie im Oberlauf der Flüsse saubere Stellen mit kiesigem Grund auf, an denen die Wassertiefe wenigstens 50 cm beträgt und das Wasser mit etwa 10–15 cm je Sekunde oder schneller abfließt. Im November oder Dezember legen die Weibchen eine Vertiefung im Flußbett an. Wenn die Grube etwa 15–30 cm tief ausgehoben ist, beginnt der Laichakt. Anschließend schwimmt das Weibchen ein Stück stromaufwärts, wedelt mit der Schwanzflosse etwas Lok-

kermaterial auf die Eier und beginnt erneut mit dem Ablaichen. Jedes Lachsweibchen laicht etwa 1000 Eier ab. Die erschöpften Fische lassen sich, Schwanz voraus, wieder flußabwärts treiben. Mehr als 40 Prozent des Körpergewichts haben sie verloren, seit sie den Fluß aufstiegen. Viele gehen auch zugrunde. Fische, die das Meer schnell wieder erreichen, beginnen dort mit der Nahrungsaufnahme und erholen sich wieder, aber nur wenige Lachse laichen ein zweites Mal.

Aus Markierungsversuchen ist bekannt, daß die Fische tatsächlich ihre Heimatflüsse wieder aufsuchen. Dabei benutzen sie einen inneren Kompaß, über dessen Funktionieren noch wenig bekannt ist.

108

Larven, maß ihre Rumpflänge und gewann so ein Bild ihrer Größenverteilung. Wenn man die Ergebnisse auf eine Seekarte übertrug, fanden sich die größten jeweils vor den Ostküsten Nordamerikas und die kleinsten im Gebiet der Sargasso-See. Schmidt schloß daher, daß die ausgewachsenen Aale in dieses Meeresgebiet wandern und ablaichen. Der letzte Beweis für diese Deutung steht immer noch aus und wird erst dann zu liefern sein, wenn ein Meeresbiologe die Aale in den Tiefen der Sargasso-See tatsächlich ablaichen sieht. Die Leptocephalus-Larven verbringen etwa 2–3 Jahre im großen Nordatlantik-Strom, der auf die europäischen Küsten gerichtet ist. Im Winter, bevor sie die Küstengebiete erreichen, wandeln sie sich in die drehrunden Glasaale um. Ein Teil von ihnen verbleibt in der Küstenregion. Andere wandern als Steigaale flußaufwärts.

Fischfang im Ästuar

Seit langem wird gerade im Bereich der Flußmündungen und Ästuarien Fischfang betrieben, besonders von Arten, die wie Lachs und Aal jährliche Wanderungen ausführen. Vielerorts bietet der Fischereibetrieb jedoch keine ausreichende Existenzgrundlage mehr und ist deswegen im Rückgang begriffen. Lachse werden meist im Schleppnetz gefangen.

An Flußmündungen wird im Frühjahr auch auf Steigaale gefischt. Die jungen Aale werden in besonderen, bootsförmigen Netzen gefangen, meist zur Nachtzeit, wenn sie besonders aktiv sind. Die Netzöffnung wird zur See hin gehalten, damit die gegen die Strömung schwimmenden Jungaale hineingelangen können. Auch Jungaale sind schon so schlüpfrig, daß man sie mit der Hand kaum fassen kann. Sie werden daher gleich in Behälter umgeladen. Nur wenige wandern in den Kochtopf. Die meisten werden als Besatzfische verschickt. Daher gibt es heute auch in solchen Flüssen Aale, wo sie von Natur aus nicht vorkommen (z.B. in der Donau).

▲ Karte der Aufwuchsgebiete des Atlantischen Lachses (*Salmo salar*).

▶ Entwicklung des Atlantischen Lachses.

▲ Karte zur Wanderung der Aal-Larven von der Sargasso-See nach Nordosten.

▶ Entwicklungsstadien des Europäischen Aals (*Anguilla anguilla*).

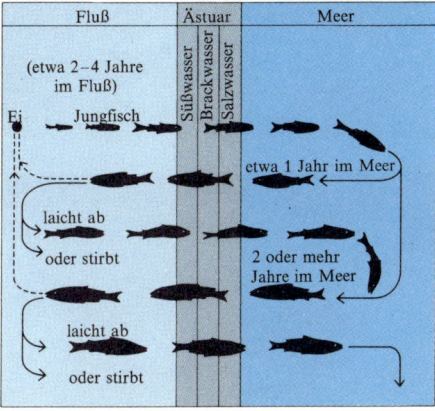

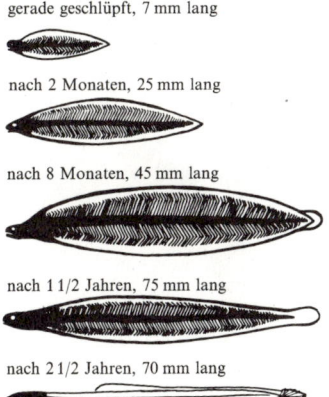

gerade geschlüpft, 7 mm lang

nach 2 Monaten, 25 mm lang

nach 8 Monaten, 45 mm lang

nach 1 1/2 Jahren, 75 mm lang

nach 2 1/2 Jahren, 70 mm lang

Glasaal, 3 Jahre alt, 65 mm lang

Aale verbringen viele Jahre (Männchen: 7–12, Weibchen: 9–19) in den Flüssen. Erst wenn sie geschlechtsreif geworden sind, beginnen sie ihre Laichwanderung zum Meer, besonders in dunklen, mondlosen Nächten nach schweren Regenfällen, meist gegen Ende des Sommers. Die gewöhnlich hellgelbliche Färbung der Bauchseite verschwindet, und die Sinnesorgane (Augen, Nasenöffnungen, Seitenorgan) vergrößern sich. Zu diesem Zeitpunkt bildet sich auch ihr Darmkanal zurück, so daß sie keine Nahrung mehr aufnehmen oder verarbeiten können.

Äußerst selten werden Aale in diesem Lebensabschnitt auf offener See gefangen. Niemand hat bisher ihren Weg durch die Weiten des Nordatlantik

genau verfolgt. Man schließt lediglich aus der Verteilung der kleinen, blattähnlichen Leptocephalus-Larven in atlantischen Gewässern darauf, daß die Laichplätze in der Sargasso-See liegen. Schon im Jahre 1856 wurden diese eigenartigen Larven entdeckt, aber es dauerte noch fast bis zur Jahrhundertwende, als zwei italienische Wissenschaftler die allmähliche Umwandlung der Larven in junge Aale im Aquarium beobachteten. Bis dahin hatte man sie für eine selbständige Fischart gehalten. Ein dänischer Fischereibiologe, Johannes Schmidt, arbeitete von 1906 bis 1920 an dem Problem, wo Aale ablaichen. Er sammelte dabei in mühsamer Kleinarbeit an verschiedenen Stellen des Nordatlantik Leptocephalus-

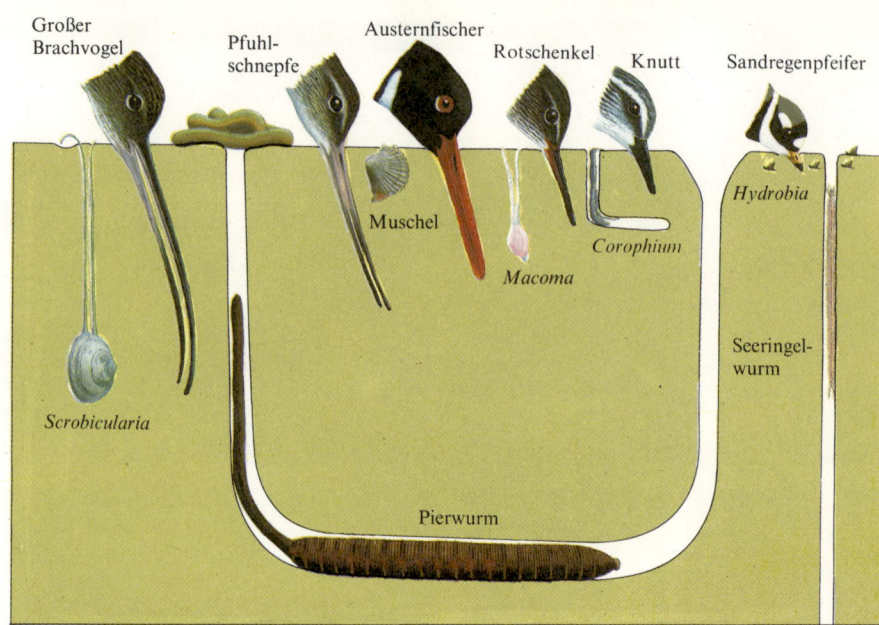

Großer Brachvogel · Pfuhl-schnepfe · Austernfischer · Rotschenkel · Knutt · Sandregenpfeifer

Muschel · Macoma · Corophium · Hydrobia · Seeringel-wurm · Scrobicularia · Pierwurm

Ästuarien und Watten

Die Welt der Watvögel

Die Küsten der Nordsee, besonders aber ihre Ästuarien und Wattengebiete, sind wichtige Rast- und Überwinterungsplätze für einen Großteil der europäischen Wat- und Wasservögel.

Unter Watvögeln (Limikolen) versteht man eine artenreiche Gruppe von Vögeln, die in den weiten Schlick- und Wattengebieten auf Nahrungssuche gehen. Sie umfassen relativ große Arten wie den Austernfischer, den Säbelschnäbler oder den Stelzenläufer, aber auch zahlreiche kleinere wie etwa Strandläufer, Regenpfeifer, Knutt oder Sanderling. Während der Brutzeiten verteilen sie sich über weite Gebiete Nord- und Nordosteuropas. Im Herbst und Winter dagegen scharen sie sich in südlicher gelegenen Gebieten. Die Wattengebiete der deutschen und niederländischen Nordseeküste sind dabei wichtige Durchzugsstationen.

Die Beobachtung großer Vogelscharen im Wattenmeer oder in Ästuarien, die bei Niedrigwasser auf Nahrungssuche gehen und mit lautem Stimmengewirr in ihren Futtergebieten einfallen, gehört zu den stärksten Naturerlebnissen, die ein Aufenthalt an der Meeresküste bieten kann: Wenn die langbeinigen Limikolen fliegen, strecken sie ihre Stelzbeine meist gerade aus, gerade so, als sollten sie mit dem Hals und dem langen Schnabel ins Gleichgewicht gebracht werden. Eines der wunderlichsten Geschöpfe aus dieser Gruppe sind die Flamingos, deren Beine und Hälse wesentlich länger sind als bei anderen Stelzvogelarten europäischer Gewässer. Wenn sie mit ruhigen, langsamen Flügelschlägen fliegen, zeigt sich die ganze Schönheit ihres Gefieders mit seinen roten, weißen und schwarzen Schwingen.

Wat- und Stelzvögel können nicht nur schnell, elegant und ausdauernd fliegen, sie können auch rasch umherlaufen und, falls nötig, schwimmen. Sandregenpfeifer trippeln mit ihren kurzen Beinen über kurze Strecken und halten dann immer wieder inne.

In Wattengebieten ernähren sich die Limikolen in der Hauptsache von Meereswürmern, Kleinkrebsen und Mollus-

ken. Limikolen sind keine Pflanzenfresser, und nur selten ernähren sie sich von Fisch. Kurzbeinige Arten müssen bis zur Ebbezeit warten, ehe sie sich auf die Wattflächen hinauswagen können. Dort verteilen sie sich über weite Strecken. Bei Hochwasser scharen sie sich dagegen an trockenen, hochgelegenen, ruhigen Stellen zusammen, beispielsweise auf Schotterwällen oder Sandbänken.

Limikolen finden im Watt ein überaus reichliches Nahrungsangebot. Die Plattmuschel erreicht eine Populationsdichte von 5000–6000 Exemplaren je Quadratmeter. Der Schlickkrebs bringt es auf der gleichen Fläche sogar auf über 60 000 Individuen.

Obwohl langbeinige Limikolen im tiefe-

▲ Dieses Schema verdeutlicht, wie Vögel mit unterschiedlich langem Schnabel auf verschiedene Nahrung angewiesen sind.

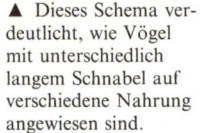

◀ Rotschenkel (*Tringa totanus*) auf Nahrungssuche im Watt.

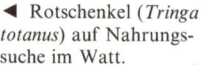

▶ Flamingos (*Phoenicopterus ruber*) bei der Nahrungssuche in der Dämmerung.

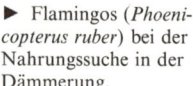

◀ Stelzenläufer (*Himantopus himantopus*) in typischer Flughaltung langbeiniger Limikolen.

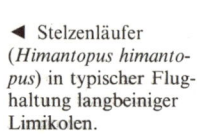

▶ Austernfischer (*Haematopus ostralegus*) sammeln sich an einer höher gelegenen Stelle und warten auf Ebbe.

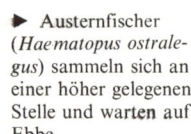

ren Wasser bei der Nahrungssuche im Vorteil sind, ermöglicht ihnen die Länge ihrer Gliedmaßen auch den schnelleren Start zum Fliegen oder einen besseren Überblick in der lichten, niedrigen Pflanzendecke ihrer Brutgebiete. Der graziöse, langbeinige Säbelschnäbler und der hübsche Stelzenläufer sind typische Vögel von Flußmündungen mit Marschland oder Salzlagunen. Der Säbelschnäbler ernährt sich von kleinen Krebstieren und anderen Wirbellosen. Bei der Nahrungssuche schwingt er seinen langen, aufwärts gebogenen Schnabel hin und her, während der Stelzenläufer eher hastig zupickt. Eigenartig ist auch die Nahrungsaufnahme der Flamingos. Sie biegen den Hals und Kopf so weit her-

110

▼ Uferschnepfen (Limosa limosa) beim Abflug. Die langen Schnäbel und Beine dieser Watvogelart sind im Flug gut zu erkennen.

gen auf der Oberfläche der Wattflächen finden.

Austernfischer ernähren sich keineswegs nur von Austern, sondern von zahlreichen weiteren Molluskenarten, beispielsweise von Herzmuscheln, Miesmuscheln, Pilgermuscheln, aber auch von Wellhornschnecken und Strandschnecken. Ein ausgewachsener Austernfischer nimmt täglich etwa 40% seines Körpergewichtes an Nahrung auf. Dies entspricht etwa 200 einzelnen Herzmuscheln, die er während einer Ebbezeit zur Tageszeit suchen und verspeisen muß. Austernfischer können sich anhand winziger Bodenmarken, die von den Muscheln verursacht werden, orientieren und finden daher ihre Nahrungsgründe immer wieder. Zur Nachtzeit suchen sie die Muschelvorkommen durch Herumstochern mit dem Schnabel im weichen Wattboden. Zu dieser Zeit ist die Nahrungssuche mühsamer. Wenn eine Muschel gefunden wurde, wird sie mit dem kräftigen, langen, roten Schnabel aus dem Schlick herausgezogen und anschließend durch wiederholte kräftige Schläge aufgemeißelt. Nach dieser Methode werden auch andere Muscheln geöffnet. Miesmuscheln kann der Austernfischer jedoch auch verzehren, ohne die Schalen zu zerstören. Er fährt dabei mit seinem Schnabel in die halbgeöffnete Muschel, packt den Schließmuskel und drückt die Schalenklappen auseinander, indem er seinen Schnabel öffnet. Von Beobachtungen aus dem kalten Winter 1962/63, als die Austernfischer kaum Nahrung fanden, ist bekannt, daß die Schnäbel sich bei der Nahrungsbeschaffung stark abnutzen müssen, denn bei Nichtbenutzung wachsen sie zu noch beachtlicherer Länge heran.

Häufige Störungen der Watvögel bei der Nahrungssuche durch unvorsichtige Wattwanderer, rücksichtslose Reiter oder tieffliegende Sportflugzeuge bedeuten, daß nicht nur die Nahrungsaufnahme zeitlich verkürzt oder sogar abgebrochen wird. Die Vögel verbrauchen durch das häufigere Auf- und Wegfliegen auch größere Energiemengen. Da große Wattengebiet durch Landgewinnungsvorhaben oder Industrieansiedlung bedroht sind, fällt für diese Vögel der erforderliche Lebensraum weg, den sie als Rast- und Ruhezone beim Durchzug und zur Ernährung dringend benötigen.

unter, daß der Unterschnabel nach oben weist. In dieser Haltung durchsieben sie das Wasser.

Für Limikolen, die sich die Nahrung aus dem Schlick beschaffen müssen, bestimmt die Schnabellänge die Reichweite und damit in bestimmten Grenzen auch die Art der Organismen, von denen sie sich ernähren können. Langschnäbelige Pfuhl- oder Uferschnepfen und Brachvögel erreichen Pierwürmer, die sich tief in ihre U-förmigen Wohngänge zurückgezogen haben. Vögel mit Schnäbel mittlerer Länge wie Rotschenkel oder Austernfischer erreichen Würmer, Muscheln und Kleinkrebse in weniger tiefen Wohnröhren. Kurzschnäbelige Vogelarten, etwa Sandregenpfeifer, müssen ihre Nahrung dage-

Versuche

① Wenn du im Spätsommer oder Herbst in ein Wattengebiet kommst, beobachte die Vögel. Notiere in einem Protokollbuch Datum, Gezeitenstand, Wetter und Beobachtungszeit. Welche Arten beginnen zuerst mit der Nahrungssuche, wenn die Schlickflächen freifallen? Welche Arten waten ins Wasser, um dort Nahrung zu suchen?
Welche Nahrung finden sie?
(Zum Bestimmen der Vögel siehe Literaturverzeichnis Seite 188.)

Bekassine (Gallinago gallinago) bei der Futtersuche

② Sammle am Strand leere Schalen von Miesmuscheln oder Herzmuscheln und überprüfe, wieviele davon durch Austernfischer geöffnet wurden.
Sichere Anzeichen dafür sind große, kantige Löcher in den Schalen. Beobachte durch das Fernglas, wie oft ein Austernfischer mit dem Schnabel zustoßen muß, um eine Muschel zu öffnen.

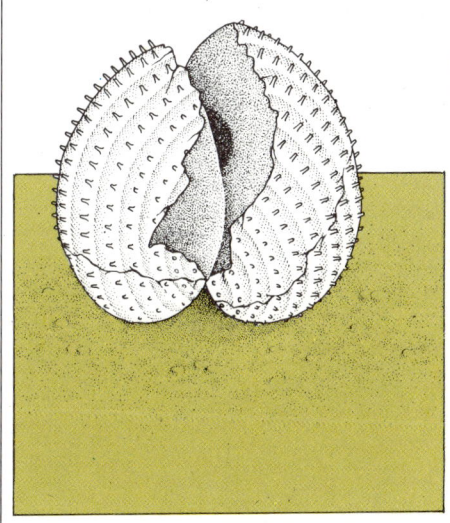

Diese Stachelige Herzmuschel (Acanthocardia echinata) wurde von einem Austernfischer geöffnet. 111

Leben im Schlick

Freiliegende Wattflächen sehen aus der Entfernung gleichförmig und wie tot aus. Unter der leblosen Oberfläche wohnt jedoch eine reiche Wirbellosenfauna, die für riesige Schwärme durchziehender und rastender Vögel eine unentbehrliche Nahrungsgrundlage darstellt.

Die Dauerbewohner des Schlicks in Watten und Ästuarien müssen mit stark schwankenden Umweltfaktoren leben können. Es überrascht daher nicht, wenn sich nur vergleichsweise wenige Arten an die besonderen Bedingungen dieses Lebensraumes angepaßt haben. Verglichen mit anderen Lebensräumen der Küste treffen sie auf wenig Nahrungs- und Wohnraumkonkurrenten und können daher auch in hohen Populationsdichten auftreten.

Zu den auffälligeren Bewohnern der Wattflächen, die zur Ebbezeit vom ablaufenden Wasser an die Luft gesetzt werden, gehört die Wattschnecke (*Hydrobia ulvae*). Populationsdichten bis 60 000 Exemplare je Quadratmeter Wattboden mögen als Anzeichen einer Überbevölkerung verstanden werden, doch kommen sich die kleinen Schnekken auch dann kaum ins Gehege. Jede einzelne Schnecke ist mit etwa 4 mm Länge gerade so groß wie ein Weizenkorn, und davon findet eine große Anzahl Platz auf der Wattoberfläche. Schlickkrebse (*Corophium volutator*) kommen in ähnlicher Besatzdichte vor, treten aber kaum in Erscheinung, da sie nicht auf dem Schlick leben, sondern sich bei Ebbe in kleine Löcher zurückziehen.

Spuren und Fährten

An Sandküsten ebenso wie im Schlickwatt finden sich immer auch an der Oberfläche Hinweise auf das Leben, das dem Blick zunächst entzogen ist. Unregelmäßige Spuren, die strahlig auf ein kleines Loch im Schlick zulaufen, sind ein sicheres Anzeichen für die Anwesenheit von kleinen Seeringelwürmern. Weniger auffällige Spuren hinterläßt die Pfeffermuschel, die, tief im Schlick eingegraben, nur ihren Siphon ausstreckt und damit wie mit einem

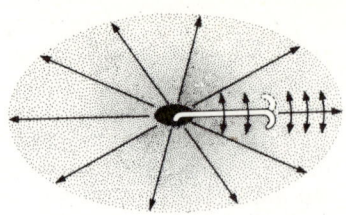

▲ Schema zur Nahrungssuche der Pfeffermuschel (*Scrobicularia plana*). Suchbewegungen des Saugsiphos.

▶ Die tiefen Spuren zeigen, daß die Überquerung von Schlickflächen nicht ungefährlich ist.

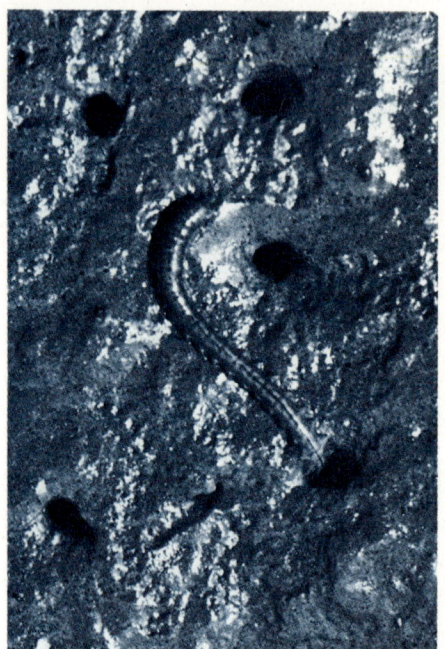

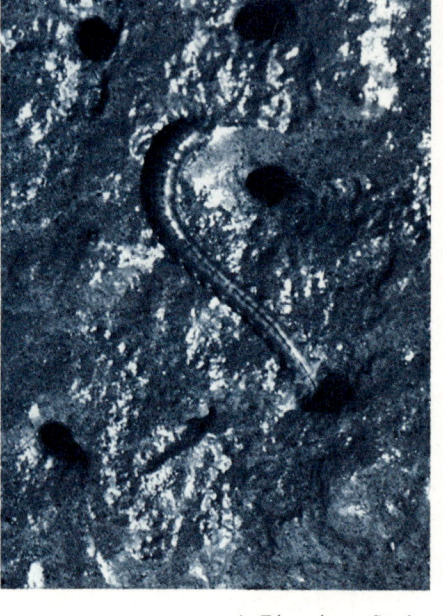

▲ Dieser junge Seeringelwurm (*Nereis diversicolor*) kommt gerade aus seiner Wohnröhre.

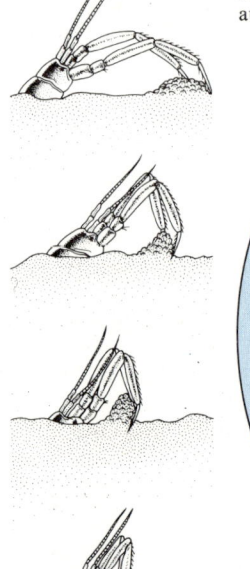

◀ So holt sich der Schlickkrebs (*Corophium volutator*) an der Wattoberfläche kleine Nahrungsteilchen in seine Wohnröhre.

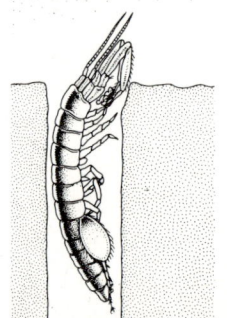

Treiben zwischen den Rippelmarken

Treiben unter der Wasseroberfläche

Aufkriechen

Tidenmitte

Flut

Ebbe

Tidenmitte

Niedrigwasser

Hochwasser

Eingraben

Absinken

Herumkriechen und Abweiden von Pflanzen

▲ Aktivitäten der Wattschnecke (*Hydrobia ulvae*) während eines Gezeitenzyklus.

Schlickschlucker

Da viele Tiere nicht auf, sondern fast immer im Schlick leben, wundert es nicht, daß viele Arten dieses Lebensraumes auch den Schlick als Nahrung aufnehmen bzw. sich dessen organische Bestandteile und Partikel herausholen. Schlickbewohner durchwühlen den Schlick, saugen ihn ein oder verschlingen ihn sogar. Plattmuscheln und Pfeffermuscheln gehören zu den Arten, die mit ihren Siphonen Detritusteilchen aus dem Schlick aufsaugen. Wattschnecken richten sich in ihrer Lebensweise nach dem Gezeitenrhythmus. Sobald das Wasser abgelaufen und *Hydrobia* der Luft ausgesetzt ist, kriecht die Schnecke über die Oberfläche und verschlingt Wattdiatomeen und Detritusteilchen, die sie dort reichlich vorfindet. Anschließend gräbt sie sich dicht unter der Oberfläche ein. Bevor die Flut wieder aufläuft, sucht *Hydrobia* die Schlickfläche erneut auf und kriecht auf eine Rippelmarke, von der sie herabpurzelt und sich mit einem Floß aus Schleimfäden unter die Wasseroberfläche einer Wattpfütze hängen kann. Das Schleimfloß hilft ihr beim Driften und fängt außerdem noch herumflotierende Algen ein. Die einkommende Flut läßt die Schnecke wieder stranden und auf den Fuß fallen. Dieses eigenartige Verhalten, an dem Licht- und Schwerewirkungen als Auslöser beteiligt sind, ermöglicht es der Schnecke, rund um den Tidenzyklus auf Nahrungssuche zu gehen. Schlickkrebse (*Corophium volutator*) verlassen nicht ihre Wohnröhre. Sie filtrieren feine Nahrungsteilchen mit dem Atemwasserstrom ein. Außerdem suchen sie sich Detritus auf der Schlickfläche, der mit Hilfe der zweiten Antennen herangeholt wird. Lange Haare an den Gliedmaßen unterstützen das Ausfiltrieren der Nahrung.

Jäger

Detritusfresser sind nicht nur die Beute gefiederter Wattbesucher, sondern werden auch von den Dauerbewohnern dieses Lebensraumes verzehrt. Seeringelwürmer ernähren sich von Detritus, toten Tieren und kleinen Schlickbewohnern, die sie in ihren Wohnröhren überraschen. Strandkrabben kommen auch auf dem Schlickwatt vor und ernähren sich dort von allem, was sie mit ihren kräftigen Scheren greifen und festhalten können.

Staubsauger alles erreichbare Detritusmaterial an der Oberfläche einsaugt. Auffällige Kothäufchen deuten auf Pierwürmer hin (s. S. 123).
Nicht nur Tiere, die im Schlickboden leben, hinterlassen an der Oberfläche mehr oder weniger auffällige Marken. Auch die Vögel, die zu verschiedenen Jahreszeiten auf den Wattflächen einfallen, übersäen den Boden mit ihren Spuren von Füßen und Schnäbeln. Schnepfen, die im Schlick nach Nahrung gesucht haben, lassen eine ganze Kette von Stocherlöchern zurück. Brandgänse suchen sich gerne Wattschnecken. Sie watscheln dazu mit schlenkernden Schnabelbewegungen über das Watt, dessen Oberfläche anschließend mit einem eigenartigen Sichelmuster verziert ist.

Versuche

 1 Untersuche eine Schlickfläche bei Niedrigwasser nach Spuren auf verborgene Lebewesen.

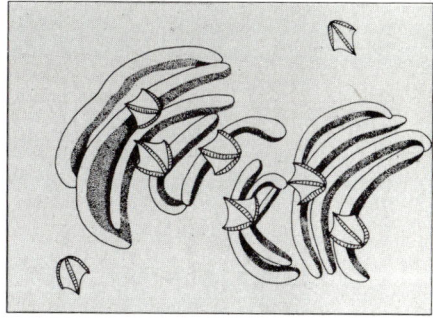

Sichelmarken der Brandgans, die den Schlickboden nach Nahrung durchsucht.

2 Befestige ein Stück kräftiger Schnur am Hals einer Plasikflasche und versuche damit Wasser aus einem Ästuar zu holen. Mache dies zu verschiedenen Zeitpunkten des Gezeitenrhythmus. Schüttle die Flasche gut durch, bevor du die Wasserprobe in ein Untersuchungsglas gibst.

3 Teile eine flache Schale mit 3 cm breiten Kartonstreifen in vier Teile ein (siehe Bild). Fülle je zwei diagonal gegenüberliegende Fächer mit Schlick aus einem Ästuar (A–A) und mit Sand (B–B). Fange 20 Schlickkrebse (*Corophium volutator*) und setzte sie an die Kreuzungsstelle der Kartonstreifen, die du nun wegnehmen kannst. Stelle die Schale nun an einen Platz mit konstanter Temperatur und Lichtversorgung. Nach etwa 5 Stunden werden die Kartonstreifen wieder versenkt und jedes Viertel getrennt auf darin verborgene Krebse untersucht. Wieviele Krebse sind im Sand, wieviele im Schlick?

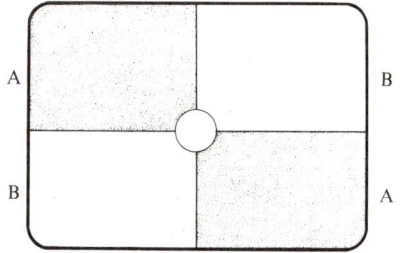

Plan zur Einteilung einer flachen Schüssel für den Schlickkrebs-Versuch. Die Tiere werden an der Überkreuzungsstelle ausgesetzt.

Sei vorsichtig beim Überqueren größerer Schlickflächen! Schnalle dir am besten Bretter unter die Stiefel.

Natürliche Nutznießer

Ästuarien und Wattengebiete
sind Durchzugs- und
Raststation einer Unzahl
von Wat- und Wasservögeln.
Einige Vogel- und Fisch-
arten leben während des
ganzen Jahres in diesen
Gebieten.

Ständige Bewohner

Höckerschwäne sind auf keinen Fall
ausschließlich Bewohner der Ästuarien.
Sie leben ebenso häufig auch weiter
flußaufwärts, wo sie ihre Nester an erhöhten Stellen über dem Ufer errichten.
Dennoch suchen sie auch den Ästuar-
bereich auf, um hier auf Nahrungssuche zu gehen. Ihre Nahrung besteht in
diesem Lebensraum im wesentlichen
aus Grünalgen und kleineren Krabben.
Die schweren Vögel sind mit ihren breiten Füßen recht gut für das Herumlau-
fen auf Schlick- und Wattboden geeignet.
Brandgänse (Brandenten) verbringen
einen Großteil des Jahres in Ästuarien
und Wattgebieten, wo sie ihre Nester
auf festgelegten Dünenzügen, im grasi-
gen Marschland oder auch in verlasse-
nen Kaninchenbauten anlegen. Brütende Brandgänse entwickeln ein
ausgeprägtes Revierverhalten, das sich
nach Beendigung des Brutgeschäftes
verliert. Sobald die Entenküken geschlüpft sind, werden sie in einer Art
Entenkindergarten versammelt. Wenige
Altvögel bleiben zur Betreuung zurück,
während die meisten anderen Hochsee-
bereiche in der Deutschen Bucht aufsuchen, um dort zu mausern. Brandgänse
verlieren alle ihre Schwungfedern mit
einem Mal und können dann nicht fliegen. Daher bleiben sie so lange auf der
Wasserfläche, bis der Federwechsel ab-
geschlossen ist. Sie ernähren sich durch
Weidegänge auf den Schlickflächen
(vgl. S. 112) oder gründeln im flachen
Wasser. Beide Geschlechter tragen das
gleiche kontrastreiche Gefieder und
eine fuchsrote Binde um den Vorderkörper. In Aussehen und Bewegung
erinnern sie eher an Gänse, obwohl sie
zoologisch noch zu den Enten gerech-
net werden.
Flundern und andere Plattfische verbringen den größten Teil ihres Lebens
in Ästuarien. Sie suchen das offene
Meer lediglich zum Ablaichen auf. Im

▲ Höckerschwäne
(*Cygnus olor*) gründeln
nach Nahrung.

◄ Die Flunder (*Pla-
tichthys flesus*)
schwimmt mit Wellen-
bewegungen des
Rumpfes und der Flos-
sensäume durchs Was-
ser.

▼ Dank intensiver
Schutzbemühungen
sieht man an der Nord-
see wieder häufiger
Brandgänse (*Tadorna
tadorna*).

▼ Graureiher (*Ardea cinerea*) sind seltene Gäste in Ästuarien und im Watt.

▲ Diese junge Möwe macht sich über einen Fischkopf her. Als Aasfresser leisten diese Vögel wichtige Arbeit.

Februar oder März legt eine einzige Flunder zwischen 400 000 und 2 000 000 Eier von je etwa 1 mm Durchmesser. Nach wenigen Tagen schlüpfen die 3 mm langen Fischlarven aus und leben fortan als Teil des Planktons bis etwa in den Hochsommer. Dann suchen sie allmählich den Boden auf und beginnen die allmähliche Umwandlung in einen Plattfisch. Flundern sind wichtige Glieder in der Nahrungskette. Sie suchen sich Ringelwürmer, Wattschnecken, Plattmuscheln und Schlickkrebse und teilen sich diese Nahrung mit Brandgänsen, Strandgrundeln und verschiedenen Limikolen. Flundern können naturgemäß nur dann auf Nahrungssuche gehen, wenn die Schlickflächen überflutet sind. Das bedeutet, daß sie auch während nächtlicher Hochwasser ausschwärmen müssen. Flundern werden als geschätzte Speisefische in Schlepp- und Grundnetzen gefangen. Jährlich werden etwa 10 000 Tonnen in europäischen Fischereihäfen angelandet.

Gelegentliche Gäste

Möwen kommen bei jeder sich bietenden Gelegenheit auf die Wattflächen oder in die Ästuarien, um am reichen Nahrungsangebot teilzuhaben. Besonders reichlich sind meist die Silbermöwen vertreten, die in der Nahrungswahl wenig Vorlieben erkennen lassen. Man kann sie dabei beobachten, wie sie auf dem Schlick herumtrampeln, um die darin lebenden Kleintiere an die Oberfläche zu bringen. Ab und zu fliegen sie auch mit einer Muschel im Schnabel auf und lassen diese über hartem Grund herunterfallen, damit die Schalen aufbrechen. Zu den selteneren Besuchern gehören sicher der Graureiher oder auch Kormorane und Krähenscharben, die in den Wattprielen oder Schlicktümpeln auf Fischfang gehen. Stockenten, Pfeifenten, Löffelenten, Krickenten und Spießenten sind Schwimmenten, die im seichten Wasser oder auf den Schlickflächen nach Nahrung suchen. Scharen von Tauchenten wie Eiderente, Bergente, Schellente oder Eisente ziehen erst mit der auflaufenden Flut in das Ästuar. Eiderenten brüten vor allem in den Küstengebieten Nordeuropas, wo man sie mit ihren flaumigen Entenküken häufig an geschützteren Stellen oder in Fjorden umherschwimmen sieht. Die Ente rupft sich ihre Daunenfedern aus, um damit das Nest auszupolstern. In nordischen Ländern werden Eiderenten auch in Farmen gehalten, so daß man die Daunen sammeln und zur Füllung von Bettwaren verwenden kann. Während des Winters oder besonders im Frühjahr kann man auch an der Nordsee größere Scharen von Eiderenten auf dem Durchzug oder bei der Rast beobachten. Ihr eigenartiger Flug und ihre Gefiederfärbung unterscheiden sie von allen anderen Entenarten.

Winterwanderer

Ästuarien und Wattengebiete, vor allem in der südlichen Nordsee, in West- und Südwesteuropa, sind bedeutende Überwinterungsräume für zahlreiche Wasservogelarten. Limikolen suchen die Schlickwatten scharenweise auf, begleitet von anderen Wasservögeln, vor allem Gänsen, die sich dort aufhalten, bevor sie im Frühjahr ihre weiter nördlich oder östlich gelegenen Brutgebiete ansteuern. Alle auf Spitzbergen brütenden Ringelgänse überwintern im Solway-Firth an der Westküste Schottlands. Sie suchen ihr Futter weniger auf den im Gezeitenrhythmus freifallenden Schlickflächen, sondern eher in den angrenzenden Salzmarschen und Salzwiesen. Im Oktober treffen alle in Island und Ostgrönland brütenden Kurzschnabelgänse ein, gefolgt von der Population der isländischen Graugänse. Alle diese Vögel überwintern an den Küstengebieten Schottlands.

Versuche

1 Stelle fest, wo Singschwan, Zwergschwan, Kurzschnabelgans, Bläßgans und Schneegans im Sommer brüten und wo sie überwintern. Markiere diese Gebiete auf einer großen Karte. Welche Entfernungen legen die Vögel zurück?

Ein Singschwan (*Cygnus cygnus*) beim Auffliegen.

2 Nimm an vogelkundlichen Wanderungen teil. Nimm Fernglas und Bestimmungsbuch (siehe Seite 188) mit und versuche selbst, die verschiedenen Arten zu bestimmen. Sind beringte Vögel dabei? Vergleiche die Zahl der Vögel an ruhigen, entlegenen Stellen mit der von belebten, industrialisierten Gebieten.

Die Weißwangengans (*Branta leucopsis*) ist eine der zahlreichen Arten, die im Gebiet der Nordsee ihr Winterquartier beziehen.

3 Wenn du an steinige und felsige Stellen in der Nähe von Ästuarien kommst, versuche Möwen bei der Nahrungsaufnahme zu beobachten. Wie lange benötigt z. B. eine Silbermöwe zum Öffnen einer Muschel?

Umwelt- bedrohung

Mehr als je zuvor sind Ästuarien und Wattengebiete heute durch Industrie- ansiedlung, Ölraffinerien, Tankerliegeplätze, Sperrwerke und Eindeichung bedroht.

Die Flachwasserbereiche des Watten- meeres sind sozusagen Europas größtes Ästuar und die einzige noch weitgehend erhaltene Naturlandschaft. Die Watten- flächen von den Niederlanden bis nach Dänemark sind die Kinderstube von Garnelen, Heringen, Seezungen, Schol- len und vielen anderen Arten, die gerade im Nordseebereich auch von erheblicher fischereiwirtschaftlicher Be- deutung sind.

Im westlichen Teil des Wattenmeeres ist die Umweltverschmutzung noch re- lativ gering. Schlimm steht es dagegen mit der Schmutz- und Giftfracht, die von den größeren Flüssen im Bereich der deutschen Nordseeküsten eingetra- gen wird. Weser und Elbe sind in diesem Zusammenhang besonders ver- rufen. Natürlich kann man davon ausgehen, daß die aus den Flüssen zu- strömenden Wassermengen in den Kü- stengewässern sofort verdünnt werden. Andererseits ist jedoch zu berücksichti- gen, daß die Wasserkörper gerade in der südlichen Nordsee besonders lange verweilen. Sie benötigen mehr als drei Jahre, um die Nordsee vor der norwe- gischen Küste wieder zu verlassen.

Die weiten, schlickigen Gebiete des Wattenmeeres und der Ästuarien sind eine von Natur aus unglaublich pro- duktive Zone, die, auf die Flächenein- heit bezogen, sogar noch produktiver sind als ein Weizenfeld. Diese Produk- tionskraft wird von verschiedenen Fak- toren bestimmt: Teilweise geht sie auf die Tätigkeit stickstoffbindender Bakte- rien im Schlick zurück, die diesen Lebensraum mit unentbehrlichen Nähr- stoffen versorgen. Wenig von dieser Produktionskraft wird unmittelbar genutzt. Im Unterschied etwa zu einem Kartoffelacker oder Getreidefeld, die auf der gleichen Fläche bestellt und ab- geerntet werden, entwickelt sich die Nahrung aus dem Meer an ganz ande- ren Stellen, als sie schließlich gefangen wird.

Giftige Schwermetalle wie Kupfer, Blei, Kadmium, Quecksilber und Zink wer-

den von Chemiewerken und Metallver- hüttungsanlagen in großen Mengen mit dem Abwasser den Flüssen und von die- sen den Ästuarien zugeführt. Schwer- metalle werden von fast allen Pflanzen und Tieren im wäßrigen Lebensraum aufgenommen und im Körper abgela- gert. Man weiß heute, daß verschiedene Schnecken und Muscheln das aufge- nommene Schwermetall in ihrem Kör- per in kleinen Blasen einschließen und damit zunächst unschädlich machen. Für das nächste Glied in der Nah- rungskette mag ein solcher Schutz je- doch nicht bestehen.

Kraftwerke

Der Warmwasserausstoß von Kraftwer- ken ist grundsätzlich recht nachteilig, weil er die Löslichkeit des Sauerstoffs im Wasser erheblich verringert und die Organismen außerdem durch direkte Temperatureinwirkung schädigt. Warmwasserausflüsse können allerdings auch sinnvoll genutzt werden, wenn man sie für die Zucht von Fischen und Schalentieren einsetzt, sofern diese Ar- ten in kleineren Zuchtbehältern gehal- ten werden können. Beispiele dafür gibt es bereits. An einem Kernkraft- werk im Bereich des Severn-Ästuars in

◄ Zuchtanlage für die Pazifische Auster (*Crassostrea gigas*) in einem Warmwasser- teich beim Kernkraft- werk Hinkley Point in Südwestengland

► Luftaufnahme der Kraftwerksumgebung am unteren Medway. Die Temperatur des abfließenden Wassers liegt 10° C über der Umgebungstemperatur.

◄ Infrarotaufnahme des Rotterdamer Hafengebiets. Das Bild zeigt, wie aufgeheiztes, verschmutztes Wasser (weiß) dem Haupt- strom zugeleitet wird.

► Im Dee-Ästuar konnte ein friedliches Nebeneinander von Kraftwerk und Natur erreicht werden. In un- mittelbarer Nachbar- schaft entwickelt sich eine Salzmarsch, die in gezeitenabhängig frei- fallende Schlickbänke übergeht.

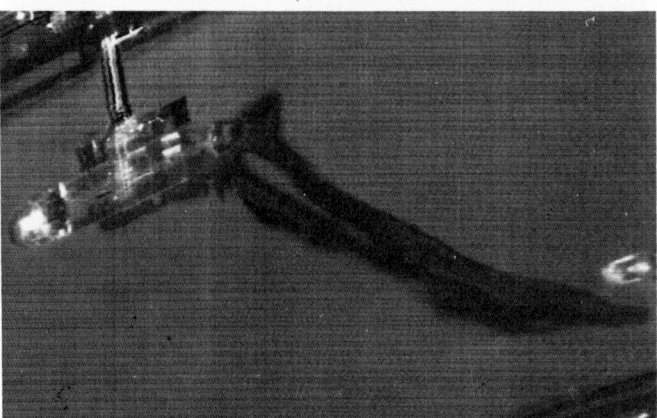

◄ Diese Infrarotauf- nahme aus dem Rotter- damer Ölhafen zeigt die Ölverschmutzung durch einen an der Pier festgemachten Tanker.

116

Kraftwerk   Lagune für den Warmwasserausfluß

⇒ Strömungsrichtung   Salzmarsch   Salzmarsch

keiten in Aussicht genommen wurden. Ein Projekt dieser Größenordnung würde aber die Lebensbedingungen in der Severn-Mündung erheblich verändern. Die Gezeitenbewegung hinter dem Sperrwerk würde stark eingeschränkt, der Tidenhub von jetzt durchschnittlich 12 auf 3–4 m sinken. Außerdem würde das in Europa einzigartige Naturschauspiel der Bore wegfallen.

Bewahrung einer Urlandschaft

Schon im Mittelalter wurden in der Camargue Gräben und Deiche angelegt, um die gelegentlichen Überflutungen des Ackerlandes durch die Rhône zu verhindern. Seither wurde diese einzigartige europäische Urlandschaft in starkem Maße zunehmend verändert. Straßen wurden gebaut und weitere Kanäle angelegt, so daß heute schon weitaus mehr als die Hälfte des Rhône-Deltas für die Landwirtschaft und die Viehzucht verwendet wird, wodurch der ursprüngliche Charakter dieses Gebietes jedoch verlorenging. Außerdem wurden in erheblichem Umfang Salzteiche und -lagunen angelegt, wodurch der Tierwelt in diesem Gebiet wiederum große Flächen an Brackwasserbiotopen genommen wurden. Die Camargue und die benachbarte Crau sind nicht nur eine malerische Landschaft, sondern ein Rastplatz für Zugvögel und ein Winterquartier für zahllose Wasservögel, dem gewiß internationale Bedeutung zukommt. Dieses Gebiet beherbergt zudem eines der beiden europäischen Brutgebiete der Flamingos. Da Salzlagunen wegen ihres erhöhten Salzgehaltes nur sehr wenigen Organismen Entwicklungsmöglichkeiten geben, wirkt sich die Ausdehnung solcher Salzgewinnungsanlagen recht ungünstig auf die Population der Wildtiere aus.

Erst 1970 wurde ein knapp 14 000 ha großes Gebiet als Parc Régional de la Camargue unter Naturschutz gestellt. Damit ist gesichert, daß zumindest dieser Teil nicht von der Landwirtschaft oder für die Salzgewinnung genutzt wird, die ihren Flächenbedarf allein in den beiden Jahrzehnten zuvor verdoppelt hatte. Die jetzt geschützten Flächen reichen wahrscheinlich noch nicht aus, um die Artenvielfalt in dieser Urlandschaft zu erhalten. Private Ländereien, die zur Zeit noch für die Jagd oder für die Viehzucht verwendet werden, vergrößern zwar die unbebaute Fläche und tragen zur Biotopvielfalt gewiß bei, doch sind sie noch nicht dauerhaft unter Schutz gestellt. Naturschutz ist in romanischen Ländern eine noch wenig im öffentlichen Bewußtsein verankerte Sache, so daß auch diese Wildnis letztlich immer noch gefährdet bleibt.

Südwestengland wurden mehrere Jahre lang Versuche durchgeführt, um herauszufinden, welche Arten sich am ehesten für diese Art von Aquakultur eignen. Mit sechs verschiedenen Garnelenarten sowie mit Austern, Steinbutt und Seezunge wurde experimentiert, doch erwies sich ihre Produktion als unwirtschaftlich. Jetzt werden in der Kraftwerksfarm nur noch Aale gemästet, wobei ihnen als Futter diejenigen Fische überlassen werden, die sich vor den Gittern der Ansaugstutzen der Kühlwasserleitung fangen. In der Rance-Mündung bei St. Malo in der Normandie wurde das erste Gezeitenkraftwerk Europas errichtet. Ein ähnliches Vorhaben ist für das Ästuar des Severn im südwestlichen England geplant. Diese große Bucht weist den zweithöchsten Tidenhub der Erde auf. Ein hier errichtetes Kraftwerksystem könnte etwa sechs Prozent des derzeitigen britischen Stromverbrauchs und nahezu die Hälfte der in Devon und Cornwall benötigten elektrischen Energie decken. Technisch ist es durchaus möglich, an irgendeiner Stelle des breiten Severn-Ästuars das Sperrwerk zu errichten, wofür verschiedene Möglich-

Ästuarien und Watten

Veränderungen der Küsten

Schwankungen des Meeresspiegels verursachen großräumige Veränderungen der Küstenlinien. In kleinerem Maßstab wird das Bild der Küsten durch Verlagerung von Sandbänken oder Erosion der Klippen verändert.

▲ Luftaufnahme von Spurn Point an der Nordostküste Englands. Die gebogene Nehrung mit ihren dünnen, durch Buhnen gesicherten Halsbereich ist gut zu sehen.

◄ Blick über einen erhöhten Schotter- und Kiesstrand.

► Baumstämme, die von einem ertrunkenen Wald herrühren, kann man an verschiedenen Stellen finden, z. B. auch im nordfriesischen Wattenmeer.

Meeresspiegelschwankungen

Jeden Tag verändert sich der Wasserstand an der Küste durch den Gezeitenrhythmus von Ebbe und Flut. Halbmonatlich wechseln sich Springtiden und Nipptiden ab. Weitaus größere Schwankungen im Wasserspiegel erfolgen jedoch in geologischen Zeiträumen. Während der Eiszeiten waren riesige Wassermengen als Eis gebunden. Folglich war der Meeresspiegel weitaus niedriger als heute. Außerdem lastete das Gewicht der Eismassen auf dem Land und drückte es zusammen. Riesige Eisberge brachen von den Gletschern ab und glitten durch das Flachwasser dem offenen Meer zu. Dabei hinterließen sie tiefe Schrammen, die man an den Schelfrändern bis in die Gegend von Südwestirland heute noch feststellen kann. Als das Eis vor etwa 10 000 Jahren abzuschmelzen begann, stieg der Meeresspiegel allmählich wieder an. Um auf seine heutige Höhe zu kommen, brauchte er fast 2500 Jahre. Der Anstieg des Wassers ging auf Kosten des Festlandes. Die Wassermassen überfluteten weite Landstriche und ertränkten die Flußmündungen, die wir heute als Rias bezeichnen. Der Ärmelkanal trennte Großbritannien vom europäischen Kontinent und überflutete die Doggerbank in der mittleren Nordsee, von der Fischkutter heute noch Mammutzähne heraufholen und damit den Beweis liefern, daß dieser Teil des Meeres vor nicht allzu langer Zeit landfest war. Wälder versanken ebenfalls in den Fluten. Auch ihre Reste kann man in manchen Meeresgebieten finden. Solche Veränderungen im Wasserstand, die durch die Wasserzunahme beim Abschmelzen verursacht wurden, bezeichnen die Geologen als eustatische Schwankungen.

Strandlinien, die heute über 30 m über dem Meeresniveau liegen, sind ein Beweis dafür, daß das Meer früher auch höher gelegene Regionen erreichte. Sie wurden aus dem Wasser herausgehoben, nachdem das zuvor unter dem Eisschild gedrückte Land sich allmählich entlasten konnte und aufstieg. Landhebungen, die in dieser Weise erfolgen, werden als isostatische Schwankungen bezeichnet.

Versunkene Städte

Beweise für die Veränderungen des Meeresspiegels in den zurückliegenden Jahrtausenden gibt es auch in Form versunkener Siedlungen auf dem Meeresboden. Auf dem heutigen europäischen Kontinentalschelf finden sich altsteinzeitliche Wohnstätten ebenso wie jungsteinzeitliche Dorfreste. Taucharchäologen haben solche steinzeitlichen Reste beispielsweise vor Gibraltar entdeckt, und überall im Mittelmeergebiet gibt es in Tiefen zwischen 1–5 m Hinweise auf versunkene Städte. Mehr als einhundert sollen es insgesamt sein. Die heutige Küstenlinie zwischen Neapel und Posilipo verläuft völlig anders als noch zu römischer Zeit, als der Meeresspiegel noch etwa 5 m tiefer lag und prunkvolle Villen eine breite Straße säumten, die vor den Klippen verlief. Das Ende solcher Städte und Siedlungen wurde nicht immer nur von Erdbeben, sondern auch von langsamen Bewegungen der Erdkruste verursacht.

Wüste unter Wasser

Forschungen, die während der letzten beiden Jahrzehnte vor allem mit dem Bohrschiff Glomar Challenger durchgeführt wurden, brachten zweifelsfreie Hinweise darauf, daß vor etwa 6 Millionen Jahren das gesamte Mittelmeerbecken eine riesige Wüste war, die rund 3000 m unter dem heutigen Meeresspiegel lag. Risse in den Sedimentproben

▼ Weg eines Kiesels entlang der Strandlinie. Die schräg auftreffenden Wellenzüge sind für den Küstenversatz verantwortlich.

▲ Wellenbrecher, Buhnen, Pfahlreihen und ähnliche Vorrichtungen werden im rechten Winkel zur Strandlinie angebracht, um Sandverluste durch Unterspülung oder seitlichen Versatz zu vermeiden.

der Bohrkerne, die vor der Westküste Sardiniens genommen wurden, gelten als Beweise für diese Annahme, da vergleichbare Erscheinungen nur als Trockenrisse aus tonigen Ablagerungen bekannt sind. Außerdem fanden sich Anzeichen von Salzlagern unter dem heutigen Meeresboden, die die Reste eines ausgetrockneten Meeres sein könnten.

Zurückweichende Küsten

Die kraftvolle Brandung des Meeres sowie Frost, Regenwasser und Sonne nagen unausgesetzt an der Küstenlinie. Weiche Kliffe aus eiszeitlichen Geschieben werden, wie man an den nordfriesischen Inseln verfolgen kann, beängstigend schnell abgetragen. Härteres Gestein hält der Erosion länger stand. Dennoch schreiten auch hier die Veränderungen der Küstenlinie ständig fort. In Sedimentgestein eingeschlossene Fossilien von Pflanzen und Tieren werden an den Küsten besonders auf den Brandungsterrassen freigelegt oder vom Wellengang an den Strand geworfen. Auf der Helgoländer Düne finden sich beispielsweise komplette Serien vom Unteren Muschelkalk bis zur Oberen Kreide.

Neue Küstenlinien

Wo Küsten durch Wellenschlag und Verwitterung abgetragen werden und immer weiter hinter die alte Uferlinie zurückspringen, wird vom Meer eine gewaltige Materialmenge weggetragen. Diese Massen werden an anderen Stellen wieder angespült, so daß Bänke, Wälle und Nehrungen entstehen. Ebenso wie an den ost- und nordfriesischen Inseln kann man solche Entwicklungen junger Ablagerungen auch an anderen Stellen verfolgen. Der Spurn Point vor dem Humber im Nordosten Englands ist dafür ein gutes Beispiel, zumal auch über seine historische Entwicklung ein reiches Datenmaterial vorliegt. Der Kreislauf von Abbau und Aufbau braucht etwa 250 Jahre. An diesem Vorgang ist die Versetzung der Holderness-Küste, die nördlich des Humber liegt, unmittelbar beteiligt, da sie sozusagen das Baumaterial liefert. Jeder Nehrungsarm setzt nordwestlich seines Vorgängers an und wächst so lange, bis sein dünner Halsbereich (siehe Bild S. 118) abgetragen wird. Dann reißt die Nehrung auseinander, und ihre Sandmassen werden quer über die Humber-Bucht zu den Marschen von Lincolnshire verfrachtet, wo sie wieder angelandet werden. Seit der Mitte des vorigen Jahrhunderts wurde der Nehrungshals durch Buhnen und andere Schutzbauten gestützt. Bisher hat er gehalten. Gleichzeitig wuchs die Nehrungsspitze in südöstlicher Richtung zu einer breiten Dünenplatte an. Wo Wellenzüge auf einen langen, offenen Strand laufen, sieht man sie oft in schiefem Winkel an der Strandline entlanglaufen. Daher werden vom Wellenschlag bewegte Kiesel oder Steine nicht einfach auf den Strand geworfen, sondern über den Strand versetzt, sofern sie vom Rückschlag der Wellen erreicht werden. Wenn nicht Buhnen oder andere Vorrichtungen angebracht werden, wird das Strandmaterial mit der Zeit in der Richtung der Wellenbewegung versetzt. Ablagerungen, die vor einer Buhne angehäuft werden, sind dafür ein sichtbarer Ausdruck.

Versuche

① Wenn du an der Küste bist, besuche einmal die örtlichen Museen. Sie stellen oft Fossiliensammlungen aus, die dir zeigen, was an welchen Stellen der Küste zu finden ist. Die meisten Sedimentgesteine führen Fossilien. Manchmal werden Fossilien auch vom Wellengang an den Strand geworfen. Laß dich von erfahrenen Personen bei der Fossilsuche beraten. Klettere niemals in den Klippen herum oder breche dort Steine aus, in denen du Fossilien vermutest!

In diesem Fossilbett sind massenhaft Skeletteile von Belemniten eingeschlossen. Das Meer hat sie eingebettet und auf einer Brandungsterrasse wieder freigelegt.

② Sammle einige etwa gleichgroße Kiesel am Strand und markiere sie deutlich (Dispersionsfarbe!) Wirf sie wieder in die Brandung zurück und beobachte, wie sie vom Wellengang bewegt werden. Wie lange benötigen sie, um eine bestimmte Strandstrecke zu passieren?

Sand und Geröll

Die groben Gerölle am Strand dieser kleinen Insel, die von der Brandung hin- und hergeworfen und dabei allmählich gerundet wurden, sind ein sichtbarer Beweis für die Kraft und Gewalt der Wellen an offenen Küsten. In solch unwirtlichen Säumen können nur wenige Lebewesen gedeihen, da sie ständig Gefahr laufen, zwischen den umhergewirbelten Geröllmassen zermalmt zu werden. Unter den Besiedlungspionieren finden sich einige Krustenflechten, die sich jedoch allenfalls auf die obersten Steine wagen. An einem solchen Küstenabschnitt werden auch Arten, die in Holz bohren, kaum Nahrungsmangel erfahren. Strände, die weniger dynamisch sind, geben einer reicheren Artengemeinschaft Raum, weil die Umweltbedingungen weniger zermürbend und lebensfeindlich ausfallen.

Die Größenverteilung der Gerölle und Schotter entlang einer Strandlinie ist ein zuverlässiges Maß für die Arbeit der Brandung, die sie auf den Strand geworfen hat. Je größer und grobkörniger die Sande oder Schotterbänke, um so schwerer sind auch die Seen, die darüber hinweggehen. Ein Geröllstrand wie dieser ist gewiß das eine Extrem einer breiten Skala von Möglichkeiten, wie das Meer Küsten abbricht und neu aufschüttet.

Leben im Sand

Im Unterschied zu Felsküsten sind Sandstrände einförmiger und geben daher nur wenigen Arten Lebensraum. Tiere, die an das Leben im Sand besonders angepaßt sind, können allerdings in großer Zahl auftreten.

Im Hochsommer sind die am leichtesten zu beobachtenden Wirbeltiere eines Sandstrandes die Ferien- und Badegäste. Ihre Populationsdichte wird jedoch von den Zahlen der ständigen Bewohner im Sandboden bei weitem übertroffen. Für die Sandfauna sind Herkunft und Materialbeschaffenheit des Sandes weniger von Belang. Wichtig ist eigentlich nur die Korngrößenverteilung. Die anlaufenden Wellen sortieren das lockere Sediment gründlich aus. Größere Körner werden meist höher am Strand abgesetzt, während die feineren Teilchen leichter abgeschwemmt und an tieferen Stellen des Strandes abgelagert werden. Nur wenige Zentimeter unterhalb dieser feinen Sandschichten bleiben Salzgehalt und Temperatur recht konstant. Auch wird hier das Wasser während der Ebbezeit viel besser gespeichert als in gröberem Sediment. In diesen feinen Sandschichten hält sich die sogenannte Sandinfauna auf und wartet auf die nächste Flut, um unter Wasserbedeckung wieder auf Nahrungssuche gehen zu können.

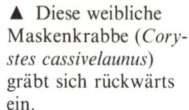

▲ Diese weibliche Maskenkrabbe (*Corystes cassivelaunus*) gräbt sich rückwärts ein.

▶ Hier ist der große, rosafarbene Grabfuß der Stacheligen Herzmuschel (*Acanthocardia echinata*) deutlich zu sehen.

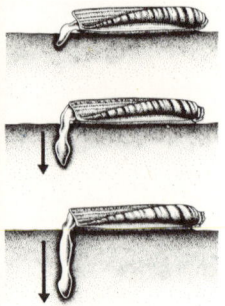

▶ Ein Herzigel (*Echinocardium cordatum*) vergräbt sich im Sand.

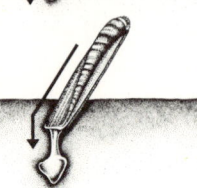

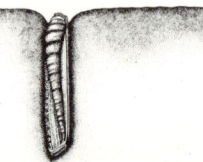

▼ Diese Bilder zeigen, wie sich die Messermuschel mit Hilfe ihres muskulösen Grabfußes eingräbt.

Warum eingraben?

Wenn die Bewohner eines Sandstrandes auch die kritischen Niedrigwasserzeiten überleben wollen, müssen sie sich rechtzeitig in das Sediment eingraben. Nur dann entgehen sie dem Wellenschlag, der Austrocknung, der Temperaturwirkung oder Sonnenstrahlung und dem Risiko, einem größeren Tier als Nahrung dienen zu müssen. Auf den flachen Sandbänken eines Strandes gibt es keine Steine oder Tange, unter denen man sich verkriechen und verstecken könnte. Daher wird jedes Tier, das sich nicht rechtzeitig einbuddeln konnte, bald eine leichte Beute der wachsamen Möwen und Austernfischer.
In der Bretagne, im nordwestlichen Frankreich oder an den britischen Kanalinseln findet man in etwas gröberem Sand mitunter spinatgrüne Flecken und Streifen. Es sind große Kolonien des kleinen Strudelwurms *Convoluta roscoffensis*, die aus den tieferen Sandschichten aufsteigen, sobald das Wasser mit der Ebbe abgelaufen und die Sandflächen freigefallen sind. An der Oberfläche finden sie genügend Licht, damit ihre symbiontischen Grünalgen photosynthetisch aktiv werden können. Die Tiere reagieren empfindlich auf geringste Erschütterungen des Sandbodens, wie sie auch von der auflaufenden Flut verursacht werden. Sie verschwinden dann sofort wieder in tieferen Lagen und vermeiden es somit, von den Wellen weggewaschen zu werden.

Wer gräbt wie?

Tiere, die sich im Sand eingraben, besitzen entweder einen harten Körper, so wie die Maskenkrabbe, sind vollständig weich und biegsam wie die Würmer oder vereinigen beide Eigenschaften auf sich, wie die Muscheln mit ihren kräftigen Schalenklappen und dem weichen Grabfuß.
Hartschalige Tiere verwenden verschiedene Körperteile, die Maskenkrabbe etwa alle vier Laufbeinpaare, der grabende Schlangenstern alle fünf Arme. Manchmal findet man eine Maskenkrabbe am unteren Strandabschnitt auf dem Sand. Wenn man einen Eimer oder ein großes Glas zu zwei Dritteln mit Sand füllt, kann man verfolgen, wie

▲ Der Pierwurm (*Arenicola marina*) beim Eingraben in den weichen Sand.

◄ Der etwa 5–7 mm lange Strudelwurm *Convoluta roscoffensis* ist durch symbiontisch in seinem Körper lebende Grünalgen spinatgrün gefärbt. Wenn das Wasser abgelaufen ist, steigen die Würmer aus tieferen Sandschichten auf. Rechtzeitig vor der nächsten Flut vergraben sie sich jedoch wieder.

rasch sich das Tier im Sediment eingräbt. In aufrechter Sitzhaltung bewegt es seine Laufbeine rasch auf und ab, bis nur noch die Antennen aus dem Sand hervorschauen. Die beiden Haarreihen auf der Innenseite der Antenne bilden eine Art Atemröhre, durch die die Krabbe einen Strom sauerstoffangereicherten Meerwassers nach unten ziehen kann.

In feinerem Sand, besonders wo er allmählich in Schlick übergeht, kommen besonders viele Pierwürmer vor. Sie bilden für viele Seevögel eine wichtige Nahrungsquelle. Wenn eine Möwe das Hinterende eines Pierwurms ergriffen hat, bläht der Wurm sein Vorderteil auf, so daß es sich in der U-förmigen Wohnröhre verklammert. Zusätzliche Verankerungshilfe geben die an jedem Körpersegment ansitzenden Borsten. Notfalls kann der Pierwurm sein Hinterteil auch abstoßen; es wird in kurzer Zeit regeneriert.

Für Muscheln bedeutet das Eingraben ein hartes Stück Arbeit, da sie ihre oft sperrigen Schalenklappen mitnehmen. Dies trifft insbesondere für verschiedene Arten von Messermuscheln zu, die lange, schmale Schalen besitzen und sich daher viel tiefer einbuddeln müssen als etwa eine Sandklaffmuschel. Andererseits kommt der Messermuschel die schlanke Schalenform auch sehr entgegen, denn sie ist sehr leicht und stellt dem Sand keinen großen Widerstand entgegen. Nur nach schweren Stürmen wird man lebende Messermuscheln am Strand finden. Normalerweise führen sie ein ungestörtes Leben tief im Sand verborgen. Wenn man eine Messermuschel ausgräbt und auf den Sand legt, beginnt sie sofort mit dem Einbuddeln. Ihr keilförmiger Grabfuß wirkt wie ein Anker, an dem sich die Muschel langsam in den Grund hinabziehen kann. Dieses Manöver läuft innerhalb weniger Sekunden ab – eine Geschwindigkeit, die man einer Muschel eigentlich nicht zutraut.

Wegweiser

Da fast alles tierische Leben dem Blick entzogen ist, sobald der Sandstrand bei Ebbe zu Fuß erreichbar ist, würden sich Spaziergänge und Besuche eigentlich kaum lohnen. Dem ist jedoch nicht so, da auch die eingegraben lebenden Tiere ihre Marken an der Oberfläche hinterlassen, nach denen man suchen kann. Die Wohnstelle einer Messermuschel verrät sich an der Oberfläche durch eine schlüssellochartige Öffnung. Selbst wenn man die Muschel nicht selbst sehen kann, reagiert sie auf Bodenerschütterungen, indem sie einen feinen Wasserstrahl hochspritzt. Viele in Röhren lebende Würmer verraten sich durch kleine, hügelartige Erhebungen über die sonst tellerflache Ebene des Strandes. Pier- oder Köderwürmer schließlich produzieren die bekannten Kothäufchen, mit deren Hilfe man ihre Wohnungen genau aussuchen kann.

Versuche

1 Verwende einen quadratischen Schnur- oder Lattenrahmen (1 m Seitenlänge) und bestimme die Siedlungsdichte von Pierwürmer an verschiedenen Höhen in der Gezeitenzone und an verschiedenen Stränden. Nimm an jeder Probestelle auch etwas Sediment und schütte es in etwas Meerwasser in einem Schraubglas auf. Wie lange braucht das Substrat, um sich abzusetzen?
Vergleiche mit Substrat einer Stelle mit nur wenigen Pierwürmern. Welchen Sedimenttyp bevorzugen die Pierwürmer?

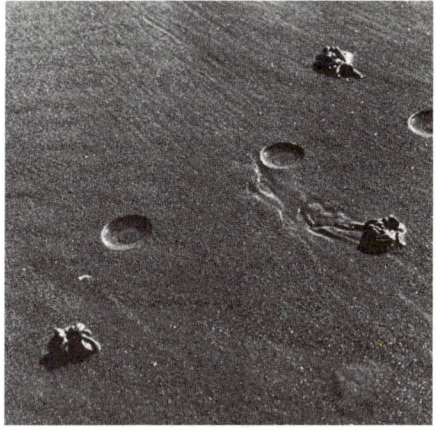

Eingang und Ausgang von Pierwurm-Wohnröhren auf dem Sandwatt bei Niedrigwasser.

2 Baue dir mit Hilfe eines Schlauchstücks, zweier Glasscheiben und einiger Klammern eine Vorrichtung zur Beobachtung von Pierwürmern (siehe Bild). Das Schlauchstück wird U-förmig zwischen die Scheiben gespannt, die von großen Aktenklammern zusammengehalten werden. Fülle Sand ein und Meerwasser auf. Lege nun einen vorsichtig ausgegrabenen Pierwurm auf den Sand. Wie lange benötigt er zum Eingraben? Wie verhält er sich?

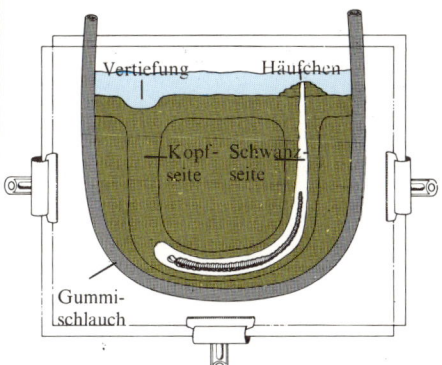

Mit dieser einfachen Vorrichtung kann man die Lebensäußerungen eines Pierwurms (*Arenicola marina*) gut beobachten.

3 Sammle leere Muschelschalen und Schneckengehäuse am Strand. Notiere zu jedem Schalenfund Datum, Fundort und Fundumstände. Kannst du die Muscheln und Schnecken bestimmen?

Sieben,
Filtrieren,
Saugen

Viele der im Sandwatt eingegraben lebenden Tiere
ernähren sich vom Partikelstrom, den das Wasser
heranführt. Andere suchen
sich den Detritus, der auf
der Wattoberfläche abgesetzt
wird.

Sandwatten tragen nicht den üppigen
Besatz mit großen und kleinen Tangen,
auf dem Pflanzenfresser jeglicher Größe
weiden können. Abgesehen von den
lichten Beständen der Seegras-Wiese
(*Zostera*-Arten) an der Niedrigwasserlinie oder gelegentlich an einem größeren Stein angehefteten Grünalgen
(*Entermorpha*) werden die Primärproduzenten in diesem Lebensraum fast
ausschließlich von den mikroskopisch
kleinen Diatomeen gestellt, die die
Sandflächen überziehen oder die im
Plankton des offenen Wassers vorkommen. Viele der Sandbewohner ernähren
sich von den kleinen organischen
Resten ihres Lebensraumes oder von
Planktonarten, die sie aus dem Wasser
filtrieren. Je schlickiger ein Sandwatt
wird, um so reicher ist es auch an
Detritus, den bereits zerkleinerten Resten von Pflanzen und Tieren. Der
Energiefluß durch eine auf Detritus ge-
gründete Nahrungskette ist recht langsam, da es lange dauert, bis tote Pflanzen oder Tiere so weit zerfallen sind,
daß sie als Detritus zur Verfügung stehen.

Filtrierer
Im Unterschied zu den Pflanzen- und
Fleischfressern, die ihre Nahrung aktiv
aufsuchen, verharren die Filtrierer an
einer bestimmten Stelle ihres Lebensraumes und sammeln aus dieser Position kleine Nahrungspartikel aus dem
Wasserstrom, der sie umgibt. Meist bevorzugen sie auch etwas grobsandigere
Bereiche, die ihre feinen Filtriereinrich-
tungen nicht verstopfen. Sobald beispielsweise die Flut aufläuft, öffnen die
Muscheln ihre Schalen, strecken die
Siphonen heraus und beginnen mit der
Nahrungsaufnahme. Ein ständiger
Wasserstrom wird durch die Einfuhr-
röhre eingesogen, angetrieben durch

▼ Sobald die auflau-
fende Flut die Wohn-
röhre des Pfauenfeder-
wurms (*Sabella pavonia*)
bedeckt, bewegt sich
der Wurm aufwärts,

bis alle Tentakel aus
der Röhre schauen und
sich zu einem Fächer
(rechts) öffnen können,
mit dem Nahrung aus
dem Wasser filtriert wird.

▲ Zu den Filtrierern
gehört auch die Pantof-
felschnecke (*Crepidula
fornicata*). Die Tiere
bilden manchmal lange
Zeugungsketten, wobei
die kleineren, männli-
chen Individuen auf
den größeren weibli-
chen sitzen. Wenn die
Männchen heranwach-
sen, verändern sie ihr
Geschlecht.

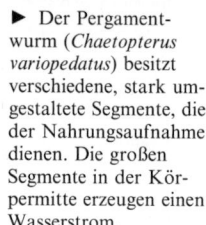

▶ Der Pergament-
wurm (*Chaetopterus
variopedatus*) besitzt
verschiedene, stark um-
gestaltete Segmente, die
der Nahrungsaufnahme
dienen. Die großen
Segmente in der Kör-
permitte erzeugen einen
Wasserstrom.

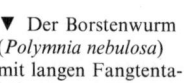

▼ Der Borstenwurm
(*Polymnia nebulosa*)
mit langen Fangtenta-
keln.

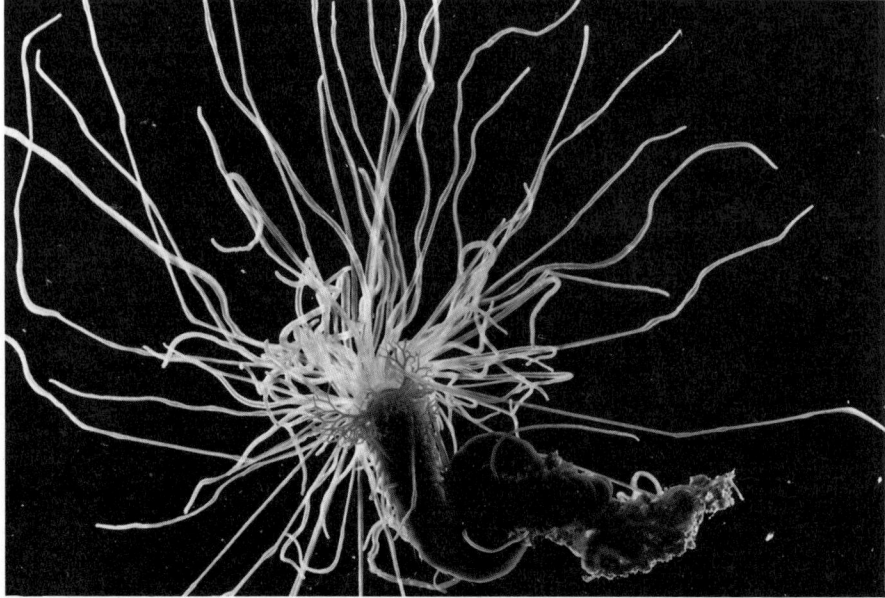

Unmengen mikroskopisch kleiner, unentwegt schlagender Cilien auf den Kiemen. Brauchbare Nahrungsteilchen sammeln sich auf den Kiemen, werden dort mit Schleim gebunden und portionsweise der Mundöffnung zugeführt. Reste und Abfallprodukte werden über einen zweiten Sipho, die Ausfuhröffnung, nach draußen befördert.

Die Zeit, die den Tieren im Sandwatt für die Nahrungsaufnahme durch Filtration des Wasserstroms zur Verfügung steht, bestimmt ihre räumliche Verteilung viel mehr als die Fähigkeit, die Ebbezeit und die damit verbundene Austrocknung des Substrates zu überstehen. Alle Filtrierer der Gezeitenzone können nur unter Wasserbedeckung Nahrung aufnehmen. Ausgedehnte Herzmuschelvorkommen finden sich daher vor allem im Bereich der Niedrigwasserlinie, in der die Tiere während relativ längerer Zeit wasserbedeckt sind als in der Nähe der Flutmarke.

Die sandfarbenen Wohnröhren der verschiedenen Vielborster, die nur wenig die Sandoberfläche überragen, verbergen die wahre Schönheit ihrer Bewohner, die man allerdings nur unter Wasser bewundern kann. Der Pfauenfederwurm (*Sabella pavonia*) zieht sich jedoch sofort in seine Röhre zurück, wenn er von einem Schatten gestreift

oder berührt wird. Zur Nahrungsaufnahme breitet er seinen blumigen Tantakelkranz aus, auf dem sich die Partikel verfangen, anschließend von Cilien zur Mundöffnung getrieben, dort aussortiert und verschluckt werden. Unbrauchbare Teilchen werden entweder verworfen oder, je nach Größe, für den Weiterbau der Wohnröhre verwendet.

Detritusfresser

Tiere, die wie die Filtrierer einen Regen von Nahrungspartikeln über sich strömen lassen, sind ziemlich seßhaft und kriechen kaum aktiv umher. Notfalls können sie sich jedoch rasch im Substrat eingraben. Ähnlich halten es auch diejenigen Arten, die sich ihre Nahrung von der Oberfläche des Sandwattes absammeln und alles verwerten, was sich dort an brauchbarem Detritus ansammelt. Vier verschiedene Methoden kann man dabei unterscheiden:

Der Pierwurm verschluckt große Mengen Sand und Schlick und damit auch organische Teilchen, die er zur Ernährung benötigt. Die unverdaulichen Sedimentanteile stößt er wieder ab. Zur Partikelaufnahme streckt er ein rüsselartiges Gebilde aus, an dem sich allerhand Teilchen anheften, die er nach dem Zurückziehen seines Sammelorgans verschluckt. Um genügend Nahrung aus dem Sediment auszulesen, muß er täglich 5–8 Stunden lang schlucken. Pierwürmer leben 20–30 cm tief unter der Oberfläche in U-förmigen Röhren, die meist jedoch nur am Hinterausgang geöffnet sind, wo die typischen Kotbällchen ausgestoßen werden. Sind diese schwarz verfärbt, so zeigt dies an, daß der Wurm in einer Zone gesammelt hat, wo sich Schwefelwasserstoff angesammelt hat, weil nicht genügend Sauerstoff hinzutreten konnte. Wenn man eine solche Wurmwohnung vorsichtig ausgräbt, kann man sehen, daß im Röhrenbereich wegen des dauernd einströmenden und sauerstoffangereicherten Wassers der Sand immer hell gefärbt (= oxidiert) ist.

Etwas wählerischer verhält sich der Schlickkrebs (*Corophium volutator*) bei der Nahrungsbeschaffung, der nur organische Partikel aus der Umgebung seiner Wohnröhre abkratzt. Ein drittes Verfahren zum Sammeln von verwertbarem Detritus führen viele Muscheln vor, die ihre langen, beweglichen Einfuhrsiphonen wie kleine Staubsauger zum Einsammeln verwenden. So verfährt beispielsweise die Plattmuschel (*Macoma baltica*). Die vierte Methode schließlich besteht darin, lange, rinnige, sehr bewegliche Tentakel über die Wattoberfläche auszubreiten. In den Rinnen sorgen Flimmerhaare (Cilien) für den Weitertransport kleiner Nahrungsteilchen zur Mundöffnung.

Versuche

1 Achte bei Wattwanderungen auf die Wohnröhren von Pfauenfederwürmern, die vor allem an der Niedrigwasserzone zu finden sind. Beobachte die Röhren, wenn die Flut aufläuft und sie vom Wasser bedeckt werden – bewege dich nicht und wirf keine Schatten auf die Röhren! Wie lange dauert es, bis die Würmer aus der Röhre kommen?
Vorsicht: Bevor du längere Zeit an der Niedrigwasserlinie verbringst, vergewissere dich, daß der Rückweg nicht abgeschnitten wird!

2 Nimm eine lebende Herzmuschel und lege sie in eine durchsichtige Dose, in die du zuvor etwas Sand und Meerwasser gefüllt hast. Rühre etwas Hefe mit Wasser an und gib einige Tropfen davon über die geöffnete Muschel. Was geschieht?

Die Eßbare Herzmuschel (*Cerastoderma edule*) nimmt die Nahrung unter Wasser über Siphonen auf.

3 Setze eine lebende Plattmuschel in einen Behälter mit Sand und Meerwasser. Nimm etwas von dem Farbstoff, mit dem man Zahnbelag nachweisen kann (Drogerie) und färbe damit die Sandbakterien an. Beobachte, wie die Muschel die gefärbten Partikel einsaugt.

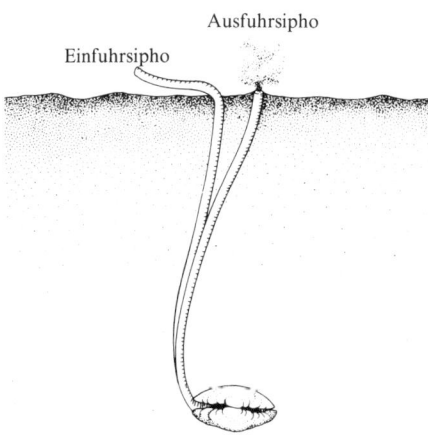

Die Plattmuschel (*Macoma baltica*) sitzt tief im Sand und streckt ihre Siphonen zur Oberfläche aus. Der Einfuhrsipho arbeitet wie ein Staubsauger.

125

Dünen leben

Sanddünen sind ein unbeständiger und dazu auch recht abweisender Lebensraum, in dem es wenig Wasser gibt und die Temperaturen stark schwanken. Erstaunlich, wieviele Pflanzen- und Tierarten gerade hier vorkommen.

In der Sonne hell aufleuchtende Sanddünen, bei deren Anblick jeder sofort an Sommerferien am Meer denkt, stellen an die Lebewesen harte Anforderungen. Begräbnisse unter Sandmassen, unbarmherziger Sonnenstrahlung ausgesetzt, Ausharren ohne Wasser oder von Salzgischt eingesprüht, sind regelmäßige Ereignisse, die das Leben in küstennahen Dünen bereithält. Die Bedingungen ändern sich rasch, und Lebensräume wie die kleinen Sandaufwehungen am Spülsaum oder die landwärts gelegenen hohen Dünenzüge können kaum unterschiedlicher ausfallen. Der Wind ist der Baumeister der Dünen. Er treibt den feinen Sand vor sich her und lädt ihn überall dort ab, wo er auf ein Hindernis trifft. Dort türmt sich auf der Leeseite dann ein kleiner Sandberg auf. Die Beziehungen zwischen Dünenaufwehungen und Pflanzenbesiedlung gestalten sich nicht zufällig, sondern verlaufen beinahe gesetzmäßig ab, wobei die Kämme höher und die Täler tiefer werden, je weiter eine Düne vom Wasser entfernt ist. Obwohl sie so unbeweglich aussehen, verlagern sich die noch weitgehend unbewachsenen Dünen um mehrere Meter pro Jahr. Sie benötigen rund 50 Jahre, um ihre maximale Höhe zu erreichen und sich mit einer festigenden Pflanzendecke zu bekleiden. Aus der Entwicklungsreihe der Dünen ergibt sich eine Vielzahl kleiner und kleinster Lebensräume, in die sich jeweils verschiedene Pflanzen und Tiere verschiedener Feuchtigkeits-, Temperatur- oder Lichtansprüche einpassen. Sandbewegungen und Wind sind an der Artenverteilung ebenfalls beteiligt. Trotz dieser harten Lebensbedingungen finden sich in den Dünen zahlreiche Pflanzen- und Tierarten ein.
Sand besteht aus vergleichsweise großen Gesteinsteilchen, die kein großes Wasserbindevermögen besitzen. Daher verbleibt das Niederschlagswasser nicht allzu lange in den oberen Sandschichten einer Düne. Auf Wanderdünen kann die hohe Verdunstungsrate an

◄ Stranddistel (*Eryngium maritimum*) und

► Strandwinde (*Calystegia soldanella*) sind Pflanzen, die sich an das Leben in den Weißdünen angepaßt haben, die Stranddistel durch besonders ledrige, verdunstungsgeschützte Blätter und tiefgehende Wurzeln, die Strandwinde mit kleinen, dickfleischigen Blättern, die dicht am Boden bleiben und einem weit kriechenden Stengel.

▼ Die Strandmiere (*Honkenya peploides*) festigt den schwarzen vulkanischen Sand der Vordünen an der isländischen Südküste.

◄ Querschnitt durch ein Blatt des Strandhafers (*Ammophila arenaria*). Bei heißem, trockenem Wetter wird das Blatt zusammengerollt und weist dann mit der Unterseite, die von einer dicken, wasser- festen Kutikula überzogen ist, nach außen. Da die Spaltöffnungen sich nur auf der innenliegenden Oberseite befinden, wird ein wirksamer Verdunstungsschutz erreicht.

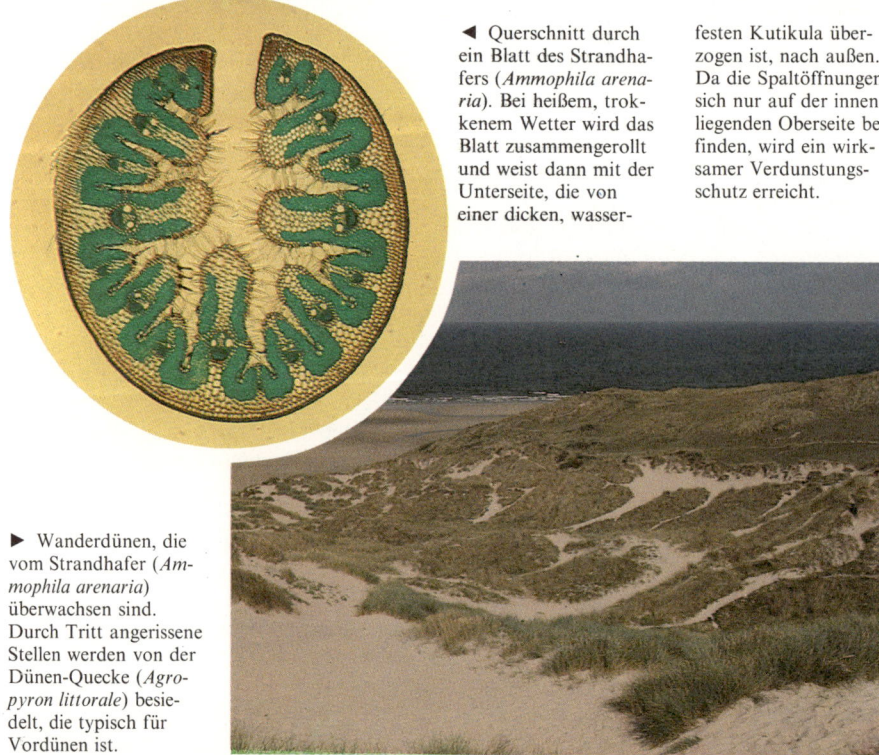

► Wanderdünen, die vom Strandhafer (*Ammophila arenaria*) überwachsen sind. Durch Tritt angerissene Stellen werden von der Dünen-Quecke (*Agropyron littorale*) besiedelt, die typisch für Vordünen ist.

einem heißen Sommertag sogar die Wirkung eines kräftigen Regenfalls zunichte machen. In den Dünentälern zwischen den älteren Dünen kann sich das Wasser eher halten und bildet dort kleine Feuchtbiotope, die zu den warmen, trockenen Dünenkämmen in einem eigenartigen Gegensatz stehen. Obwohl auch an den Nordseeküsten die Temperaturen selten für längere Zeit unter den Gefrierpunkt sinken, erreichen Dünenstandorte mit voller Sonneneinstrahlung selbst mitten im Sommer bequem Temperatursprünge von 50° C. Sobald sich einmal eine geschlossene Pflanzendecke gebildet hat, werden diese Temperaturschwankungen wesentlich ausgeglichener. Einer der erfolgreichen Besiedlungspioniere auf kaum festgelegtem Dünensand ist der Strandhafer (*Ammophila arenaria*). Diese erstaunliche Pflanze erträgt meterhohe Übersandung. Sie reagiert darauf mit raschem Wachstum und bildet bald an der Oberfläche einen neuen Horst aus. Am eindrucksvollsten ist vielleicht ihr Wurzelsystem, das nach Verwehung eines Dünenkamms manchmal freiliegt. Es besteht aus einem unübersichtlichen Netzwerk von Wurzeln und weitreichenden Ausläufern. Interessant sind auch die Blätter. Bei trockenem Wetter erscheinen sie dunkelgrün und rundlich, bei Feuchtigkeit jedoch graugrün und flach. Bei Betrachtung eines Blattquerschnitts mit der Lupe oder im Mikroskop zeigt sich, daß die äußere Oberfläche mit einer dicken Kutikula versehen ist und außerdem keine Spaltöffnungen aufweist, während die innere Oberfläche (die Oberseite des Blattes) mit feinen Haaren besetzt ist und am Grunde der Leisten auch Spaltöffnungen enthält. Dies sind die besonderen Mittel der Pflanze, um unnötige Wasserverluste

während längerer Trockenzeiten zu umgehen.
Die Vordünen der Küsten werden überwiegend von Pflanzen besiedelt, die mit dickfleischigen Blättern versehen sind und gelegentliche Salzwasserspritzer durchaus ertragen. Salzmelde und Salzkraut sind hier häufig anzutreffende Arten mit glatten Blättern, die leichtere Übersandungen leicht abschütteln können, besonders aber an den noch hohen Salzgehalt des Bodens angepaßt sind. Salzmieren gesellen sich häufig hinzu. Sie bringen große, schwere Früchte hervor, die entweder gleich am Standort verbleiben oder ins Meer rollen und mit der Brandung verfrachtet werden. Auf älteren Dünen werden diese Pflanzen von Arten abgelöst, die weniger salzverträglich sind, dafür aber mit ihren silbrig behaarten Blättern an die Trockenheit ihres Standortes angepaßt sind. Gänse-Fingerkraut und Krähenfuß-Wegerich gehören dazu. Festgelegte Dünen (Graudünen, Braundünen) werden zunehmend von Pflanzenarten besiedelt, wie sie auch in Heide- und Moorgebieten auftreten.
Schnecken erwartet man in Dünengebieten zunächst nicht, und doch sind sie dort zahlreich vertreten. Sie verfügen über eine besonders wirksame Methode, die Austrocknung zu vermeiden: Sie verschließen ihr Gehäuse mit einer häutigen Membran, um Wasserverluste zu vermeiden, und verbringen die Trockenperiode in einem schlafähnlichen Ruhestadium. Erst bei genügend langer Feuchtigkeit in der Umgebung werden sie wieder aktiv. Ihre Eier sind ebenfalls recht trockenresistent. Man hat herausgefunden, daß sie immer noch entwicklungsfähig sind, auch wenn sie 80% ihres Wassers verloren haben.
Das häufigste Wirbeltier der Dünen ist das Kaninchen, das die Dünenvegetation besonders in den Braundünen oft ziemlich kurz hält und bei zu starker Grab- und Fraßtätigkeit sogar erheblich schädigt. Das größte Problem der Dünen ist jedoch der freizeitaktive Mensch, der in den Dünengebieten herumkletternd der Vegetation noch größeren Schaden zufügt. Dünen, deren schützende Pflanzendecke zerstört ist, werden vom Wind besonders leicht angerissen und vom nächsten Herbststurm als parabelförmige Wanderdüne verweht.

Versuche

1 Nimm klebriges Fliegenpapier und befestige es am oberen Ende von zwei Stöcken. Stecke mehrere solcher Fangeinrichtungen an verschiedenen Stellen in den Dünensand, so daß sie aufrecht gegen den Wind gerichtet sind. Wo findet die Sandbewegung am ehesten statt? Stimmt deine Beobachtung mit der Größe und Form der Dünen überein?

2 Verwende leere Marmeladengläser als Bodenfallen. Vergrabe sie an verschiedenen Stellen in einem zugänglichen (!) Dünengebiet. Achte darauf, daß überhängendes Blattwerk nicht zerstört wird. Laß die Gläser über Nacht draußen und kontrolliere am nächsten Tag, welche Tiere sich darin gefangen haben. Beobachte die Tiere, wenn du sie in der Düne wieder freiläßt.

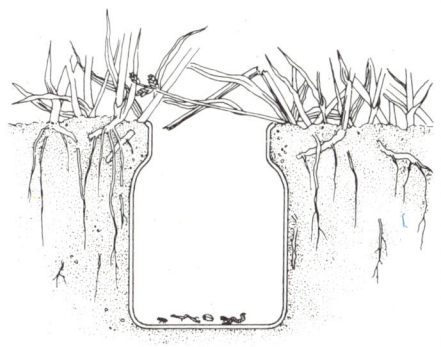

3 Untersuche Farbe, Anzahl der Bänder der Gehäuse der Schnirkelschnecke (*Cepaea nemoralis*) innerhalb eines Dünensystems. Gibt es Beziehungen zwischen den Gehäusemerkmalen und dem Fundort? Achte auf leere Gehäuse, deren Bewohner vermutlich gefressen wurden. Lassen sich Beziehungen zwischen Gehäusefarbe, Bänderung, Vorkommen und Fundhäufigkeit leerer Schneckenhäuser nachweisen?

Die Hainschnirkelschnecke (*Cepaea nemoralis*) lebt gerne in Dünengebieten. Sie unterscheidet sich in der Musterung ihrer Gehäuse erheblich. 127

Räuber und Aasfresser

Wenn die großen Tiere ihre Mahlzeit beendet haben oder wenn ein Tier abstirbt und verwest, treten die Aasfresser auf den Plan und verwerten die Reste. Sie leisten meist ganze Arbeit.

Räuber im Hinterhalt

Räuberisch lebende Arten passen sich gerade im Sandwatt in Farbe und Musterung ausgezeichnet dem Untergrund an. Sie verschmelzen mit ihrer Umgebung häufig so perfekt, daß ein ahnungsloses Beutetier kaum eine Chance hat zu entkommen. An sonnigen Tagen findet man über mehr kiesigem Grund vor der Niedrigwassermarke oder im seichten Wasser Strandgrundeln. Wenn man sich ruhig verhält, kann man sie umherflitzen sehen. Strandgrundeln passen sich in ihrer Färbung und Fleckung dem Untergrund so perfekt an, daß man sie kaum erkennen kann, wenn sie sich irgendwo versteckt halten. Sie ernähren sich von Kleintieren und Garnelen; sie selbst dienen größeren Fischen oder Vögeln als Nahrung.

An Stränden, an denen Petermännchen vorkommen, ist Barfußgehen unter keinen Umständen ratsam. Das Kleine Petermännchen (*Trachinus vipera*) gehört zu den wenigen wirklich gefährlichen Tieren europäischer Küsten. Seine giftigen Rückenstachel verursachen ungemein schmerzhafte Wunden, denen eventuell noch eine Infektion folgt. Dieser um 10 cm lange Raubfisch ist für das Leben im Sand wie geschaffen. Mit den kräftigen Brustflossen gräbt er sich bis zu den Augen ein. Das oberständige Maul schnappt sofort zu, wenn sich ein Beutetier (Garnele, Strandgrundel) nähert. Plattfische sind ebenfalls an das Leben am Grund in idealer Weise angepaßt. Als frei umherschwimmende Fische haben sie noch einen symmetrischen Körper, der jedoch bald einer tiefgreifenden Umgestaltung unterliegt. Anfangs befindet sich auf jeder Rumpfseite ein Auge. Eines verlagert sich jedoch bei der Metamorphose und liegt anschließend dicht neben dem anderen auf der als Oberseite bestimmten Flanke (linksseitig: Butte, rechtsseitig: Schollen). Flundern, die besonders gerne Ästuarien aufsu-

chen, gehören zur Familie der Schollen und tragen beide Augen auf der rechten Körperseite, doch finden sich eigenartigerweise auch immer wieder Linksflundern. Alle Plattfische vergraben sich gerne mit wellenförmigen Bewegungen im Sand, so daß nur noch die Augen hervorschauen. Aus dieser Stellung fangen sie sich Würmer oder kleinere Mollusken, die mit kräftigen Zähnen zerkleinert werden.

Im Sand lebende Borstenwürmer fangen ihre Beute mit kräftigen Klauen am muskulösen Vorderende ihres Körpers. Ihre Nahrung besteht in der Haupt-

▲ Kopfbereich des Seeringelwurms (*Nereis diversicolor*) mit den kräftigen Greifklauen.

▶ Netzreusenschnecken (*Nassarius reticulatus*), die sich über eine tote Krabbe hermachen.

sache aus Kleinkrebsen, anderen Würmern und Mollusken.

Besonders eigenartig ist der Nahrungserwerb der Mondschnecken (*Natica* spp.), die sich auf den Verzehr lebender Muscheln spezialisiert haben. Dazu bohren sie Löcher in eine der Schalenklappen, indem sie sich auf der Muschel festsetzen, die Bohrstelle zuvor mit einer ätzenden Flüssigkeit behandeln und mit ihrer rauhen Radula ein Loch raspeln. Ein weiterer räuberisch lebender Mollusk ist die Atlantische Zwergsepia (*Sepiola atlantica*), die während des Sommers gelegentlich von

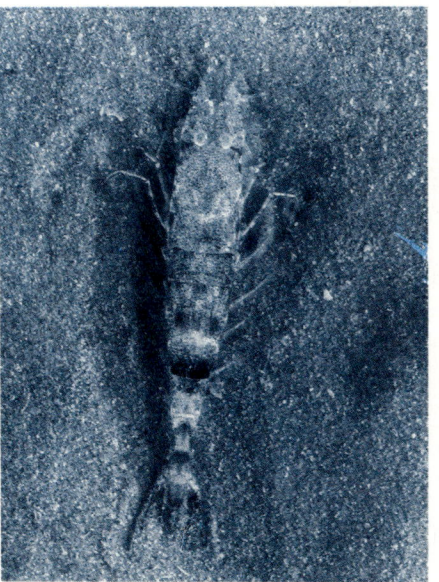

▲ Die Garnele (*Crangon crangon*) gräbt sich in den Sand ein. Hier überdauert sie auch die Ebbezeit. Bei Flut geht die Garnele nachts auf Nahrungssuche.

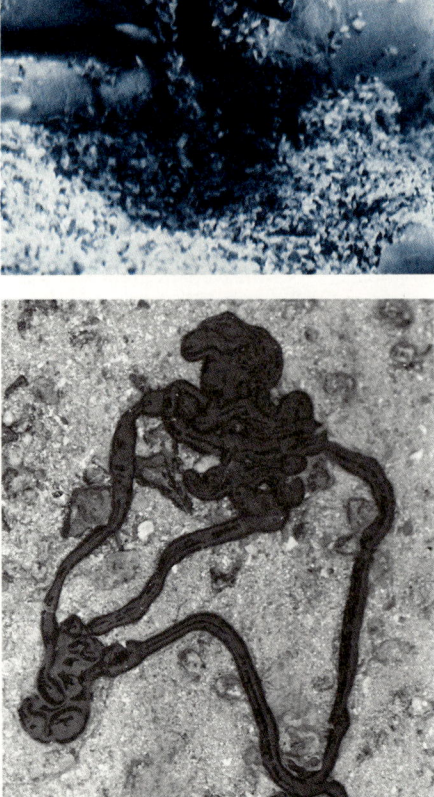

▲ Auch der Schnurwurm (*Lineus longissimus*) ernährt sich räuberisch. Er bevorzugt schlickigen Sand und Stellen, an denen er sich unter Steinen verstecken kann.

▶ Drechselschnecke (*Actaeon tornatilis*).

Krabbenkuttern im Netz gefangen wird. Sie kann ihre Körperfarbe zwischen hell oder dunkel einstellen, je nachdem, wie es der Untergrund erfordert. Wie die größeren Tintenfischarten setzt die Zwergsepia ihren kräftigen, schnabelartigen Kieferapparat ein, um Beutetiere zu zerlegen und zu schlukken.

Aktive Jäger

Sandaale wird man nur dann am Strand finden, wenn sie von der Brandung auf das trockenfallende Watt geworfen werden. Meist leben sie vor der Küste in tieferem Gewässer über sandigem Grund. Ihre glatten, silbrigen, nur mit winzigen Schuppen besetzten Flanken setzen dem Eingraben wenig Widerstand entgegen. Sie graben sich mit Hilfe ihres breiten, vorspringenden Unterkiefers ein. Sandaale treten meist als Schwarmfische auf. Bei Gefahr verschwinden sie blitzschnell im Grund. Ihre Nahrung besteht aus Planktonarten und kleineren Fischen. Sie selbst werden meist von Seeschwalben, Papageitauchern oder anderen Fischen gejagt. Seeschwalben, die gerade ihre Jungen füttern, sind offenbar auf den Fang von Sandaalen spezialisiert. Man sieht die Vögel die Wasseroberfläche absuchen und die Fische auf elegante Weise herausholen.

Aasfresser

Bei der Bezeichnung Aasfresser denkt man unwillkürlich an Geier oder ähnliche unheimlich aussehende Tiere. Dennoch kommt gerade diesen Arten eine besondere Bedeutung zu, weil sie alle Reste verzehren und keine verwesenden Überbleibsel anderer Mahlzeiten zurücklassen. Ohne sie würde der Abbau organischer Stoffe und ihre Rückführung in den Stoffkreislauf wesentlich länger dauern, So besetzen auch die zahllosen Strandflöhe einen wichtigen Platz im Ökosystem, denn sie garantieren dafür, daß der größte Teil der auf den Strand geworfenen Tangmassen konsumiert wird.

Wenn Netzreusenschnecken umherkriechen, halten sie ihren langen Sipho steif aufrecht wie ein Periskop, mit dem sie ihre Umgebung sondieren. Durch diese Einströmöffnung wird ständig frisches Wasser eingesogen, so daß auch chemische Spuren von Aas sofort entdeckt werden. Im Wasser kann man sie mit einem Stück Krabbenfleisch oder einem toten Tier sehr einfach ködern. Klaffende Herzmuschelschalen mit zerborstenen Klappen deuten darauf hin, daß ein Austernfischer bei der Arbeit war. Silbermöwen gehören zu den Allesfressern, die auch gerne den Strand danach absuchen, ob das Wasser einen Seestern oder eine gestrandete Krabbe auf das Land geworfen hat.

Versuche

1 Wandere bei Niedrigwasser im unteren Bereich eines Sandwatts entlang und sammle alle leeren Schalen der Gebänderten Stumpfmuschel. Wie hoch ist der Anteil der Schalen, die von der räuberischen Mondschnecke angebohrt wurden? Werden die Löcher immer an der gleichen Stelle gebohrt? Vergleiche die Bohrlöcher der Mondschnecke mit denen der Purpurschnecke (Seite 139).

Diese Gebänderte Stumpfmuschel (*Donax vittatus*) wurde von der räuberisch lebenden Mondschnecke (*Natica* sp.) angebohrt.

2 Fange dir eine Garnele und bringe sie vorsichtig in eine Klarsichtdose, die mit etwas Sand und Meerwasser gefüllt ist. Beobachte, wie sich das Tier im Sand versteckt. Wie lange braucht es zum Eingraben?

3 Lege einen toten Fisch oder eine tote Krabbe im unteren Wattbereich dort aus, wo Netzreusenschnecken vorkommen. Wie schnell reagieren die Schnecken auf den Köder? Wieviele werden angelockt? Wiederhole den Versuch bei Dunkelheit. Gibt es Unterschiede? Warum können solche Unterschiede zwischen den Tageszeiten auftreten?

Netzreusenschnecken (*Nassarius reticulatus*), die sich im Sand verborgen halten, werden sofort munter, wenn man ihnen einen Köder hinlegt.

Leben zwischen den Steinen

Geröll wird von der Erosion an vielen Stellen freigelegt. Geröllstrände finden sich jedoch nur an brandungsexponierten Küsten, an denen die See genügend Gewalt hat, um große Gesteinsbrocken auszuwerfen.

Wenn man an einem Geröllstrand über der Wasserlinie steht, kann man kaum mehr als das eintönige Rauschen der Brandung hören, die, mit Geröll und Gestein beladen, an Land schlägt, sich schäumend zurückzieht und dabei polternd und klirrend die Kiesel vor sich herschiebt. Mit jeder auftreffenden Woge verändern diese Kiesel und Gerölle ihre Lage am Strand, wobei die größeren eher den oberen Saum einnehmen, während die kleineren im Unterzug der zurückschwappenden Wellen in die unteren Strandabschnitte mitgenommen werden. Wenn der vorherrschende Wind die Wellenzüge in einem bestimmten Winkel auf die Küste zutreibt, werden die Gerölle auch horizontal nach ihrer Größe sortiert und verschleppt.
In der Gezeitenzone werden Kiesel und Steine von der Brandung ständig bewegt, verrollt und poliert. Oberhalb der Flutmarke werden die Gerölle jedoch nur von außergewöhnlichen Hochwassern bei Springtiden oder Sturmfluten erreicht. Auch sie wurden einmal von der Brandung ausgeworfen, doch liegen sie meist wesentlich ruhiger und unbeweglicher dort als die Gerölle des eigentlichen Gezeitenbereiches. Weder Wind noch Regen haben Kraft genug, um sie erneut zu verlagern. Im Unterschied zu Sandküsten reichen die Geröllwände nicht weit über die Strandlinie hinaus. Sie können stellenweise etwas höher als das leeseitige Land aufgetürmt werden und somit den Sedimentanflug fördern.
Am unfreundlichsten ist gewiß der Bereich zwischen den rollenden Kieseln und Steinen der Brandungszone. Die ständige Umlagerung des Substrats und der Mangel an organischen Bestandteilen bieten keine Möglichkeiten einer erfolgreichen Ansiedlung. Anders als am Sandstrand werden die Kies- und Geröllbänke von jeder auf- und ablaufenden Welle heftig durchströmt. Das

Leben hat hier keine Chance. Erst weiter oben am Strand, wo auch kleinere Partikel hinzukommen und das Geröll zwischen Frühjahr und Herbst nur wenig umgelagert wird, findet man einjährige Pflanzen wie verschiedene Melden-Arten oder ein paar Strandflöhe, die den Tangauswurf vertilgen und zusätzlich vielleicht noch ein paar Vögel anlocken. Nur vereinzelt siedelt sich auch die Strauchige Sode (*Suaeda vera*) an,

die über besonders tiefreichende Wurzeln verfügt. Ihre schwimmfähigen Samen werden vom Wasser verbreitet. Insgesamt sind die Lebensbedingungen im oberen Saum eines Geröllstrandes günstiger als in Sanddünen, da das Wasser zwar rasch abläuft, aber nicht so schnell verdunsten kann und die Temperaturschwankungen weniger extrem ausfallen als im weißen Sand. Dennoch siedeln sich nur wenige Pflan-

▲ Ein nur aus zwei Eiern bestehendes, aber vorzüglich getarntes Gelege des Sandregenpfeifers auf einer Kiesbank.

◄ Oberhalb der Strandlinie hat sich zwischen dem groben Geröll das Austernkraut (*Mertensia maritima*) angesiedelt.

► Oberhalb der Flutmarke haben sich auf den kahlen Steinen leuchtend gelbe Krustenflechten (*Caloplaca thallincola*) angesiedelt. Höhrere Pflanzen, wie die Strauchige Sode (*Suaeda vera*), finden nur in den Zwischenräumen Schutz.

► Der Meerkohl (*Crambe maritima*) ist eine der stattlichsten im Küstensaum vorkommenden Pflanzen. An der Nordsee ist er kaum zu finden, im Ostseebereich etwas häufiger.

zen an, da die Spalten zwischen den Geröllen ausgesprochen feinerdearm und die Oberflächen zu glatt sind.

Geröll-Bewohner

Bei der Besiedlung eines Geröllsaumes kann man im Grunde die gleiche Artenabfolge beobachten wie an einer frischen Felsflanke. Zuerst erscheinen solche Arten, die auch in kleinsten Klüften oder an Unebenheiten der

▲ Das Junge des Sandregenpfeifers (*Charadrius hiaticula*) sucht zwischen Steinen und spärlicher Vegetation Schutz vor Witterung und Feinden.

Oberfläche Fuß fassen können und ihre Nährstoffe durch Spritzwasser, verblasene Gischt oder durch das Regenwasser erhalten. Moose und insbesondere die Flechten überziehen die größeren Steine daher bald mit einer farbenfrohen Gesellschaft. Sobald diese Pflanzen feinere Teilchen in genügender Menge angesammelt haben, können auch höhere Pflanzen das Bild der Gerölle bereichern. Außer dem Rot-Schwingel findet man dann das Strand-Leimkraut oder Strand-Platterbsen, die die Lücken zwischen den Steinen mit grünen Matten auskleiden, im Wuchs jedoch niedrig bleiben, weil die Gerölloberfläche starkem Wind ausgesetzt bleibt. Nur im äußersten Nordwesten Europas findet man auch das Austernkraut, so genannt wegen des eigenartigen Geruchs seiner Blätter. Mehrjährige Pflanzen wie der Gelbe Hornmohn sind im Nordseebereich selten. Die Insel Helgoland ist der einzige deutsche Standort der Wilden Rübe, die mit einer bodenanliegenden Rosette dickfleischiger Blätter überwintert.

Geröll-Besucher

Festgelegte Geröllaufschüttungen sind bei vielen Vogelarten ein beliebter Brutplatz. Eine ganze Reihe dieser Arten sucht sich die Nahrung an anderen Stellen im Küstenbereich, benötigt aber die flachen Kiessäume, um die Jungen erfolgreich aufzuziehen.
Neben Vogelarten, die man sonst auch in den Klippen beim Brutgeschäft beobachten kann, nisten Seeschwalbenkolonien bevorzugt auf Geröllstränden oder in flachen Dünengebieten. Zwergseeschwalben halten dabei einen größeren Abstand untereinander ein. Wenn sie gezwungen werden, dichter aufeinander zu rücken, weil sie anderswo gestört wurden oder ein Brutgebiet verloren haben, locken sie häufig Räuber wie Füchse oder Marder an. Beutejäger aus der Luft sind die Schmarotzermöwen, die es unter anderem auf die Gelege der Seeschwalben abgesehen haben, doch müssen sie diese zuerst einmal finden. Die Gelege und Dunlinge vieler Vögel, die zwischen dem Strandgeröll brüten, sind in Färbung und Musterung hervorragend an den Untergrund angepaßt.

Versuche

① Miß einmal das Volumen der Zwischenräume im Geröll von verschiedenen Stellen eines Geröll- oder Kiesstrandes aus. Dazu gibst du einige Kiesel in ein weites Meßgefäß und füllst Wasser auf, bis alle Steine bedeckt sind. Gieße nun das Wasser in ein anderes Glas ab. Die Wassermengen sind ein indirektes Maß für die Größe der Zwischenräume.

Geröll, das aus unterschiedlichsten Gesteinstypen und -größen besteht.

② Bestimme entlang eines Schnurprofils die Durchmesser der Kiesel und Gerölle, indem du von der Niedrigwasserlinie bis zum oberen Ende des Strandes in regelmäßigen Abständen (1–3 m) 10 Steine vermißt (bestimme jeweils den größten Durchmesser!). Trage in einer Grafik die Durchschnittsgröße der Steine gegen ihre Entfernung von der Wasserlinie auf. Was stellst du fest?

③ Nimm eine Anzahl leere Joghurtbecher, steche 2–3 Löcher in ihren Boden und vergrabe sie an verschiedenen Stellen oberhalb der Flutmarke, so, daß ihre Ränder nicht über die Kiesel hinausragen. Welche Fangergebnisse erzielst du? Vergleiche diese Ergebnisse mit denen des Dünenversuches (Seite 127).

131

Spülsäume

Überall an den flach abfallenden Stränden gibt es Spülsäume, doch am auffallendsten sind sie an Sandstränden. Seltsame Dinge werden hier vom Meer gesammelt und abgelagert.

Strandgut

Verschiedenste Dinge werden vom Meer an den Uferbereich verfrachtet und dort während des Gezeitenzyklus in Säumen parallel zur Wasserlinie abgelagert. Spülsäume, Flutsäume oder Strandlinien werden diese deutlichen Marken genannt, die manchmal wie eine langgezogene Müllhalde aussehen. Die Lage der Spülsäume verändert sich mit dem Hochwasserstand. Zur Springtidenzeit rutschen sie wesentlich weiter am Strand hinauf. Während der Nipptiden, zu denen das Hochwasser nicht so weit heraufreicht, werden auch weiter unten am Strand Spülsäume angelegt, so daß man am Sandstrand meist eine ganze Serie verschiedener Säume mit allerlei Spülgut vorfindet. Obwohl natürlich auch vor Felsküsten verschiedenstes Material angesammelt und verdriftet wird, kommt es nur an Küstenabschnitten mit Sandstränden zu den Spülsäumen, wo sie auch besonders breit und groß ausfallen.

Holz und Flaschenkork gehörte schon immer zum Standardbestand des Spülsaums. Nylonseile, Plastikgefäße, Styropor-Stücke oder Öl- und Teerreste bestimmen das Bild heutiger Spülsäume. Diese Unratmassen sind biologisch nicht abbaubar und werden daher noch lange Zeit die Strände verschmutzen. Tonnenweise werden sie entlang der Badeküsten vor Saisonbeginn eingesammelt. Doch findet der erfahrene und aufmerksame Strandsammler in den Spülsäumen auch interessantere Dinge, so beispielsweise Fossilien oder sogar Bernstein, mit dem fast überall an den Nordseeküsten zu rechnen ist. Wer Muschel- oder Schneckenschalen sammelt, kommt an den Spülsäumen auf seine Kosten. Es gibt Strände, die von leeren Molluskengehäusen geradezu übersät sind.

Andere tierische Reste, die man im Spülsaum findet, sind etwa die auffälligen leeren Laichballen der Wellhornschnecken, die Eigehäuse von Rochen oder Katzenhai, Krabbenpanzer, Krebsscheren, Seeigelgehäuse und der Schulp von Tintenfischen.

◄ Zu fast allen Jahreszeiten findet man an Sandstränden im Angespül die eigenartigen Eihüllen von Rochen oder kleineren Haifisch-Arten.

▲ Zwischen den Flutständen von Spring- und Nipptiden bilden sich mehrere Spülsäume mit Strandgut verschiedenster Herkunft.

◄ Angeschwemmt: Die aus dem tropischen Mittelamerika stammende Juckbohne (*Mucuna urens*).

▲ Leeres Skelett („Schale") eines Herzigels (*Echinocardium cordatum*). Dieser Seeigel besitzt weiche pelzige Stacheln. An den Lochreihen ragen die Saugfüßchen durch die harte Schale.

◄ Unter dem natürlichen Strandauswurf mit Tangen und Algen findet sich auch zunehmend verschiedenster Zivilisationsunrat, der nicht nur aus Schiffsabfällen stammt!

An europäischen Küsten können sogar Objekte angeschwemmt werden, die ihren Ursprung in tropischen Breiten haben.

Besonders an den Westküsten Europas werden manchmal auch seltsame, fremdartige Tiere bei stürmischem Wetter auf den Strand geworfen, die in den nördlichen Gewässern des Atlantik nicht oder nur selten vorkommen. Dazu gehören die Segelqualle, die Portugiesische Galeere, Entenmuscheln und verschiedene Schneckenarten, die ihr Leben zum größten Teil frei an der Oberfläche flottierend zubringen und daher von Meeresströmungen über weite Strecken verschleppt werden. Segelqualle und Portugiesische Galeere werden durch gasgefüllte Kammern an der Wasserfläche gehalten. Entenmuscheln setzen sich meist an Stücken von Treibholz fest. Die Art *Lepas fascicularis* baut sich jedoch aus Sekreten ein eigenes, recht tragfähiges Segelfloß auf.

Treibgutbewohner

Der genauere Blick auf angelandetes Treibgut zeigt uns vielleicht auch Tiere, die im Holz leben. Löcher und Tunnel von etwa 6 mm Durchmesser, die zudem auch noch mit einem weißlichen Material ausgekleidet sind, sind das Werk des Pfahlwurms (*Teredo navalis*), der trotz seiner eigenartigen Körperform nicht zu den Würmern, sondern zu den Muscheln gehört und tatsächlich auch ein Paar sehr kleiner, stark reduzierter Schalenklappen besitzt. Seine Bohrtätigkeit richtet sich heute im wesentlichen gegen hölzerne Molen und Landungsbrücken, gegen das Holzwerk von Brücken, Dämmen und Deichen. Den Körperbau des Pfahlwurms kann man nur sehen, wenn man ihn aus einem Bohrgang herausholt. Der größte Teil des langgestreckten Körpers ist nackt. Die paarigen Schalenklappen sind nur 1 cm lang, schwach gewölbt und an einem Körperende als Bohr-

▼ Die runzligen, gelblichen Eihüllen der Wellhornschnecke (*Buccinum undatum*) kann man am Spülsaum häufig finden. Früher verwendeten die Seeleute diese Gelegeballen zum Scheuern und Putzen.

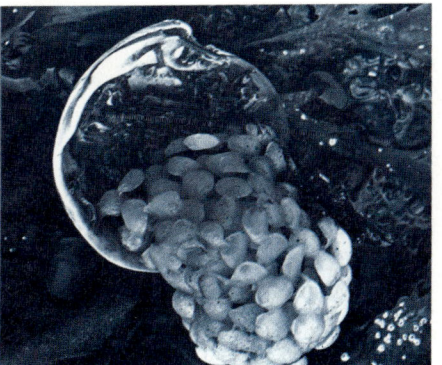

werkzeug angebracht. Diese eigenartigen Muscheln befallen das Holz als Larve nach Beendigung ihres Planktonlebens. Zunächst schaffen sie sich senkrecht zur Splintrichtung einen Gang, legen ihre Tunnel später nur noch mit der Holzfaserung an. Normalerweise überkreuzen sich die Gänge benachbarter Bohrwürmer nicht.

Ein wesentlich kleinerer, aber zumindest genauso wirksamer Holzbohrer ist der kleine Krebs *Limnoria lignorum*.

Tangbewohner

Algen und Tange stellen gewöhnlich den größten Teil des Spülgutes am Strand, besonders nach heftigen Winterstürmen. Dann können geradezu unglaubliche Massen von Algen auf dem Strand aufgehäuft werden, vorzugsweise von solchen Arten, die nur unterhalb der Niedrigwasserlinie vorkommen. Algen und Tange sind reich an Kalium- und Stickstoffverbindungen. In vielen Küstenregionen werden diese Tangmassen daher immer noch gerne von Gärtner und Bauern gesammelt und als Düngemittel verwendet.

Am zahlreichsten unter allen ständigen Tieren der Spülsäume ist der Strandfloh vertreten, der sich im Sand unterhalb der Tangwälle verbirgt. Wenn man moderne Tangbüschel plötzlich hochhebt, führen die überraschten Strandflöhe wilde Sprünge durch die Luft aus. Ganze Wolken dieser kleinen Krebstiere kann man antreffen. Wie alle Amphipoden besitzen die Strandflöhe einen seitlich abgeflachten Körper. Vor allem im Dunkeln gehen sie auf Nahrungserwerb und nehmen jegliches verrottende Pflanzen- und Tiermaterial an. Im Unterschied zu den meisten Tieren der Meeresküste haben sie sich eigentlich eine terrestrische Lebensweise zugelegt. Sie verbringen auch ihr Larvenstadium nicht im Plankton, sondern das Weibchen trägt die jungen Strandflöhe in ihrer Bruttasche umher.

Tangfliegen besiedeln den gleichen Lebensraum. Die Eier enthalten eine kleine Luftblase, so daß sie kurze Zeit im Wasser überstehen und an der Oberfläche bleiben können. Nach dem Schlüpfen verzehren die Maden ausgeworfenen Tang und helfen somit ebenfalls, die verrottenden Pflanzenmassen des Spülsaums abzubauen. Die Tangfliegen (*Coelopa frigida* oder *Fucellia maritima*) unternehmen manchmal auch Wanderungen ins Binnenland. Vor allem werden sie dort von Reinigungsmitteln angelockt, in denen Trichloräthylen enthalten ist.

Versuche

① Untersuche an einem Tag etwa 1 m lange Strandabschnitte an verschiedenen Stellen. Vergleiche das Strandgut, lebendes und lebloses Material. Welche Objekte sind am häufigsten vertreten?

Strandflöhe (*Talitrus saltator*) gehören zu den am zahlreichsten vertretenen Tieren des Spülsaums.

② Achte einmal auf Holzstücke, die am Strand liegen und möglicherweise vom Pfahlwurm befallen sind. Woher stammt das Holz? Welcher Teil ist befallen? (Um die Tiere selbst zu sehen, mußt du das Holz aufspalten.)

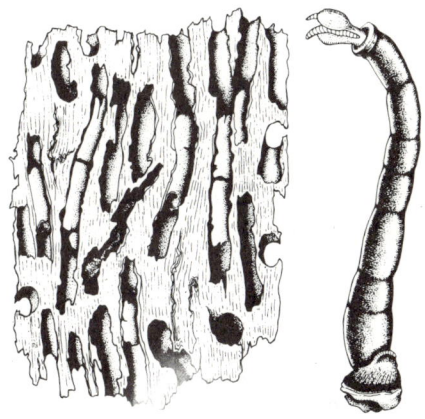

Treibholzstück mit Bohrgängen des Pfahlwurms (*Teredo navalis*). Dieses Tier sieht eher wie ein Wurm aus, gehört jedoch zu den Muscheln.

③ Gehe nach einem Sturm an den Strand. Findest du jetzt Reste von Pflanzen und Tieren, die dort sonst nicht auftreten? Vergleiche die Art des ausgeworfenen Strandguts mit dem gewöhnlicher Spülsäume.

Achtung! Sei beim Umgang mit Strandgut besonders vorsichtig mit angetriebenen Kanistern! Sie können giftige oder explosive Stoffe enthalten!

Felsküsten

Felsküsten sind verschiedenartiger als jeder andere küstennahe Lebensraum. Steil abfallende Klippen wechseln mit Brandungsterrassen, sanfte Hänge mit blockübersäten Buchten, kleine Säume und Gezeitentümpel mit tiefen Rinnen und Höhlen. Die Gesteinsstruktur bestimmt die groben Umrisse der Klippen wie auch die kleineren Klüfte, Riegel und Überhänge.

An offenen, brandungsexponierten Küsten trifft der ständige harte Wellenschlag eine unbarmherzige Auswahl der Arten, die auf dem Fels siedeln können. In geschützteren Buchten stellen die großen, reichlich vertretenen Tange für viele Tiere einen wirksamen Schutz dar, unter dem sie sich vor der austrocknenden Sonne oder dem heftigen Wind verbergen können. Sie bieten auch zahlreichen pflanzenfressenden Tieren ein reiches Nahrungsangebot. Geschützte Küstenabschnitte sind ein unvergleichlich artenreicher Lebensraum. Mehr als eintausend Pflanzen- und Tierarten siedeln auf den Felsbändern, in den Gezeitentümpeln, unter den Überhängen oder in den immer wasserbedeckten Gräben. Nur während der Springtidenniedrigwasser fallen die an der Grenze des Gezeitenbereiches siedelnden großen Braunalgen der Gattung Laminaria frei, und selbst dann sind nur die obersten Pflanzen der Bestände zugänglich, die sich weit hinunter bis an die Grenzen des eindringenden Lichtes erstrecken.

Felsküsten

Zonierung

An allen Felsküsten, ob
exponiert oder geschützt, fällt
auf, daß die Pflanzen und
Tiere nicht zufällig und wild
durcheinander vorkommen,
sondern nur in bestimmten
Zonen auftreten, die nach der
auffälligsten Leitart benannt
werden können.

Die Gliederung der Gezeitenzone

Eine Zone ist ein Gürtel oder Band
innerhalb des Gezeitenbereichs, in dem
eine bestimmte Art besonders auffällt.
Drei verschiedene Zonen werden von
den Biologen im wesentlichen unterschieden. Es sind dies die obere Flech-
tenzone, die mittlere Seepockenzone
und die untere Braunalgenzone. Genauer ist der Aufenthaltsort einer Art
oder eines Individuums mit Hilfe der
verschiedenen Gezeitenwasserstände anzugeben, für die Buchstabenkürzungen
benutzt werden (s. S. 136 unten). Die
Vertikalausdehnung des Vorkommens
einer bestimmten Tier- oder Algenart
kann sehr unterschiedlich sein, aber
keine einzige Art nimmt die gesamte
Breite zwischen ESTHW und ESTNW
ein.
Wenn alle Küstenprofile und Gesteins-
unterlagen gleich wären, würde die
Zonierung der Organismen vorhersagbar eintönig ausfallen. Trotz immer
wiederkehrender, gemeinsamer Züge ist
dies jedoch weitgehend nicht der Fall.
Flache, weiche Felsterrassen halten
wenig Wasser zurück und trocknen aus.
Steilere Flanken sind oft mit Tümpeln
und Rinnen ausgestattet, in denen das
Wasser stehenbleibt. Gerade hier können zahlreiche Arten auch recht weit
oben in der Gezeitenzone überleben.

Gründe für die Zonierung

Die Zonierungsbänder, die wir an einer
Gezeitenfelsküste beobachten, zeigen
deutliche Beziehungen zu den Gezeiten-
wasserständen. Die Aufenthaltsdauer
außerhalb des Wassers, die ein Organis-
mus ertragen kann, fällt je nach Art
verschieden aus, und so bleiben bestimmte Arten auf bestimmte Gürtel
der Gezeitenzone beschränkt. Außerdem spielen bei der Artenverteilung
auch der Wind, der durchschnittliche
Wellenschlag, das Küstenprofil oder die
Verwitterungsbeständigkeit des Gesteins
eine wichtige Rolle. Obwohl gerade die
von den einzelnen Arten unterschied-

▼ Gezeitenwasserstände und Gliederung der Gezeitenzone.

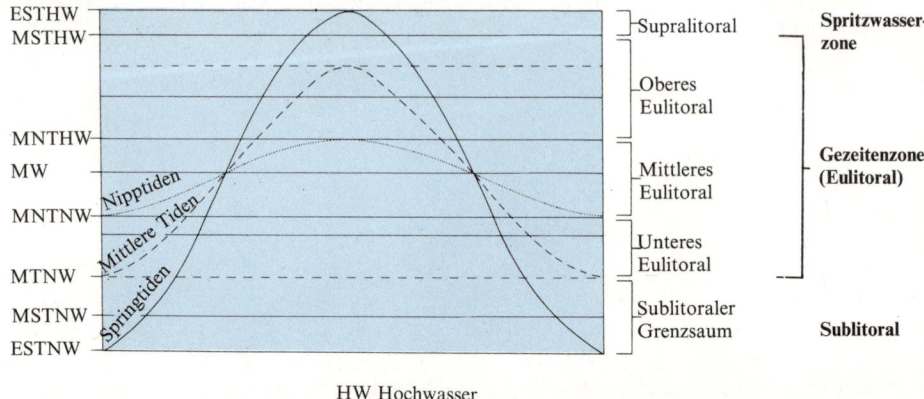

136

◄ An felsigen Gezeitenküsten ändert sich das Bild der Landschaft zwischen Wasserbedeckung bei Hochwasser und Trockenliegen bei Niedrigwasser erheblich. Der Tidenhub beträgt hier an dieser Küste rund 9 m. Bei Niedrigwasser (unten) wird eine Sandbank sichtbar. Die Grenze der Algenvegetation ist als dunkler Saum zu erkennen.

► Bei einem mittleren Springtidenhub von weniger als 3 m werden die Algenzonen an den Küsten so sehr zusammengeschoben, daß zwischen der Untergrenze des Rinnentangs und der Obergrenze der *Laminaria*-Arten nur knapp 2 m Zwischenraum liegen.

Versuche

① Vergleiche die Gehäuse von Purpurschnecken von exponierten und geschützten Felsküsten. Zeichne den Gehäuseumriß und die Schalenöffnung maßstabsgetreu auf Millimeterpapier. Welche Gehäuse haben die größere Öffnung? Warum könnte dies ein Anpassungsmerkmal oder ein Vorteil sein?

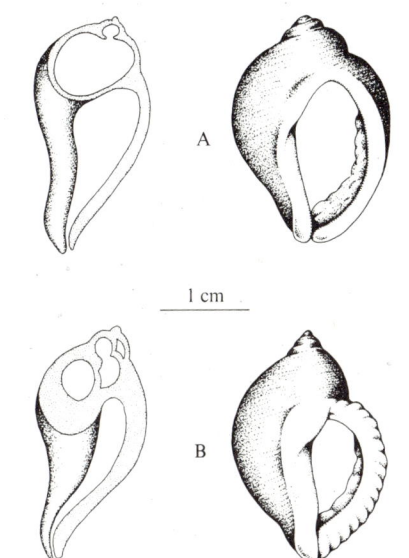

1 cm

Purpurschnecken (*Nucella lapillus*) von einer exponierten (A) und einer geschützten (B) Felsküste. Beachte die unterschiedliche Wandstärke und die Schalenöffnung.

② Markiere einige Strandschnecken (*Littorina littorina*). Zeichne die Lage der markierten Gehäuse im betreffenden Strandabschnitt auf. Beobachte in den folgenden Tagen, wie sich die Lage verändert. Welche Strecken haben die Schnecken zurückgelegt?

③ Suche dir im Bereich der Gezeitenzone eine von Algen, Seepocken und/oder Miesmuscheln bewachsene Mole oder ein ähnliches Stützwerk, an dem die Zonierung gut zu erkennen ist. Erkundige dich nach den Hoch- und Niedrigwasserzeiten eines bestimmten Tages und miß dann, wie lange die einzelnen Organismenzonen trockenliegen.

lich ertragene Trockenheit bei Ebbe für die auffällig scharfe Zonierung verantwortlich ist, sind an diesem Verteilungsbild sicher auch Raum- und Nahrungskonkurrenz zwischen den Arten beteiligt. Frei bewegliche Tiere wie Strandschnecken oder Napfschnecken können innerhalb ihres Lebensraums verschiedene Niveaus aufsuchen, kehren aber immer wieder in ihre bevorzugte Zone zurück, auch wenn man sie an eine andere Stelle versetzt. Die räumliche Konkurrenz unter den Arten ist gewaltig. Wenn man eine Felsfläche säubert, siedelt sich eine große Artenzahl in kurzer Zeit erneut an, von denen jedoch nur wenige dauerhaft bleiben werden.

Exponierte Küsten

An Küsten, die der anrollenden Brandung ungeschützt ausgesetzt sind, fallen die oberen, durch die schwarze Krustenflechte Verrucaria maura markierten Bereiche breiter aus und können sich bis zu 20 m oberhalb MSTHW erstrecken. An geschützten Küstenabschnitten oder in Gebieten mit geringerem Tidenhub können die Flechten-, Seepocken- und Brauntang-Zonen auf einen einzigen Gürtel von etwa 4 m Breite zusammengeschoben werden. An exponierten wird die Gezeitenzone im wesentlichen von Miesmuscheln und Seepocken eingenommen. Algen und Tange treten erst im Bereich der Niedrigwasserlinie auf. Die eßbare Braunalge *Alaria esculenta* verträgt heftigen Wellenschlag und kommt daher an exponierten Küsten in der Nähe der Niedrigwasserlinie vor.

Geschützte Küsten

Da sich keine zwei geschützten Küstenstriche völlig gleichen, wird man in der Häufigkeit der einzelnen Arten und ihrer Zonenbreite große Unterschiede finden. Dennoch kommen immer wieder die gleichen Arten vor. Die Artenfolge beginnt im Bereich der Flutmarke mit dem Rinnentang (*Pelvetia canaliculata*), der eine längere Austrocknung schadlos überstehen kann. Alle anderen Arten, die weiter unten in der Gezeitenzone wachsen, ertragen das Trockenliegen weniger gut. Blasentang (*Fucus vesiculosus*) und Knotentang (*Ascophyllum nodosum*) folgen mit meist breiten Besiedlungsbändern in der mittleren Gezeitenzone, während man in der unteren Gezeitenzone vor allem auf den Sägetang (*Fucus serratus*) trifft. Unterhalb der Niedrigwasserlinie (im Sublitoral) treten die großen *Laminaria*-Arten (Fingertang, Zuckertang) auf, die mit ihren langen, biegsamen Stielen in den Wogen hin- und herschwingen. Tange sind auf ihrer Unterlage mit großem Haftorganen festgewachsen. Bei den *Laminaria*-Arten sind diese verzweigt und krallenförmig, was wiederum als Anpassung an den bewegten Lebensraum zu verstehen ist. Die feinen Rotalgen siedeln überwiegend im Sublitoral und reichen weit hinunter bis in Bereiche, zu denen kein Tageslicht mehr vordringt.

Wohnen auf nacktem Gestein

Die auffälligsten tierischen Besiedler der Felsküsten sind die seßhaften, ständig am Substrat festsitzenden Arten, wie z. B. Seepocken und Miesmuscheln.

Seßhafte, mit dem Substrat sozusagen verwachsene Tiere können zur Ebbezeit nicht einfach davonkriechen oder weglaufen wie Strandschnecken und Krabben. Sie sind allen Schwankungen ihres Lebensraumes ausgesetzt, müssen hohe Temperaturen und Austrocknung an heißen Sommertagen, Regengüsse in jeder Jahreszeit und im Winter sogar Frostperioden ertragen können. An der Luft schließen die Muscheln ihre Klappen, und auch die Seepocken verriegeln von innen ihr Kalkgehäuse. Nur unter Wasserbedeckung öffnen sie ihre Behausungen und ernähren sich vom Partikelstrom des Wassers. Seepocken filtrieren die Nahrung mit Hilfe ihrer behaarten Beine aus. Miesmuscheln ziehen durch die Einfuhröffnung einen Atemwasserstrom ein und seihen dabei Nahrungspartikel auf den Kiemen aus. *Balanus balanoides* ist eine sehr häufig im Gezeitenbereich auftretende Seepocke, die etwa 3–5 Jahre alt werden kann, je nach bewohntem Gezeitenniveau. Seepocken der mittleren und unteren Gezeitenzone bleiben länger unter Wasserbedeckung und können daher über einen längeren Teil des Tages Nahrung herbeistrudeln. Sie wachsen daher rascher und werden schon nach einem Jahr geschlechtsreif. Dafür erreichen sie aber auch höchstens 3 Jahre Alter. Seepocken im oberen Gezeitenbereich haben nur kürzere Futterzeiten, wachsen langsamer, brauchen zwei Jahre zur Geschlechtsreife, können aber mit einer mittleren Lebenserwartung von fünf Jahren rechnen.

Seepocken und Miesmuscheln bringen eine Unzahl winziger Larven hervor. Diese Larven verbringen ihre erste Lebenszeit im Plankton und werden daher von Wasserströmungen weit verdriftet, ehe sie sich nach einigen Wochen irgendwo niederlassen und in adulte Tiere umwandeln. Die Cypris-Larve der Seepocken wird durch Sig-

▲ Dieses Stück Kalksteinfels ist nahezu lückenlos von Wirbellosen der Gezeitenzone besetzt: Purpurschnecken (*Nucella lapillus*), Miesmuscheln (*Mytilus edulis*), Napfschnecken (*Patella vulgata*) und Seepocken (*Balanus balanoides*).

▶ Miesmuscheln öffnen unter Wasser ihre Schalen und saugen mit dem Atemwasser Nahrung ein.

▶ Strandschnecke (*Littorina littorea*)

◄ Seepockenlarven (*Balanus balanoides*) werden durch Signalstoffe der erwachsenen Tiere zum Ansiedlungsplatz gelockt.

▲ Napfschnecken (*Patella vulgata*) haben sich in die weiche Gesteinsunterlage einen Ankerplatz eingeschmirgelt. Rechts einige verlassene Vertiefungen.

Obwohl Seepocken wie auch Miesmuscheln eine recht harte Schale aus festem Kalkmaterial besitzen, werden sie von anderen Tieren als Nahrung aufgenommen und können sich dagegen nicht einmal wehren. Purpurschnecken ernähren sich von Seepokken, indem sie deren Schalenverschlüsse öffnen. Miesmuschelschalen werden dagegen aufgebohrt.

Napfschnecken, Strandschnecken, Bukkelschnecken und Purpurschnecken sind bewegliche, hartschalige Mollusken der Gezeitenzone. Bei Trockenfallen während des Tages setzen die Napfschnecken mit der Beweidung ihres Lebensraumes aus und klammern sich fest an die Unterlage. Jede Napfschnecke hat einen festen Ankerplatz, den sie millimetergenau nach Beendigung ihrer Weidegänge wieder aufsucht. Auf weichem Sandsteinfels schmirgelt sich die Napfschnecke mit Schalenbewegungen eine passende Vertiefung zurecht, in die sie gerade hineinpaßt. Auf härterem Fels wird die Schale ihrerseits zurechtgefeilt, um exakt auf die feinsten Unebenheiten des Ruheplatzes zu passen. Der große Fuß der Schnecke wirkt wie eine Saugscheibe, die das Tier erstaunlich fest an seiner Unterlage anheftet.

Napfschnecken ernähren sich vom Aufwuchs mikroskopisch kleiner Algen auf den Felsoberflächen. Sie weiden die Algenbestände mit einer langen, bandförmigen Radula ab, die sich dabei stark abnutzt, jedoch ständig erneuert wird. Während ihres ersten Lebensjahres muß eine Napfschnecke den Algenbestand von 75 Quadratzentimeter Felsfläche für jedes Gramm Körpergewicht abweiden. Sie kann in dichten Populationen vorkommen (mehr als 150 wurden schon auf einen Quadratmeter gezählt), und ihre ausdauernden Weidegänge lassen kaum die Ansiedlung größerer Algen zu. Das Ausmaß der Beweidung konnte man 1969 nach der Torrey Canyon-Ölkatastrophe vor der Küste Cornwalls beobachten, als alle Napfschnecken vom Öl getötet wurden. Schon kurze Zeit später waren alle Felsen von Grünalgen, die das Desaster überlebt hatten, dicht besiedelt. Die Gehäuseform der Napfschnecken wird in bestimmten Grenzen vom Wellenschlag bestimmt, dem sie ausgesetzt sind. Napfschnecken in Gezeitentümpeln haben flachere Gehäuse mit einer breiteren Basis als solche von exponierten Küstenbereichen, die hohe Gehäuse mit schmalerer Basis entwickeln. Der Grund leuchtet ein: Schnecken exponierter Standorte müssen sich häufig und lange am Substrat anklammern. Dadurch wird auch ihr Mantelgewebe nach innen gezogen und das Gehäusewachstum eingeengt.

nalstoffe, die die Adulten abgeben, angelockt und findet auf diese Weise zusagende Siedlungsplätze. Sobald eine Seepocke sich festzementiert hat, ist sie auf Lebenszeit gebunden und muß daher ihre Partner rechtzeitig vorher aufsuchen. Miesmuscheln leben ebenso eng zusammen, unter anderem auch deswegen, damit ihre ins Wasser entlassenen Eier auch tatsächlich befruchtet werden können.

Versuche

1 Suche dir einen kleinen Stein oder eine Muschel, auf der lebende Seepocken sitzen (tote haben in der Gehäusemitte ein offenes Loch). Bringe sie in eine Klarsichtdose mit frischem Seewasser und beobachte, wie sich die Schalen öffnen und die Gliedmaßen hervorgestreckt werden. Miß mit einer Stoppuhr die Zahl der Schläge, die sie mit ihren Beinen pro Minuten ausführen und bestimme gleichzeitig die Wassertemperatur. Setze sie in kälteres und wärmeres Wasser und wiederhole die Messung. Was stellst du fest?

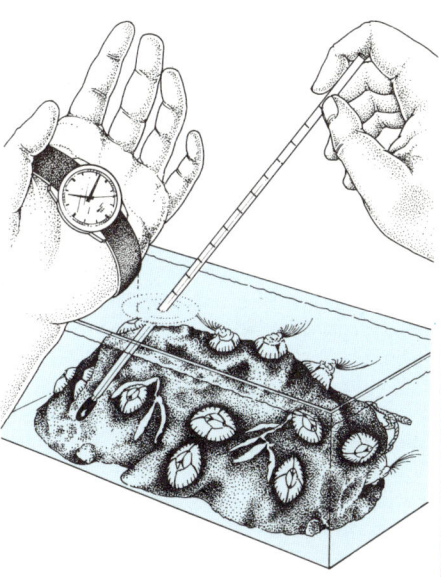

2 Achte beim Sammeln auf leere Miesmuschelschalen mit einem Loch. Befindet sich das Loch immer an der gleichen Stelle? Wird es an einer dicken oder dünnen Stelle angebracht?

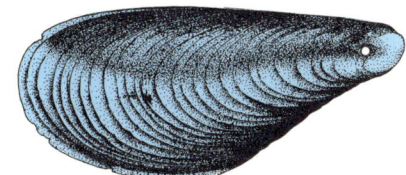

Miesmuschelschale mit Bohrloch der Purpurschnecke

3 Suche nach Fraßspuren pflanzenfressender Schnecken. Kann man die verschiedenen Arten an ihren Fraßspuren erkennen? Fallen diese Spuren zu bestimmten Zeiten besonders auf?

Fraßspur der Napfschnecke (*Patella vulgata*)

Feucht bleiben – aber wie?

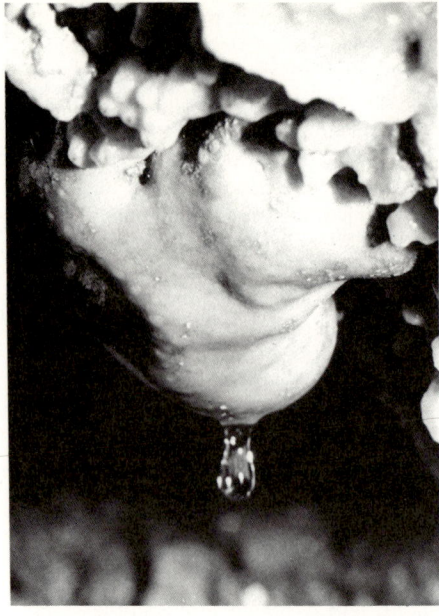

Wenn Organismen der Gezeitenzone von der Ebbe an die Luft gesetzt werden, besteht die Gefahr der Austrocknung, wenn nicht besondere Anpassungen die Wasserverluste einschränken.

Im täglichen Gezeitenrhythmus müssen die Lebewesen des Eulitorals große Temperaturunterschiede über sich ergehen lassen. Starke Sonneneinstrahlung und Temperaturerhöhung, verbunden mit ständigem Wind, erniedrigen die relative Luftfeuchtigkeit und beschleunigen daher den Wasserverlust der freigefallenen Pflanzen und Tiere. Gezeitenorganismen müssen daher besondere Vorsorge treffen, um ihren Wassergehalt nicht unter kritische Werte absinken zu lassen. Verschiedene Möglichkeiten sind dazu denkbar. Es liegt nahe, bei drohender Austrocknung einen nahegelegenen Gezeitentümpel aufzusuchen, um der Trockenheit auf dem nackten Gestein zu entgehen. Solche Tümpel sind aber keineswegs die beste Lösung. Daher suchen die meisten frei beweglichen Tiere auch lieber Schutz und Schatten in Spalten oder unter Steinen und Algen. Zu ihnen gehören etwa Krabben, Nacktschnecken, Seeigel, Fische und Seesterne. Kleine Tiere verlieren durch Verdunstung ihr Wasser schneller als große Tiere, da sie im Vergleich zum Volumen eine große Oberfläche aufweisen.

Große Algen, besonders die Arten der Gezeitenzone, können die Hälfte ihres Wassers verlieren, ohne daß ihre Zellen dadurch geschädigt werden. Rinnentang nimmt die oberste Position im Litoral ein. Seine kurze Wuchsform, die eingerollten Ränder sowie die schmalen, bandförmigen Abschnitte darf man sicher als Anpassungen deuten, die der Pflanze helfen, eine totale Austrocknung zu erleiden. Auch die lang herabhängenden Bänder der *Fucus*-Arten schützen sich gegenseitig. Landinsekten schützen sich vor Wasserverlusten mit einem wachsartigen Überzug. Ebenso setzen verschiedene Würmer, Mollusken und Krebstiere ihre harte äußere Schale als Barriere gegen die Austrocknung ein. Wenn festsitzende Miesmuscheln und Seepocken bei

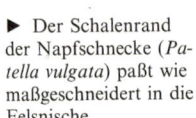
▲ An den Wänden dieser bei Niedrigwasser zugänglichen Höhle leben viele Krustentiere, z. B. der Schwamm *Pachymatisma johnstoni*, der sich in dieser dauerfeuchten Umgebung sehr wohl fühlt.

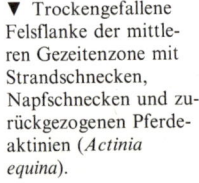
▶ Der Schalenrand der Napfschnecke (*Patella vulgata*) paßt wie maßgeschneidert in die Felsnische.

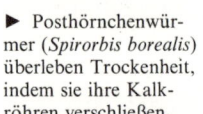
▼ Trockengefallene Felsflanke der mittleren Gezeitenzone mit Strandschnecken, Napfschnecken und zurückgezogenen Pferdeaktinien (*Actinia equina*).

▶ Posthörnchenwürmer (*Spirorbis borealis*) überleben Trockenheit, indem sie ihre Kalkröhren verschließen.

Ebbe trockenfallen, schützen sie ihre empfindlichen Weichteile durch dichten Verschluß ihrer Klappen. Napfschnecken drücken ihre Gehäuse fugenfrei auf die Unterlage. Strandschnecken und Purpurschnecken können sich nicht derart dicht an den Fels schmiegen. Sie kriechen deshalb lieber in Fugen und Spalten unter schattigen Überhängen. Notfalls können sie sich jedoch auch ganz in ihr Gehäuse zurückziehen und den Eingang mit einem hornigen Deckel verschließen.

Mollusken, die länger der Luft ausgesetzt sind, haben gewöhnlich dickere Schalen als solche, die immer unter Wasser bleiben. Das gilt selbst für Individuen der gleichen Art. Vielborstige Würmer, die besonders an Sandstränden vertreten sind, kommen auch an Felsküsten vor. Dort bauen sie sich allerdings eine dicke Wohnröhre aus Kalk, die ebenso abdichtet wie eine Molluskenschale. Vor allem auf größeren Braunalgen findet man sehr zahlreich die kleinen, schneckenähnlichen Posthörnchenwürmer (*Spirorbis borealis*), während die größeren und unregelmäßig geformten Gehäuse des Dreikantwurms (*Pomatoceros triqueter*) auf Steinen und in leeren Molluskenschalen zu sehen sind. Wenn diese Würmer

trockenfallen, ziehen sie ihren federigen Kiemenkranz zurück und verschließen die Röhre mit einem Deckel.

Menschliche Wesen versammeln sich in großen Scharen am Sandstrand, um sich dort von der Sonne rösten zu lassen. Die Tiere des Felswatts verhalten sich eher umgekehrt. Wenn sie keine besonderen Anpassungen für das Leben an der Sonne haben, ziehen sie sich lieber zurück. Das bedeutet, daß die meisten Tiere an einem sonnigen Sommertag bei Niedrigwasser außer Sicht sind. Ein Besuch der gleichen Stelle an einem kühlen regnerischen oder nebligen Tag würde ein Vielfaches an Aktivität vorführen. Unter solchen Bedingungen trocknen die Steine und Felsflächen nicht allzu schnell ab, und die relative Luftfeuchtigkeit bleibt hoch (etwa 85–90%). Jetzt kann man die Napfschnecken mit erhobenem Gehäuse die Felsen abweiden sehen. Die Stumpfen Strandschnecken (*Littorina obtusata*) bleiben auf den Braunalgen sitzen, und der auffällige Grüne Borstenwurm (*Eulalia viridis*) eilt über die seepockenbewachsenen Felsen.

In Fugen und Spalten geht die Verdunstung weitaus weniger schnell vonstatten als auf dem freien Gestein. Daher können einige Arten auch wirksamen Schutz in solchen Rückzugsräumen ihres Biotops finden, dafür jedoch auch viel höher in der Gezeitenzone leben. Sogar solche Organismen findet man in höher gelegenen Spalten, unter schattigen Überhängen oder gar in dunklen Höhlen, die eigentlich dem Sublitoral angehören.

Die Zwischenräume in einer Seepockenpopulation stellen winzige Fugen dar, in denen das Wasser sich ebenfalls länger hält als auf der freien Fläche. Folglich wird man auch dort einen eigenen Mikrokosmos aus Algen, Würmern und winzigen Krebschen entdecken.

Tiere, die dem Felswatt weitgehend fehlen, sind die Insekten. Sie haben eher das umgekehrte Problem wie die meisten Gezeitenbewohner, denn sie müssen auf jeden Fall trocken bleiben. Vermutlich haben sie deswegen keine Anstrengungen unternommen, sich den Lebensraum Meer auch noch zu erobern.

Versuche

1 Gehe an einem trockenen, heißen Tag auf ein Felswatt und zähle die Strandschnecken, die innerhalb einer 1 m² großen Fläche auf den Braunalgen (*Fucus* sp.) zu sehen sind. Suche die gleiche Stelle an einem regnerischen Tag auf. Wiederhole die Zählung. Gibt es Unterschiede?

Eine Strandschnecke (*Littorina littoralis*) mit ausgestreckten Fühlern.

2 Vergleiche die Verdunstungsraten von Wasser unter unterschiedlichen Bedingungen. Nimm dazu 4 gleichgroße Gefäße und fülle jedes mit der gleichen Menge Leitungswasser. Markiere den Wasserstand mit Filzstift. Stelle ein Gefäß kühl, eines warm auf. Die beiden anderen halte bei Raumtemperatur, wobei eines mit einem Stück Pappe abgedeckt wird, das andere zusätzlich noch eine Schicht Öl über die Wasserschicht bekommt. Laß alle Gefäße 1 Woche unberührt stehen. Miß nun den Wasserverlust (Filzstiftmarke – neuer Wasserstand). Welches Gefäß hat den größten Wasserverlust? Welches verlor offenbar kein Wasser?

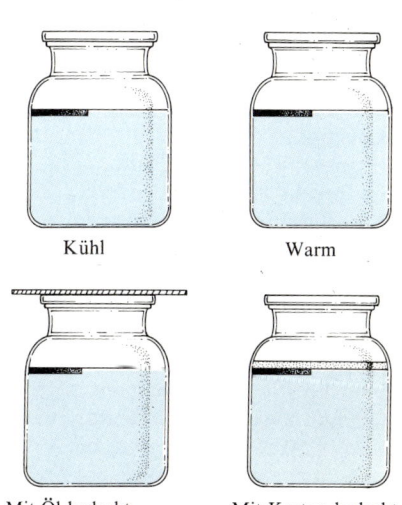

Kühl   Warm

Mit Öl bedeckt (Raumtemperatur)   Mit Karton bedeckt (Raumtemperatur)

Krabben

Obwohl Krabben durchaus nicht auf den Lebensraum des Felswatts beschränkt sind, treten sie hier ganz besonders in Erscheinung. Besonders zur Nachtzeit gehen sie auf Nahrungssuche

Fortbewegung

Krabben sind eine außerordentlich vielgestaltige Tiergruppe. Selbst unsere europäischen Arten führen alle möglichen Form-, Farben- und Größenunterschiede vor. Die meisten Arten besitzen 5 Paar Laufbeine. Das erste Laufbeinpaar endet in kräftigen Greifscheren. Krabben kann man danach einteilen, wie sie sich fortbewegen. Die meisten Arten des Felswatts kriechen oder laufen, so etwa die Strandkrabbe, der Graue Porzellankrebs und die besonders langbeinigen Seespinnen. Der Taschenkrebs, der statt Flußkrebs oder Hummer manchmal als Symbol für eines der Tierkreiszeichen verwendet wird, ist ein eher langsamer Vertreter dieser Gruppe mit besonders dickem Panzer und respektablen Scheren. Er lebt bevorzugt unterhalb der Niedrigwasserlinie in den tieferen Bereichen des Sublitorals.

Eine zweite Gruppe von Krabben bewegt sich schwimmend fort. Die verschiedenen Arten der Familie Portunidae sind aktive Jäger, die ihre Beute schwimmend verfolgen, wobei sie die flächig verbreiterten Glieder ihrer Hinterbeine als Antrieb und Ruder einsetzen. Die Samtkrabbe ist eine sehr auffällige und unbändige Art mit hellroten Augen und bläulicher bis purpurner Körperzeichnung. Französische Fischer nennen sie le crabe enragé – die wildgewordene Krabbe. Nur wenige Krabben vergraben sich im Sand.

Ernährung

Krabben nehmen sowohl tote, organische Reste wie auch lebende Nahrung an. Porzellankrebse und Einsiedlerkrebse stöbern im Detritus herum, führen ihn zur Mundöffnung und filtrieren die feineren Teilchen heraus. Räuberisch lebende Arten wie Strandkrabbe, Samtkrabbe und Taschenkrebs sind mit kräftigen Greifscheren ausgestattet, mit denen sie ihre Beute – meistens Mollusken – festhalten und zerlegen. Die mehr im südlichen Teil des Atlantik vorkommende Schamkrabbe bricht Muschelschalen stückweise aus-

▶ Wenn die Samtkrabbe (*Macropipus ruber*) sich im Flachwasser ausruht, erkennt man die flachen Schwimmbeine gut. Bei Störung richtet sie sich auf und streckt die geöffneten Greifscheren drohend vor.

▼ Samtkrabben-Weibchen von unten. Unter dem Hinterleib wird das Eipaket getragen.

◀ Bei Gefahr schlüpft der Einsiedlerkrebs (*Pagurus bernhardus*) sofort in sein Schnekkenhaus und verschließt den Eingang mit seiner Greifschere.

▲ Die Gespenst- oder Maskenkrabbe (*Macropodia rostrata*) tarnt sich mit verschiedenen Rot-, Grün- und Braunalgen an den Beinen und am Körper.

▲ Die Große Seespinne (*Maia squinado*) zieht zum Schutz ihre Beine ganz nahe an den Körper.

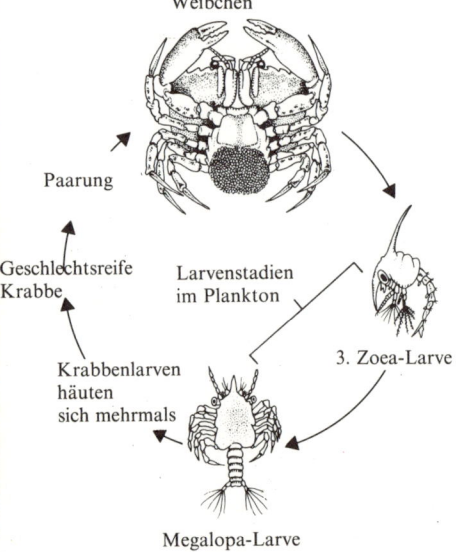

Eiertragendes Weibchen

Paarung

Geschlechtsreife Krabbe

Larvenstadien im Plankton

3. Zoea-Larve

Krabbenlarven häuten sich mehrmals

Megalopa-Larve

Entwicklung der Strandkrabbe (*Carcinus maenas*)

einander, um an die weichen Innenteile zu gelangen. Taschenkrebse buddeln bestimmte Muschelarten sogar noch aus 20 cm Bodentiefe aus.

Häutung

Bei vielen Tieren verläuft das Wachstum schrittweise ohne auffällige Entwicklungssprünge. Das harte Außenskelett der Krabben erfordert in dieser Hinsicht jedoch eine andere Lösung. Ihr fester Kopfbrustschild (Carapax) schützt sie vor vielen Fraßfeinden, doch kann er sich nicht strecken oder dehnen und der Größenzunahme laufend angepaßt werden., Daher wird er von Zeit zu Zeit abgestreift, nachdem sich darunter ein neuer, größerer Panzer entwickelt hat. Wenn das alte Skelett aufplatzt, steigt die Krabbe wie aus einem Anzug daraus aus. Anfangs ist ihr neuer Panzer jedoch noch recht weich und verletzbar. Frisch gehäutete Krabben halten sich daher noch eine Weile verborgen, um ihren Feinden zu entgehen. In diesem Stadium sind sie besonders auch als Angelköder sehr gefragt. Die Häufigkeit der Häutung nimmt mit zunehmendem Alter ab.

Während ihres ersten Lebensjahres häutet sich eine Krabbe bis zu zwölf Mal, anschließend jedoch nur noch zweimal jährlich. Wenn sich Einsiedlerkrebse häuten, wechseln sie meist auch ihr Schneckenhaus aus.

Autotomie

Ähnlich wie die Eidechsen, die ihren Schwanz abwerfen und vor den Augen des verblüfften Verfolgers zurücklassen, können auch Krabben an vorbestimmten Abbruchstellen ihre Beine abtrennen. Diese als Autotomie bezeichnete Einrichtung ist eine wirksame Anpassungsleistung zum Entkommen aus kritischen Situationen. Wenn eine Krabbe in Bedrängnis gerät, etwa weil ein Stein oder ein Fraßfeind Druck auf eines der Beine ausübt, kann sie einen besonderen Muskel betätigen, der das Bein nahe am Carapax abbrechen läßt. Dieser Vorgang wird reflektorisch ausgelöst. Abgeworfene Laufbeine können erst wieder nach der folgenden Häutung erneuert werden. An der Wundstelle wird auch sofort ein Verschluß angebracht, der den Verlust von Körperflüssigkeit verhindert. Wenn eine Krabbe ein oder zwei Laufbeine verliert, ist sie in ihrer Beweglichkeit kaum eingeschränkt. Schlimmer ist dagegen der Verlust eines Scherenbeins, das sie unbedingt zur Ernährung benötigt.

Verkleidung

Krabben verstehen es meisterhaft, sich ihrer Umgebung farblich anzupassen. Unglaublich raffiniert stellen es jedoch die Seespinnen an. Auf ihrem sehr unebenen, mit Stacheln und Vorsprüngen versehenen Panzer siedeln sich verschiedene Algenarten an. Zusätzlich werden aber auch noch Algenstückchen aufgepflanzt, so daß eine fertig maskierte Krabbe aussieht wie ein wandelndes Herbarium. Die Wollkrabbe trägt zur Tarnung meist einen Schwamm oder Ascidien auf ihrem Rücken herum, die sie mit einem Laufbeinpaar festhält. Zusätzlich bewirft sie sich mit Sand und Schill, die in ihrem pelzigen Besatz haften bleiben.

1 Versuche die Geschlechter von Strandkrabben anhand der Hinterleibssegmente zu unterscheiden. (Beim Weibchen umfaßt der Hinterleib 7 Segmente und erscheint rundlich, beim Männchen scheinen es 5 Segmente zu sein und er ist eher spitz zulaufend). Sind Männchen und Weibchen in der Population gleich häufig vertreten?

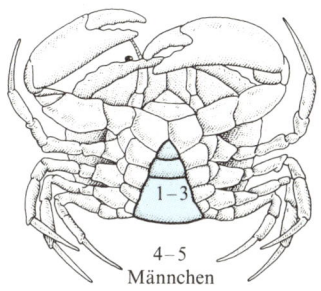

4–5
Männchen

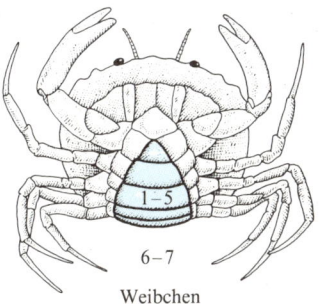

6–7
Weibchen

Unterseite von Männchen und Weibchen der Strandkrabbe (*Carcinus maenas*) mit den unterschiedlich geformten Hinterleibssegmenten.

2 Gehe bei Niedrigwasser auch einmal nachts an einen Felsstrand und beobachte mit der Taschenlampe die Krabben bei der Nahrungssuche. Wähle für deine Exkursion ein Gelände aus, das du auch schon tagsüber aufgesucht hast und in dem du dich gut auskennst. Wieviel verschiedene Krabben-Arten erkennst du? Sind im oberen Gezeitenbereich die gleichen Arten zu finden? Gibt es hier mehr Individuen? Wovon ernähren sie sich? Zeigen die einzelnen Arten bestimmte Vorlieben?

Diese Strandkrabbe hat eine Napfschnecke in ihren Zangen. (Bei Nacht geblitzt.)

Die Erhaltung der Art

Jedes Individuum muß reichlich Nachkommenschaft hervorbringen, damit die Art überlebt. Bei den Tieren des Felswatts werden dazu verschiedene Wege beschritten.

Verschiedene Möglichkeiten der Vermehrung

Seeanemonen und ihre entfernten Verwandten, die Hydroidpolypen, vermehren sich (überwiegend) ungeschlechtlich ohne jeden Paarungspartner. Sie schnüren an einer bestimmten Stelle ihres Körpers eine Knospe ab, die mit dem Mutterindividuum genetisch völlig identisch ist und wie eine stark verkleinerte Ausgabe der Art aussieht.

Der größte Teil der Arten vermehrt sich jedoch (auch) geschlechtlich, indem besondere Fortpflanzungszellen (Gameten) ausgebildet werden. Weibliche Gameten (Eizellen) werden durch männliche (Spermazoiden) befruchtet. Die unbefruchteten oder befruchteten Eier können direkt ins freie Wasser abgegeben oder an Steinen, Algen und anderen Oberflächen befestigt werden. Außerdem können die Larven auch noch im Körper des Weibchens ausschlüpfen.

Der Gefleckte Seehase (*Aplysia punctata*) ist eine Schnecke mit inneren Schalenresten. Sie nimmt eine Übergangsstellung zwischen den Nackt- und den Gehäuseschnecken ein. Im Frühjahr suchen sie den Strandbereich auf und bilden dann Zeugungsketten aus bis zu sechs Individuen. Jeder Seehase verhält sich zu seinem vorderen Paarungspartner als Männchen und zum hinteren als Weibchen. Die Laichbänder werden zwischen Tang abgelegt und ähneln einem Bund unsauberer rosafarbener Wolle.

Die Mehrzahl der Tiere des Felswatts sind getrenntgeschlechtlich. Nur ein Teil der Arten paart sich jedoch, um eine Kreuzbefruchtung der Eizellen sicherzustellen. Viele entlassen die Eier und Spermatozoiden einfach ins Wasser und lassen dort die Befruchtung ablaufen.

Das Ablaichen

Jede Art von Fortpflanzung ist mit Energieaufwand und -verlust verbunden. Es ist deshalb wichtig, durch

▲ Seepocken (*Balanus crenatus*) bei der Paarung. Die zwittrigen Tiere tauschen ihre Fortpflanzungszellen über einen penisartigen Fortsatz (rechts) aus.

▲ Das Männchen der Paganellgrundel (*Gobius paganellus*) hält am Gelege Wache.

▶ Bei den Schlangennadeln (*Nerophis lumbriciformis*) tragen die Männchen das Gelege in einer Doppelreihe auf der Bauchseite, bis die Larven schlüpfen.

▶ Der Kleingefleckte Katzenhai (*Scyliorhinus caniculus*) legt eigentümliche Eikapseln ab, die mit langen Fortsätzen am Tang befestigt werden. Jedes Ei enthält einen großen Dottervorrat.

besondere Anpassungen die Erfolgschancen zu erhöhen. Eine Reihe von Arten bildet beispielsweise Paarungsgemeinschaften. Seespinnen sammeln sich in großen Mengen vor der Küste. Purpurschnecken finden sich zur Laichablage zu mehreren in Felsspalten ein, um dort ihre gelben, flaschenförmigen Eikapseln abzusetzen. Andere Tierarten, die ihre Gameten einfach ins Wasser abgeben, erhöhen die Wahrscheinlichkeit einer erfolgreichen Befruchtung dadurch, daß Eizellen und Spermatozoiden möglichst gleichzeitig ausgestoßen werden. Dafür wird ein besonderer Zeitgeber benötigt, und in vielen Fällen ist es der Mond, der die Gametenfreisetzung auslöst. Borstenwürmer,

Strandschnecken, Miesmuscheln, Seeigel und Seesterne werden in ihrem Fortpflanzungsverhalten vom Mond gesteuert.

Obwohl der Grüne Seeringelwurm (*Nereis virens*) ein Bewohner des Sandwatts ist, gilt er als ein besonders interessantes Beispiel für eine Tierart, die ihren Lebenszyklus nach dem Mond einrichtet. Die geschlechtsreifen Tiere, bis etwa 70 cm lang, schwärmen im Kattegat bei Vollmond im April. Sie suchen dabei in unglaublichen Mengen die Wasseroberfläche auf. Ihre Körper sind mit Gameten vollgestopft. Eizellen und Spermatozoiden werden in das Wasser entlassen. Aus den befruchteten Eiern schlüpfen planktisch lebende

◄ Purpurschnecken (*Nucella lapillus*) mit ihren weizenkornförmigen Eikapseln.

▼ Ein Pärchen der Gelben Sternschnecke (*Archidoris pseudoargus*). Diese Nacktschnecken legen ihre ansehnlichen Laichbänder an Steinen in der Gezeitenzone ab. Diese Laichbänder enthalten Unmengen winziger Eier.

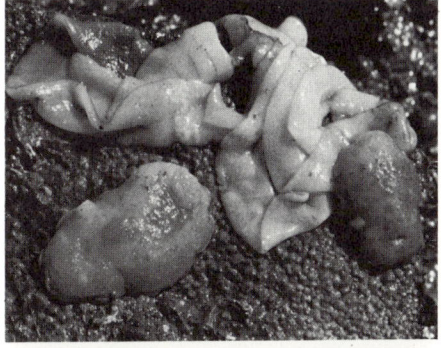

Larven aus. Nach dem Ablaichen sterben die Tiere ab, doch halten vorher Möwen und Plattfische noch einmal reichliche Mahlzeit.

Das Schicksal der Eier

Am ehesten erfährt man etwas über die Fortpflanzungsaktivitäten, wenn der Laich in Strandnähe abgelegt wird. Viele Mollusken legen auffällige Eimassen ab, Purpurschnecken in Form von Eikapseln, Nacktschnecken als lange Laichbänder, Wellhornschnecken als Laichballen. In den großen Eimassen der Tintenfische sind mitunter 30 000–50 000 Eier enthalten. Der Grüne Borstenwurm *Eulalia viridis* legt seinen Laich in gelatinösen, bläulich-grünen

Säckchen ab, während die Eier von Katzenhaien in großen bräunlichen, sehr hornigen Kapseln untergebracht werden. Diese Eikapseln haben an allen vier Ecken lange Fortsätze, mit denen sie an Tang festgebunden werden. Brutfürsorge ist eher eine Ausnahme. Einige Tierarten tragen das Gelege eine Weile mit sich herum, bis die Larven geschlüpft sind. Besonders ist dies bei den verschiedenen Garnelen, Krabben und Krebsen verbreitet, bei denen die Weibchen die Eier tragen.

Die Produktion planktischer Larvenstadien ist ein wichtiges Verbreitungsmittel derjenigen Tierarten, die als Erwachsene seßhaft leben. Dadurch können freigewordenen Lebensräume rasch besiedelt werden. Andererseits sind die im Plankton lebenden mikroskopisch kleinen Larven aber auch eine wichtige Nahrung aller Filtrierer. Um die zu erwartenden Verluste der Jugendstadien auszugleichen, müssen enorme Mengen an Eiern produziert werden. Beim Taschenkrebs sind es an die drei Millionen. Auch die Eier selbst werden gefressen. Purpurschnecken legen mehrere hundert Eier in jede ihrer Eikapseln. Davon sind die meisten jedoch steril und dienen als Nähreier für die etwa 10–12 befruchteten Eier. Die Nacktschnecke *Calma glaucoides* ernährt sich fast ausschließlich vom Laich litoraler Fische, besonders von dem der Grundeln. Bis 60 Schnecken wurden schon an einem einzigen Eipaket gefunden. Der Seehase (*Cyclopterus lumptus*), ein bis 50 cm großer Fisch, legt große Eimassen an Felsen und Steine der Gezeitenzone. Wenn sie dort bei Ebbe freifallen, fallen sie Seevögeln leicht zur Beute, aber auch Ratten, die man mitunter am Strand antrifft.

Katzenhaie und Rochen setzen alle Mühe in die Produktion nur weniger, dafür aber sehr dotterreicher Eier. Dadurch werden die Embryonen bestens ernährt und können auf etwa 10 cm Körperlänge heranwachsen, wenn sie 8–10 Monate später ausschlüpfen. Diese verlängerte Eientwicklung bis zum Schlüpfen der Jungtiere bedeutet aber auch, daß die Sterblichkeitsrate in den frühen Entwicklungsstadien im Vergleich zu den Arten mit planktischen, rasch schlüpfenden Larven relativ gering ist.

Versuche

1 Stelle dir aus Draht einen quadratischen Rahmen mit 5 cm Seitenlänge her. Zähle in verschiedenen Niveaus der Gezeitenzone die Seepocken innerhalb dieses Rahmens aus. Wo sind die meisten? Leben hier auch andere festsitzende Arten?

2 Vergleiche die Häufigkeit verschiedener Altersgruppen innerhalb des Zählquadrats. (Die Gehäuse werden mit zunehmendem Alter immer größer.)

Zählquadrat für Populationsuntersuchungen an Seepocken.

3 Schaue im Frühjahr nach Gelegen – nimm aber keine weg! Gibt es Unterschiede in der Wahl des Laichplatzes? Kann man für bestimmte Arten einen bestimmten Gezeitenbereich angeben?

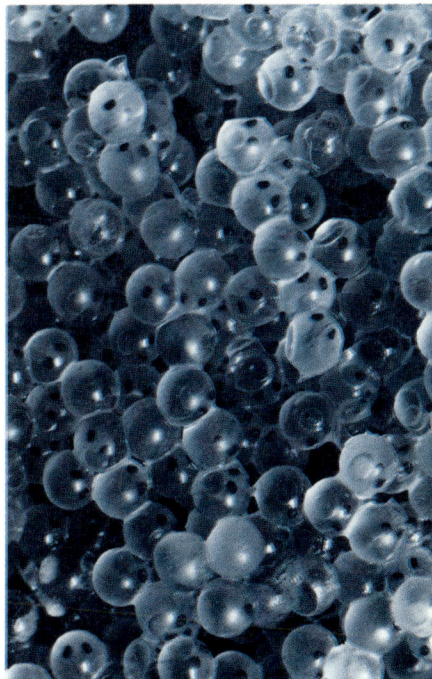

Nahaufnahme eines Seehasen-Geleges (*Cyclopterus lumpus*). In jedem Ei ist das Augenpaar des Fischembryos zu sehen. Die Eier kommen gefärbt als falscher Kaviar in den Handel.

Felsküsten

Unter Tang und Steinen

Die Unterseiten größerer Steine im Felswatt, die von der Brandung selten bewegt werden, und ebenso die Haftkrallen der großen Tange tragen einen reichen Besatz krustenförmig wachsender Organismen.

Zwischen dem anstehenden Fels und den großen darauf liegenden Gesteinsblöcken bleibt ein Zwischenraum, der von der Brandung nicht erreicht wird und seine Bewohner außerdem vor rascher Austrocknung schützt. Zwischen den Arten, die auf der Unterseite eines solchen Steines wachsen, und denen, die die Oberseite besiedeln, gibt es erhebliche Unterschiede. Da die Oberflächen der Sonne und der Luft ausgesetzt werden, wenn die Ebbe eintritt, können dort nur Organismen überleben, die Wind, Temperaturschwankungen und mäßige Austrocknung vertragen. Algen und Tange, die Felsflanken besiedeln, kommen auf der Oberseite größerer Steine ebenso vor wie hartschalige Tiere (Seepocken, Miesmuscheln, Napfschnecken). Eine scharfe Grenzmarke trennt diejenigen Arten, die wie die Algen unbedingt Licht für die Photosynthese brauchen, von anderen, die auch in der Dämmerung oder sogar im Dunkeln leben können. Vorausgesetzt, daß die Steine nicht in feines Sediment aus Sand und Schill eingebettet sind, ist ihre Unterseite mit einer erstaunlich artenreichen Fauna besetzt, sowohl mit krustenförmigen Organismen als auch mit solchen, die sich noch frei bewegen können. Übereifrige Sammler suchen häufig das Felswatt nach eßbaren Krabben ab und drehen dabei alle erreichbaren Steine um. Leider vergessen sie, die Blöcke wieder in ihre ursprüngliche Lage zu drehen, und dies schädigt die Lebewesen der Unterseiten ebenso wie die oberseits siedelnden Algen, die nun auf dem Fels zermalmt werden. Festsitzende Schwämme, Röhrenwürmer, Seescheiden und Lederkorallen überziehen die Gesteinsunterseiten mit einem dichten, vielfarbigen Teppich. Schwämme können dabei fast alle Färbungen annehmen, gelb, grün, hellorange oder sogar marineblau ausfallen. Zu dieser Palette bilden die

▲ Kerfen (*Trivia monacha*) fressen an einer koloniebildenden Seescheide (*Didemnum gelatinosum*) auf der Unterseite eines Steins.

▶ Diese Seewalze (*Cucumaria normani*) hält sich unter einem Stein fest. Die Saugfußreihen sind gut erkennbar. Am Vorderende des Tieres befindet sich ein Tentakelkranz, der der Nahrungsaufnahme dient.

▲ Brotkrumenschwämme (*Halichondria panicea*) überziehen mit flachen Krusten die Unterseite von Steinen. Die kleinen löchrigen Erhebungen sind die Atemwasseröffnungen.

▼ Außerhalb des Wassers hängen Wachsrosen (*Anemonia sulcata*) schlaff vom Felsen. Im Unterschied zu den Pferdeaktinien können die Wachsrosen ihre Tentakel nicht zurückziehen.

▲ Die Durchscheinende Häubchenschnecke (*Patina pellucida*) hat vom Stiel des Fingertangs (*Laminaria digitata*) schon so viel abgefressen, daß der Tang bald abbricht.

146

koloniebildenden oder einzeln lebenden Seescheiden eine hübsche Ergänzung. Hellweiße Kolonien von Beutelkalkschwämmen können sich gelegentlich ebenfalls einfinden. Alle diese mehr oder weniger in Krusten wachsenden Tiere ernähren sich von einem Partikelstrom, den sie mit dem Atemwasser einstrudeln.

Nicht alle Tiere, die unter Steinen leben und sich dort als Partikelfilterer ernähren, bilden Kolonien oder sitzen dauernd fest. Der flache Rumpf des Grauen Prozellankrebses und die langen Dornfortsätze seiner Laufbeine sind ausgezeichnete Anpassungen, um unter Steine kriechen und sich dort festhalten zu können. Sogar die großen Greifscheren sind stark abgeflacht. Diese Krabben verwenden ihre stark behaarten Mundöffnungen dazu, Nahrungspartikel auszufiltrieren. Ebenso halten es die Furchenkrebse, die sich auch unter Steinen versteckt halten. Obwohl die Körperumrisse eines Porzellankrebses wenig Gemeinsamkeiten mit der schlanken Form einer Eintagsfliegenlarve zeigt, passen sie sich beide an rasch und heftig strömendes Wasser auf ihre Weise an.

Sobald die seßhaften Filtrierer oder die trägen Detritusfresser allen Lebensraum unter den Steinen besetzt haben, werden auch fleischfressende Tiere angelockt, die hier besonders leichte Beute machen können. Die beiden Kerfen-Arten (*Trivia arctica* und *Trivia monacha*) ernähren sich fast ausschließlich von koloniebildenden Seescheiden und legen sogar ihre Eier in deren festeren Körperhüllen ab. Seeanemonen strecken geduldig ihre nesselnden Fangarme aus und warten darauf, daß sich ein unvorsichtiges Beutetier daran fängt. Viele der im Meer vorkommenden Nacktschnecken ernähren sich nur von einer bestimmten Beutetierart, allenfalls noch von nahe verwandten Arten. Sternschnecken (*Archidoris*) nehmen beispielsweise ausschließlich Brotkrumenschwämme an. Wenn Sternschnecken unter Wasser kriechen, kann man gut die drei sternförmig ausgebreiteten Kiemen am Hinterende erkennen, die dem Tier den Namen eingetragen haben. Die nahe verwandte *Jorunna tomentosa* ernährt sich ebenfalls von Brotkrumenschwämmen, während die rote *Rostanga rubra* sich so hervorragend auf den roten Schwämmen, die sie frißt, tarnt, daß man sie nur mit Mühe entdecken kann. Langbeinige Seespinnen ernähren sich von Seeanemonen, indem sie Enzyme ausscheiden, die den Körper der Beute allmählich auflösen, so daß er eingesaugt werden kann. Hydroidpolypen und kleine seßhafte Vielborstenwürmer fallen den räuberischen Seespinnen ebenfalls zum Opfer. Räuberisch lebende Krabben wie die

Strandkrabbe oder die Samtkrabbe suchen unter Steinen manchmal ebenfalls Schutz, wenn sie von der Ebbe überrascht wurden. Sofern sich unter einem Stein auch etwas Sand oder anderes weiches Sediment angesammelt hat, graben sich dort auch Taschenkrebse ein, so daß nur noch Augen und Antennen hervorschauen.
Andere bewegliche Tiere, die gerne unter Steinen leben, sind Seesterne, Seeigel, Schlangensterne und verschiedene Fische der Gezeitenzone, vor allem verschiedenen Grundeln, Butterfische, Seequappen oder seltener auch der große Meeraal.

Fauna der Haftkrallen
Die Verankerungsorgane der großen Braunalgen, die auch als Haftkrallen bezeichnet werden, sind ein idealer Kleinstlebensraum für viele weitere Besiedler. Ein großer Bestand von Finger- oder Palmentang bietet daher zahllose kleine Schlupfwinkel an. Dort lebt eine weitaus größere Artenzahl als etwa in den Algenbeständen in der oberen Gezeitenzone.
Würmer und wurmähnliche Tiere stellen die größte Gruppe der Haftkrallenbewohner. Vor der Küste der Grafschaft Devon in Südengland fand man in 100 g Frischgewicht einer Haftkralle einmal 2864 einzelne Tiere, von denen 2056 Ringelwürmer aller Größen waren. Winzige Mollusken und Röhrenwürmer verbringen den größten Teil ihres Lebens zwischen den Haftkrallen, während Schlangensterne und schnell bewegliche Borstenwürmer dort nur vorübergehend Schutz suchen. Krustenförmige Schwämme und koloniebildende Seescheiden gehören sozusagen zur Standardbesatzung. Auch junge Taschenkrebse halten sich dort gerne auf. Man findet zwischen den Haftkrallen sogar gelegentlich die Wollkrabbe, obwohl dies nicht ihr typischer Lebensraum ist. Die Durchscheinende Häubchenschnecke (*Patina pellucida*) lebt häufig in den Verstecken, die die verzweigten Haftorgane der großen Tange bieten. Im Frühsommer findet man dort auch sehr viele Gelege.

Versuche

1 Lege dir eine Liste der Tiere an, die unter Steinen leben. Schreibe links die Arten auf (Röhrenwürmer, Moostierchen, Seescheiden, Krabben, Schnecken, Seespinnen, Käferschnecken, Napfschnecken etc.) und trage dahinter ein, welche du gefunden hast. Drehe die Steine vorsichtig um, damit du die Tiere nicht verletzt und lege die Steine nach Besichtigung wieder richtig an ihren Platz! Welche Anpassungen zeigen die Tiere für das Leben unter Steinen?

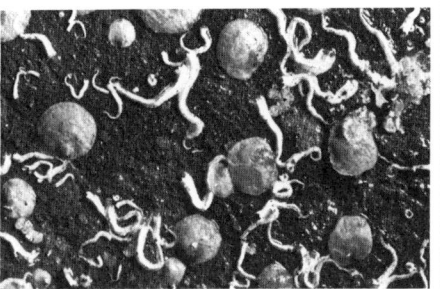

Auf Steinen in der Nähe der Niedrigwasserlinie leben Sattelmuscheln (*Anomia ephippium*) und Dreikantwürmer (*Pomatoceros triqueter*).

Die Stern-Seescheide (*Botryllus schlosseri*) bildet mit ihren Kolonien hübsche Muster auf Steinen und Tangen. Jeder Strahl ist ein einziges Individuum.

2 Setze einen Porzellankrebs in eine Klarsichtdose mit Meerwasser. Beobachte sein Verhalten, wenn er keine Versteckmöglichkeit mehr hat? Was geschieht, wenn du einen Stein in das Gefäß legst? (Bring das Tier wieder zurück!)

Der Graue Porzellankrebs (*Porcellana platycheles*) ist mit seinem flachen Körper besonders für das Leben unter Steinen geeignet,

Miteinander leben

Verschiedene marine Wirbellose leben mit anderen Tierarten in engster Nachbarschaft zusammen und gehen eine mehr oder weniger enge Verbindung mit ihnen ein.

Wenn zwei verschiedene Arten harmonisch zusammenleben, ohne daß der eine den anderen schädigt, nennt man dies Kommensalismus. Symbiose ist eine noch viel weitergehende Beziehung zwischen den Arten, so wie es manche Algen zeigen, die im Körpergewebe bestimmter Tiere vorkommen. Mit Parasitismus bezeichnet man eine sehr einseitige Beziehung, bei der einer der beiden Partner geschädigt wird. Die Partnerschaften sind jedoch oft so vielgestaltig und unterschiedlich, daß sie nicht immer exakt in eine dieser Gruppen eingeordnet werden können.

Partnerschaft Pflanze – Tier

Es gibt auch eine Reihe von Beispielen, bei denen Pflanzen und Tiere eine Partnerschaft begründet haben – manchmal allerdings ohne eigenes Zutun. Das zeigen beispielsweise die auf den Schalen verschiedener Mollusken wachsenden Algen. Sie sind nur Ausdruck des fehlenden Beweidungsdrucks, denn Napfschnecken können nicht ihre eigenen Gehäuse oder die der Artgenossen abgrasen. Für die von Algen besiedelten Schnecken ist das nicht weiter von Belang. Anders verhält es sich schon bei den Seespinnen und Maskenkrabben. Obwohl auf ihrem Panzer auch spontan ein Algenaufwuchs erscheint, werden zusätzlich noch Algenstücke aufgepflanzt und ergeben somit eine wirksame Tarnung. Abnorm erscheinendes Wachstum wird vor allem von parasitischen Nematoden (kleinen Würmern) hervorgerufen. Man findet solche gallenartigen Stellen häufig an Knotentang.

Kommensalismus

Besonders zwischen Krebstieren und Seeanemonen kommen viele verschiedenartige Partnerschaften vor. Die Gespenstkrabbe *Inachus rostrata* hält sich beispielsweise immer in der Nähe der Wachsrose (*Anemonia sulcata*) auf; bei Störung oder Bedrohung sucht sie zwischen den nesselnden Fangtentakeln der Anemone Schutz. Große Exemplare

Nereis fucata ist ein Wurm, der kommensalisch mit dem Einsiedlerkrebs zusammenlebt.

◄ Der Einsiedlerkrebs *Pagurus bernhardus* teilt sein Haus mit der Seeanemone *Calliactis parasitica*.

► Parasitische Copepoden (*Pseudocaligus brevipedes*) haben sich an einer Seequappe (*Gaidropsarus vulgaris*) angeheftet. Die länglichen Gebilde sind paarige Eisäckchen.

► Diese Warzengallen am Knotentang (*Ascophyllum nodosum*) werden von parasitischen Nematoden (*Halenchus fucicola*) hervorgerufen.

▼ In dieser Miesmuschel lebt die Erbsenkrabbe (*Pinnotheres pisum*). Meist wohnt immer nur eine Krabbe in der Muschel.

des Einsiedlerkrebses (*Pagurus bernhardus*) tragen auf ihrem Schneckenhaus mitunter mehrere Exemplare der Anemone *Calliactis parasitica* mit sich herum. Die Anemonen ihrerseits können zwischen bewohnten und unbewohnten Schneckenhäusern unterscheiden und suchen immer solche auf, die schon von einem Einsiedlerkrebs bewohnt sind. Bei der Nahrungsaufnahme durchstöbert der Krebs den Boden und stört dabei verschiedene Würmer oder andere Kleintiere auf, von denen die Anemone sich ernährt.

Es gibt noch weitere Tierarten, die die Nachbarschaft des Einsiedlerkrebses suchen. Dazu gehört etwa der koloniebildende Hydroidpolyp *Hydractinia echinata*, der die von *Pagurus* bewohnten Schneckenschalen mit einem rosa-

weißlichen Filz überzieht, oder auch der Ringelwurm *Nereis furcata*, der den hinteren Teil des Schneckenhauses mit dem Krebs teilt.

Besonders eng scheint auch die Partnerschaft zwischen der Mantelrose (*Adamsia palliata*) und einem anderen Einsiedlerkrebs (*Pagurus prideauxi*) zu sein, da man beide Tiere niemals getrennt findet. Diese Anemone setzt sich unterhalb der Mundöffnung des Krebses fest und umschließt das Schneckengehäuse mit ihrer Fußscheibe.

Symbiose

Wirbellose Tiere gehen nicht selten eine Partnerschaft mit mikroskopisch kleinen, einzelligen Algen ein, die sie in ihr Körpergewebe aufnehmen. Vor allem entlang der südlicheren europäischen

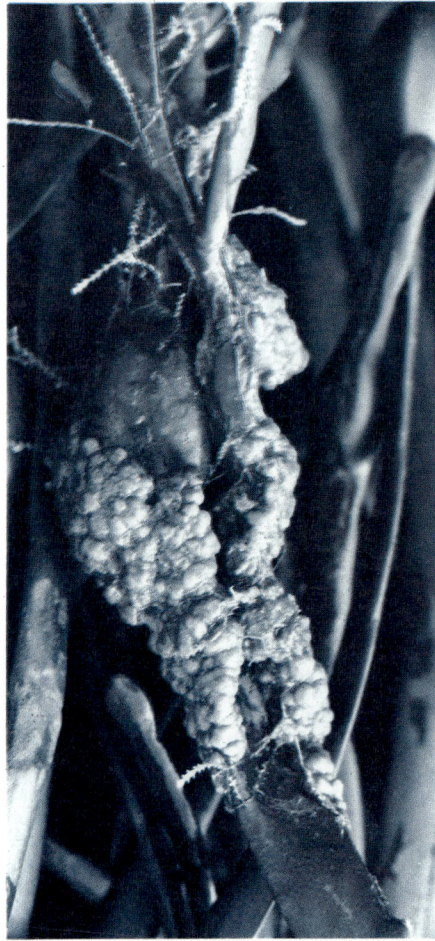

Atlantikküsten findet man die Wachsrose nicht selten an lichtdurchfluteten
Stellen und in Gezeitentümpeln, so daß
ihre symbiontischen Algen (Zooxanthellen) photosynthetisch Kohlenhydrate aufbauen und Sauerstoff freisetzen können. Beide Stoffwechsel-
produkte der Algen kann das Tier unmittelbar verwenden.
Die spinatgrünen Strudelwürmer (*Convoluta roscoffensis*) mit ihren symbiontischen Grünalgen haben wir bereits ken-
nengelernt (S. 122/123). Aus den Eiern
schlüpfende Wurmlarven enthalten
noch keine Grünalgen. Sie müssen
diese während ihrer ersten Lebenstage
aufnehmen, da ihnen später die Mundöffnung zuwächst.

Parasitismus

Tiere, die eine bestimmte Wirtsart befallen, sich außen an ihr festheften und
von lebendem Gewebe ihre Ernährung
bestreiten, werden als Ektoparasiten
bezeichnet. Arten, die innere Organe
ihrer Wirte befallen, heißen Endoparasiten. Parasiten gehen mit ihren Part-
nern ein recht einseitiges, unausgewo-
genes Verhältnis ein, bei dem fast nur
der Parasit gewinnt und der befallene
Wirt fast immer im Nachteil ist. Im
Gegensatz zu Fleischfressern töten die
Parasiten das Tier, von dem sie leben,
nur äußerst selten. Würden sie es tun,
gingen sie selbst bald an Nahrungsmangel zugrunde.
Im Bereich der Felsküsten kann man
am ehesten mit parasitischen Copepoden (Ruderfußkrebsen) an Fischen oder
mit *Sacculina carcini*, einer Verwandten
der Seepocken, rechnen, die Strandkrabben befällt. An den parasitischen
Ruderfußkrebsen, die auch als Fisch-
läuse bekannt sind, fallen vor allem die
paarig angelegten Eisäckchen auf, die
das Körperende weit überragen.
Von *Sacculina carcini* ist nur dann
etwas zu sehen, wenn der Parasit seinen
großen gelblichen Eisack unterhalb der
Hinterleibssegmente der Strandkrabbe
entwickelt. Auf den ersten Blick würde
man die befallenen Tiere für weibliche Strandkrabben halten, doch findet
man Sacculina in Tieren beiderlei
Geschlechts, und außerdem ist der
parasitische Eisack auch nicht körnig.
Lange bevor sich dieser Eisack ausbildet, wächst der Parasit mit zahlreichen
netzförmigen Verzweigungen durch die
Krabbe. Wenn dabei die Gonaden zerstört werden, wandeln sich männliche
Krabben eventuell sogar in weibliche
um. Einsiedlerkrebse werden von einem
anderen Rankenfüßer (*Peltogaster pa-
guri*) befallen.
In den Schalen von Miesmuscheln und
Austern findet man gelegentlich die nur
1,5 cm lange Erbsenkrabbe (*Pinnoteres
pisum*), die dort ein halbparasitisches
Leben führt. Weibliche Erbsenkrabben
werden größer als die Männchen und
wachsen gegebenenfalls so kräftig
heran, daß sie ihre Muschel nicht mehr
verlassen können. Das stört sie aber im
Grunde nur wenig, da die Männchen
sie immer noch besuchen und sich mit
ihnen paaren können.

Versuche

1 Sammle einige Schneckengehäuse, die von Einsiedlerkreb-
sen bewohnt werden, gleichzeitig aber auch einen rosa-weißlichen,
filzigen Aufwuchs tragen. Lege sie in
eine Klarsichtdose mit Meerwasser und
beobachte den Aufwuchs.

Das Haus dieses Einsiedlerkrebses wird auf der
Oberseite von Kolonien des Hydroidpolypen
Hydractinia echinata besiedelt.

2 Stelle fest, zu welchen Anteilen
die Strandkrabben eines
bestimmten Strandabschnitts
von *Sacculina* befallen sind. (*Sacculina*
verhindert die Häutung, so daß die befallenen Tiere Aufwuchs tragen.)

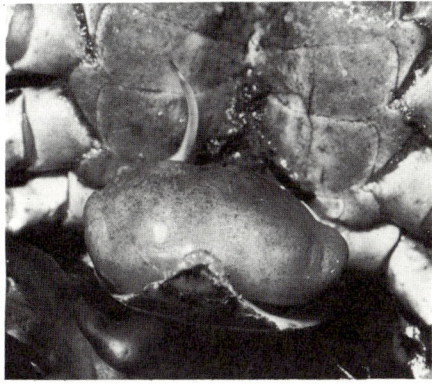

Unterhalb der Hinterleibssegmente der Strandkrabbe (*Carcinus maenas*) liegen die Eimassen des
parasitischen Rankenfüßers *Sacculina carcini*.

3 Wieviele verschiedene
Aufwuchs-Arten tragen die
befallenen Strandkrabben?

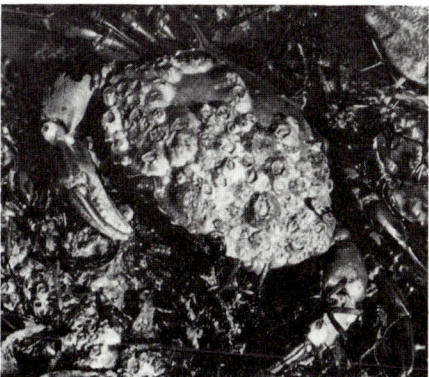

Diese Strandkrabbe wurde von *Sacculina carcini*
befallen und konnte sich daher nicht mehr häuten,
was an dem massenhaften Befall mit Seepocken zu
erkennen ist.

149

Felsküsten

Gezeitentümpel

Tümpel in der Gezeitenzone
sind attraktive natürliche
Aquarien, in denen man
Algen und Tiere auch zur
Ebbezeit unter Wasser
beobachten kann.

Bei aufmerksamer Beobachtung entdeckt man, daß manche Felsküsten sehr zahlreiche Gezeitentümpel aufweisen, andere dagegen keine oder nur wenige. Darin drückt sich die Gesteinseigenart aus. Die Lagerung der Gesteinsschichten an der Küste und die Art ihrer Verwitterung bestimmen Größe und Ausmaß der Gezeitentümpel. Außer schmalen Schlitzen zwischen zwei benachbarten, steil aufragenden Schichten gibt es auch sehr flache, sonnige Tümpel im Bereich der Brandungsterrasse. Solche Gezeitentümpel entstehen überall dort, wo das Wasser zur Ebbezeit nicht ablaufen kann, sondern in Vertiefungen des Felswatts zurückgehalten wird. Besonders über weichem Fels entwickeln sie sich sehr zahlreich.

Obwohl die Lebewesen in einem Gezeitentümpel kaum dem Problem der Austrocknung begegnen, sind sie größeren Temperatur- und Salzgehaltsschwankungen unterworfen als ihre Artgenossen im offenen Meer. Tümpel im oberen Eulitoral, die besonders lange von den Gezeiten getrennt sind und von der Flut mitunter tagelang nicht erreicht werden, zeigen besonders starke Schwankungen ihrer Umweltfaktoren.

Tümpel der oberen Gezeitenzone

In hoch gelegenen Gezeitentümpeln ist das Tierleben ärmlich. Die wenigen Arten, die die besonderen Bedingungen dieses Lebensraums ertragen, kommen jedoch in beachtlichen Individuenzahlen vor.

An warmen, sonnigen Tagen erwärmt sich das Wasser in einem hoch in der Gezeitenzone gelegenen Tümpel um bis zu 10° C über die Meerwassertemperatur. Erst wenn die Flut aufsteigt und den Tümpel überspült, wird sie wieder plötzlich gesenkt. An der französischen Atlantikküste kommen zwei sonst nur im Mittelmeergebiet verbreitete Grundel-Arten (*Gobius cobitis* und *Gobius bucchichii*) ausschließlich in den höchsten Gezeitentümpeln vor, während sie tiefer unten in der Gezeitenzone fehlen. Wenn man Tümpel ungefähr gleichen Wasservolumens in

◄ Auf dem Grund dieses Gezeitentümpels sieht man im weichen Kalkgestein die früheren Wohnlöcher von Napfschnecken. Auf den jetzt noch im Tümpel lebenden Schnecken wachsen Grünalgen.

► Dieser Gezeitentümpel, der in einer Vertiefung von rotem Sandstein entstanden ist, beherbergt eine reiche Auswahl verschiedener Arten, darunter grauviolette Krustenalgen, büschelige Grünalgen, Miesmuscheln, Strandschnecken, eine junge Strandkrabbe, Wachsrosen und die Nacktschnecke *Aeolidia papillosa*.

▼ Diese Chamäleon-Garnele (*Hippolyte varians*) ist im Meersalat (*Ulva lactuca*) perfekt getarnt.

▼ Weicher Kalkstein ist der Verwitterung besonders stark ausgesetzt und bildet daher an Gezeitenküsten Tümpel verschiedenster Größe. Am Grund dieses Tümpels sind die Wohnlöcher des Steinseeigels (*Paracentrotus lividus*) zu sehen, die die Tiere durch Drehbewegungen eingefräst haben.

▲ Nur innerhalb des flachen Gezeitentümpels können sich fädige Grünalgen ansiedeln. Die großen Braunalgen, die die Austrocknung bei Ebbe besser ertragen, wachsen dagegen auf nacktem Fels.

verschiedenen Gezeitenniveaus miteinander vergleicht, sind die Schwankungen des Salzgehalts um so größer, je höher das Gezeitenaquarium liegt. Infolge Verdunstung an heißen Tagen steigt der Salzgehalt. Bei Regen wird das Meerwasser verdünnt, und die Salinität im Tümpel geht folglich zurück. *Heterocypris salinus* gehört zu den Ostracoden (Muschelkrebsen), er verhält sich negativ phototaktisch und wendet sich daher vom Licht weg zum Boden des Gezeitentümpels. Nur nachts findet man ihn daher an der Oberfläche des Tümpels. Der Ruderfußkrebs *Trigriopus fulvus* zeigt eine erstaunliche Toleranz gegenüber Salzgehaltsschwankungen. Er erträgt Konzentrationen zwischen 4–90 Promille.

Auf der Oberfläche hoch gelegener Gezeitentümpel sieht man mitunter Schwärme winziger bläulicher Insekten. Es sind nur knapp 2 mm lange Springschwänze. Ihr haariger Körper ist nicht vom Wasser benetzbar und bewahrt sie daher vor dem Versinken. Sie sind die einzigen am Strand vorkommenden Insekten, die auch die Oberfläche des Wassers aufsuchen. In ihrem Haarbesatz nehmen sie sich eine Blase Atemluft mit.

Tümpel der mittleren Gezeitenzone

Zu den attraktivsten Tümpeln im Gezeitenbereich gehören die in der Mitte des Tidenniveaus gelegenen Aquarien, deren Ränder von der violettgrauen Krustenalge *Lithophyllum* und den korallenähnlichen Büscheln der Kalkrotalge *Corallina officinalis* besiedelt werden. Napfschnecken wird man im Tümpel ebenso sehen wie in seiner näheren Umgebung. Wenn Napfschnecken aus einem krustenbewachsenen Tümpel absterben, hinterlassen sie einen rundlichen, krustenfreien Fleck, auf dem sie das Algenwachstum verhindert haben, während sie dort „beheimatet" waren.

Im Unterschied zu den Pferdeaktinien außerhalb der Tümpel, die bei Ebbe trockenfallen und sich dann in sich selbst zurückziehen, strecken die Anemonen in den Tümpeln ihre Tentakel fast immer aus. Wachsrosen können sie ohnehin nicht zurückziehen und bleiben daher im oberen Gezeitenbereich auf die Tümpel beschränkt.

Tümpel im unteren Gezeitenbereich

Die Gezeitentümpel nahe der Niedrigwasserlinie sind nur für vergleichsweise kurze Zeit vom übrigen Wasser getrennt und zeigen deshalb auch geringere Schwankungen von Temperatur, Salzgehalt und pH-Wert. In besonders tiefen, großen Tümpeln dringen mitunter die Arten des sublitoralen Bereichs vor und erweitern damit ihren Lebensraum um einige Bereiche des Eulitorals. Hier werden sie dann auch ohne Tauchgerät zugänglich. Häufig sind Garnelen in diesen Tümpeln enthalten. Daneben findet man aber auch Seesterne, Seeigel, verschiedene Fischarten oder Krabben. Tiefe, schattige Tümpel sind aber auch der Lebensraum zahlreicher Rot- und Braunalgen, die sonst nur die tieferen Bereiche des Sublitorals besiedeln bzw. uns dann zugänglich sind, wenn sie während schwerer Stürme losgerissen und an den Strand geworfen werden. In den Tümpeln kann man dagegen beobachten, welche Stellen sie einnehmen und wie sie sich unter natürlichen Verhältnissen im Wasser entfalten. Der Formen- und Farbenreichtum ist kaum zu überbieten.

Versuche

① Beobachte das Leben in einem Gezeitentümpel mit Hilfe einer Taucherbrille oder eines „Unterwassersichtgerätes" (Blechbüchse ohne Boden, die mit einer dicken Klarsichtfolie bespannt ist). Halte das Sichtgerät ganz still knapp unter die Wasseroberfläche und warte ein Weilchen ab. Was siehst du alles? Unterscheiden sich die verschiedenen Gezeitentümpel in ihrem Besatz?

② Gehe an einem warmen, sonnigen Tag bei Ebbe in ein Felswatt. Miß die Temperaturen und pH-Werte in Gezeitentümpeln verschiedener Höhenlagen. Mach dir eine Skizze von deren Lage, so daß du sie zu einem späteren Zeitpunkt wieder finden kannst.

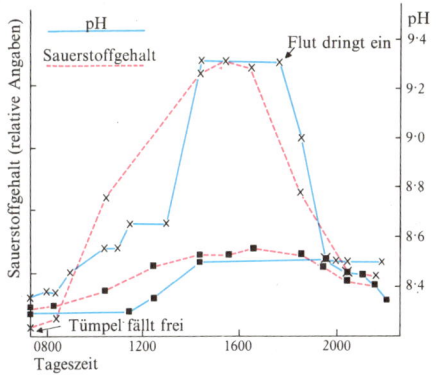

x Tümpel mit reichlich Algen
■ Tümpel mit wenig Algen

Vergleich des Sauerstoffgehalts und der pH-Werte zweier Gezeitentümpel mit reichlichem (x) und spärlichem (■) Algenbewuchs.

③ Suche die gleichen Gezeitentümpel an einem kühlen, bedeckten Tag wieder auf. Miß wiederum Temperatur und pH-Wert. Vergleiche deine Meßergebnisse. Zeichne die jeweiligen Meßpaare auf Millimeterpapier auf. Erkläre die Unterschiede.

151

Klippen

Meeresklippen, Brandungstore und Felstürme sind die besonderen Versatzstücke der Küstenszenerien. Sie alle entstehen aus der fortschreitenden Erosion des landfesten Gesteins. Brandungstore formen sich, wenn das Meer durch einen schmalen Landvorsprung bricht. Felstürme bleiben übrig, wenn alles umliegende Gestein von der Brandung weggeräumt und aufgearbeitet wurde. Das Profil einer Küste wird vom vorherrschenden Gesteinstyp bestimmt und sicher auch davon, wie sehr der anstehende Fels den Elementen ausgesetzt ist. Wo die Küstenlinie unregelmäßig geschwungen verläuft, richtet sich die Kraft der Brandung vor allem gegen die Landvorsprünge, die, sofern sie aus hartem Fels bestehen, der Erosion wesentlich länger widerstehen als in den angrenzenden, zurückweichenden Buchten. Wenn die Klippen erodiert werden, ändern sich der Küstenverlauf und das Gesicht der Landschaft. Geformt und zerstört von der Erosionskraft der Wellen, des Windes, von Frost und Regen, wo immer sich steil aufragendes Land und Meer begegnen, sind Klippen und Felstürme für Menschen unzugänglich und unwirtlich. Gerade diese Stellen werden von zahlreichen Vogelarten belebt. Auf den Klippen wachsen keine Bäume. Selbst weiter landeinwärts werden ihre Kronen noch zu windgeschorenen, abenteuerlich aussehenden Gebilden verformt.

Klippen – Tore – Türme

Felsige Steilküsten entwickeln sich aus der Erosion des Festlandes durch Brandung, Regen, Wind und Frost. Meeresklippen bestehen nicht nur aus harten, beständigen Felswänden, sondern manchmal auch aus weicherem, verwitterungsanfälligem Gestein, das den Elementen sehr viel schneller zum Opfer fällt.

Abtragung der Klippen

Die Zusammensetzung der Küstenfelsen bestimmt nicht nur ihre Färbung, sondern auch das Ausmaß ihrer Verwitterung und Abtragung. Weichere und schwächere Gesteine sind leichter angreifbar, werden daher schneller abgetragen. Die Geschwindigkeit solcher Abtragungen richtet sich nach der Lage der Gesteinsschichten zur anbrandenden See, der Klippenhöhe, der mechanischen Beanspruchung und den Witterungsbedingungen.

Bei stürmischer See werden die aufragenden Klippen von kraftvollen Brechern angegriffen. Dabei können größere oder kleinere Felspartien abstürzen. Am Felsfuß wird das zerborstene Gestein weiter zerkleinert und von der Brandung gegen die Klippe geworfen. Dadurch schneidet sich das Meer weiter in den Fels ein und bildet die charakteristischen Brandungshohlkehlen. Stellenweise rutschen die Gesteinsschichten auch aufeinander ab. Zwischen Dover und Folkestone im Süden Englands oder an der Küste der Isle of Wight liegen die Kreideschichten weicherem Tongestein auf. Wenn dieses Wasser aufnimmt, wird es besonders glitschig und kann die hohen Felswände nicht mehr tragen. Felsstürze sind dann die unvermeidliche Folge. Umfangreiche Felsstürze oder Rutschungen ereignen sich meist im Winter, wenn hohe Niederschläge, Frost und Sturm besonders häufig zusammentreffen. Küstenschutzmaßnahmen versuchen, mit Hilfe von Betonstützmauern und ähnlichen Bauten die Abtragung einzudämmen, können sie aber höchstens um einige Jahrzehnte hinauszögern.

▼ Die weißen Kreideklippen der Seven Sisters in Südengland bilden einen auffallenden Kontrast zu den Kreideklippen im Bildvordergrund. Diese sind noch zusätzlich von tertiären Sanden überlagert. Vor der Klippe Felsabstürze aus jüngster Zeit.

▶ Skizze des Fotos mit geologischen Einzelheiten.

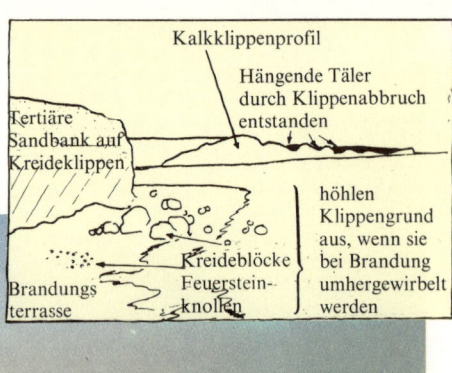

Kalkklippenprofil

Hängende Täler durch Klippenabbruch entstanden

Tertiäre Sandbank auf Kreideklippen

Brandungsterrasse

Kreideblöcke

Feuersteinknollen

höhlen Klippengrund aus, wenn sie bei Brandung umhergewirbelt werden

▲ Die Wände dieser Brandungshöhle bestehen aus Basaltsäulen, die zahlreichen Pflanzen Ansiedlungsmöglichkeiten bieten.

▼ Bei Seatown (Südengland) finden sich diese steilabfallenden Klippen aus weichem Absatzgestein, das besonders leicht abgetragen wird. Wenn das abbröckelnde Material aufgearbeitet wird, werden manchmal fossile Ammoniten angespült. Am Klippenfuß liegt ausgeworfenes Geröll.

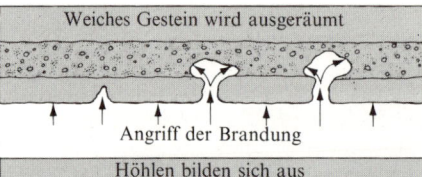
Weiches Gestein wird ausgeräumt

Angriff der Brandung

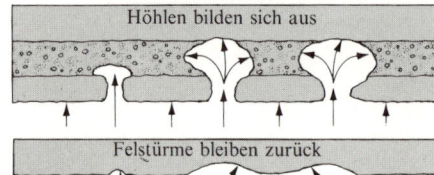
Höhlen bilden sich aus

Felstürme bleiben zurück

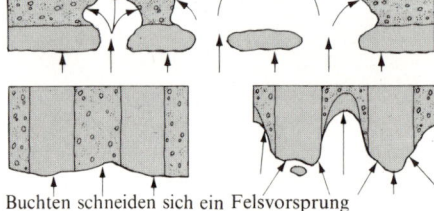
Buchten schneiden sich ein   Felsvorsprung

Weiches Gestein

▲ Dieses Schema zeigt, wie die Ausrichtung der Gesteinsschichtung zum Meer zu ganz verschiedenen Küstenformen führt.

Je weicher das Gestein an der Küste, um so schneller weicht die Klippenkante jedes Jahr zurück. An vergleichsweise geschützten Stellen kann man mit jährlichen Verlusten zwischen 0,5–1 m rechnen. An stark exponierten Küstenabschnitten springt der Klippenrand noch stärker zurück.

Steilküsten aus härterem Gestein, etwa aus Granit, Basalt, Kalkstein, Serpentin oder kristallinem Schiefer sind etwas standfester und werden daher nicht so schnell abgetragen. Dennoch nagt die Erosion auch an solchem Gestein unausgesetzt herum. Sie werden von schweren Seen zerschmettert, wenn größeres Geröll in der Brandung umhergewirbelt wird oder wenn die hohen Wellen in Löchern, Spalten oder Fugen eingeschlossene Luft zusammendrücken. Sobald das Meer den anstehenden Gesteinsverband geschwächt hat, setzen Wind, Regen und Frost das Werk fort.

▲ Jede verfügbare Stelle an einem Felsturm wird von brütenden Seevögeln ausgenutzt.

▼ Brandungstore findet man besonders zahlreich in der Algarve bei Portimao in Portugal.

Wo sanft abfallende Hänge von der Brandung allmählich zerschnitten und weggetragen werden, entstehen besonders hoch aufragende Klippenzüge. An vielen Stellen der europäischen Atlantikküste treten steile Küsten im Bereich sehr alter, harter Gesteine auf. Am eindrucksvollsten sind vielleicht die Steilklippen in Island, an denen die ungebremste Gewalt des nördlichen Atlantik Felswände bis 500 m Höhe in den tertiären Basalt eingeschnitten hat. Diese Steilküsten werden von Millionen Seevögeln besiedelt. Der Guano all dieser Vögel ermöglicht aber auch gleichzeitig die Entwicklung einer reichen Pflanzengemeinschaft.

Felsvorsprünge
Wenn harte, verwitterungsbeständige Felsen mit weicherem Gestein abwechseln und die verschieden festen Schichten im rechten Winkel auf die Küsten-

linie stoßen, werden die schwächeren Partien natürlich schneller abgetragen als die härteren Zonen, die dann als Felsvorsprünge oder Felsnasen und Kaps zurückbleiben. Dazwischen entwickeln sich weit geschwungene Buchten, in denen das Gestein schneller erodiert werden kann. Eines der bizarrsten Kaps der europäischen Küsten ist der Giant's Causeway in Nordirland. Hier bilden die sechsseitigen Basaltsäulen vulkanischen Ursprungs eines der geologischen Naturwunder Europas, das jährlich von vielen Touristen besucht wird.

Brandungstore und Felstürme
Tore und Türme entwickeln sich an solchen Stellen, an denen die Brandung Schwachstellen im Gesteinverband vergrößert. Brandungstore entstehen besonders an schmalen Felsvorsprüngen, die beiderseits vom Wellengang ausgehöhlt und schließlich durchbrochen werden. Besonders viele Brandungstore findet man an der portugiesischen Küste (Algarve), in Cornwall oder in Wales. Vor dem zweiten Weltkrieg gab es auch an der Westklippe der Sandsteininsel Helgoland Brandungstore, die jedoch den Bombardierungen und Sprengungsversuchen durch englische Streitkräfte zum Opfer fielen. Wenn ein Brandungstor einstürzt, bleibt ein Felsturm oder Stack zurück. Durch den Einsturz eines Brandungstores entstand 1865 Helgolands Wahrzeichen, der Felsturm der Langen Anna (= Nathurnstack). Besonders hohe Felstürme finden sich auch an den englischen Küsten.

Brandungshöhlen
Wo sich im Gestein vorhandene Klüfte erweitern und verbinden, entstehen Höhlen. Wiederholte Attacken der Brandung gegen Wände und Decken vergrößern die Brandungshöhle ständig und bringen Teile davon zum Einsturz. Wenn die Decke einer solchen Höhle nur stellenweise einstürzt, können die eigenartigen Blaslöcher der Felsküsten entstehen. Stürzt sie dagegen auf der gesamten Länge ein, bilden sich schmale, steile Schluchten, die man in Schottland, wo sie besonders häufig sind, als Geos bezeichnet. Bei Sturm und starker Brandung bieten sie ein einzigartiges Schauspiel, wenn die See in diese Eintiefungen polternd und schäumend eindringt.

Versuche

1 Fertige eine Skizze eines Steilküstenabschnitts an und trage alle geologischen Einzelheiten ein, die du beobachten und deuten kannst (Beispiel siehe Seite 154 oben).

2 Vergleiche eine moderne topographische Karte mit kleinem Maßstab mit älteren Kartenaufnahmen. Welche Veränderungen sind eingetreten? Überprüfe dazu auch alte Postkarten oder Abbildungen bekannter Küstenbereiche (z. B. Helgoland). Sind größere Unterschiede feststellbar? Welcher Art sind die Veränderungen? Gibt es Gründe hierfür?

Oben: Pulpit Rock/Portland im Süden Englands nach einer Postkarte aus dem Jahr 1948.
Unten: Der gleiche Fels 33 Jahre später. Welche Unterschiede gibt es hier?

Seevögel

Seevögel brüten gerne an solchen Klippen und Felstürmen, die vom Menschen nicht gestört werden. Die größten Seevogel-kolonien findet man deswegen auf küstenfernen Felsinseln.

Obwohl Seevögel ihre Nahrung auf dem Meer suchen, müssen sie zum Eierlegen und Brüten an Land kommen. Steilküsten, Felstürme und kleinere Inseln entlang der Atlantikküsten von Grönland und Island bis zur französischen Kanalküste werden deshalb von Seevögeln bevölkert, die überwiegend in großen Brutkolonien zusammenleben. Einige dieser Kolonien umfassen mehrere tausend Brutpaare. Die meisten Seevögel bleiben nicht ganzjährig in ihren Brutgebieten. Sobald die Jungen flügge geworden sind, werden die Nistplätze für die Zeit der Herbst- und Wintermonate verlassen. Im Frühjahr, etwa ab Mitte März, finden sich die Brutpaare dann wieder erneut ein.

Nistplätze

Den Lärm und Geruch einer großen Seevogelkolonie oder die dauernden Flugmanöver und Futterbeschaffungen der Altvögel wird man nicht so leicht vergessen. Seevögel vermeiden die Konkurrenz um Nistplätze – sie bevorzugen ganz verschiedene Stellen an einer Steilklippe.

Krähenscharben und Kormorane bauen ihre Nester nahe der Wasseroberfläche an Rändern oder flachen Plattformen bis höchstens 20 m Höhe über dem Wasser, wo sie mit ihrem durchweichten Gefieder besser landen können. Weiter oben brüten Dreizehenmöwen und Trottellummen auf schmalen Felsgalerien. Dreizehenmöwen bauen sich ein Nest aus Tang und anderem Pflanzenmaterial und kleben es mit einem Zement aus Guano und Algenstückchen an den Fels. Trottellummen lieben die Geselligkeit und brüten dicht beieinander auf Felsbändern oder auf der Spitze der Türme. Dort lassen sie sich seltener aufscheuchen und verlieren dafür auch weniger Eier, die beim plötzlichen Abflug herabgestoßen werden könnten.

Eissturmvögel bevorzugen breitere Felsbänder und -riegel und benötigen auch mehr Raum untereinander. Nur ein bis zwei Nester werden auf einem Quadrat-

▲ Beim Baßtölpel (*Sula bassana*) unterscheiden sich Alt- (weiß) und Jungvögel (schwarz) deutlich im Gefieder.

▼ Verschiedene Techniken des Nahrungserwerbs bei Seevögeln.

Stoßtauchen

Baßtölpel

Kurzes Eintauchen

Herumplantschen

Möwen

Sturmschwalben

Schwimmtauchen mit den Flügeln

Kormorane

Alke

Schwimmtauchen mit den Füßen

▲ Silbermöwe (*Larus argentatus*). Das laute Rufen dieser großen und häufigen Küsten-vögel ist das ganze Jahr über zu hören, ganz besonders aber während der Brutzeit.

meter angelegt. Wenn junge Eissturmvögel aufgestört werden, geben sie eine übelriechende ölige Flüssigkeit durch Würgen ab. Baßtölpel schätzen die flachen, breiteren Stellen der Klippe oder ihre Oberflächen ebenfalls sehr, brüten aber lieber in dichter besetzten Kolonien. Ihre Nester bauen sie aus Algenstückchen, Federn, allerlei Spülgut und Guano. Man findet ihre Brutkolonien nun auch in Island, Norwegen und Frankreich.

Baßtölpel führen wie viele andere Seevögel auch eine lebenslange Einehe. Wenn ein Vogel mit Nahrung zum Nistplatz zurückkehrt, begrüßen sich die Partner durch Schnabelrecken und Berührung der Schnabelspitzen. Sollten

▲ Ein Eissturmvogel (*Fulmarus glacialis*) auf seinem Nest. Unter ihm blüht das Meer-Leimkraut (*Silene maritima*).

▼ Diese Dreizehenmöwen (*Rissa tridactyla*) nisten auf schmalen Brutgalerien hoch am Fels.

sie gezwungen werden, ihren Nistplatz zu verteidigen, werden Baßtölpel zu ungebärdigen Kämpfern. Wie die einzelnen Paare sich in den oft riesigen Kolonien wiederfinden und erkennen, ist eine noch ungelöste Frage.
Silbermöwen sind in der Wahl eines geeigneten Nistplatzes wenig anspruchsvoll und äußerst anpassungsfähig. Stellenweise brüten sie schon sehr in der Nähe menschlicher Siedlungen, so daß man sie als Kulturfolger bezeichnen könnte. Papageitaucher und Schwarzhalstaucher suchen dagegen eher die Abgeschiedenheit vom Menschen. Beide legen ihre Brutkolonien unter Felsvorsprüngen oder in Kaninchenhöhlen an. Schwarzhalstaucher wird

man tagsüber kaum antreffen, da sie nur zur Nachtzeit aktiv sind.
Der einzige Seevogelfelsen deutscher Meeresgebiete befindet sich an der Westklippe Helgolands. Dort brüten jährlich Tausende von Dreizehenmöwen und Trottellummen. In den letzten Jahren haben sich auch einige Eissturmvögel und Tordalken eingefunden.

Nahrungserwerb

Seevögel ernähren sich von größeren Planktonorganismen, von Krebstieren und von Fisch. Die Art des Nahrungserwerbs ist bei den einzelnen Arten recht unterschiedlich. Trottellummen, Tordalken und Papageitaucher leben von kleineren Fischen wie Sprotten oder Sandaalen, die sie bei Tauchgängen von der Wasseroberfläche aus erjagen. Unter Wasser bewegen sie sich durch Flügelschläge fort. Während der Brutzeit kann man beobachten, wie Papageitaucher gleich mit mehreren Sandaalen im Schnabel zu ihrer Bruthöhle zurückkehren. Rückwärts gerichtete Höcker auf der Innenseite der farbenprächtigen Schnäbel verhindern, daß die gefangenen Fische herausrutschen. Krähenscharben und Kormorane bewegen sich im Wasser durch Paddelschläge ihrer Füße vorwärts, wenn sie auf Fischjagd gehen. Die Flügel werden dabei als Ruder eingesetzt. Baßtölpel lassen sich zum Abtauchen kopfüber aus größerer Höhe ins Wasser stürzen (bis 30 m Höhe). Ihre Schädelknochen sind besonders kräftig, so daß sie den Aufschlag schadlos überstehen. Die Fische werden unter Wasser gepackt und erst an der Wasseroberfläche ganz verschluckt.
Dreizehenmöwen tauchen aus dem Flug unmittelbar über der Oberfläche ins Wasser oder suchen ihre Nahrung, wenn sie auf dem Wasser schwimmen. Andere Möwenarten tauchen überhaupt nicht, sondern stoßen allenfalls aus der Luft nach Beute in der Nähe des Wasserspiegels.
Sturmschwalben ernähren sich von Zooplankton und kleinen Fischen, indem sie über dem Wasser flattern oder schweben, mit den Füßen ins Wasser klatschen und Nahrungsteile mit dem Schnabel aufnehmen. Eissturmvögel leben ebenfalls von Zooplankton, ernähren sich aber auch von Aas.

Versuche

1 Wenn du einmal an der Atlantikküste Ferien machst, erkundige dich nach dem Vorkommen und den Nistplätzen von Seevögeln und ihren Wohnfelsen.

Begrüßungszeremoniell der Trottellummen (*Uria aalge*).

2 Bestimme die einzelnen Arten und beobachte ihr Verhalten. Wie verhalten sich z. B. die Partner eines Brutpaares zueinander? Wie oft begrüßen sich die Paarungspartner? Wie verhalten sich die Brutpaare zu ihren Nestnachbarn?

3 Stelle fest (Fernglas), welche Nahrung die Vögel von See mitbringen. Wie oft kommen die Altvögel zum Füttern? Wie füttern sie?

Papageitaucher (*Fratercula arctica*) mit einem erbeuteten Sandaal im Schnabel.

4 Kannst du beringte Vögel erkennen? Erkundige dich einmal beim Vogelwart deines Ferienortes über die Beringung von Vögeln. Vielleicht kannst du dabei auch einmal zuschauen.

Pflanzen der Felsklippen

Meeresflechten besiedeln den nackten Fels oberhalb der Gezeitenzone, während Blütenpflanzen nur dort Fuß fassen können, wo sich in Fugen oder Klüften etwas Humus angesammelt hat. Wenn die Klippenpflanzen blühen, ist die Steilküste bunt wie ein Steingarten.

Pflanzen an Felsklippen sind dem Wind ausgesetzt und werden mitunter noch vom Spritzwasser erreicht. Beide Faktoren begrenzen ihr Wachstum ebenso wie die gelegentliche Beweidung durch Tiere, die geologische Struktur des Untergrundes oder die Hangneigung. Schließlich bestimmt auch noch der Wettbewerb der Arten untereinander das Siedlungsbild. Erdbedeckte Küstenhänge mit vergleichsweise geringem Neigungswinkel zeigen meist eine dichtwüchsige Vegetation. Der Standort ist jedoch nur wenig stabil, und oft gleitet die Erdschicht ab, den nackten Fels zurücklassend.

Klippen, deren Gestein tiefgründig verwittert, tragen eine ungleich reichhaltigere Flora als harter Granit. Die ersten Pflanzen, die sich auf den nackten Felsflächen ansiedeln, sind Moose und Flechten. Wenn diese Besiedlungspioniere absterben, zerfallen sie in Rohhumus, der sich in Fugen und Ritzen ansammeln kann. So werden sie zu Wegbereitern der Blütenpflanzen. Klippen mit gut geschichteten Gesteinen bieten viele Nischen und Galerien zur Besiedlung an. Besonders auf der Leeseite stellen sich gerne Pflanzen ein. Ständiger Wind, der über die Klippen aus einer bestimmten Richtung fegt, behindert das Pflanzenwachstum sehr stark. Dies kann man schon allein aus dem Vergleich zweier ungleich dem Wind ausgesetzter Flanken eines Felsvorsprungs ableiten. Wind trocknet nicht nur den Boden rasch aus, sondern treibt auch die Wasserverluste der Pflanzen in die Höhe. Außerdem trägt er Salzgischt an die Pflanzenstandorte hinauf. Bestimmte nur im Küstenbereich vorkommende Pflanzen sind in besonderem Maße an diese Bedingungen angepaßt. In Brandungsnähe finden sich vor allem mehrjährige Arten

▲ Eine üppige Pflanzendecke stellt sich häufig dort ein, wo der Boden vom Guano der Seevögel aufgedüngt wurde. Hier wachsen Rosenwurz (*Sedum rosea*) und Engelwurz (*Angelica archangelica*) zwischen den Nistplätzen von Papageitaucher und Eissturmvogel.

◄ Der Klippenkohl (*Brassica oleracea*) ist eine typische Pflanze der Meeresküsten. In Deutschland kommt er nur auf Helgoland vor.

► Das Meer-Leimkraut (*Silene maritima*) wächst nur dort, wo sich reichlich Humus ansammeln konnte.

◄ Die rosaroten Blüten der Strandnelke (*Armeria maritima*) setzen auffallende Farbtupfer auf die Klippen.

► Das Gebräuchliche Löffelkraut (*Cochlearia officinalis*) blüht im frühen Frühjahr. Es ist sehr reich an Vitamin C.

mit tiefgehendem Wurzelwerk und kleinen sukkulenten Blättern, die oft auch noch behaart oder mit einer dicken Kutikula überzogen sind. Die Strandnelke (*Armeria maritima*) gehört zu den Pflanzen, die solche widrigen Lebensräume erfolgreich einnehmen können. Beim Vergleich der grünen, nach Süden gerichteten Klippen der White Cliffs of Dover in Kent (Südengland) mit den weißen, nach Norden abfallenden Klippen des Cap Gris Nez in Nordfrankreich zeigt sich eindrucksvoll der Einfluß von Lage und Ausrichtung eines Standortes. Beide Klippenzüge sind geologisch identisch und aus der gleichen Kreide aufgebaut. Die warmen, sonnigen Klippen von Dover, die nur sehr langsam abgetragen werden, sind von üppigem Grün überzogen, die kälteren französischen Klippen sind dagegen stärker den Winden und Wogen ausgesetzt, die südwärts durch den Kanal bewegt werden.

Pflanzen am Klippengrund

Wenn man aus der Gezeitenzone aufsteigt, wird man oberhalb der Algenbestände fast nur auf salzverträgliche Flechten stoßen, die alle verfügbaren Flächen einnehmen. Meist fallen sie schon von weitem als unterschiedlich gefärbte Bänder auf, die sich über der Hochwasserlinie erstrecken. Zunächst tritt das schwarze Band der Krustenflechte *Verrucaria maura* in Erscheinung, das hier und da von den kleinen Büscheln der Flechte *Lichina confinis* aufgelockert wird. Darüber folgt ein gelbes Band mit verschiedenen *Caloplaca*-Arten und schließlich die Zone mit den grauen Krusten von *Ochrolechia parella*. Grüngraue Strauchflechten, z. B. *Roccella*- und *Ramalina*-Arten, schließen die Flechtenpopulationen des Klippenrandes ab, an dem zunehmend auch höhere Pflanzen Fuß fassen. Flechten und Blütenpflanzen sind nicht auf messerscharf getrennte Zonen beschränkt, sondern bilden je nach Siedlungsmöglichkeit und Verfügbarkeit bodengefüllter Fugen und Spalten ein buntes Mosaik miteinander. Die bei weitem häufigste Pflanze solcher Standorte ist die Strandnelke. Außerdem siedeln hier gerne der Meerfenchel (*Crithmum maritimum*), der Klippen-Spärkling (*Spergularia rupicola*), der Strand-Alant (*Inula crithmoides*), der Krähenfuß-Wegerich (*Plantago coronopus*), schließlich auch Löffelkraut (*Cochlearia officinalis*) oder der Meer-Streifenfarn (*Asplenium marinum*) – Pflanzen, die an den deutschen Nordseeküsten selten sind oder überhaupt fehlen.

Pflanzen der Seevogelkolonien

Wo große Seevogelkolonien an den Klippen nisten, reichern sie den Boden besonders mit Stickstoff- und Phosphorverbindungen an. Dadurch verändert sich auch die Auswahl von Pflanzen, die an solchen Stellen siedeln können. Nur wenige Arten werden hier gefördert, beispielsweise die Wilde Rübe, einige Melden-Arten und Löffelkraut, die in der Nähe von Nistplätzen immer besser wachsen als anderswo. Außerdem siedeln sich mitunter Stickstoffzeiger der binnenländischen Flora an, darunter Brennessel, Labkraut, Hornkraut oder Sauerampfer. Außerdem findet sich gerade hier auch die Große Strauchpappel (*Lavatera arborea*).

Pflanzen am Klippenrand

Auf trockenen, kalkfreien Klippenhängen dehnt sich rasch eine typische atlantische Heide aus. Die Serpentinfelsen der Lizard-Halbinsel in Cornwall werden von einer besonderen Heidekraut-Art (*Erica vagans*) bewachsen, die nur hier und an wenigen anderen Stellen in Frankreich und Spanien vorkommt. Sie benötigt ein besonderes mildes, ozeanisches Klima.

Versuche

1 Besuche einen exponierten Küstenabschnitt und eine stärker geschützte Steilküste. Wie dicht über der Hochwasserlinie wachsen an beiden Stellen Blütenpflanzen?

An geschützten Steilküsten beginnt der Bewuchs mit Blütenpflanzen unmittelbar über den Algen der Gezeitenzone.

2 Lege eine Übersichtsskizze beider Küstenstellen als Profil an und trage die einzelnen Pflanzenarten anhand verschiedener Symbole ein. Lassen sich bestimmte Zonen erkennen? Kannst du Rückschlüsse auf die Geologie des Untersuchungsgebietes ziehen? Zeigt sich der Einfluß der Lage zu Wind und See? Für diese botanischen Studien muß man nicht unbedingt in den Klippen herumklettern, ein gutes Fernglas reicht!

Vielfarbig und formenreich sind die Flechten der Küstenfelsen

3 Findest du Unterschiede in der Pflanzenbesiedlung auf der Luv- und Leeseite eines Felsvorsprungs? Miß mit einem Meterstab an Stellen, die gefahrlos zugänglich sind, die Bodentiefe. Zeigen sich Beziehungen zwischen Bodenprofil und Pflanzenwuchs?

Das offene Meer

Das Leben im und am Meer wird von physikalischen Umweltfaktoren mehr beeinflußt und geprägt als an irgendeinem Lebensraum des Festlandes. In den flachen Randmeeren, die die Kontinente umsäumen, wird das Meerwasser durch die Gezeiten kräftig durchmischt und ermöglicht somit einen besonders reichen Pflanzenwuchs. Der größte Teil dieser Pflanzen sind mikroskopisch kleine Algen, die als Plankton im Wasser umhertreiben. Besonders in den Flachmeeren finden sie weitaus höhere Konzentrationen wichtiger Nährsalze wie Phosphat und Nitrat vor, während die Wassermassen ozeanischer Weiten erstaunlich nährstoffarm sind. Rund 90% des Weltfischfangertrags werden in den kontinentalen Randmeeren erzielt, die nur knapp 5% der Erdoberfläche einnehmen. Die Produktivität dieser vergleichsweise schmalen Randsäume wird erst deutlich, wenn man bedenkt, daß über 70% der Erdoberfläche von den Ozeanen eingenommen werden.

Baßtölpel, die von ihren Brutplätzen auf das offene Meer hinausfliegen, um dort nach Nahrung Ausschau zu halten, zeigen, wie eng Luftraum und Wasserraum in küstenfernen Gebieten ökologisch zusammenhängen. Die Wärmestrahlung der Sonne dient als Energiequelle für vielerlei weitere Abläufe in den unendlichen Ozeanen. Sie setzt letztlich auch die Winde in Gang, die die Wasseroberfläche zu Wellen und Wogen verformen.

Eine treibende Welt

Lebewesen, die frei im Wasser umherdriften, werden zusammenfassend als Plankton bezeichnet. Sie werden von den Meeresströmungen verfrachtet, obwohl einzelne Arten auch selbständige Bewegungen durchführen können. Besonders auffällig sind ihre Vertikalwanderungen zur und von der Wasseroberfläche.

An warmen Abenden im Spätsommer kann man an manchen Abschnitten der europäischen Atlantikküsten oder des Mittelmeeres in Wellenkämmen und Brandungen eine Vielzahl winzigster blaugrüner Blitzlichter beobachten. Magisch leuchtet es ringsum überall auf, wenn man im Wasser schwimmt oder mit raschen Schlägen rudert. Jede Strömung der Wasseroberfläche setzt sogleich ein phantastisches Miniaturfeuerwerk in Gang. Die Lichtblitze werden von einem mikroskopisch kleinen, einzelligen Lebewesen, dem Meeresleuchttierchen *Noctiluca miliaris*, hervorgerufen.

Nahrungsproduzenten
Im freien Wasser finden größere Pflanzen wie Seegräser oder Tange keine Verankerungsmöglichkeiten. Alle hier lebenden Pflanzen müssen daher im Wasser umhertreiben und werden deswegen als Phytoplankton bezeichnet. Ihre Größe reicht von winzigsten Zellen, die man selbst in einem guten Lichtmikroskop nur mit Mühe erkennen kann, bis hin zu Gebilden mit Zelldurchmessern um einen Millimeter. Diatomeen z.B. sind Phytoplankter, die ein feines, aber tragfähiges Filigranskelett aus Kieselsäure besitzen. Diese Kieselsäurepanzer sind bei einigen Formen in lange Fortsätze und Spitzen ausgezogen, während andere eher an Pillen- oder Käseschachteln erinnern. Der Aufbau der Kieselsäureschalen ist so fein und regelmäßig, daß man damit auch heute noch die optische Leistungsfähigkeit von Mikroskopen testet. In den Sommermonaten nehmen die Diatomeen oder Kieselalgen deutlich

▼ Treibholz, Schiffe oder Seezeichen werden häufig von Entenmuscheln (*Lepas anatifera*) besiedelt. Die Stiele können bis 20 cm lang werden.

▲ Die Veilchen- oder Floßschnecke (*Janthina* sp.) schwimmt mit Hilfe von Schleim- und Luftblasen.

ab. Sie werden jetzt von einer anderen Gruppe von Phytoplanktern ersetzt, den Dinoflagellaten. Genau wie im Süßwasser können auch im Meer bei bestimmten Voraussetzungen Massenentwicklungen von Algen eintreten. Wenn daran die gelbbräunlich gefärbten Dinoflagellaten beteiligt sind, verändert auch das Meerwasser seine Färbung, und man spricht dann von „Roten Tiden". Mitunter sind die Dinoflagellaten so giftig, daß es zu katastrophalen Fisch- und Seevogelsterben kommt. Muscheln, die sich von Planktonalgen ernähren, speichern die Gifte dieser Algen und können auf diesem Wege auch für den Menschen gefährlich werden, der Muschelgerichte zu sich nimmt.

Nahrungskonsumenten
Die Planktonalgen dienen wiederum dem tierischen Plankton (Zooplankton) als Nahrung. Das Zooplankton ist unterschiedlich groß und beweglich.

◄ Marines Zooplankton: Megalopa-Larve einer Krabbe (links), Garnelenlarve (oben), Ruderfußkrebschen (unten).

▲ In nordatlantischen Gewässern treiben oft große Mengen von *Sargassum*-Tangen, einer Braunalge, die durch Luftblasen den nötigen Auftrieb erfährt. In diesen Tangen lebt eine in Form und Farbe perfekt angepaßte Tierwelt.

▼ Auch gestrandete Portugiesische Galeeren (*Physalia physalis*) können noch stark nesseln.

Die Arten reichen von den einzelligen Wimpertieren, die nur wenig größer sind als die Algenzellen, die sie verzehren, bis zu den Salpen, den bis zu 10 cm langen Verwandten der Seescheiden. Einige dieser Pflanzenfresser gehören zeitlebens zum Plankton; andere dagegen sind nur die im Plankton lebenden Larvenstadien verschiedener Boden- oder Strandbewohner. Sie verbringen nur einige Wochen oder Monate im Plankton, bevor sie sich irgendwo festsetzen und in die Erwachsenenform umwandeln.
Ruderfußkrebse (Copepoden) stellen den größten Anteil der dauernd planktisch lebenden Tiere. Viele von ihnen sind Pflanzenfresser und filtrieren kleine Planktonalgen mit Hilfe ihrer bürstenartig verbreiterten Beine aus. Andere Copepoden ernähren sich auch als Detritusfresser oder als Fleischfresser. Einige Arten leben parasitisch. Die Häufigkeit einer atlantischen Copepoden-Art, *Calanus finmarchicus*, ent-

scheidet darüber, in welchem Ausmaß Fischlarven (besonders vom Hering) überleben können.
Pflanzenfressende Krebstiere durchkämmen das Wasser nach verwertbaren Algen, während Salpen ihre Nahrung mit Hilfe feiner, aus einem schleimigen Sekret gefertigter Lagen aussieben. Pteropoden sind planktisch lebende Schnecken, die Planktonalgen auf ihren schleimbedeckten, flügelartigen Körperfortsätzen oder mit Hilfe schleimiger Segel sammeln, auf denen sich allerlei verwertbares Material verfängt. Eigenartig ist auch der Nahrungserwerb eines kleinen Planktontieres aus der Verwandtschaft der Salpen und Seescheiden, *Oikopleura*, das ein Sekretgehäuse um sich herum aufbaut, dieses mitsamt der Algenfänge von Zeit zu Zeit verzehrt und dann jedesmal erneuert.
Alle Pflanzenfresser dienen ihrerseits den Konsumenten zweiter Ordnung oder Fleischfressern als Nahrung, von denen einige ebenfalls noch zum Plankton gehören, wie etwa der lange, durchscheinende Pfeilwurm mit seinen großen Mundklauen oder die kleinen Medusen und Quallen, die in ihren langen Tentakeln Nesselzellen mit sich führen. Zu ihrer Verwandtschaft gehören die Staatenquallen oder Siphonophoren, die aus Kolonien verschiedener Individuen bestehen, von denen jedes nur eine spezielle Aufgabe wie Nahrungserwerb, Vermehrung, Schwimmen, Abwehr oder Verdauung wahrnimmt. Sie sind oft recht kompliziert gebaut. Einige Arten besitzen ein großes gasgefülltes Schwimmorgan, das hohe Konzentrationen von Kohlenmonoxid enthält. Am bekanntesten ist von diesen eigenartigen Hochseebewohnern vielleicht die Portugiesische Galeere (*Physalia physalis*), die manchmal auch in Küstennähe angetrieben wird und mit ihren stark nesselnden Tentakeln Schwimmer lähmen kann. Ein anderer Vertreter ist die Segelqualle (*Velella spirans*), die nach heftigen Weststürmen besonders in Südwesteuropa angetrieben wird.
Entenmuscheln benötigen nur etwa 14 Tage, um von der 2 mm langen Larve zu einem geschlechtsreifen Tier heranzuwachsen. Ihre Beute besteht aus mikroskopisch kleinen Algen oder auch aus größeren Planktontieren. Sie wird mit den Rankenfüßen herbeigestrudelt. Erstaunlich ist, daß man während des Tages in der Nähe der Oberfläche nur einen Bruchteil der Planktontiere fängt, die sich dort nachts aufhalten. Viele Zooplankter suchen tagsüber größere Wassertiefen auf und kehren erst bei Dämmerung zur Oberfläche zurück.

Versuche

① Das ideale Hilfsmittel zur Untersuchung der im Wasser treibenden Kleinlebewesen ist ein Planktonnetz. Man kann es kaufen (z. B. bei Kosmos-Service, Postfach 640, 7000 Stuttgart 1) oder aber selbst basteln.

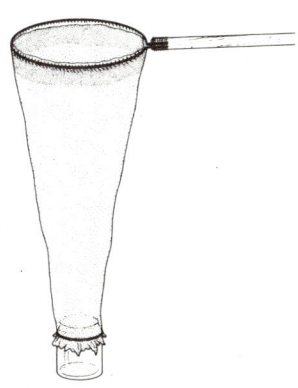

Nähe dir aus feiner Gaze einen Schlauch, den du über einen Ring aus starrem, festem Draht ziehst und festnähst. Das andere Ende wird über ein Marmeladeglas gestülpt und mit Gummibändern sicher befestigt. Der Drahtring wird an einer längeren, nicht federnden Stange befestigt.
Zum Planktonfang bringt man das Netz vorsichtig ins Wasser. Man hält das offene Ende gegen den Gezeitenstrom oder zieht das Netz langsam an der Mole entlang.

② Schneide aus schwarzem Papier ein Stück so zurecht, daß es eine Glashälfte verdeckt. Befe-

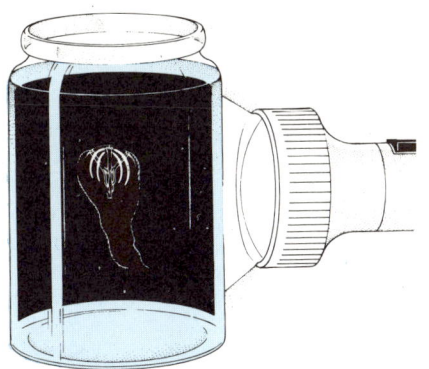

stige das Papier außen am Glas. Mit Hilfe eines seitlichen Taschenlampenstrahls kannst du nun vor dem schwarzen Hintergrund die größeren Organismen der Planktonfänge gut beobachten. Nimm eine Taschenlupe mit! Zeichne die Organismen deiner Fänge auf und versuche sie zu bestimmen.

Meeresfische

Verschiedene Meeresfische haben besondere Bewegungs-, Ernährungs- und Fortpflanzungsweisen entwickelt. Daraus ergeben sich einige sehr eigentümliche Abwandlungen der normalen, spindelförmigen Fischgestalt.

Zu den primitivsten Wirbeltieren des Meeres gehören die schuppen- und kieferlosen Rundmäuler wie Neunauge oder Inger, die ihre Nahrung mit Hilfe ihrer rundlichen Mundscheibe aufnehmen. Neunaugen leben parasitisch von lebenden Fischen, Inger sind dagegen Aasfresser. Sie bilden eine eigenständige Gruppe unter den Wirbeltieren. Die eigentlichen Fische werden je nach Skelettsubstanz in zwei große Verwandtschaftskreise unterteilt: die Knorpelfische (Chondrichthyes oder Elasmobranchier) wie Haie, Rochen, und Seekatzen und die echten Knochenfische (Osteichthyes oder Teleostier). Knorpelfische besitzen ein knorpeliges Skelett, eine sehr zähe, ledrige Haut mit schmelzüberzogenen Hautzähnen, getrennte äußere Kiemenöffnungen (5–7 bei den Haien, immer nur 5 bei den Rochen) ohne Kiemendeckel, abstehende Brustflossen, die nicht an den Körper angelegt werden können, und eine unsymmetrische Schwanzflosse mit größerem oberem Abschnitt. Knochenfische dagegen besitzen ein knöchernes Skelett, eine schuppige Haut und einen Kiemendeckel (Operculum), der die Kiemen schützt. Kennzeichnend sind auch ihre flachen, paarigen Brustflossen, die zusammengefaltet werden können. Die Eier der meisten Knochenfische werden im freien Wasser besamt und befruchtet. Bei den Haien und Rochen findet die Befruchtung dagegen noch in der Körperhöhle des Weibchens statt.

Vom Körperbau eines Fisches kann man unmittelbar auf seine Lebensweise schließen. Bodenbewohner sind meist abgeflacht, so daß ihr Körper mit den Konturen des Lebensraumes verschmilzt. Plattfische wie Heilbutt, Steinbutt, Glattbutt, Scholle, Flunder, Seezunge oder Klische sind seitlich zusammengedrückt und liegen auf einer der beiden Körperseiten, wobei beide Augen nach oben gerichtet sind. Rochen oder Anglerfische, die von oben nach unten zusammengedrückt sind, liegen dagegen auf ihrem Bauch.

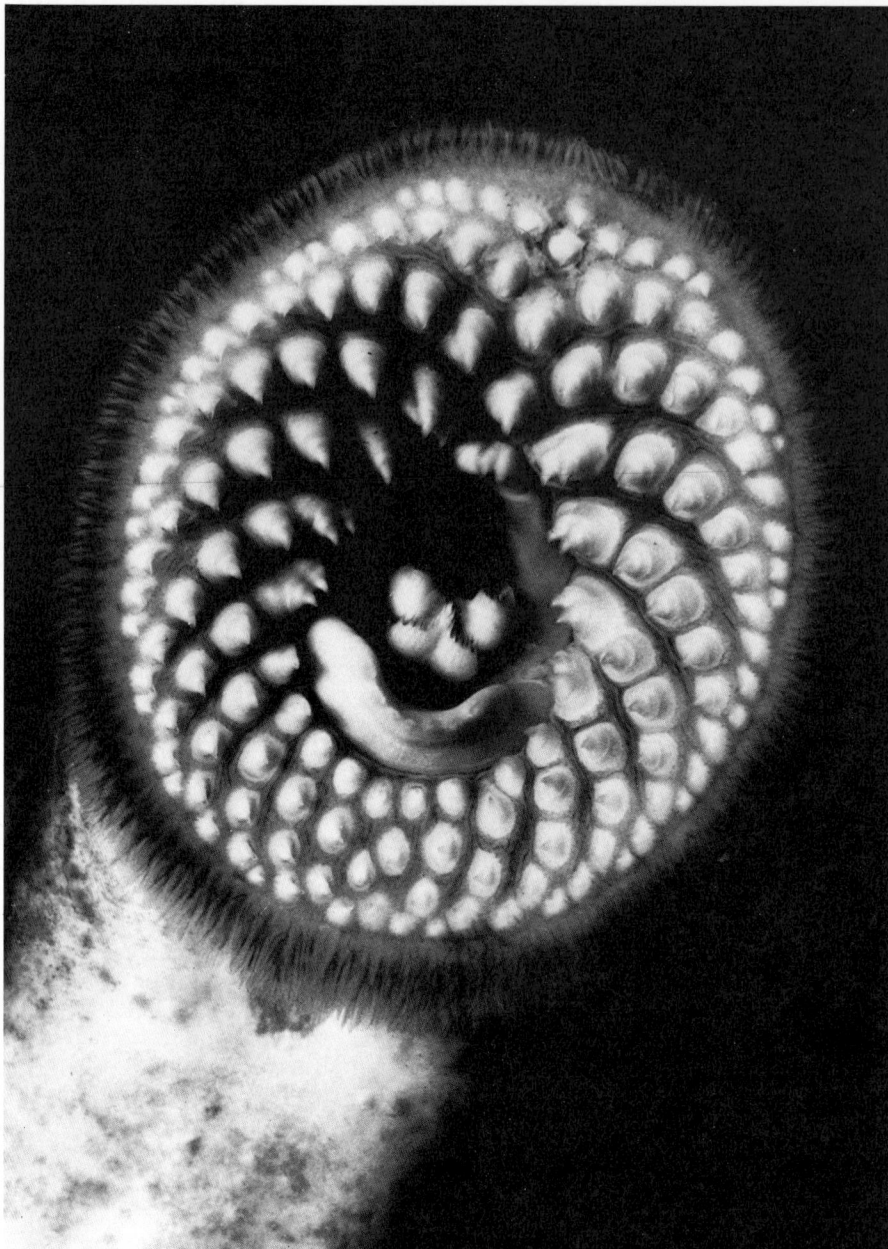

▲ Der Saugmund des Meerneunauges (*Petromyzon marinus*) ist mit seinem Zahnbesatz bestens dafür geeignet, an lebenden Fischen zu fressen.

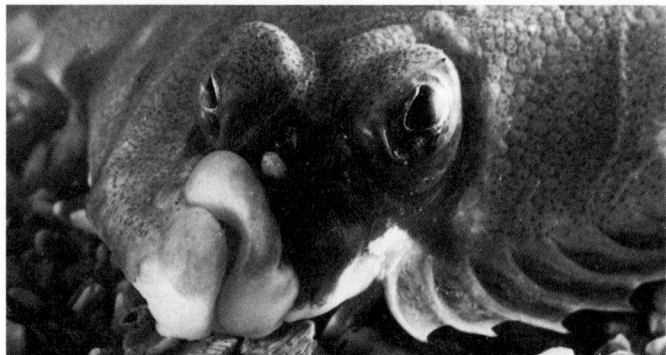

▶ Die Scholle (*Pleuronectes platessa*) besitzt eine unsymmetrische Mundöffnung, mit der Kleintiere aus der Bodenfauna aufgenommen werden können. Die beiden Augen liegen auf der rechten Körperseite, die Blindseite ist immer links.

▶ Meeraale (*Conger conger*) können bis 3 m lang werden. Mit schlangenartigen Bewegungen gleiten sie bei Niedrigwasser durch Seegraswiesen.

◄ Das Seepferdchen (*Hippocampus* sp.) hält sich mit seinem Greifschwanz an Pflanzen fest.

▲ Mit ihren langen Barteln geht die Streifenbarbe (*Mullus surmuletus*) auf Nahrungssuche am Boden.

▼ Hinter den Augen des Nagelrochens (*Raja clavata*) sitzt je ein Spritzloch, durch das Atemwasser eingezogen wird, wenn das Tier am Boden ruht.

Meeraale und Muränen können über den Grund kriechen und in Felsspalten oder schmalen Höhlen verschwinden. Die Fische des freien Wassers sind meist geschickte, schnelle und elegante Schwimmer, deren Körper stromlinienförmig gebaut ist. Makrelen und Haie müssen ständig schwimmen, um ihre Position im freien Wasser zu halten, da sie keine gasgefüllte Schwimmblase besitzen und dichter als das umgebende Wasser sind.

Die Schwimmblase dient bei vielen Fischen als Schwebeorgan, mit dessen Hilfe sie ihre Position im Wasser einregulieren können. Die Schwimmblase entsteht während der Embryonalentwicklung als Ausstülpung am Vorderdarm, ist ein- oder zweikammerig und kann über einen engen Luftkanal mit dem Darmtrakt verbunden bleiben. Heringe besitzen sogar zwei Luftgänge. Bei frisch geschlüpften Fischen ist sie noch nicht mit Gas gefüllt. Jungfische

tauchen daher zur Oberfläche auf, schnappen nach Luft und besorgen sich so die erste Gasfüllung.

Die Füllung der Schwimmblase steht immer unter dem Druck der Umgebung. Beim Auftauchen aus größerer Tiefe entweicht aus der Blase überschüssiges Gas in die Blutbahn. Beim Verlassen der Oberfläche muß sie dagegen Gase aus dem Blut aufnehmen. Viele Bodenfische, beispielsweise Flundern und Schollen, benötigen keine Schwimmblase. Sie wird bei diesen Arten schon im Larvenstadium zurückgebildet. Manche Fischarten können auch mit Hilfe ihrer Schwimmblase hören.

Mit der Lebensweise hängt auch das Verhalten der Fische eng zusammen. Seeteufel leben einzeln, Lippfische sind dagegen Schwarmfische. Fischschwärme verleihen einen besonderen Schutz, da wesentlich mehr Augen auf eventuelle Feinde achten und Beutejäger sich

in der quirligen Masse eines Schwarms kaum auf ein einzelnes Tier konzentrieren können. Ein Schwarm Heringe nutzt die Planktonvorräte des Wassers auch wesentlich besser als eine zahlenmäßig gleich große Menge zerstreut lebender Fische. Die Schwarmbildung steht häufig mit der Fortpflanzung im Zusammenhang. Gerade zu dieser Zeit sind Heringe oder Kabeljau besonders gut auszumachen und zu fangen. Vor der norwegischen Küste laichen die Heringe von Februar bis April ab. Die Eier sinken zu Boden und heften sich an Steinen und Tangen an. In den norwegischen Gewässern werden jährlich an die drei Millionen Tonnen Heringslaich abgelegt. Kabeljaueier sind dagegen pelagisch und steigen innerhalb kurzer Zeit nach dem Ablaichen zur Oberfläche auf. Dort schlüpfen die Larven und leben mehrere Wochen lang als Bestandteil des Zooplanktons. Revierverhalten ist besonders bei Fischen des Küstensaumes entwickelt, speziell bei solchen Arten, die auch in Gezeitentümpeln vorkommen. Glatthaie und Hundshaie werfen 10–12 Junge. Der Fuchshai wird erst bei einer Länge von 4 m geschlechtsreif – seine 2–5 Jungen sind bei der Geburt schon fast eineinhalb Meter lang. Der größte Fisch europäischer Gewässer ist der Riesenhai. Er wird bis 12 m lang und bis 4000 kg schwer, ist jedoch kein räuberischer, schnell schwimmender Jäger, sondern eher ein träger Planktonfresser. Das Weibchen wirft nach zweijähriger Tragzeit 1–2 Junge. Darin unterscheidet sich diese Art erheblich vom großen, bis 3 m langen Mondfisch, dessen Weibchen bis zu 300 Millionen Eier legt. Nicht alle Knorpelfische sind lebendgebärend.

Außer ihren Augen besitzen die Fische noch verschiedene andere Sinnesorgane. Zu den wichtigsten gehört das Seitenorgan, eine lange Reihe von Sinnesrezeptoren, die in einer rinnigen Vertiefung als Seitenlinie über die Rumpfflanken zieht. Damit kann der Fisch feine Schwingungen wahrnehmen, die etwa ein herannahender Räuber oder ein geeignetes Beutetier verursachen. Fische verfügen auch über hervorragende Geruchs- und Geschmackssinne. Dorsche spüren mit den vom Unterkiefer herabhängenden Barteln Nahrung auf, während Knurrhähne die isolierten Strahlen ihrer Brustflossen wie Tastfinger benutzen, mit denen sie über den Grund marschieren und nach Nahrung suchen.

Nahrungsquelle Meer

Schon vor Jahrtausenden bezogen die Menschen ihre Nahrung aus dem Meer. Heute werden ausgeklügelte Fangtechniken verwendet und Zuchten angelegt, um die Erträge des Meeres zu erhöhen.

Fischfang früher

Ursprünglich sammelten sich die Menschen nur während der Niedrigwasser einzelne Muscheln, Strandschnecken, Napfschnecken oder Krabben, ab und zu vielleicht auch einmal einen Fisch. Später wurden besondere Steinwälle angelegt, um bei Ebbe eine größere Menge an Meeresfrüchten zurückzuhalten. Fischhaken aus Stein, Knochen oder Holz, die an den alten Siedlungsplätzen immer wieder gefunden werden, beweisen, daß schon in der Steinzeit Fischfang betrieben wurde. Zur Bronzezeit standen bereits seegängige Schiffe und Boote zur Verfügung, so daß auch außerhalb des unmittelbaren Küstenbereichs der Fischfang möglich wurde. Vor über 3000 Jahren hatten die Phönizier gelernt, Fische durch Einpökeln zu konservieren.

Von der Bedeutung des Fischfangs und der Hochseefischerei künden heute noch die Wappen und Flaggen vieler Küstenstädte. Die Hanse stieg und fiel mit dem Heringsfang in der Ostsee. Seit dem Mittelalter hat sich in vielen Gebieten Skandinaviens die Sitte erhalten, auf großen Gestellen Fische zum Trocknen aufzuhängen. Als Stockfisch werden heute vor allem Dorsche und Kabeljaue verwendet (Dorsch = „Dörrfisch").

Moderne Fangtechnik

Im Grunde gleichen die modernen Fangtechniken den früheren Methoden, sie werden jedoch viel gezielter und in größerem Umfang eingesetzt. Netze werden überwiegend im freien Wasser eingesetzt, um Schwarmfische wie Heringe oder Makrelen zu fangen. Die alte Technik des Treibnetzes wurde abgelöst vom Gebrauch großer Grundschleppnetze (Trawls), deren Öffnung von Scherbrettern, einer Kopfleine mit Schwimmern und einer Grundleine mit Gewichten (Bobbins) freigehalten wird.

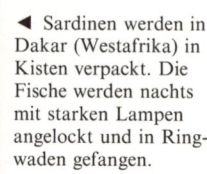

◄ Die muskulösen Schwänze des Kaisergranats (*Nephrops norvegicus*) erscheinen unter der Bezeichnung „Scampis" auf der Speisekarte.

► Fangertrag eines Trawlers: Franzosendorsch (*Gadus luscus*) und Seekuckuck (*Trigla cuculus*).

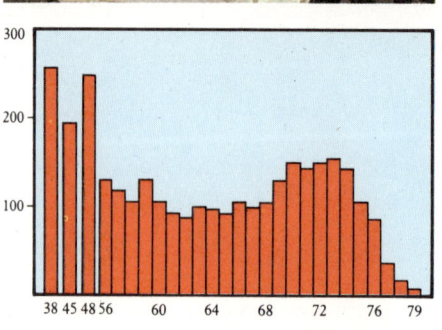

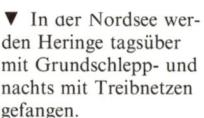

◄ Sardinen werden in Dakar (Westafrika) in Kisten verpackt. Die Fische werden nachts mit starken Lampen angelockt und in Ringwaden gefangen.

◄ Die Graphik zeigt die in Großbritannien von 1938–1979 angelandeten Heringsmengen. Maßeinheit: 1000 Tonnen.

▼ In der Nordsee werden Heringe tagsüber mit Grundschlepp- und nachts mit Treibnetzen gefangen.

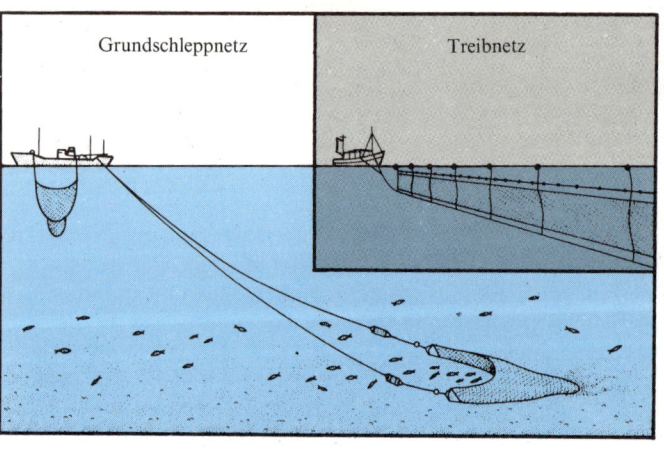

Grundschleppnetz   Treibnetz

Ringwaden werden von zwei Fischereifahrzeugen ringförmig um einen Fischschwarm ausgelegt. Eine Schnürleine schließt dann das Netz auch von unten ab, und der Fang kann anschließend mit dem Netz an Bord gehievt werden. Unter den verschiedenen Angeltechniken ist das Langleinenverfahren gewiß das wichtigste. Schwertfische, verschiedene Haie oder auch Heilbutt werden auf diese Weise gefangen. Langleinen bestehen aus verschiedenen Schnurstücken, an denen in regelmäßigem Abstand kleinere Vorschnüre mit Angelhaken und Köder befestigt werden. Sie können in verschiedener Weise als Schweb- oder Grundschnur im Wasser aufgestellt werden.

Beim Schleppangeln werden künstliche oder natürliche Spinnköder an einer langen Angelschnur hinter einem fahrenden Boot nachgeschleppt. Diese Fangtechnik wird vor allem in der Sportfischerei verwendet, dient aber auch zum Fang verschiedener Thunfischarten. Kleinere Arten werden auch mit der Angelrute (Köder oder blanke Haken) gefangen. Sobald eine Schule Thunfische geortet ist, wird mit einem Wasserstrahl auf der Wasseroberfläche

◄ Vor dem Versand werden die lebenden Austern in Kisten gereinigt.

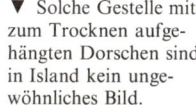

▼ Solche Gestelle mit zum Trocknen aufgehängten Dorschen sind in Island kein ungewöhnliches Bild.

den letzten Jahren ist der Hummerfang jedoch stark zurückgegangen. Die an der Nord- und Ostseeküste meist als Krabben bezeichneten Garnelen werden von Kuttern mit Schleppnetzen gefangen. Die Fänge werden teilweise zu Futter- und Düngemittel verarbeitet. Muschelfischerei wird in Europa nur stellenweise betrieben, Fangobjekte sind dabei vor allem verschiedene Pilgermuschel-Arten.

Überfischen

Es gibt seit geraumer Zeit verschiedene Ansätze, um durch Fangquotenregelungen den Fischereiflotten der einzelnen Länder zwar ihren wirtschaftlichen Gewinn zu sichern, gleichzeitig aber die Bestände nicht zu überfischen. Während des letzten Krieges wurde in der Nordsee mehrere Jahre lang überhaupt nicht gefischt. In den Nachkriegsjahren waren die Fänge daher ungewöhnlich groß. Das führte wiederum dazu, daß erhebliche Mittel in die Vergrößerung der Fischereiflotte investiert wurden. Die Geschichte der Heringsfischerei zeigt, welche Ereigniskette dadurch ausgelöst wurde. Der Hering hat schon oft in der Wirtschaftsgeschichte der Küstenanliegerstaaten Europas eine besondere Rolle gespielt. Der Heringsfang wurde teilweise in industriellem Maßstab betrieben. Auch Jungfische wurden schwarmweise gefangen und zu Fischmehl verarbeitet. Dies führte zu einem derartig katastrophalen Rückgang der laichreifen Bestände, daß der Heringsfang in EG-Gewässer schließlich eingestellt werden mußte.

Fast alle europäischen Nutzfischarten leiden unter Überfischung. Die Bestände haben kaum Gelegenheit, sich zu erholen. Andererseits liegen große Teile der Fangflotten still. Daraus ergab sich auch in jüngster Vergangenheit immer wieder Zündstoff für politische Auseinandersetzungen, wie der Kabeljaukrieg zwischen Island und besonders Großbritannien zeigt. Um die Fischerträge zu sichern, die die Gewässer um Island auch heute noch zu einem attraktiven Fanggebiet machen, wurden die Grenzen des isländischen Hoheitsgebietes einseitig erweitert.

Die Umwandlung von Wattengebieten in landwirtschaftliche Nutzflächen, wie sie in großem Maßstab in den Niederlanden oder in Nordfriesland betrieben wurde, sowie die Vergiftung der küstennahen Gewässer ging zweifellos zu Lasten vieler Nutzfischarten, beispielsweise der Scholle, die in diesen Gebieten ihre Kinderstube hat. Um diese Verluste auszugleichen, wird neuerdings in größeren Wassertiefen gefischt. Fangzüge mit dem Grundschleppnetz in über 1000 m Tiefe sind heute keine Seltenheit mehr. Krill, eine den einhei-

mischen Garnelen verwandte Gruppe von Kleinkrebsen antarktischer Gewässer, die vor allem den Bartenwalen als Nahrung dienen (vgl. S. 168/169), steht gegenwärtig im Zentrum der Forschung. Sicher ist jedoch, daß auch diese Bestände keine unerschöpfliche Quelle darstellen.

Aquakultur

Die beste theoretische Lösung zur Überwindung des Überfischungsproblems ist die Kultur von Nutzfischarten in großen Meeresfarmen. Der Erfolg hängt jedoch weitgehend davon ab, inwieweit sich ein bestimmtes Meeresgebiet überhaupt kontrollieren läßt. Auf dem Festland können Wälder gerodet, der Boden gepflügt und Schädlinge ferngehalten werden. Der riesige marine Lebensraum dagegen ist weitaus weniger zugänglich, vorhersagbar und bewirtschaftbar.

Die Aquakultur festsitzender Nutzarten der marinen Fauna kann oftmals wesentlich wirtschaftlicher betrieben werden. Entlang der nordspanischen Rias-Küste werden beispielsweise Miesmuscheln an langen, in das Wasser hängenden Seilen gezüchtet, die ihrerseits an großen Schwimmpontons vertäut sind. In der großen Bucht von Arcachon bei Bordeaux oder an anderen Stellen der französischen Küste werden in großem Maßstab Austern gezüchtet. Besonders bei Niedrigwasser kann man einen Eindruck vom ausgedehnten Flechtwerk der Zuchtanlagen gewinnen. Miesmuschel- und Austernzucht wird in den Wattenmeergebieten vor der schleswig-holsteinischen Küste betrieben. Solche Schaltierfarmen sind jedoch nur dort möglich, wo sich in genügender Zahl die planktischen Muschellarven einfinden und ansiedeln lassen.

Meeresfarmen und Aquakulturen erfordern sehr viel mehr Aufwand und finanziellen Einsatz als die Bewirtschaftung irgendeines Ackers. Es kostet gewaltige Anstrengungen, bevor auch nur der Ertrag einer armen Bergwiese aus einem Meeresgebiet gewonnen werden kann.

Unruhe erzeugt. Die Fische glauben, dort leichte Beute zu finden, verfallen in eine wilde Freßraserei und schnappen nach allem, was erreichbar ist. Aber nicht nur Fische dienen der menschlichen Ernährung, auch Krebse und Muscheln haben einen nicht unbeträchtlichen Anteil an der Fischereiwirtschaft. Krabben und Krebse werden meist einzeln in besonderen Fangkörben gefangen. Bekannt ist beispielsweise der Hummerfang auf Helgoland, wo in Hummerkörben vor dem Zweiten Weltkrieg jährlich bis über 60 000 Hummer gefangen wurden. In

Säugetiere im Meer

Robben, Wale und Seekühe
sind in besonderer Weise an
das Leben im Meer angepaßt.
Wie alle Säugetiere sind sie
warmblütige, lungenatmende
Lebewesen. Nach der Geburt
werden die Jungtiere eine
ganze Weile gesäugt.

Zu den eigenartigsten Säugetieren des
Nordatlantiks gehört das Walroß.
Während des Mittelalters waren die zu
Hauern vergrößerten oberen Eckzähne
der Walroßmännchen als Elfenbein
hochgeschätzt. Folglich wurden die
Walroßherden stark bejagt. Später wurden Robbenfelle als Pelzbekleidung
modern. In Kanada, Grönland und auf
Spitzbergen werden besonders die Jungtiere der Sattelrobbe jährlich zu Tau-
senden niedergemetzelt, um die Märkte
in finanzkräftigen Ländern mit Pelzen
zu versorgen. Die unkontrollierte Jagd
auf die Mönchsrobbe, der einzigen
auch in wärmeren Gewässern vorkommenden Art, hat im Mittelmeergebiet
die Populationen an den Rand der
Ausrottung gebracht.
Alle Robben gehen zur Fortpflanzung
an Land oder auf Eis. Daher kann man
mit Hilfe von Luftaufnahmen die
Bestandsgrößen einigermaßen abschätzen. Entlang der europäischen Küsten
heben sich die hell gefärbten Jungtiere
der Kegelrobben auf dem dunklen Hintergrund deutlich ab. Robben, die ihre
Jungen auf dem Eis zur Welt bringen,
können auf Luftbildern ebenfalls erkannt werden, während die weißen
Jungtiere perfekt getarnt sind. Nur mit
Spezialverfahren, zum Beispiel der UV-
Fotografie, kann man die Jungtiere auf
dem gleichförmigen Hintergrund aus-
machen.
Robben schützen sich wie die Wale mit
einer dicken Speckschicht vor Ausküh-
lung, besitzen aber im Unterschied zu
den Walen auch noch ein dichtes Fell.
Gerade deswegen wird immer in be-
ängstigenderem Maße auf die Robben
Jagd gemacht. Die hinteren Gliedmaßen der echten Robben sind flossen-
förmig und an Land nutzlos. Dagegen
können Seelöwen ihre hinteren Extre-
mitäten auch außerhalb des Wassers
geschickt einsetzen. Die meisten Rob-
benarten sind Fischfresser. Das Walroß
ernährt sich dagegen in der Hauptsache

▲ Ein toter Finwal
wird auf den Flensing
einer Walfangstation in
Island gezogen.

▶ Wenn ein Delphin
aus dem Wasser auf-
taucht, kann man sein
Nasenloch auf der
Kopfoberseite gut
erkennen.

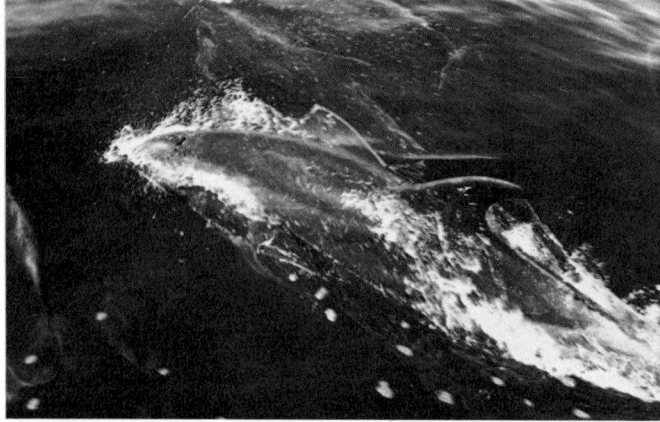

▼ Blasender Grauwal
(*Eschrichtius glaucus*).

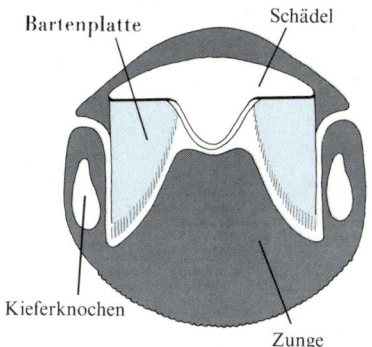

Bartenplatte — Schädel

Kieferknochen

Zunge

▲ Schematischer Querschnitt durch den Kopf eines Blauwals. Von den Oberkiefern hängen die Bartenplatten herab. Wasser wird mit der Zunge seitlich herausgedrückt, wobei die Haarleisten der Barten Planktonorganismen zurückhalten.

▲ Neugeborene Sattelrobbe (*Pagophilus groenlandicus*).

▼ Marine Nahrungskette. (Nicht maßstabsgetreu)

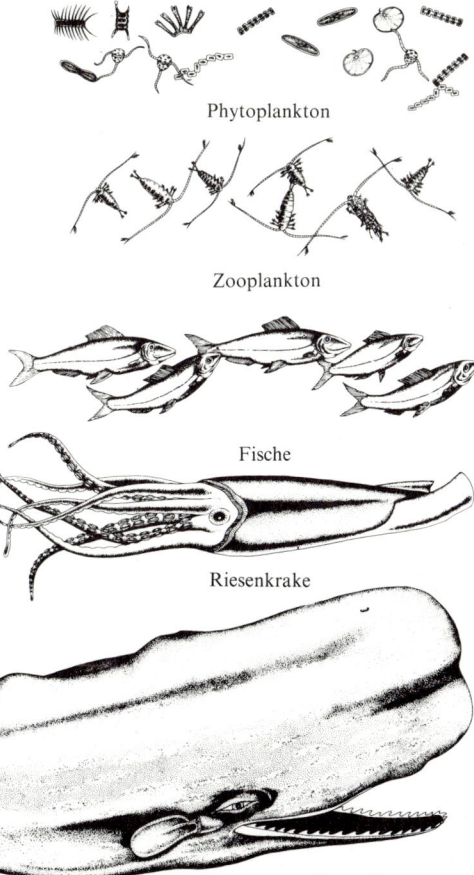

Phytoplankton

Zooplankton

Fische

Riesenkrake

Pottwal

von Muscheln, die es vom Meeresgrund herauftaucht.

Die Jungtiere der Wale kommen im Wasser zur Welt. Die vorderen Gliedmaßen sind zu Flossen umgewandelt, die als Steuerorgane eingesetzt werden, während die große waagerecht stehende Schwanzfluke die nötige Schubkraft für die Fortbewegung gibt. Der Schwanzbereich ist von oben nach unten abgeflacht und wird (fast) nur vertikal bewegt, während ein Fischschwanz seitlich abgeflacht ist und auch nur seitlich bewegt wird.

Die Nasenöffnung der Wale mündet auf der Kopfoberseite. Durch diese Öffnung atmen sie ein und aus oder blasen in dem Augenblick, in dem ihr Körper aus dem Wasser auftaucht. Zwei Gruppen sind grundsätzlich zu unterscheiden: Zahnwale (mit einem Nasenloch) und Bartenwale (mit zwei Nasenlöchern). Von den Oberkiefern der Bartenwale hängen mit Haaren besetzte Hornplatten (= Barten) herab. Wenn ein Wal den Mund voll Wasser nimmt (beim Blauwal sind dies etwa 5 Tonnen Wasser auf einmal), wird es mit der Zunge durch die Barten abgeseiht. Aller ausfiltrierter Inhalt wird anschließend verschluckt. Beim Blauwal, der selbst bis zu 100 Tonnen Gewicht erreicht, wiegt allein die Zunge so viel wie ein ausgewachsener Elefant. Die Hauptnahrung dieser Riesentiere ist der Krill. Seiwale besitzen feinere Barten und können deswegen auch kleinere Planktonorganismen fangen. Andere Walarten, beispielsweise der Grönlandwal oder der Finwal, nehmen auch kleinere Fische an. Wale können sich nur von solchen Kleintieren ernähren, die in ausreichender Menge und in dichten Schwärmen vorkommen.

Im 18. und 19. Jahrhundert wurde der Biskaya-Wal von den Basken von offenen Booten aus stark bejagt und schließlich ausgerottet. Es ist die erste Bartenwalart, die in der Neuzeit durch übermäßige Verfolgung ausstarb. Schon in der Frühzeit der Walfängerei wurde auch der Grauwal im Atlantik ausgerottet. Eine kleine Restpopulation lebt noch im Pazifik. Es ist zu hoffen, daß Buckel-, Sei-, Fin-, oder Grönlandwal und auch der größte von allen, der Blauwal, nicht ein ähnliches Schicksal erfahren. Japan und die UdSSR haben sich bisher nicht an Fangquotenübereinkünfte gehalten.

Zahnwale sind schnell schwimmende Jäger und Fleischfresser, die von Fischen und Tintenfischen leben. Der größte von ihnen ist der Pottwal, der Melville zu seiner schon klassischen Erzählung „Moby Dick" anregte. Pottwale werden bis 15 m lang. Die Männchen sind besonders zur Fortpflanzungszeit recht aggressiv, wenn sie die kleineren (etwa 10 m langen) Weibchen

in kleinen Gruppen um sich versammeln. Ihr Mageninhalt ist bis heute die einzige Materialquelle zum Studium von Riesenkraken. Pottwale halten auch den Tieftauchrekord aller Säugetiere: Ein Walbulle hatte sich einmal in 1200 m Wassertiefe in einem Unterwasserkabel verfangen. Es gibt andere Hinweise darauf, daß diese Tiere bis 2000 m Wassertiefe abtauchen können. Bekannte Zahnwalarten sind neben dem Pottwal die Grindwale, die schon seit langer Zeit auf den Faröer-Inseln in engen Buchten gejagt werden. Narwale werden in europäischen Gewässern selten gesehen. Der lange Stoßzahn des männlichen Tieres gab wahrscheinlich den Anlaß zur Entstehung des Einhorn-Mythos, der sich in vielen europäischen Märchen findet. Schwertwale sind die gierigsten Räuber dieser Verwandtschaftsgruppe. Sie werden etwa 8–10 m lang und ernähren sich von Robben, Seevögeln oder anderen Kleinwalen. Besonders bekannt sind natürlich die Delphine, die in vielen Ozeanarien und Delphinarien gezeigt werden.

Wale unternehmen ausgedehnte Wanderzüge. Im Frühjahr ziehen sie zu den polnahen Gewässern, um dort von den Krebs- und Fischschwärmen zu leben, die sich infolge der rasanten Planktonentwicklung während des Frühjahrs einstellen. Wenn die reichen Nahrungsvorräte sich mit fortschreitender Jahreszeit erschöpfen, ziehen sie in wärmere tropische und subtropische Gewässer zurück, wobei sie oft kaum Nahrung aufnehmen, sondern nur von ihren Fettreserven leben. In diesen Gebieten kommen auch die Jungtiere zur Welt, so daß sie wegen der relativ hohen Wassertemperatur nicht allzu viel Wärme verlieren. Pottwalkühe geben die nahrhafteste bekannte Milch: Etwa ein Drittel ist reines Fett. Junge Pottwale nehmen daher jeden Tag etwa 3 kg an Gewicht zu.

Das Alter von Walen kann anhand von Zuwachsringen ihrer wächsernen Ohrverschlüsse, an den Bartenplatten oder an den Schichten der Zähne von Zahnwalen bestimmt werden. Da die Wale nicht wie die Robben zur Fortpflanzung an Land gehen, können Walpopulationen mit Hilfe von Luftaufnahmen nicht ermittelt oder ausgezählt werden. Gerade in den letzten Jahren sind die im Meer lebenden Säugetiere wie Robben und Wale zunehmend in den Blickpunkt von Natur- und Umweltschützern geraten, die sich für die Erhaltung dieser einzigartigen Tiere einsetzen.

Endstation für Müll und Abfall

Das Leben im Meer wird nicht nur durch Ölkatastrophen bedroht, sondern auch durch häusliche, landwirtschaftliche und industrielle Abwässer, die eine Vielzahl von Giften, Pestiziden und Schwermetallen in die Meere eintragen.

Lange Zeit wurde das Meer als ein riesiger Abfallbehälter angesehen, in den der Mensch all seinen Unrat in der Annahme hineinbeförderte, er werde dort für immer verschwinden. Seitdem die Bevölkerungszahlen nicht nur in Europa explodiert sind und die Siedlungen ungeahnte Abwassermengen produzieren, wird immer deutlicher, daß das Meer nicht ohne schwerwiegende Folgen unseren Müll schlucken kann.

Abwasser

Am auffälligsten zeigt sich die Meeresverschmutzung vielleicht dort, wo ungeklärtes Abwasser am Strand eingeleitet wird. Hier kann ein Badender oder Schwimmer unerfreuliche Entdeckungen machen. An solchen Stellen besteht ein erhöhtes Infektionsrisiko für Typhus, Paratyphus, Polio oder verschiedene Darmerkrankungen, wenn keimverseuchtes Wasser beim Schwimmen versehentlich verschluckt wird, was kaum zu vermeiden ist. Die Hygieniker haben recht klare Vorstellungen davon, wieviel Darmbakterien in 100 ml Seewasser höchstens enthalten sein dürfen. Sollten sich diese Grenzwerte einmal in irgendeiner gesamteuropäischen Gesetzesvereinbarung wiederfinden, könnte man fast alle Strände des Mittelmeergebietes schließen. Aber auch an der Nordsee bleiben nur wenige der viel besuchten Badestrände unter diesem Standard.
Für die Besiedler solcher Strandabschnitte sind Abwassereinleitungen von unterschiedlicher Bedeutung. Die scharenweise an den Einleitungsstellen anzutreffenden Möwen zeigen, daß einige Tiere daraus ihren Nutzen ziehen. Die überreiche Zufuhr organischer Ma-

▲ Schiffe an einer Bunkerstation auf den Shetland-Inseln. Hier kam es 1978 zu einem schweren Ölunglück durch den Tanker Esso Bernicia.

◄ Schwer verölter junger Tordalk (*Alca torda*). Diese Aufnahme entstand im Februar 1981 an der Ostküste von Großbritannien bei Great Yarmouth.

► Arbeitsplattformen, an denen überschüssiges Propan unnütz verbrannt wird, sind eine ständige Gefahrenquelle für Ölverschmutzungen.

▼ Zu Ebbezeiten kann man oft die Abwassereinleitstellen am Strand erkennen. Vögel, vor allem Möwen, werden davon häufig angelockt – Badegäste weniger.

◄ Weniger gefährlich, aber überaus unschön ist das Einbringen von Grobmüll ins Meer. Hier hat die Brandung einen Herd, Waschmaschinenteile, einen Rasenmäher und verschiedene Fahrräder neben anderem Unrat angespült.

terials erhöht jedoch die Trübung des Wassers und vermindert daher den Pflanzenwuchs. Außerdem schnellt der biochemische Sauerstoffbedarf (BOD) des Wassers in die Höhe, da sich gleichzeitig viele Mikroorganismen einfinden, um die Stoffe abzubauen und dafür aber den Sauerstoffgehalt des Wassers rasch aufbrauchen. In Schlickgebieten können die tieferen Sedimentschichten völlig frei von Sauerstoff werden. Unter solchen Bedingungen verfärbt sich der Schlick schwarz und entwickelt den üblen Geruch von Schwefelwasserstoff.

Ölkatastrophen

Die von dem Tanker Amoco Cadiz 1978 verursachte Ölkatastrophe hat das Leben auf weiten Küstenstrecken völlig ausgelöscht. Die ersten Tiere, die die verödeten Schlick- und Sandflächen anschließend wieder besiedelten, waren die gleichen Wurmarten wie jene, die

sich auch die abwasserverseuchten Strandabschnitte erobern. Ölkatastrophen vom Ausmaß der Torrey Canyon (1969), der Amoco Cadiz oder des Ekofisk-Unfalls (1979) stoßen besonders dann auf öffentliches Interesse, wenn Seevögel durch starke Verölung davon betroffen werden. Genauso schlimm ist aber auch die chronische Verölung entlang der großen Schifffahrtsstraßen oder im Bereich von Tankerhäfen. Beim Versuch, ihr Gefieder zu reinigen und zu glätten, schlucken die Vögel größere Mengen Öl. Selbst wenn man sie sorgfältig reinigt, werden die meisten elend an Vergiftungen sterben. Tauchende Seevögel verwechseln treibenden Ölschlick oft mit einem Fischschwarm – die Folgen sind katastrophal.
Aber solche schwerwiegenden Wirkungen sind nur eine Seite der Medaille. An jedem Strand, der von einer Ölpest heimgesucht wird, können die empfindlich eingestellten Lebensgemeinschaften von Pflanzen und Tieren vollständig ausgelöscht werden. Große Schäden werden auch an den Schaltierbeständen angerichtet, beispielsweise in Austern- oder Miesmuschelzuchten. Das Öl verklebt die empfindlichen Kiemenapparate dieser Tiere, die folglich an den Ölwirkungen regelrecht ersticken. Obwohl einige der zahlreichen Bestandteile von Rohöl biologisch abgebaut werden können, ist der wirksamste natürliche Mechanismus der Ölentgiftung die Feinverteilung der nichtflüchtigen Bestandteile. Besonders an Küsten und Stränden verlaufen biologischer Abbau und Dispersion jedoch außerordentlich langsam ab. Deshalb muß nach weiteren Methoden gesucht werden, um die Ölbestandteile loszuwerden. Verschiedentlich wurden große Mengen von Detergentien eingesetzt, doch stellen diese Chemikalien eine zusätzliche Gefahr dar. Wenn das falsche Mittel unmittelbar in Strandnähe eingesetzt wird, ist es ebenso giftig wie das Öl selbst und zerstört unwiderruflich alle betroffenen Lebensgemeinschaften. Seit der Torrey-Canyon-Katastrophe wurde viel Mühe in die Entwicklung weniger giftiger Detergentien gesteckt.

Giftmüll

Weniger auffällig als Ölvergiftungen sind die Belastung und Vergiftung der Meere mit Schwermetallen und organischen Verbindungen wie DDT oder polychloriertem Biphenyl (PCB). Diese Stoffe werden über die Flüsse mit dem Abwasser oder durch die Atmosphäre als Staub und Niederschlag in die Meere eingetragen. Insektizide wie DDT oder Bleiverbindungen, die dem Benzin als Antiklopfmittel beigegeben werden, gelangen sogar hauptsächlich über die Luft in das Meer.

Die Einleitung industrieller Abwässer in Flüsse ging häufig mit ungeahnten Folgen einher. In Japan kam es zu zahlreichen Todesfällen nach dem Verzehr von Fischen und Schaltieren aus Gewässern, in die Abwässer mit Quecksilber und Kadmium eingebracht worden waren. Viele der hochgiftigen Schwermetalle werden von Schwebstoffen rasch absorbiert und lagern sich dann im Sediment ab. Daher werden Quecksilber, Kupfer oder auch radioaktive Substanzen aus der Hinterlassenschaft der Kernkraftwerke verhältnismäßig wirksam gebunden und aus dem Stoffkreislauf vorerst herausgenommen. Andere Elemente, wie etwa das gefährliche Kadmium, bleiben jedoch in Lösung und werden aus dem Seewasser von Pflanzen und Tieren unmittelbar oder über die Nahrungskette aufgenommen und angereichert. Braunalgen können Schwermetalle aus dem Meerwasser um ein Vieltausendfaches anreichern.

Aufheizen des Wassers

Die unaufhörliche Nutzung fossiler Energieträger wie Erdöl, Erdgas oder Kohle bringt zwei weitere Komponenten in die Ökosysteme ein: Wärme und Kohlendioxid. Das Kühlwasser küstennaher Kraftwerke geht als Warmwasser wieder in die Ästuarien oder Küstengebiete zurück; im Durchschnitt ist dieses Abwasser um 12° C wärmer als der Wasservorrat, aus dem es entnommen wurde. Solches Warmwasser wird von den Organismen kaum ertragen, weswegen sich in unmittelbarer Nähe der Einleitstelle keine Pflanzen und Tiere ansiedeln. In einiger Entfernung vom Kraftwerk wird das Warmwasser jedoch mit den übrigen kälteren Wasserkörpern vermischt.
Der Ausstoß von Kohlendioxid ist dagegen anders zu beurteilen. Die Langzeitwirkungen höherer CO_2-Konzentrationen in der Atmosphäre werden immer noch sehr uneinheitlich diskutiert. Die meisten Meteorologen geben jedoch zu, daß weltweit ein leichter Temperaturanstieg der Atmosphäre zu erwarten ist, weil das Kohlendioxid die nächtliche Wärmeabstrahlung wirksam abschirmt. Die CO_2-Mengen der Atmosphäre werden seit Jahrzehnten von einer Meßstation auf den recht isoliert liegenden Hawaii-Inseln registriert. Sie zeigen während der letzten Jahrzehnte eine stetige Zunahme. Wenn die vorausgesagte Temperaturerhöhung eintritt, werden die Eiskappen der Polgebiete weiter abschmelzen, der Meeresspiegel in der Folge ansteigen und die Klimagürtel der Erde sich merklich verschieben.

Mensch und Meer

In der Folge menschlicher Aktivitäten haben sich die marinen Lebensräume unterhalb der Niedrigwasserlinie und auch höher am Strand stellenweise stark verändert. Einige Arten können sich diesen Veränderungen anpassen. Insgesamt nimmt der Artenreichtum jedoch ab.

In der Vergangenheit wurden überall entlang der Küsten und besonders an den geschützteren Stellen der Ästuarien Siedlungen angelegt. Hohe Befestigungen wurden errichtet als Schutz gegen die anbrandende See oder zur Abwehr seefahrender Plünderer, die wie die Wikinger auf ausgedehnte Raubzüge gingen. Häfen wurden angelegt, da bald auch seetüchtige Boote zur Verfügung standen und Handelsbeziehungen mit fernen Ländern angeknüpft wurden. In den letzten Jahren wurde die zunehmende Umweltverschmutzung und -vergiftung als wichtigste Beeinträchtigung des Lebens in den Küstengewässern erkannt. Die Entwicklung der Fischereitechnik, insbesondere der Einsatz modernster Geräte zur Ortung der Fischschwärme, führte zur Überfischung fast aller wichtiger Nutzfischarten. Andererseits blieben auch die zahlreichen Küstenverbauungen nicht ohne Einfluß auf die Lebewesen im Meer. Der Meeresboden wird gestört, neue Arten werden eingeschleppt, und Küstenurlauber bringen Unruhe und Unordnung mit sich.

Häfen und Liegeplätze

Häfen und Küstenschutzbauten verändern den natürlichen Lebensraum erheblich. Küstenschutzbauten reichen von Molen und Uferschutzmauern aus Stein oder Beton bis hin zu Buhnen aus Eisenplanken oder Holz, die die Verdriftung von Sand oder Steinen aufhalten und somit den Küstenversatz unterbinden. Solche Bauten schaffen selbstverständlich neue Lebensräume und erhöhen die Verschiedenartigkeit des Substratangebots an Stellen, die von Natur aus vielleicht gleichförmiger

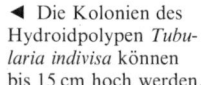

▲ Mit Hilfe einer besonderen Technik (Sonogramm) können vom Meeresgrund Schattenbilder erzeugt werden. Diese von einem geologischen Forschungsschiff in der Nordsee hergestellte Aufnahme zeigt einen Bodenausschnitt in etwa 40 m Wassertiefe, auf dem deutlich die Schleppspuren von Grundschleppnetzen zu erkennen sind. Jede dieser 12 Schleppspuren ist weniger als 15 cm tief.

◄ Die Kolonien des Hydroidpolypen *Tubularia indivisa* können bis 15 cm hoch werden.

▲ Der Yachthafen Brighton Marina mit Liegeplätzen für 2000 Sportboote ist die größte Anlage dieser Art in Europa.

◄ Bei Niedrigwasser fallen die Betonpfeiler dieser Landungsbrücke frei. Man erkennt dann die verschiedenen Hartsubstratsiedler, wie die Seescheide *Ascidia mentula* und den Schwamm *Grantia compressa*.

waren. Große Algen, Seepocken und Miesmuscheln benötigen beispielsweise Hartsubstrate, um sich ansiedeln zu können. In Holzbauten finden bohrende Arten einen zusagenden Lebensraum.

Gerade in Häfen ist jedoch die Belastung und Verschmutzung des Wassers beträchtlich, so daß der Artenumfang wiederum sehr eingeengt wird. Die wenigen Arten, die die Wasserverschmutzung ertragen, können jedoch sehr reichlich vertreten sein. Schwimmende Pontons oder Docks, die im Hafengebiet keinen Wasserstandsschwankungen ausgesetzt sind, tragen auf ihrer Unterseite häufig einen dichten Besatz von Organismen, die sonst nur tiefer im Sublitoral siedeln und somit den Biologen und Naturfreunden leichter zugänglich sind.

Dredschen

Die Schiffahrt in küstennahen Flachwassergebieten benötigt genügend tiefe Fahrrinnen. Daher werden gerade in Hafennähe häufig besondere Dredschbagger eingesetzt, die die Wasserstraße freihalten. Das ausgebaggerte Material wird entweder in Leichter umgeladen und an tieferen Stellen verkippt, oder es wird dazu verwendet, neue Strände aufzuspülen oder schützende Flutbarrieren anzulegen. Solche Arbeiten beeinträchtigen natürlich nicht nur die

▼ Die japanische Braunalge *Sargassum muticum* kommt seit 1973 auch an den europäischen Küsten vor.

Sie ist sehr raschwüchsig und bedrängt die heimischen Algenarten beträchtlich.

unmittelbar betroffenen Organismen, die durcheinandergewirbelt und im besten Fall in einen fremden Lebensraum verbracht werden. Auch die stromabwärts der Baggerstellen lebenden Tiere bekommen ihren Teil ab. Filtrierer am Grund sind normalerweise darauf ausgerichtet, einen feinen Partikelstrom aus dem Wasser auszusieben. Dichte Wolken von feinem Sand oder Ton verstopfen dagegen Filtervorrichtungen und Kiemen.

Durch Dredschen werden neuerdings auch Kies und Schotter für Bauzwecke vom Meeresgrund geholt, besonders dort, wo Auskiesungen an Land nicht mehr möglich sind. Entweder werden dazu große Saugbagger eingesetzt, oder das Dredschgerät wird über Grund geschleppt, wobei es eine tiefe Rinne hinterläßt. Die Kies- und Schotterbänke im Ärmelkanal und in der Nordsee sind ehemalige Flußterrassen oder die Hinterlassenschaft eiszeitlicher Moränen. Sie wurden abgesetzt, als die heute vom Meer überfluteten Gebiete noch landfest waren.

Das Verlegen von Rohrleitungen oder Kabeln am Meeresboden bringt nur zeitweilige Störungen mit sich, da sie gewöhnlich in tiefe Gräben am Grund eingespült werden. Stellenweise gibt es auf dem Grund der Nordsee jedoch auch große Sandwellen, die den Sanddünen auf den Inseln vergleichbar und ebenso beweglich sind. Sie werden nicht vom Wind, sondern von der Wasserströmung dauernd umgelagert. Wenn Leitungen in solchen Gebieten verlegt wurden, können sie mitunter freigespült werden. Ohne schützende Sand- oder Schlickdecke können sie jedoch leicht durch Stürme oder Fischfanggeschirre zerstört werden. Freiliegende Leitungen werden auch besonders gerne von Hartsubstratbesiedlern angenommen.

Zuwanderer

Seitdem auch sehr weit voneinander entfernte Regionen durch die Schiffahrt miteinander verbunden sind, wurden unabsichtlich oder planmäßig auch immer wieder Lebewesen aus anderen Lebensräumen verschleppt. Eine ganze Reihe solcher Zuwanderer sind an ihrem neuen Lebensraum außerordentlich konkurrenzstark. Während des letzten Krieges wurden beispielsweise australische Seepocken in britische Gewässer eingeschleppt, die nun mit den einheimischen Arten um Siedlungsplätze und Nahrung konkurrieren. Der letzte auffällige Zuwanderer ist eine recht große Braunalge (*Sargassum muticum*), die ursprünglich nur in Japan beheimatet ist, mit Zuchtaustern auch an die nordamerikanische Küste gelangte und 1973 zum ersten Mal an den Küsten der Isle of Wight auftrat. Neuerdings werden angetriebene Stücke schon im Bereich

der ostfriesischen Inseln angetroffen. Dieser Tang wächst sehr rasch und behindert dadurch die einheimischen Arten. Seine Verzweigungen sind mit Schwimmblasen ausgerüstet, so daß er wochenlang umherdriften kann und dabei auch noch Vermehrungsorgane entwickelt. Die Fortpflanzungseinheiten setzen sich erneut fest und wachsen zu meterlangen Tangpflanzen heran. Die schnelle Ausbreitung dieser Alge wird von den Meeresbiologen mit Sorge verfolgt.

Als amerikanische Austern in britische Gewässer eingeführt wurden, schleppte man unabsichtlich auch zwei Austernschädlinge mit ein. Einer davon ist der Austernbohrer (*Urosalpinx cinerea*), der die Austernschalen durch Anbohren öffnet. Der zweite ist die Pantoffelschnecke (*Crepidula fornicata*), die mit den Austern in Nahrungs- und Raumkonkurrenz tritt.

Freizeitraum Küste

Überall in Europa führen gut ausgebaute Straßen in die Küstengegenden. Zahlreiche Campingplätze sind ein untrügliches Zeichen dafür, daß auch entlegene Küstenregionen immer mehr als Erholungsgebiete genutzt werden. Küstenurlauber sind meist eine schlimme Plage, weil sie gewöhnlich in Massen auftreten. Wenn die Vögel in ihren Brutkolonien aufgestört werden, fallen ihre Gelege und Dunlinge besonders leicht Fraßfeinden zum Opfer. Trampelpfade zerstören den Pflanzenwuchs. Kliffkanten sind dann nicht mehr tragfähig und werden schneller erodiert. Festgelegte Sanddünen geraten wieder in Bewegung, wenn die schützende Pflanzendecke aus Strandhafer oder Strandroggen zerstört wurde.

Es gibt in Europa nicht mehr sehr viele Sandstrände, wo man außer den eigenen keine weiteren Fußspuren findet. Nur sehr erklärte Wanderer entfernen sich auch in Küstengebieten auf größere Distanz von ihrem Auto. Daher könnte man die Zahl der Besucher und den damit verbundenen Druck auf ökologisch anfällige Lebensgemeinschaften einfach über die Beschränkung der Parkplätze steuern. Das ist aber eine sehr unpolitische Lösung, die zudem geschäftlichen Interessen im Wege steht. In der Bundesrepublik wird sie deshalb nicht einmal in Naturschutzgebieten praktiziert.

Umgestaltung der Binnengewässer

Seit jeher werden auch die Binnengewässer vom Menschen genutzt. Wasserläufe werden begradigt, aufgestaut, erweitert oder verbaut, je nach Erfordernis. Wie passen sich die Wasserbewohner an solche Veränderungen an?

Binnengewässer sind ein wichtiger Teil des Wasserkreislaufs. Ihr Wasser befindet sich auf der Reise zum Meer oder wird von der freien Oberfläche, den Pflanzen oder der Erde verdampft und so unmittelbar in den Kreislauf zurückgeschickt. Wenn es sich selbst überlassen bleibt, schafft das fließende oder stehende Wasser eine Vielzahl kleiner und kleinster Lebensräume, von denen jeder mit einer Anzahl voneinander abhängiger Wasserbewohner besetzt ist. Störungen der komplexen natürlichen Ökosysteme ziehen häufig unvorhergesehene Folgen nach sich. Wenn Bergbauern große Flächen zur Gewinnung von Ackerland unter den Pflug nehmen, erhöhen sie damit das Risiko der Bodenerosion. Sie steigern damit gleichzeitig auch die Verdunstungsrate des Wassers vom Boden und senken den Grundwasserspiegel ab, von dem sie bei der Feldbestellung und für die Wasserversorgung ihrer Höfe abhängen. Im Flachland muß ein Bauer dagegen das Land entwässern, Gräben verbreitern und vertiefen und eine Menge Wasser abführen, bevor er an die Feldbestellung gehen kann. Trockenes Land sinkt jedoch häufig ab und verändert damit das Entwässerungssystem.

Die Menschen geben sich große Mühe, das Wassersystem für ihre Zwecke in Gang zu halten. Um jedoch ein Gleichgewicht zwischen Entwässerung, Erosion und Überflutung einzustellen, bedarf es gründlicher Kenntnisse der einzelnen Gewässer. Begradigung und Vertiefung von Flachlandflüssen und -kanälen sind ein wirksamer Überflutungsschutz. Dennoch kann die Begradigung in einem Abschnitt die Überflutung eines anderen auslösen. Graben- und Kanalsysteme dürfen das Wasser nur in einer Richtung abfließen lassen,

◄ Dieser Flachlandfluß wurde begradigt und vertieft, um einen rascheren Wasserabfluß zu erreichen. Seine Ufer werden regelmäßig gesäubert, so daß sich hier nur kurzlebige Pflanzen ansiedeln können.

► *Crassula helmsii*, ein Dickblattgewächs aus Australien.

► Der asiatische Graskarpfen (*Ctenopharyngodon idella*) eignet sich als Pflanzenfresser sehr gut zur biologischen Kontrolle von übermäßigem Pflanzenwuchs.

◄ Reisfelder in der Algarve (Portugal). Der Wasserspiegel wird mit einem künstlichen Bewässerungssystem immer auf gleicher Höhe gehalten.

▼ Ein Dorfteich im Winter. Nur dort, wo die Enten das Wasser offen halten, kann es nicht gefrieren. Das Zuschütten von Dorfteichen hat selbst so häufige Arten wie Wasserfrösche stark zurückgedrängt.

wozu die Grabenprofile freigehalten werden müssen. Das geht zu Lasten des Lebensraums von Pflanzen und Tieren. Die Landentwässerung erfordert oft einen erheblichen technischen Aufwand mit Pumpstationen und Vorflutern. Schon im Mittelalter begann man mit der Trockenlegung von Sümpfen, um nutzbares Land zu gewinnen. Diese Landnahme ging im wesentlichen von Klöstern aus. Heute werden mit erheblicher staatlicher Unterstützung riesige Flächen entwässert, um sie landwirtschaftlich nutzen zu können. Große Teile der Niederlande gerieten unter Wasser, wenn das hochgradig technisierte Entwässerungssystem aussetzte. Trockenlegungen bleiben aber nicht ohne schwerwiegende Folgen für Flora und Fauna (S. 176).

Das Anstauen von Wasserläufen zu Stauseen und Talsperren wurde vor allem deswegen nötig, weil eine steigende Bevölkerungsdichte einen immer größer werdenden Energie- und Wasserbedarf hat (vgl. S. 60/61). In viel kleinerem Maßstab wurden auch schon früher Fließgewässer angestaut, etwa zu Dorfteichen als Löschwasservorrat oder mit Hilfe von Wehren als Mühlteiche zum Antrieb von Wasserrädern. Tümpel, Teiche, Bäche und Flüsse gehören seit jeher zum Bild einer anmutigen Landschaft. Unsere Zeit ist jedoch sehr arm an solchen Bildern geworden.

Neue Lebensräume für bedrohte Arten

Obwohl die Landschaft ständig Feuchtgebiete und kleinere Binnengewässer verliert, werden andererseits auch neue Lebensräume für Wasserbewohner geschaffen. Große Süßwasserreservoirs und Stauseen werden rasch von Pflanzen und Tieren, darunter besonders von Vögeln, angenommen. Auskiesungen oder andere Abgrabungen von Bodenschätzen (Ton, Braunkohle, Quarzsand, Steinbrüche) hinterlassen oft wassergefüllte Restlöcher, die schon in kurzer Zeit von Wasservögeln besiedelt werden und bei sorgsamer Pflege und Betreuung wirkungsvoll renaturiert werden können (S. 178). Ähnlich kann auch eine Moorentwicklung erneut in Gang kommen, wenn alte Torfstiche aufgelassen und die Entwässerungsgräben verschüttet werden (S. 176). Viele solcher Stellen sind unterdessen zu wertvollen Biotopen aus zweiter Hand geworden.

Zuwanderer

Die Menschen haben nicht nur die Feuchtgebiete als solche verändert und den Artenbestand verarmen lassen, sondern manchmal auch fremdländische Arten eingeführt oder eingeschleppt. Wenn die klimatischen Voraussetzungen für Wachstum und Vermehrung gegeben sind, können sich solche Arten an den neuen Lebensstätten ungehemmt vermehren, weil ihre natürlichen Feinde oder Konkurrenten weitgehend fehlen. Die Kanadische Wasserpest (S. 20/21), die Bisamratte, der amerikanische Süßwasserkrebs *Crangonyx* oder die aus Australien eingeführte Wasserpflanze *Crassula helmsii* sind in vielen Teilen Europas unterdessen eingebürgert.

Der asiatische Graskarpfen ist ein raschwüchsiger Pflanzenfresser, der neuerdings in vielen Gewässern zur biologischen Kontrolle des Pflanzenwuchses eingesetzt wird, wo bislang mechanisches Räumgerät oder Umweltchemikalien verwendet wurden. Wie bei allen Einführungen fremdländischer Arten können die Wirkungen auf die bodenständigen Populationen kaum mit Gewißheit vorausgesagt werden. Der besondere Vorzug des Graskarpfens besteht darin, daß er nur bei deutlichem Anstieg der Wassertemperatur und des Wasserspiegels zur Fortpflanzung schreitet. Solche Bedingungen sind in Mitteleuropa jedoch kaum gleichzeitig zu erwarten, so daß die Populationsgröße der Graskarpfen unter Kontrolle bleibt. Freilandversuche haben überraschenderweise gezeigt, daß die einheimischen Brachsen bei Anwesenheit von Graskarpfen wesentlich besser gedeihen. Wie diese Förderung zustande kommt, ist jedoch bisher noch unklar.

Störfaktor Mensch

Ein Angler, der sein gesamtes Können auf den Fang eines Lachses richtet, verhält sich ökologisch wie ein Konsument höherer Ordnung am Ende einer langen Nahrungskette. Auf dieser Konsumentenstufe tritt er notwendigerweise in Konkurrenz mit anderen Fleischfressern, die sich Lachse fangen, zum Beispiel mit Ottern. Schon in vorgeschichtlicher Zeit hat der Mensch versucht, solche anderen Fleischfresser und Nahrungskonkurrenten auszuschalten, entweder durch intensive Bejagung oder durch Zerstörung der typischen Lebensstätten. Auf diese Weise wurde beispielsweise der Biber auf weiten Strecken ausgerottet, und dem Otter geht es gegenwärtig nicht viel anders. Kompliziert wird die Situation dadurch, daß mit dem amerikanischen Nerz stellenweise eine Tierart eingeführt wurde, die wiederum mit dem Otter in Nahrungskonkurrenz tritt. So kann der fischfangende Mensch ein Ökosystem grundlegend umgestalten. Es gibt jedoch auch weitere Beispiele für wenig wünschenswerte Effekte.

Ende der siebziger Jahre entdeckte in England eine Vogelschutzorganisation den Zusammenhang zwischen Sportangeln und dem erschreckenden Rückgang der Höckerschwanbestände. Die jugendlichen Mitglieder dieser Organisation wurden aufgefordert, an Flüssen und Strömen weggeworfene Stücke von Angelschnur, Angelhaken oder die zum Beschweren verwendeten Bleikugeln zu sammeln, gleichzeitig aber auch auf die Zahl der verendeten Vögel zu achten. Während einer neunmonatigen Sammelphase fanden sie je Kilometer Flußufer im Durchschnitt 270 m Angelschnur, 86 Bleikügelchen und 5 Angelhaken. Allein durch Angelschnur waren 42 Vögel von 17 verschiedenen Arten getötet worden. Der Bestandsrückgang der Schwäne wird jetzt im wesentlichen auf die Bleivergiftung nach dem Schlucken der Bleikügelchen zurückgeführt. Zu den Bleigewichten gibt es sicher eine ungiftige Alternative. Das Hauptproblem bleibt aber nach wie vor die Erziehung der Angler zu umweltgerechtem Verhalten, das dieser Gruppe offenbar ebenso fremd ist wie den Jägern.

Die schwerwiegenden von landwirtschaftlichen, häuslichen und industriellen Abwässern verursachten Umweltprobleme wurden schon auf S. 84/85 vorgestellt. Diese Art der Umweltbeeinträchtigung ist oberflächlich oft nicht (rechtzeitig) erkennbar, sondern stellt eher eine schleichende Gefährdung dar, die besonders die Konsumenten an der Spitze der Nahrungspyramide betrifft. Meist treffen sie dort wie ein Bumerang den Menschen selbst.

Veränderte Umwelt

Wechsel und Wandel sind natürliche Ereignisse in der Geschichte einer Landschaft und ihrer Besiedler. Die vom Menschen eingeleiteten Umweltveränderungen gestalten die Landschaft jedoch in kürzester Zeit um und beeinträchtigen daher die Lebensgemeinschaften in besonderem Maße.

Die üppige Vegetation eines Teichufers verschwindet im Herbst und läßt nur fahle, abgestorbene Reste zurück. Der zähe Schlick eines Ästuars wandelt sich irgendwann einmal in eine Salzmarsch um. So gibt es überall in der Natur Ereignisse, die dem jahreszeitlichen Wechsel folgen oder die Ausdruck langfristiger Veränderungen eines Lebensraumes sind. Jede Lebensgemeinschaft verändert ihre eigenen Lebensbedingungen und schafft somit die Voraussetzung für eine nachfolgende Organismengesellschaft.

Der wirksamste umweltverändernde Faktor während der letzten 5000 Jahre ist der Mensch selbst gewesen. Heute gibt es in Europa kaum noch völlig unberührte Natur oder Lebensgemeinschaften, die nicht in irgendeiner Weise von menschlicher Aktivität beeinträchtigt wären. Der naturverändernde Mensch verbraucht aber nicht nur die Landschaft und die Bodenschätze, er hat auch schon zahlreiche Arten von Pflanzen oder Tieren unwiederbringlich ausgerottet. Die Erdbevölkerung benötigt in steigendem Maße Nahrung, Lebensraum und Energie. In allen Erdteilen wird die Grundnahrung nur von relativ wenigen Pflanzen- und Tierarten gestellt. Daher muß der Mensch gerade diesen wenigen Arten zusagende Lebensbedingungen bieten, was notwendigerweise auf Kosten aller übrigen Lebensgemeinschaften geht. Gerade die Feuchtgebiete speichern häufig große Nährstoffvorräte und geben fruchtbares Ackerland. Und gerade die Organismen der Feuchtgebiete gehören zu den am meisten von der Ausrottung bedrohten Arten.

▲ Die niederländische Gemeinde Veere liegt im Gebiet der Oosterschelde auf eingedeichtem, dem Meer abgerungenem Land. Die fruchtbaren Marschen (in Holland Polder genannt) liegen unter dem Meeresspiegel.

▶ Im Ouse-Gebiet in Ostengland überwintern Scharen von Zwergschwänen (*Cygnus bewickii*). Insgesamt sind im Winter in diesem erst vor 200 Jahren geschaffenen Überflutungsgebiet rund 60 000 Wasservögel anzutreffen.

Land aus dem Meer

Wo die Gezeitenströme oder die großen Flüsse ihre fruchtbare Sedimentfracht ablagern, hat der Mensch schon immer versucht, Land zu gewinnen, es zu entsalzen und zu entwässern und allmählich in Acker- oder Grünland umzuwandeln. Dieser Prozeß ist auch in einem Land mit landwirtschaftlicher Überproduktion noch nicht zum Stillstand gekommen, wie die Eindeichungsvorhaben an der holsteinischen Küste zeigen. Gerade die Wattengebiete sind aber Rast- und Futterplätze für zahllose durchziehende Vogelarten und eine unersetzliche Kinderstube für zahlreiche Fischarten. Seit Jahrhunderten werden diese Gebiete durch Landgewinnungsvorhaben verkleinert, und es ist abzusehen, daß die Umwandlung der einzigartigen Wattengebiete in eintönige landwirtschaftliche Produktionsflächen bald einen kritischen Punkt erreicht.

Das Gleichgewicht erhalten

Mehr als die Hälfte der Niederlande liegt unter dem Meeresspiegel. Daher müssen ununterbrochen große Wassermengen in das Meer gepumpt werden, um die Entwässerung der tief liegenden Gebiete zu gewährleisten. Entwässerung ist jedoch gleichbedeutend mit weiterem Absinken des Landes durch Schrumpfungsvorgänge. Dadurch entsteht ein erhebliches Überflutungsrisiko. Trotz Schleusen und Deichbau standen während der Flutkatastrophe von 1953 Tausende Quadratkilometer Land unter Wasser, und fast 2000 Menschen

◀ Torfabbau neben einem Naturschutzgebiet. Um die Torflager bis hinunter zu den wassersperrenden Tonschichten abzutragen, muß der Wasserspiegel im Moor durch Drainage erheblich abgesenkt werden. Das betrifft aber nicht nur die Abbaufläche, sondern auch die Randgebiete.

▼ Die Teiche und Seen der Norfolk Broads in Ostengland wurden durch den Menschen geschaffen. Es handelt sich um aufgelassene, mittelalterliche Torfstiche, die heute wieder einen breiten Verlandungsgürtel mit wertvollen Pflanzenbeständen ausweisen.

oder aufgelassene Kiesgruben bieten oft günstige Voraussetzungen für gedeihliche aquatische Lebensgemeinschaften. In anderen Fällen ergaben sich neue Feuchtgebiete sozusagen als erfreulicher Randeffekt. Ein oft zitiertes Beispiel sind die Rieselfelder in der Nähe von Münster in Westfalen, die heute als ein Vogelrastgebiet von internationaler Bedeutung gelten. Ähnlich wird das Ouse-Gebiet in Ostengland beurteilt, das erst im siebzehnten Jahrhundert als Flutsicherungsgebiet angelegt wurde.

Torf als Brennstoff und für den Garten

Die Torfvorkommen der Welt werden auf etwa 230 Millionen ha geschätzt und sollen 330 Milliarden Tonnen organischen Materials enthalten. Solche Torfmengen sind zweifellos eine wichtige Brennstoffquelle und ebenfalls ein wichtiger Düngervorrat für die Gartenkultur. Jahrhundertelang wurde Torf in den Gegenden, in denen er reichlich vorkam, als Feuerungsmaterial verwendet. Auch heute wird in vielen Gebieten Torf gestochen oder, besser ausgedrückt, mit großen Maschinen weggeräumt. Früher lief die Torfgewinnung nur kleinflächig und schrittweise ab. Ältere Torfstiche wurden mit Wasser gefüllt und ermöglichten eine rasche Regeneration des Torfmoores, weil sich sofort die entsprechenden Pflanzen ansiedeln konnten. Vielen Gebieten sieht man ihre ehemalige Nutzung für den Torfabbau auf den ersten Blick nicht an. In den Norfolk Broads in Ostengland wurden erst in neuerer Zeit viele der Binnengewässer als aufgelassene mittelalterliche Torfstiche erkannt. Viele der früher angelegten Kanäle liegen heute höher als das umgebende Land, weil mit dem Austorfen auch Trockenlegungen und Landsenkungen verbunden waren. Heute werden beim Torfabbau die Torflager gründlich entwässert und angetrocknet. Was die eine Generation schafft, wird von der nächsten umgestaltet und verändert. Viele typische Feuchtgebietsbewohner können heute nur noch in schwindenden Rückzugsgebieten leben, die jedoch ihrerseits nur schwer vom umgebenden Kulturland getrennt werden können. Selbst wenn es möglich wäre, solche Naturreservate von den Umweltgiften freizuhalten oder den Wasserstand unverändert zu lassen, sind sie doch meist durch die menschliche Kultursteppe (Äcker, Forste, Siedlungen) voneinander getrennt, so daß kein Austausch stattfinden kann. Die betreffenden Arten eines Schutzgebietes haben deswegen eigentlich keine Verbreitungschancen, und den Endgliedern der Nahrungspyramide fehlt ein genügend großes Territorium, in dem sie ungehindert jagen können.

kamen um. Seit dieser Katastrophe wurden neue Pläne entwickelt, wie das Land besser vor Überflutungen zu schützen sei. Viele davon wurden in der Zwischenzeit verwirklicht. Jede Barriere und Deichlinie hat jedoch auch ihre Nachteile. Der Sedimenttransport wird unterbrochen, die Bedingungen in den Ästuarien ändern sich, und die Populationen mariner Pflanzen und Tiere werden in Mitleidenschaft gezogen. Ursprünglich war beispielsweise geplant, die gesamte Oosterschelde abzudämmen. Berufsfischer und Naturschützer ahnten, daß dies das gesamte Scheldegebiet in starkem Maße verändern würde. Aufgrund vieler Proteste wurden die Absperrpläne von der Regierung geändert. Nun wird im Scheldegebiet eine Hochflutbarriere entstehen,

die zwar die Tidenbewegungen einschränkt, das Schelde-Ästuar jedoch nicht völlig von den Gezeiten abtrennt. Eines der schwierigsten Probleme bei solch gigantischen Vorhaben war es immer, die Wirkungen auf die bodenständige Flora und Fauna vorauszusagen. In der Vergangenheit konnte man häufig genug nur noch die Schäden registrieren, die an der Umwelt angerichtet worden waren, ohne sie eigentlich verhindern zu können.

Ersatzbiotope

Aus vielerlei Gründen hat der Mensch im Binnenland neue Gewässer und Wasserflächen geschaffen, die trotz ihrer Nutzung von vielen wasserbewohnenden Pflanzen und Tieren besiedelt werden. Süßwasserreservoirs, Kanäle

Schützen und Bewahren

Die Erfahrungen, die man aus der erfolgreichen Betreuung von Feuchtgebieten gewonnen hat, liefern wichtige Einsichten und Maßstäbe für die Errichtung weiterer Schutzgebiete.

Feuchtgebiete müssen heute mehr als je zuvor in besondere Schutzprogramme einbezogen werden, um die Biotopvielfalt und damit auch den Artenreichtum zu bewahren. Gleichzeitig sollen sie jedoch auch einer sinnvollen Nutzung zugänglich sein. Daraus ergeben sich oft schwierige Probleme. Angler fordern beispielsweise bewuchsfreie Ufersäume ohne überhängende Äste, an denen sich die Angelschnüre verfangen könnten; Wanderer bevorzugen trittfeste Pfade mit abwechslungsreichen Ausblicken, eventuell sogar auch Picknickplätze und Parkraum für die Autos. Wasservögel benötigen dagegen Ruhe, Abgeschiedenheit und ein reiches Nahrungsangebot. Die Interessen könnten gar nicht unterschiedlicher sein.

Der Freizeitbetrieb auf unseren Binnengewässern mit Wasserski und Motorbooten stellt eine ernsthafte Beeinträchtigung dar. Die einfachste Lösung wäre natürlich, solche Wassersportaktivitäten einfach zu verbieten. Damit werden aber die Feuchtbiotope noch nicht dauerhaft gesichert. Wenn man Seen oder Teiche ihrer natürlichen Entwicklung überläßt, siedeln sich Pflanzengemeinschaften an, die über verschiedene Verlandungsstadien allmählich eine Bewaldung einleiten. Soll ein Gewässer daher erhalten bleiben, werden bestimmte Pflegemaßnahmen fast unerläßlich sein. Der Erfolg solcher Maßnahmen hängt weitgehend davon ab, inwieweit man die Nutzungsansprüche erholungssuchender Menschen und die Lebensbedingungen der dort siedelnden Pflanzen und Tiere aufeinander abstimmt.

Das Beispiel Kiesgrube

Es gibt auch in der Bundesrepublik unterdessen schon einige Beispiele dafür, wie ein Gelände, das für die Abgrabung von Sand und Kies oder für die Gewinnung von Ton und Braunkohle genutzt wurde, erfolgreich rekultiviert werden kann. Beispielhaft dafür ist vielleicht das Wald-Seen-Gebiet südwest-

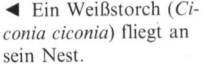

◄ Ein Weißstorch (*Ciconia ciconia*) fliegt an sein Nest.

◄ Flamingos (*Phoenicopterus ruber*) auf ihrem Flug zum Brutplatz in der Camargue.

lich von Köln, das vom Braunkohlentagebau quadratmeterweise durchwühlt wurde und inzwischen das Gesicht einer reizvollen Erholungslandschaft angenommen hat. In diesem Gebiet kommen Wanderer, Wassersportler, Reiter und Wissenschaftler gleichermaßen zu ihrem Recht. Einige der Restlöcher, die sich mit Wasser gefüllt haben, werden als Angelgewässer genutzt, andere werden ihrer natürlichen Entwicklung überlassen und liefern wertvolle Informationen darüber, wie ein neues Gewässer allmählich mit typischen Pflanzen und Kleintieren besetzt wird. Mehrere Millionen Sträucher und

Bäume wurden zur Gehölzbestockung in diesem Gebiet ausgepflanzt. Schon nach wenigen Jahren stellten sich in diesem Biotopmosaik artenreiche Lebensgemeinschaften aus Pflanzen und Tieren ein, die nicht eigens im Rekultivierungsgebiet ausgesetzt wurden. Entomologen und Ornithologen konnten bereits lange Artenlisten zusammenstellen. Ähnliche Erfahrungen liegen auch von aufgelassenen Kiesgruben vor, die entweder planmäßig oder weniger gelenkt rekultiviert, aber jedenfalls nicht als Müllkippe genutzt wurden. Wassergefüllte Restlöcher von Auskiesungen oder anderen Abgrabungen stellen so-

◄ In dem abgelegenen Teil einer rekultivierten Kiesgrube haben sich Graugänse (*Anser anser*) angesiedelt.

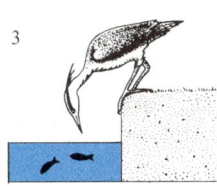

▲ Graureiher können in Teichen, bei denen die Ufer sanft geneigt sind (1) Fische gut erreichen. Sperren (2) oder steile Böschungen (3) erschweren ihnen den Fischfang sehr.

▼ Anlockung von Enten. Die vier Kurven („Fangpfeifen") enden je in einer Netzreuse.

mit einen unbedingt nötigen Ersatz für die vielen Feuchtbiotope dar, die durch anderweitige Landnutzung in den vergangenen Jahrzehnten verlorengingen. In Großbritannien wurde ein ähnliches Rekultivierungsvorhaben ebenfalls zu einem großangelegten Experiment. In einem ehemaligen Kiesgrubengelände wurden Seen, Teiche und Inseln angelegt, Bäume und Sträucher gepflanzt, Wege gebaut und Beobachtungseinrichtungen errichtet. Wasservögel haben dieses Gebiet unterdessen in großer Zahl angenommen und sind außerdem recht standorttreu, wie die Wiederfänge beringter Tiere beweisen.

Der Erfolg von Minsmere

Im Jahre 1947 brüteten bei Minsmere an der Ostküste Englands nach über 100 Jahren zum ersten Mal wieder Säbelschnäbler. Schon im Folgejahr konnte das Brutgebiet durch verstärkte Bemühungen einer Vogelschutzvereinigung als Naturschutzgebiet ausgewiesen werden. Heute ist dieses Gebiet mit seinen 600 ha Flächeninhalt und dem abwechslungsreichen Biotopmosaik aus Marschen, Lagunen, Röhrichten, Heide- und Waldstücken eine der artenreichsten Vogelfreistätten Englands, wo man selbst an nur einem Tag eine große Anzahl von Vogelarten beobachten kann.

Populationsschwankungen

Die Camargue ist ein Gebiet im Süden Frankreichs von etwa dreieckigem Umriß, dessen Grenzen das Mittelmeer und zwei Arme der Rhône sind. Eine der Hauptattraktionen für Naturfreunde sind die Flamingos, die auf den flachen Inseln in den Salzseen brüten (S. 102/103). Diese Inseln wurden allmählich abgetragen, so daß der verfügbare Brutraum stetig abnahm. Die Aufschüttung künstlicher Inseln und die Anlage künstlicher Brutplätze (durch Eingraben schlammgefüllter Kübel) hat dieser Entwicklung Einhalt geboten und viele Flamingos angelockt. Jetzt verbringen etwa 20 000 Exemplare dieser herrlichen Vögel den Sommer in der Camargue.

Den Weißstörchen geht es indessen nicht so gut. Die Trockenlegung von Feuchtgebieten und der übermäßige Gebrauch von Pestiziden haben schon seit der Jahrhundertwende ihren Rückgang heraufbeschworen. Zwischen 1938 und 1954 verringerte sich der Weißstorchbestand auf die Hälfte. In vielen Gebieten West- und Mitteleuropas sind Weißstörche heute ausgestorben. Eigentlich findet man sie häufiger nur noch in Osteuropa, wo sie auf Bauernhäusern nisten und sich von Fröschen, Schnecken oder Kleinsäugern ernähren können. Störche nehmen sehr gerne Nisthilfen auf Dächern oder in Bäumen an, während ihnen Hochspannungsleitungen allzu oft zum Verhängnis werden. Aktive Maßnahmen ihrer Wiederansiedlung wären die Bereitstellung von Nistmöglichkeiten oder auch die ersatzlose Streichung von Froschschenkeln von den Menükarten der Feinschmeckerrestaurants.

Vogelkojen

Vogelkojen zum Fang von Wildenten wurden in den Niederlanden erfunden und seit dem frühen 16. Jahrhundert betrieben. Ihre Konstruktion ist denkbar einfach. Die Ecken eines viereckigen Teiches wurden in geschwungene Kanäle, Fangpfeifen genannt, verlängert. Jede Fangpfeife mündet in eine Netzreuse mit einem Kasten, in den die eingefallenen Enten hineingetrieben werden konnten. Vom Kojenwärter wurden sie dort ergriffen und erlegt. Vogelkojen dieser Bauart wurden auch in England, Dänemark und vor allem in Nordfriesland errichtet. Die Zahl der gefangenen Enten, die vor allem während der Herbstwanderungen zu den Winterquartieren bejagt wurden, geht in die Millionen. Die meisten Vogelkojen sind heute als Naturschutzgebiete hergerichtet oder werden nur zur Beringung eingefangener Enten benutzt. Nur auf der Insel Föhr werden die Wildenten noch zum Verzehr gefangen.

Wirtschaftlicher Druck

Schutzbemühungen zur Erhaltung genügend großer Fischbestände in den Meeren oder zur Rettung der Wale trafen bisher immer auf wenig Verständnis bei den betroffenen Unternehmen oder Industrien. Mit gewaltigem finanziellem Aufwand wurden Fangfahrzeuge gebaut und Verarbeitungsbetriebe errichtet. Folglich wollten die Unternehmer ihre Investitionen nicht einfach brachliegen lassen, sondern setzten ihre Maschinerie zur Erwirtschaftung eines möglichst großen Gewinns ein.

Die Folgen solcher Mißwirtschaft und rücksichtsloser Ausbeutung sind bekannt: Die Wale sind bis auf geringe Restbestände alle erlegt und werden wahrscheinlich noch vor der Jahrtausendwende aussterben, obwohl eine internationale Walfangkommission sich um geregelte Fangquoten und Schutzmaßnahmen bemühte. Eine Einigung und Interessenabwägung ist immer noch nicht greifbar, und es ist kaum zu erwarten, daß Norwegen, Japan oder die UdSSR ihre Walfangflotten stilllegen werden.

Ähnlich schlimm ist es um die Befischung wirtschaftlich wichtiger Meeresfische wie Hering, Schollen oder Kabeljau bestellt. Unter dem Druck wirtschaftlicher Zwänge und wegen eines unterentwickelten Verständnisses für die natürlichen Schwankungen der Bestandsgrößen, die durch langfristige Veränderungen der Umweltbedingungen (Klima) hervorgerufen werden, wurden die Bestände nahezu vollständig leergefischt.

Es gibt leider kaum ein Beispiel dafür, daß wirtschaftliche Interessen und Naturschutzbemühungen erfolgreich und sinnvoll aufeinander abgestimmt werden können.

Fotografieren

Wasser – flüssig oder gefroren – bietet dem bildnerisch arbeitenden Fotografen zahllose überraschende Motive. Die im Wasser lebenden Pflanzen und Tiere sind eher die Objekte des Naturfotografen.

Landschaften und Lebensräume

Alle möglichen Kameratypen kann man für die Fotografie von Feuchtgebieten und Küstenlinien verwenden, wobei eine im 35-mm-Format arbeitende Spiegelreflexkamera sicher etwas vielseitiger und praktischer ist als eine Sucherkamera mit fest eingebautem Objektiv. Das Standardobjektiv einer Spiegelreflexkamera hat eine Brennweite von 50 mm und wird am besten für Landschaftsaufnahmen eingesetzt. Weitwinkelobjektive (Brennweite 24 oder 36 mm) oder mittelbrennweitige Teleobjektive (Brennweite 80–100 mm) können dazu ebenfalls verwendet werden. Weitwinkelobjektive fangen einen größeren Ausschnitt der Landschaft ein; Teleobjektive erfassen dagegen eher landschaftliche Details.

Die Beleuchtung ist von großer Bedeutung in der Landschaftsfotografie. Jede Jahreszeit hat ihre besondere Lichtqualität, die sich zudem auch noch im Laufe eines Tages verändert. Die Sonne am frühen Vormittag oder am Spätnachmittag gibt meist lange Schlagschatten. Die hochstehende Mittagssonne liefert dagegen eine kontrastreiche, wenig differenzierte Beleuchtung. Die Richtung der Sonnenstrahlen zur Kamera beeinflussen die Bildstimmung ebenfalls sehr nachhaltig. Am sichersten ist es, mit dem Lichteinfall zu arbeiten. Schräges Seitenlicht mit langen Schatten läßt das Relief der Landschaft deutlich heraustreten. Dramatische Überzeichnungen lassen sich mit der Gegenlichttechnik erreichen, wenn die Objekte sozusagen von rückwärts beleuchtet werden. Dabei muß man jedoch darauf achten, daß die Sonne nicht direkt in das Kameraobjektiv scheint. Eine Sonnenblende kann in diesem Fall wirksame Abhilfe schaffen. Eigentlich sollte man sie immer verwenden, weil sich damit auch störende Streustrahlung ausschalten läßt.

Helle, sonnige Tage sind nicht unbedingt zur Aufnahme eindrucksvoller Bilder nötig. Bei verdecktem Himmel

◀ Ein Objektiv mit größerer Brennweite greift einen interessanten Bereich einer Flußlandschaft heraus (siehe auch Seite 7).

▼ Gegenlichtaufnahme eines Wattbodens mit Wellenfurchen (Rippelmarken). Diese Aufnahmetechnik übertreibt das Relief durch eine wirkungsvolle Licht-Schatten-Wirkung.

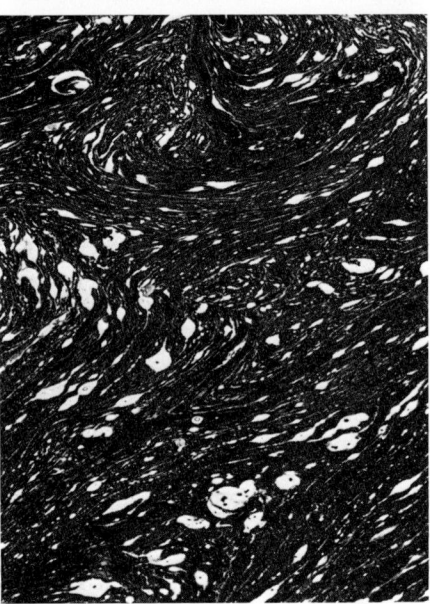

▲ Strömungswirbel in fließendem Wasser sind ein interessantes Aufgabengebiet für die Gestaltung abstrakt wirkender Bilder.

▶ Wenn Schlamm- oder Tonböden austrocknen, zerreißen sie in viele kleine, polygonale Felder. Mit einem Teleobjektiv kann man einen Ausschnitt mit Trockenrissen formatfüllend einfangen.

▲ Wenn man Spritzlichter oder Sonnenreflexe auf dem Wasser außerhalb der Schärfeebene fotografiert, werden sie zu Abbildungen der Blende (rund oder vieleckig). Die schwarzen Linien sind die Spiegelbilder von Schilf am Gewässerrand.

▲ Für diese Aufnahme von am Strand aufgelesenen Muschel- und Schneckenschalen benötigte man ein Makroobjektiv.

ist das Licht wesentlich sanfter und dann nahezu ideal, um etwa die Details einer weißen Blüte abzubilden. Interessante Bilder von bewegtem Wasser kann man ebenfalls an bedeckten Tagen aufnehmen, wobei sich längere Verschlußzeiten (etwa im Bereich zwischen 1/2 oder 1 Sekunde) empfehlen. Dabei muß man jedoch zusätzlich ein Kamerastativ verwenden, um ein Verwackeln der Bilder auf jeden Fall zu vermeiden. Verwacklungsfrei kann man aus der freien Hand allenfalls bis etwa 1/30 Sekunde arbeiten.

Nahaufnahmen

An vielen Stellen dieses Buches wurden Nahaufnahmen verwendet, um die Einzelheiten bestimmter Pflanzen oder Tiere vorzustellen. Solche Bilder, vorausgesetzt, sie sind scharf und kontrastreich, geben viel mehr Information über die Eigenheiten einzelner Arten, als aus einer Übersichtsaufnahme zu entnehmen ist. Die einfachste und immer noch billigste Art, zu Nahaufnahmen zu kommen, ist die Verwendung von Vorsatzlinsen, die auf die Frontlinse des Kameraobjektivs geschraubt werden. Dies ist auch bei Sucherkameras möglich. Eine stärkere Vergrößerung läßt sich mit einer Spiegelreflexkamera erreichen, indem man Zwischenringe oder ein Balgengerät verwendet. Ideal lassen sich auch die speziell für diesen Zweck konstruierten Makroobjektive (oder Teleobjektive mit Makroeinstellung) verwenden. Kritisches Fokussieren ist bei Nahaufnahmen viel wichtiger als bei Landschaftsaufnahmen, weil die erreichbare Schärfentiefe im Nahbereich viel geringer ist. Es ist daher auch fast unmöglich, Nahaufnahmen aus der freien Hand zu schießen. Bessere Bildqualitäten erreicht man auf jeden Fall mit einem Kamerastativ. Die Schärfentiefe ist eine Funktion der Bildweite und der Blendenöffnung. Man kann sie daher vergrößern, indem man eine längere Verschlußzeit, aber eine kleine Blende verwendet. Wenn man Nahaufnahmen regloser Pflanzen, beispielsweise von Flechten auf einem Stein, macht, kann man Verschlußzeiten von 1/2 – 1 Sekunde einsetzen, dabei gleichzeitig Blende 16 wählen, so daß alle Details scharf abgebildet werden.

Teleobjektive

Langbrennweitige Objektive werden oft vereinfacht als Teleobjektive bezeichnet. Dies ist nur teilweise korrekt, denn nicht alle Objektive dieser Bauart sind tatsächlich Teleobjektive. Solche Spezialobjektive werden seltener in der Landschaftsfotografie, sondern häufiger in der Tierfotografie verwendet. Formatfüllende Aufnahmen von Säugetieren in freier Wildbahn oder von Vögeln sind sicher ein optischer Hochgenuß, doch geben sie oft wenig Information über den Lebensraum des betreffenden Tieres. Man kann dann kaum erkennen, wo der abgebildete Vogel lebt, brütet oder sich ernährt. Genauso wie in der Pflanzenfotografie sind Aufnahmen, die auch etwas vom typischen Lebensraum zeigen, eigentlich wertvoller. Der ideale Kompromiß sind detailreiche, großformatige Porträts, die auch ausschnitthaft die typische Umgebung erkennen lassen. Wie bei den Nahaufnahmen muß man auch bei der Arbeit mit einem Teleobjektiv auf das saubere Fokussieren des Objektes achten. Auch sollte die Kamera auf einem Stativ oder einem Schulterstativ geführt werden, wenn man etwa einen Vogel im Flug verfolgt und ablichten möchte. Günstige Positionen für die Fotografie von Seevögeln sind die Klippenränder unmittelbar oberhalb der Brutkolonien. Hier fliegen die Vögel unentwegt zu ihren Nistplätzen. Bei starkem Wind fliegen sie geschickte Landemanöver und bleiben sekundenlang nahezu unbeweglich in der Luft stehen. Um bei fliegenden Vögeln auch die Schwingen noch scharf abzubilden, sollte man möglichst kurze Verschlußzeiten (1/250 oder sogar 1/500 Sekunde) verwenden. Aufnahmen, die etwas vom typischen Verhalten der Tiere einfangen, sind nicht auf Kommando zu erreichen. Man muß die Tiere zuvor längere Zeit beobachten, um dann in etwa ihre Bewegungen voraussagen zu können. Geduldige Beobachtung spart zudem eine Menge Film ein.

Fotografie durch das Wasser

Bäche, Teiche oder Gezeitentümpel verdienen mehr als nur einen flüchtigen Blick auf die Oberfläche. Das Faszinierende dieser Lebensräume ist ja gerade die Formen- und Farbenvielfalt des Lebens unter der Wasserfläche. Jeder, der schon einmal mit einer Polaroid-Sonnenbrille in ein Gewässer geschaut hat, weiß, wie wirkungsvoll ihre Gläser die Lichtreflexe der Wasseroberfläche ausschalten, so daß man die Pflanzen und Tiere deutlich erkennen kann. Man kann einen ähnlichen Trick auch für die Kamera verwenden und die Frontlinse einfach mit einem Polarisationsfilter versehen. Durch Drehen des Filters und Beobachtung durch eine Spiegelreflexkamera wird man feststellen, wie sich eine einheitlich graue Wasserfläche allmählich aufklart und einiges vom Leben unter dem Wasserspiegel preisgibt. Um diesen Effekt zu steigern, sollte man die Kamera nicht unmittelbar senkrecht, sondern etwa in einem Winkel von 37° zur Wasserfläche halten. Der Nachteil dieser Aufnahmetechnik ist, daß die Lichtmenge, die den Film erreichen soll, stark verkleinert wird, so daß man 1 – 1 1/2 Blenden zugeben muß. Aufnahmen beweglicher Objekte mit einem niedrigempfindlichen Farbfilm werden dann schwierig.

Aquarien-Aufnahmen

Alle bisher kurz vorgestellten Verfahren betreffen Objekte in freier Natur. Die einzige Möglichkeit, die Struktur kleiner Wasserbewohner darzustellen, ist jedoch die Fotografie in kleinen Aquarien. Für solche Zwecke sollte man nur wenige Tiere mit nach Hause nehmen und darauf achten, daß sie beim Transport nicht zu stark erwärmt werden (beispielsweise durch die Autoheizung!). Organismen aus klaren, rasch fließenden Bergbächen leiden besonders unter Sauerstoffverknappung. Da Plexiglas oder andere Kunststoffe sehr leicht verkratzen, ist Glas eigentlich das ideale Material. Die Frontscheibe muß dabei absolut sauber sein. Eine schwarze Maske mit einem zentralen Loch, die man vor die Kamera hält, wird störende Reflexe vom Kameragehäuse vermeiden helfen. Licht ist bei dieser Art von Fotografie wiederum der begrenzende Faktor. Daher wird man für dieses Aufgabegebiet Blitzlampen einsetzen, die zudem den Vorzug haben, daß sie das Aquarienwasser nicht erwärmen. Außerdem erlauben sie relativ kurze Verschlußzeiten, so daß man auch bewegte Objekte recht gut festhalten kann.

181

Sehens- und beobachtenswerte Feuchtbiotope

Dieses Buch hat nun gezeigt, daß es in jeder Art von Gewässer interessante Dinge zu entdecken gibt. Die nebenstehende Karte zeigt eine Auswahl von Biotopen, die nicht nur eine artenreiche Lebensgemeinschaft aufweisen, sondern die zudem auch noch von ausgesuchter landschaftlicher Schönheit und Eigenart sind. Die Auflistung ist gewiß nicht vollständig, bemüht sich aber um Berücksichtigung der wichtigsten und interessantesten Gebiete. Nähere Auskünfte geben Naturschutzverbände oder regionale Naturschutzstellen. Verschiedene Organisationen, die sich die Betreuung und Bewahrung dieser Gebiete zur Aufgabe gemacht haben, führen oft Informationsveranstaltungen, Wochenendseminare oder Führungen durch.
(NSG = Naturschutzgebiet)

Island
1. Nordwestliche Halbinsel: Gebiet mit tertiärem Basalt und fjordartig zerklüfteter Küste; Steilküste mit Seevogelkolonien
2. Snaefellsjökull-Halbinsel: Steilküste, Lagunen, Seen, Gletscher, Seevögel
3. Húnafloi: Flüsse, Lagunen, Salzmarschen, Felsküste
4. Myvátn: Binnensee mit Inseln, Brutvogelgebiet
5. Thingvallavátn: Binnensee, Brutvogelgebiet
6. Vestmannaeyjar: Inselgruppe mit seltenen Seevögeln
7. Skaftafell und angrenzendes Küstengebiet: Nationalpark mit Gletschern, Mooren, Seen

Norwegen
8. Hornvika-Insel: NSG mit Seevogelkolonien
9. Varangerfjord: Einzige festländische Brutplätze arktischer Seevögel in Europa
10. Vesterbotten, Stabbursneset: Küstenmarschen, Zugvögel, Mausergebiet für Eiderenten
11. Lofoten: Inselgruppe mit Steilküsten, Küstenniederungen, Seevogelkolonien
12. Forradalen: Seen- und Moorgebiet mit Brutvogelvorkommen
13. Froya/Hitra: Insel mit kleineren Seen, Sümpfen und Mooren, Brutvogelvorkommen
14. Smøla: Inselgruppe, Nist- und Mausergebiet von Wasservögeln
15. Djupvatn: See mit ausgedehnten Sumpf- und Moorgebieten am Nordufer
16. Dovrefjell: Nationalpark, Hochmoore
17. Atnasjøen: Seengebiet mit interessanten Erosions- und Sedimentationsformen
18. Rønnasmyra: Hochmoor
19. Øra: Eutrophes Brackwassergebiet, artenreiche Flora und Fauna

Finnland
20. Åland-Inseln: Greif- und Seevogelvorkommen, interessante Vegetation
21. Inari: See mit Inseln, ausgedehnten Feuchtgebieten, Brutvogelvorkommen
22. Oulanka-Nationalpark: Flußlandschaft
23. Linnansaari-Nationalpark: Seen- und Inselgebiet, Vorkommen von Ringelrobben, Elchen, Fischadlern
24. Aspskär: Seevogelschutzgebiet, einziges finnisches Vorkommen der Raubseeschwalbe

Großbritannien
25. Shetland-Inseln: Steilküsten, Seevogelkolonien
26. St. Kilda-Inseln: Steilküsten mit Felstürmen und Klippenzügen, größtes Baßtölpel-Brutvorkommen Europas
27. Farne-Inseln: Seevögel, interessante Küstenvegetation

28. Caerlaverock: Marschengebiet, Überwinterungsgebiet von Gänsen und Watvögeln
29. Lake District: Seengebiet mit verschiedenen Typen stehender und fließender Gewässer
30. Snowdonia: Wald-, Moor- und Seengebiet, Nationalpark
31. Ynyslas: NSG mit Sanddünen und Stillwasserbereichen, Hochmoore
32. Pembrokeshire: Seevogelvorkommen, interessante Küstenformationen, Dünen und Marschen
33. Wye-Tal: Interessantes Flußsystem in einer nahezu unzerstörten Landschaft
34. Blakeney Point: Ausgedehnte Feuchtwiesen, Salzmarschen, Röhrichte, artenreiche Vogelvorkommen
35. Norfolk Broads: Sümpfe, Feuchtwiesen, kleinere Seen, Röhrichte
36. Ouse-Washes: Vor allem im Winter überflutete Wiesen mit vielen Wasservögeln, vor allem Zwergschwäne
37. Minsmere: NSG mit Salzmarschen, Tümpeln, Röhrichten. Privat, Zutritt nur mit Erlaubnis!
38. Havergate-Inseln: NSG, Limikolen-Brutgebiet
39. Dungeness: Bewachsene Geröllstrände mit Vogelwarte, Rastgebiet für Zugvögel
40. Lizard-Halbinsel: Typische Meeresvegetation und Vogelvorkommen
41. Somerset Levels: Feuchtgebiet mit Gräben, Kanälen, Feuchtwiesen, Sümpfen
42. Severn-Ästuar: Größtes Wasservogel-Überwinterungsgebiet der Welt
43. New Forest: Stehende und fließende Gewässer

Nordirland
44. Lough Foyle: Meereseinschnitt mit flachem Wasser, Ästuar mit interessanten Planzen und artenreicher Vogelfauna
45. Lough Neath, Lough Bed: Ästuare mit Röhrichten, Salzpflanzen, Überwinterungsgebiet von Wasservögeln
46. Strangford Lough: Schlickwatten, Durchzugsgebiet vieler Vogelarten

Republik Irland
47. Lough Suilly: Fjordartiger Meereseinschnitt mit Salzmarschen, Feuchtwiesen, Wasservögeln
48. Lough Corrib: Binnensee über Kohlenkalken
49. Shannon: Flußsystem mit aufgestauten Abschnitten, Feuchtwiesen, Salzmarschen, Röhrichten
50. Akeragh Lough: Brackwasserlagune mit reicher Vegetation, Vogelvorkommen
51. Wexford Slobs: Kultiviertes Marschland mit Salzmarschen, Sanddünen, Überwinterungsgebiet für Wasservögel
52. Dublin-Bucht: Schlickwatten, Salzmarschen
53. Lough Owel, Lough Durravaragh: Seichte Klarwasserseen über Kalk
54. Lough Oughter: Eiszeitlich überformte Landschaft mit Inseln und Halbinseln, ausgedehnte Röhrichte und Erlenbrücher

Schweden
55. Abisko-Nationalpark: Seengebiet, arktische Pflanzen und Vögel
56. Muddus (a), Sjofallets (b), Padjelanta (c): Nationalparks
57. Peljekaise-Nationalpark: Bergland mit Seen, Tälern, Feuchtgebieten
58. Annsjön: Großer, flacher See mit Lagunen und Feuchtwiesen, Brutgebiet interessanter Vogelarten
59. Gammelstadsviken: Flache Bucht mit nordischer Flora und Fauna
60. Hjälstaviken: NSG mit ausgedehntem Röhricht, freien Wasserflächen, Feuchtwiesen, Brutvögeln
61. Kvismaren: Feuchtgebiet mit Sümpfen, ideales Brutgebiet für Wasservögel und Limikolen
62. Täkern: Röhrichte und Wasserpflanzengesellschaften, Wasservögel
63. Kävsjön, Store Mosse: Hochmoorgebiet
64. Ödland: Insel mit artenreicher Vegetation, wichtiges Brut- und Durchzugsgebiet
65. Gotland: Brut- und Durchzugsgebiet
66. Falsterbo: Halbinsel mit Flachwasserküsten und Lagunen

Dänemark
67. Skagen: Ausgedehntes Dünengebiet mit Brutvogelvorkommen
68. Limfjord, Vejlerne, Tyboron: Feuchtgebiete mit Marschen und Lagunen
69. Nisum Fjord: Brackwassergebiet, Rastgebiet für durchziehende Vögel
70. Ringkøbing: Brackwassergebiet mit Salzröhrichten und Marschen, Rastgebiet für Zugvögel
71. Vorø-Inseln: Felsküsten
72. Fünen, Langeland: Inselgebiete mit Lagunen und Salzmarschen
73. Westliches Seeland: Sandküsten und Salzröhrichte mit reichen Vogelvorkommen
74. Lolland, Falster, Möen: Insellandschaft mit verschiedenen Naturschutzgebieten, Marschland mit Vogelvorkommen

Bundesrepublik Deutschland
75. Wattenmeer: NSG mit Salzmarschen, Sanddünen, Schlickwatten, interessantes Küstenflora und reichem Vogelvorkommen
76. Helgoland: Felsinsel mit Felswatt und Seevogelfelsen, Vogelwarte
77. Elbe-Ästuar: Niederelbe-Gebiet mit Sandbänken, Flußmarschen, Schlickbänken
78. Kieler Förde, Kieler Bucht: Ostseestrände mit bewaldeten Dünenzügen
79. Holsteinische und Lauenburgische Seenplatte: Eiszeitlich überformte Landschaft mit ausgedehntem Wald-Seen-Gebiet, Wasservögel
80. Dümmer: Eiszeitlich entstandener See mit beispielhafter Verlandungsbiozönose
81. Heiliges Meer: In historischer Zeit entstandene Erdeinbrüche, oligotrophe Weiher und Heidetümpel mit Röhrichtzonen
82. Oberrheintal: Feuchtgebiete mit Auwaldvegetation (Kühkopf, Taubergießen)
83. Bodensee: Oligotropher Voralpensee, durch menschliche Aktivität in ein mesotrophes/eutrophes Gewässer umgewandelt, ornithologisch und vegetationskundlich bedeutsames Gebiet
84. Federsee: Eiszeitlich entstandenes Seebecken mit typischen Verlandungsstadien, Röhrichte, Vogelbrutgebiete
85. Unterinn: Aufgestaute Flußbereiche, Röhrichtbestände, Brutgebiet für Wasservögel

DDR
86. Rostock, Baltische Küste: Brutgebiet des Kranichs
87. Müritz-See: Eutropher See, reiche Vegetation, Wildhühner
88. Gordsdorf, Pinnowsee: Biberreservate

Niederlande
89. Wattenmeer: Schlick- und Sandwatten mit typischer Küstenvegetation, Vorkommen von Seehunden und -vögeln
90. Westfriesische Inseln: Lange Inselkette mit Dünen und Salzwiesen, Vogelbrut- und Vogelrastgebiete
91. Zwartemeer: Eutrophe Flachwasserbereiche mit Röhrichten, Vogelbrutgebiet
92. Naardermeer: Sumpf- und Moorgebiet
93. Biesbos: Abwechslungsreiches Sumpf- und Waldgebiet mit reicher Vogelwelt
94. Rhein-Delta: Ästuar mit flachen Schlickgebieten, Dünenseen, Salzmarschen, seltenen Pflanzenund Vogelarten

Belgien
95. Hohes Venn: Hochmoorgebiet
96. Blankaart: Seengebiet mit ausgedehnten Feuchtwiesen und Röhrichten

Frankreich
97. Sept Iles: Felsinseln mit Seevogelkolonien
98. Golf von Morbihan: Lagunen und Marschen, NSG, Vorkommen interessanter Pflanzen und Vögel
99. See von Grande Lieu: Ausgedehnte Röhrichte und Schilfbestände, Brutvogelvorkommen
100. Ile de l'Olonne: Gezeitenbeeinflußte Salzmarschen, Brackwasserlagunen, Röhrichte, Vogelvorkommen
101. Sologne: Feuchtheide mit Tümpeln, Röhrichten und Schwimmpflanzen

102. Arcachon: Süß- und Salzwassermarschen, Entwässerungskanäle, Teiche, ausgedehnte Dünenlandschaft

103. Dordogne: Flußsystem mit ausgefallenen Erosionsformen

104. La Brenne: Seen und Teiche, breite Röhrichte mit Brutvogelvorkommen

105. Tarn-Schlucht: Tiefe Kalksteinschluchten

106. Languedoc: Brack- und Süßwasserteiche, Lagunen

107. Camargue: Urlandschaft im Rhône-Delta mit Salzmarschen, Brackwassertümpeln, Dünenzügen, Brutvorkommen vom Flamingo

108. See von Bourget: Seenlandschaft mit breiten Röhrichten und Feuchtgebieten, wichtiges Brutgebiet

Spanien

109. Rias-Küste: Fjordähnliche Küste, Überwinterungsgebiet

110. Ebro-Delta: Marschland mit Salz- und Brackwasserlagunen

111. Tablas de Daimiel: Feuchtgebiet mit Süß- und Brackwasserteichen und -seen, Brutgebiet

112. Coto Donana: Nationalpark, naturnah erhaltenes Küstengebiet mit Dünen und Marschen, Brutvorkommen seltener Vogelarten

113. Fuente de Piedra: Salzwasserlagune mit Flamingo-Vorkommen

Portugal

114. Tagus-Ästuar: Feuchtgebiet mit Salzmarschen, flachen Lagunen, Dünen und Stillwasserbereichen

115. Sesimbra: Abwechslungsreiches Feuchtgebiet mit artenreicher Fauna und Flora

116. Algarve: Stark erodierte Küstenabschnitte mit interessanten Brandungsformen, Inseln, Halbinseln und Sandbänken

Italien

117. Lagune di Marano: Salz- und Brackwasserlagune
118. Lagunengebiet zwischen Etsch und Po
119. Gargano-Halbinsel: Lagunen, Rastgebiet für Zugvögel
120. Laghi Pontini: Von Sanddünen abgeschlossene Seen
121. Lago di Burano: Abwechslungsreiches Biotopmosai, den Pontinischen Sümpfen vergleichbar
122. Messima: Flußtal mit artenreicher Flora und Fauna, Kalksteingebiet
123. Lago di San Giuliamo: Rastgebiet für Zugvögel
124. Po-Tal: Alte Bewässerungskanäle für Reisfelder

Jugoslawien

125. Baranja: NSG mit Marschen, Sümpfen, Mooren
126. Obedska Bara: Sümpfe, Moore, freie Wasserflächen
127. Skutari-See: See mit ausgedehnten Röhrichten, zahlreichen Inseln und Feuchtwiesen, Vorkommen seltener Vogelarten (Pelikane)
128. Neretva: NSG mit Seen, Teichen und Sümpfen

Schweiz

129. Bodensee: Ornithologisch und vegetationskundlich bedeutsames Gebiet
130. Neuenburger See: Wichtiges Brutvogelgebiet, weite Feuchtgebiete mit Röhrichten
131. Vierwaldstätter See: Ausgedehnte Feuchtgebiete mit artenreicher Flora und Fauna
132. Genfer See: Großer Alpensee, Rast- und Überwinterungsgebiet von Wasservögeln
133. Lac de Brenet: Oligotropher Bergsee im Jura
134. Engadiner Seenplatte: Eiszeitlich entstandene Seen
135. Lago die Ritom: See mit Schwefelbakterien
136. Charvornay: Ried- und Erlenbruchgebiet mit Brutvorkommen vieler Vogelarten

Österreich

137. Marchauen, Marchegg: Ausgedehnte Feuchtgebiete
138. Neusiedler See: Großer Steppensee mit breiten Röhrichten und vielen Brutvorkommen seltener Vogelarten, im Seewinkel kleinere Brackwasserseen

---

Institutionen, Organisationen, Verbände

Arbeitsgemeinschaft Deutscher Beauftragter für Naturschutz und Landschaftspflege e.V., Konstantinstr. 110, 5300 Bonn

Arbeitsgemeinschaft Naturschutz Bodensee, Am Winterberg 2, 7750 Konstanz

Arbeitskreis an der Staatlichen Vogelschutzwarte Hamburg, c/o Günther Helm, Am Steindamm 22, 2000 Hamburg 1

Aktionsgemeinschaft Nordseewatten, Lerchenstraße 22, 2300 Kiel 1

Bürgeraktion Küste, c/o Peter Willers, Suhrfeldstr. 155, 2800 Bremen 1

Bund für Umwelt- und Naturschutz Deutschland e.V., Reuterstr. 241, 5300 Bonn 1

Bundesanstalt für Gewässerkunde, Kaiserin-Augusta-Anlagen 25–17, 5400 Koblenz

Dachverband Deutscher Avifaunisten, Auf der Horst 14, 4400 Münster

Deutscher Naturschutzring e.V., Kalkuhlstr. 24, 5300 Bonn-Oberkassel

Deutsche Ornithologengesellschaft e.V., c/o Prof. Dr. K. Immelmann, Postfach 86 40, 4800 Bielefeld

Deutscher Bund für Vogelschutz, Achalmstr. 33 A, 7014 Kornwestheim

Deutscher Tierschutzbund e.V., Baumschulallee 15, 5300 Bonn 1

Deutscher Bund für Lebensschutz, Weiherallee 29, 6229 Schlangenbad 5

Greenpeace Deutschland e.V., Haus der Seefahrt, Hohe Brücke 1, 2000 Hamburg 11

Küstenausschuß Nord- und Ostsee, Postfach 44 48, 2300 Kiel-Wik

Naturschutzgesellschaft, Schutzstation Wattenmeer e.V., Königstraße 11, 2370 Rendsburg

Naturhistorischer Verein der Rheinlande und Westfalens, Adenauerallee 162, 5300 Bonn 1

Österreichischer Naturschutzbund, Arenbergstr. 10, A-5020 Salzburg

Österreichische Gesellschaft für Natur- und Umweltschutz, Canovagasse 5, A-1010 Wien

Schweizerische Naturforschende Gesellschaft, Laupenstr. 10, CH-3001 Bern

Schweizerische Gesellschaft für Umweltschutz, Merkurstr. 45, CH-8032 Zürich

Schweizerischer Bund für Naturschutz, Wartenbergstr. 22, CH-4052 Basel

Schutzgemeinschaft Deutsche Nordseeküste e.V., Postfach 15 80, 2960 Aurich

Senckenbergische Naturforschende Gesellschaft, Senckenberganlage 25, 6000 Frankfurt 1

Verein für Naturkunde in Osthessen, c/o Dr. M. Mejering, Limnologische Flußstation des Max-Planck-Instituts für Limnologie, 6407 Schlitz

Vereinigung Deutscher Gewässerschutz e.V., Matthias-Grünewald-Str. 1–3, 5300 Bonn 2

Literatur-
hinweise

AICHELE, D.: Das fängt man mit der Angel. Kosmos-Verlag, Stuttgart 3. Aufl. 1982

AICHELE, D.: Was blüht denn da? Kosmos-Verlag, Stuttgart 44. Aufl. 1982

AICHELE/SCHWEGLER: Unsere Gräser. Kosmos-Verlag, Stuttgart 6. Aufl. 1981

AICHELE/SCHWEGLER: Der Kosmos-Pflanzenführer. Kosmos-Verlag, Stuttgart 1978

AICHELE/SCHWEGLER: Was grünt und blüht in der Natur? Kosmos-Verlag, Stuttgart 1981

ARNHEM, R.: Die Vögel Europas. Kosmos-Verlag, Stuttgart 1980

ARNOLD, E. N.: Pareys Reptilien- und Amphibienführer Europas. Parey Verlag, Hamburg/Berlin 1979

BECHTLE, W.: Der Neusiedler See in Farbe. Kosmos-Verlag, Stuttgart 2. Aufl. 1979

BOUCHNER, M.: Der Kosmos-Spurenführer. Kosmos-Verlag, Stuttgart 1982

VAN DEN BRINK, F. H.: Die Säugetiere Europas. Parey Verlag, Hamburg/Berlin 1975

BROHMER, P.: Fauna von Deutschland. Quelle und Meyer Verlag, Heidelberg 1981

BRUUN/SINGER/KÖNIG: Der Kosmos-Vogelführer. Kosmos-Verlag, Stuttgart 5. Aufl. 1982

CAMPBELL, A.: Der Kosmos-Strandführer. Kosmos-Verlag, Stuttgart 1977

CAMPBELL, A.: Was lebt im Mittelmeer? Kosmos-Verlag, Stuttgart 1982

CERNY/DRCHAL: Welcher Vogel ist das? Kosmos-Verlag, Stuttgart 4. Aufl. 1982

CHINERY, M.: Kosmos-Familienbuch der Natur. Kosmos-Verlag, Stuttgart 4. Aufl. 1981

DONNER, J.: Rädertiere. Kosmos-Verlag, Stuttgart 1972

ENGELHARDT, W.: Was lebt in Tümpel, Bach und Weiher? Kosmos-Verlag, Stuttgart 9. Aufl. 1982

ENTROP, B.: Muscheln und Schnecken an Europas Küsten. Kosmos-Verlag, Stuttgart 1977

FELIX/TOMAN/HISEK: Der große Naturführer. Kosmos-Verlag, Stuttgart 6. Aufl. 1979

FESSLER, A.: Fleischfressende Pflanzen. Kosmos-Verlag, Stuttgart 1982

GESSNER, F.: Meer und Strand. Deutscher Verlag der Wissenschaften, Berlin 1957

GÖKE, G.: Meeresprotozoen. Kosmos-Verlag, Stuttgart 1963

GROSPIETSCH, TH.: Wechseltierchen. Kosmos-Verlag, Stuttgart 3. Aufl. 1972

HAMMOND/EVERETT: Das Kosmosbuch der Vögel. Kosmos-Verlag, Stuttgart 1981

HERBST, V.: Blattfußkrebse. Kosmos-Verlag. Stuttgart 2. Aufl. 1976

HUSTEDT, F.: Kieselalgen (Diatomeen). Kosmos-Verlag, Stuttgart 5. Aufl. 1973

JANUS, H.: Das Watt. Kosmos-Verlag, Stuttgart 5. Aufl. 1980

JOREK, N.: Vogelschutzpraxis. Herbig-Verlag, Berlin 1980

JURZITZA, G.: Unsere Libellen. Kosmos-Verlag, Stuttgart 1978

KIEFER, F.: Ruderfußkrebse (Copepoden). Kosmos-Verlag, Stuttgart 1973

KLOTTER, H. E.: Grünalgen. Kosmos-Verlag, Stuttgart 5. Aufl. 1975

KÖRPER, K. D.: Das Altmühltal in Farbe. Kosmos-Verlag, Stuttgart 1977

KREMER, B. P.: Meeresalgen. Ziemsen Verlag, Wittenberg-Lutherstadt 1977

KREMER, B. P.: Pflanzen unserer Küsten. Kosmos-Verlag, Stuttgart 1977

KUCKUCK, P.: Der Strandwanderer. Paul Parey, Hamburg/Berlin 1980

MAITLAND, P.: Der Kosmos-Fischführer. Kosmos-Verlag, Stuttgart 1977

MATTHES/WENZEL: Wimpertiere. Kosmos-Verlag, Stuttgart 1978

MUUS/DAHLSTRÖM: Meeresfische. BLV Verlag, München 1978

MUUS/DAHLSTRÖM: Süßwasserfische. BLV Verlag, München 1981

NORDSIECK, F.: Die europäischen Meeresgehäuseschnecken. Gustav Fischer Verlag, Stuttgart 1968

NORDSIECK, F.: Die europäischen Meeresschnecken. Gustav Fischer Verlag, Stuttgart 1972

PETERSON/MOUNTFORT/HOLLOM: Die Vögel Europas. Paul Parey, Hamburg/Berlin 1965

PHILLIPS, R.: Das Kosmosbuch der Wildpflanzen. Kosmos-Verlag, Stuttgart 1981

PHILLIPS, R.: Das Kosmosbuch der Gräser, Farne, Moose. Kosmos-Verlag, Stuttgart 1981

PHILLIPS, R.: Das Kosmosbuch der Bäume. Kosmos-Verlag, Stuttgart 2. Aufl. 1982

ROTHMALER, W.: Exkursionsflora. Verlag Volk und Wissen, Berlin 1972

SCHMEIL/FITSCHEN: Flora von Deutschland. Quelle & Meyer Verlag, Heidelberg 1982

SEEHAFER, K.: Der Dümmer See in Farbe. Kosmos-Verlag, Stuttgart 1980

SCHMIDTKE, D.: Das Heimataquarium. Kosmos-Verlag, Stuttgart 1983

SCHÖNFELDER, J. und P.: Das blüht am Mittelmeer. Kosmos-Verlag, Stuttgart 3. Aufl. 1982

STREBLE, H.: Was find ich am Strande? Kosmos-Verlag Stuttgart 6. Aufl. 1982

STREBLE/KRAUTER: Das Leben im Wassertropfen. Kosmos-Verlag, Stuttgart 6. Aufl. 1982

STRESEMANN, E.: Exkursionsfauna von Deutschland. Verlag Volk und Wissen, Berlin 1964–1969

THORNS, H. J.: Sammeln und Präparieren von Tieren. Kosmos-Verlag, Stuttgart 1981

ZAHRADNIK, J.: Der Kosmos-Insektenführer. Kosmos-Verlag, Stuttgart 3. Aufl. 1982

Verzeichnis der Fachausdrücke

Abdomen Hinterleibsregion, enthält Magen und Darmtrakt

Abrasionsterrasse siehe Brandungsterrasse

Achsel Winkel zwischen einem Blatt und dem Stengel, an dem es angewachsen ist

Äquinoktien Zeitraum im Frühjahr und Herbst, wenn die Tage und Nächste gleich lang sind

Aerob in Anwesenheit von Sauerstoff

Algenblüte Massenentwicklung mikroskopisch kleiner Algen nahe der Wasseroberfläche

Alluvium Material, das von einem Fluß transportiert und abgelagert wurde, auch Bezeichnung für die Nacheiszeit

Altarm halbmondförmiger See oder Flußarm, der von einem mäandrierenden Fluß abgeschnitten wurde

Amphibien Klassenbezeichnung für die Lurche, die ein kiemenatmendes Jugendstadium im Wasser und ein lungenatmendes Stadium an Land durchlaufen

Amphipoden Flohkrebse, umfassen zahlreiche Vertreter im Süß- und Meerwasser

Anadrome Fische suchen zum Ablaichen die Oberläufe der Flüsse auf, z. B. Lachs

Anaerob ohne Sauerstoffzufuhr

Anneliden Ringelwürmer, umfassen Regenwürmer, Egel und marine Polychaeten

Annuell Einjährig, Keimung und Samenreife in einem Jahr

Anoxie Sauerstoffarmut

Antenne langer, beweglicher Körperanhang (Kopfanhang) der Arthropoden mit Sinnesorganen

Archegonium weibliches Fortpflanzungsorgan der Lebermoose, Laubmosse und Farne

Arthropoden Gliedertiere, umfangreiche Verwandtschaftsgruppe der Wirbellosen mit Exoskelett, umfaßt Insekten, Spinnen, Krebse

Asexuelle Vermehrung Vermehrung ohne Verschmelzung von Fortpflanzungszellen

Autotomie Abtrennung von Körperteilen als Schutz- oder Schreckreaktion; besonders häufig bei Krabben

Bakterien Gruppe einzelliger Lebewesen, die weder dem Tier- noch dem Pflanzenreich eindeutig zugeordnet werden können

Barre küstennahe Sedimentbank oder Untiefen in Buchten und Ästuarien

Barteln Fortsätze am Kopf mancher Fische mit Tastsinnesorganen

Barten Hornplatten am Oberkiefer bestimmter Wale (= Bartenwale); werden zum Ausfiltrieren von Nahrung verwendet

Biochemischer Sauerstoffbedarf siehe BSG

Biodegradation biologischer Abbau von Abfallstoffen im Boden oder in den Gewässern

Biologische Uhr innere Uhr, die in den Lebewesen zu bestimmten Zeiten immer wieder bestimmte Reaktionen auslöst

Biomasse Gesamtmasse aller Lebewesen in einem bestimmten Volumen oder auf einer bestimmten Flächeneinheit

Brackwasser Wasser mit Salzgehalt oberhalb der Geschmacksgrenze, aber unterhalb der Meerwasserkonzentration

Brandung Wellenaktion am Strand oder an der Klippe

Brandungsterrasse Erosionsform einer Steilküste, oft auch als Abrasionsterrasse oder -plattform bezeichnet

Bryozoen Moostierchen, koloniebildende Tiergruppen, kommen nur im Meer vor

BSB Biochemischer Sauerstoffbedarf, Maß für die Belastung eines Gewässers mit organischen Abfällen, die unter Sauerstoffverbrauch abgebaut werden

Buhne Schutzbauten, die sich senkrecht zur Küstenlinie erstrecken und die Materialdrift abschwächen sollen

Byssusfäden werden von Miesmuscheln zur Befestigung aus einer besonderen Drüse abgegeben

Carapax Kopf-/Brustpanzer der größeren Krebse

Carnivore Fleischfresser = Konsumenten 2. Ordnung

Cauloid stielartiger Abschnitt bei Braunalgen

Chitin Baumaterial des Außenskeletts der Arthropoden

Chlorophyll wichtigstes Pflanzenpigment (= Blattgrün), wird für die Photosynthese benötigt

Chondrichthyes Knorpelfische, Fische mit knorpeligem Innenskelett (Haie und Rochen)

Cilien kleine Wimpern, die durch dauerndes Schlagen kleine Partikel über Oberflächen transportieren

Circadianer Rhythmus Stoffwechsel- oder Verhaltensrhythmus mit einer konstanten Länge von etwa 24 Stunden

Coelenteraten Hohltiere, bestehen nur aus zwei Zellschichten, z. B. Seeanemonen, Quallen, Polypen, Korallen

Conchologie biologische Spezialdisziplin, die sich mit Gehäusen und Schalen von Muscheln und Schnecken beschäftigt

Copepoden Ruderfußkrebse, freilebende oder parasitische Vertreter

Crustaceen Sammelbezeichnung für die Krebstiere

Cuticula äußere, nicht zellige, undurchdringliche Schutzschicht auf den Blättern

Cypris Larvenstadium aus dem Entwicklungsgang der Seepocken

Cyste widerstandsfähige, schützende Schicht um ein Fortpflanzungsstadium oder Dauerstadium eines Lebewesens

DDT Dichlordiphenyltrichlormethan, hochgiftiges Insektizid

Desmidiaceen Verwandschaftsgruppe kleiner, sehr hübsch geformter Grünalgen

Destruenten Zersetzer, Organismen, die toten Bestandsabfall verarbeiten

Detritus kleine Partikel oder Bestandteile zerfallender Pflanzen und Tiere

Diatomeen einzellige, mikroskopisch kleine Algen mit Kieselsäurepanzer

Diffusion Bewegung der Moleküle von Orten höherer Konzentration zu Orten niedriger Konzentration

Dinoflagellaten Verwandschaftsgruppe einzelliger, überwiegend im Meer verbreiteter, pflanzlicher und tierischer Lebewesen

Diözisch zweihäusig, männliche und weibliche Fortpflanzungsorgane auf verschiedenen Individuen

Dorsal auf dem Rücken oder der Rückenseite gelegen

Drumlin langgezogener Hügel aus eiszeitlichen Ablagerungen

Dünung Wellenaktion im freien Wasser

Dystroph Gewässer mit reichen organischen Ablagerungen, die wegen Nährstoffmangel nicht abgebaut werden können

Ektoparasit Parasit, der sich außen an seinen Wirt heftet

Elytren harte Deckflügel der Käfer

Endoparasiten Parasiten, die die inneren Organe ihres Wirtes befallen

Endoskelett Innenskelett, meist knöchern oder knorpelig

Enzym Protein, das eine bestimmte biochemische Reaktion einleitet (katalysiert)

Epilimnion obere Wasserschicht eines Sees, zwischen Thermokline und Wasserfläche gelegen

Eustatisch langfristige Veränderung des Meeresspiegels durch Eisbildung oder Abschmelzen

Eutroph nährstoffreich, mit hoher Produktionskraft

Evertebraten zusammenfassender Ausdruck für die wirbellosen Tiere

Exoskelett Außenskelett (Chitinpanzer) der Arthropoden

Feuersteinknollen sehr hartes, mit scharfen Kanten absplitterndes Gestein, kommt lagenweise in der Kreide vor

Filament fadenförmiger Anhang

Fjord langer, steiler Küsteneinschnitt, der durch die Eiszeit eingetieft wurde; in Deutschland gleichbedeutend mit Förde, in England mit firth

Flagellen peitschenschnurartige Zellorganelle, dient zur Fortbewegung

Flechten Pflanzengruppe, bei der Pilz und Alge sich zu einem Doppelwesen zusammengeschlossen haben

Fucoxanthin braunes Pigment der Diatomeen und Braunalgen, wird immer von Chlorophyll begleitet

Fumarole vulkanische Erscheinung, Heißdampfquelle

Gameten Fortpflanzungszellen, die miteinander verschmelzen; männliche Gameten heißen Spermatozoiden, weibliche Eizellen

Gastropoden wissenschaftliche Bezeichnung für Nackt- und Gehäuseschnecken

Gemme Verbreitungseinheit bei Lebermoosen, besteht aus einem Zellpaket, das sich zu einer neuen Pflanze entwickelt

Glochidien Larvenstadium verschiedener Muscheln

Gonaden Keimdrüsen, entwickeln die Gameten

Grenzschicht dünne Lage eines nahezu strömungsfreien Wasserfilms auf größeren Steinen im Fließgewässer

Guano Ausscheidungsprodukte der Seevögel

Hämoglobin roter Blutfarbstoff der Wirbeltiere und einiger Wirbelloser mit hohem Sauerstoffbindevermögen

Häutung Tiere mit Außenskelett müssen sich beim Wachstum mehrmals häuten, weil der Panzer nicht mitwächst

halophil Organismen, die salzhaltige Gewässer besiedeln

Halophyten Salzpflanzen, benötigen zu ihrer Entwicklung einen bestimmten Mindestsalzgehalt im Boden

halotolerant Organismen, die die Versalzung ihres Lebensraums ertragen können

Herbivore Pflanzenfresser = Konsumenten 1. Ordnung

Hypolimnion Wasser zwischen der Thermokline (Sprungschicht) und dem Seeboden

Imago erwachsenes, geschlechtsreifes Stadium im Entwicklungsgang der Insekten (Mehrzahl: Imagines)

Infauna Tierwelt im Sediment

Internodium Stengelbereich zwischen zwei Blattansatzstellen

Ion Atom oder dissoziiertes Teilchen mit elektrischer Ladung (Anion −, Kation +)

Isobaren Linien, die auf einer Wetterkarte alle Punkte mit gleichem Luftdruck verbinden

Isostatisch Wasserspiegelveränderungen durch Herausheben oder Absenken des Festlandes

Isotope verschiedene Sorten ein und desselben Elements, die alle die gleiche Ordnungszahl, aber unterschiedliche Atomgewichte und folglich auch unterschiedliche Eigenschaften haben

Kalkgestein enthält größere Mengen von Calciumcarbonat

Karst zusammenfassende Bezeichnung für Erosionsvorgänge in auflösbarem Kalkgestein

Katadrome Fische wandern zum Ablaichen flußabwärts in das Meer, z. B. Aal

Klasse taxonomische Einheit im Ordnungsgefüge zur Einteilung der Pflanzen und Tiere in Verwandtschaftsgruppen

Kloake gemeinsame Öffnung, über die Ausscheidungs- und Geschlechtsprodukte abgegeben werden

Koagulieren Löslichkeit verändern, Wechsel vom flüssigen über einen viskösen in den festen Zustand

Kohlenhydrat wichtige organische Stoffklasse; Verbindungen bestehen nur aus Kohlenstoff, Wasserstoff und Sauerstoff, z. B. Zucker

Kokon Schutzhülle um Gelege oder Puppe

Kommensalismus Zusammenleben zweier Tierarten, die die Nahrung unter sich aufteilen

Konglomerat Gestein, das aus den Resten früherer Gesteine zusammengefügt wurde

Konsument Lebewesen, das in der Nahrungspyramide nur vorgefertigte organische Nahrung aufnimmt

Kontinentalschelf Flachwasserbereich in der Nähe der Kontinentgrenzen

Krill Nahrung der Bartenwale, besteht hauptsächlich aus kleinen garnelenartigen Krebsen (*Euphausia*-Arten)

Laminare Strömung wirbelfreie Strömung fließenden Wassers, bildet mehrere parallele Lagen aus, die sich kaum vermischen

Leptocephalus-Larve durchsichtige Aal-Larve

Litoral Gezeitenzone, Bereich zwischen Hoch- und Niedrigwassermarke

Lusitanisch Verbreitungstyp von Pflanzen, die in England, Irland, Frankreich, Spanien und Portugal nur im äußersten Westen vorkommen

Mäander Schlinge in einem Flußlauf

Magma glutflüssiges Gesteinsmaterial in tiefen Schichten der Erdkruste

Mandibel kieferähnliches Kauwerkzeug der Arthropoden

Mantel spezialisierte Körperregion der Mollusken, die die Schale bildet

Mauser periodischer Gefiederwechsel der Vögel

Mesotroph Zwischenstadium des Nährstoffgehalts, liegt zwischen eutroph und oligotroph

Metalimnion siehe Thermokline oder Sprungschicht

Metamorphes Gestein entstand durch teilweises Umschmelzen oder Umfalten älterer Gesteine

Metamorphose Umwandlung, bei Insekten die allmähliche Umwandlung vom Larven- über ein Puppen- in das Erwachsenenstadium (Imago); vollständige M.: Flügelanlagen werden im Körper entwickelt; unvollständige: ohne Larvenstadium, Flügel außen am Körper angelegt

Mikrohabitat Kleinlebensraum

Molekül kleinste Portion, in die eine chemische Verbindung aufgeteilt werden kann, ohne ihre typischen Eigenschaften zu verlieren

Mollusken Weichtiere, umfassen Muscheln, Schnecken, Tintenfische

Monocotyledonen einkeimblättrige Pflanzen

Moräne von Gletschern transportiertes und abgelagertes Lockermaterial

Nauplius erstes Larvenstadium zahlreicher Krebstiere

Nematoden Rundwürmer, Verwandtschaftsgruppe von wurmartigen Tieren

Nemertinen Schnurwürmer, von den übrigen wurmartigen Verwandtschaftsgruppen deutlich getrennter Tierstamm

Neurohormone Hormone, die vom neurosekretorischen Gewebe (Nervenzellen) gebildet und abgegeben werden

Nipptide Gezeiten bei Halbmond (erstes und drittes Viertel)

Nodus Knotenbereich, Blattansatzstelle am Stengel

Ökosystem Beziehungsgefüge zwischen den Organismen und ihrer Umwelt

Oligotroph nährstoffarm, oligotrophe Gewässer sind produktionsschwach

Operculum Kiemendeckel der Knochenfische; Deckel zum Verschluß der Schneckengehäuse

Ordnung taxonomische Einheit zur Bezeichnung einer Verwandtschaftsgruppe, im Rang niedriger als Stamm oder Klasse

Osmoregulation Stoffwechselleistung zur Einstellung einer bestimmten Stoffkonzentration in den Körperflüssigkeiten

Osteichthyes Knochenfische, Fische mit knöchernem Innenskelett

Ostracoden Muschelkrebse, kleine Krebstiere mit zweischaligem Carapax

Otolith Gehörstein im Innenohr der Fische, besteht aus Calciumcarbonat und dient der Altersbestimmung

Parasitismus Zusammenleben verschiedener Arten, von denen eine durch die andere geschädigt wird

Parthenogenese Entwicklung unbefruchteter Eizellen

Perennierend mehrjährig, Keimung und Samenreife in verschiedenen Jahren

pH Maßeinheit für die Wasserstoffionenkonzentration; pH 7 = neutral, über 7 = alkalisch (basisch), unter 7 = sauer

Photosynthese Stoffwechselvorgang, bei dem grüne Pflanzen aus Wasser und Kohlendioxid organische Substanz aufbauen

Phototaxis Bewegung zu (positiv) oder von (negativ) einer Lichtquelle

Phytoplankton pflanzliches Plankton

Plankton Lebensgemeinschaft meist kleiner, im Wasser verdriftender oder schwebender Organismen

Planktonblüte Massenentwicklung mikroskopisch kleiner Algen nahe der Wasseroberfläche

Plattwürmer Verwandtschaftsgruppe, im Meer verbreiteten, sehr flach gebauten Würmern

Pollination Bestäubung, der Pollen wird von den männlichen Teilen einer Blüte auf die weiblichen übertragen

Polychäten Vielborster, Verwandtschaftsgruppe innerhalb der Ringelwürmer

Polyp meist festsitzendes, mitunter koloniebildendes Stadium bestimmter Hohltiere

Produzent Organismen, die ihre Nahrung selbst herstellen; Primärproduzenten sind nur die Pflanzen

Proteine wichtige Naturstoffgruppe, bestehen aus Aminosäuren und leisten grundlegende Stoffwechselreaktionen

Prothallus Vorkeim, entwickelt sich aus einer Farn- oder Moosspore

Protozoen einzellige, meist mikroskopisch kleine Lebewesen mit pflanzlichen und tierischen Eigenschaften

Pseudopodien fußartige Fortsätze z. B. der Amöben

Quartär jüngster Abschnitt der Erdgeschichte, wurde vom Eiszeitalter eingeleitet

Radula rauhe, hornartige Raspelzunge der Schnecken

Relief Oberflächengestaltung einer Landschaft; Flachland mit ruhigem, Gebirge mit unregelmäßigem Relief

Rheotaxis Bewegung zur (positiv) oder von (negativ) der Strömungsrichtung

Rhizoid ein- oder mehrzelliges, wurzelähnliches Befestigungsorgan niederer Pflanzen

Rhizom Wurzelstock, unterirdisch wachsende, mehrjährige Sproßachse

Ria im Meer ertrunkenes Flußtal

Rotiferen Rädertierchen, Stamm mikroskopisch kleiner, bewimperter, mehrzelliger Tiere

Salinität Salzgehalt, wird in Promille (‰) = Teile je tausend Teile Lösungsmittel angegeben

Sediment Ablagerung von Lockermaterial

Sedimentgestein Gestein, das durch Ablagerung von Lockermaterial entstanden ist

Sessil seßhafte Lebensweise, Tiere leben angeheftet an Steinen, auf Fels oder Schalen oder an Tangen

Sexualdimorphismus Gestalt-, Form- und Farbunterschiede zwischen männlichen und weiblichen Individuen

Sipho röhrenartiger Körperfortsatz zum Ein- oder Ausströmen von Wasser, besonders bei Muscheln

Siphonophoren koloniebildende Staatenquallen

Sonogramm Bild, das durch die Reflexion von Schallwellen erzeugt wurde

Spore kleine, meist einzellige Verbreitungseinheit der niederen Pflanzen

Springtide Gezeiten bei Voll- und Neumond mit besonders extremen Wasserständen

Spritzloch Atemöffnung z. B. bei Walen und Rochen

Spritzwasserzone Zone oberhalb der Hochwassermarke an der Gezeitenküste, bis zu der die Gischt der Brandung heraufreicht

Sprungschicht Wasserschicht, in der die Temperatur sich sprunghaft verändert (Mesolimnion)

Stack geologischer Fachausdruck für einzelnen Felsturm, der aus einem Gesteinsverband herausgelöst wurde

Stamm taxonomische Einheit von übergeordnetem Rang; das Tierreich wird in Stämme, das Pflanzenreich in Abteilungen eingeteilt

Stipeln Nebenblätter der Blütenpflanzen

Stoma Spaltöffnung im Blatt der Landpflanzen

Stratum Schichtpaket eines Sedimentgesteins

Subimago Entwicklungsstadium zwischen Puppe und Imago, bei Eintagsfliegen

Sublitoral Lebensraum unterhalb der Niedrigwasserlinie

Symbiose Zusammenleben verschiedener Arten, aus dem jeder Partner einen Vorteil hat

Tertiär jüngerer Abschnitt der Erdgeschichte (vor den Eiszeiten)

Thallus Organisationsform einer Pflanze, die nicht in Blätter, Stengel und Wurzel gegliedert ist

Thermokline Wasserschicht, in der die Temperatur sich sprunghaft ändert (Mesolimnion)

Thorax Körperregion zwischen Abdomen und Kopf der Arthropoden

Topographie geographische Eigenarten einer Landschaft oder Region, faßt die natürlichen und künstlichen Merkmale zusammen

Toteissee Gewässer, das aus dem Abschmelzen eines liegengebliebenen Gletscherblocks entstanden ist

Vegetative Vermehrung Entwicklung neuer Individuen ohne sexuelle Vorgänge, z. B. durch Knospung und Abschnürung

Ventral an der Bauchseite gelegen

Vulkanit Gestein, das durch Förderung vulkanischer Massen entstanden ist

Xerophyten Pflanzen, die besonders an Trockenheit angepaßt sind

Zoochlorellen grün gefärbte, einzellige Algen, die in Symbiose mit Tieren leben

Zooplankton tierisches Plankton

Zooxanthellen gelbbraun gefärbte, einzellige Algen, die in Symbiose mit Tieren leben

Register

Halbfett gesetzte Seitenzahlen weisen auf Abbildungen hin

190

Leben am und im Wasser

Andrew C. Campbell
Was lebt im Mittelmeer?

Dieser Kosmos-Naturführer hilft, Ordnung in die Formenfülle der im Mittelmeerraum lebenden Tiere und Pflanzen zu bringen. 1100 der am häufigsten vorkommenden Arten werden knapp und übersichtlich beschrieben; fast alle sind farbig abgebildet. Ein einfacher Bestimmungsschlüssel am Anfang des Buches erleichtert das Auffinden gesuchter Formen. 320 Seiten, 1012 Farbzeichnungen, 133 SW-Zeichnungen, 1 Farbkarte.

Andrew C. Campbell
Der Kosmos-Strandführer

Anhand dieses Strandführers kann der Laie wie der Fachmann seine Funde bestimmen und systematisch einordnen. Ob Seesterne, Korallen, Schwämme, Seeigel, Krebse, Muscheln, Schnecken, Würmer, Fische oder Tange – alle bekannten marinen Arten sind systematisch zusammengefaßt, Formen, Aussehen und Vorkommen werden beschrieben und es wird auf Unterschiede zwischen verwandten Arten hingewiesen. 848 detaillierte Zeichnungen erleichtern das Bestimmen und machen das Buch für jeden Strandurlauber unentbehrlich. 320 Seiten, 848 Farbabbildungen, 109 SW-Zeichnungen.

Wolfgang Engelhardt
Was lebt in Tümpel, Bach und Weiher?

Wasserlinsen, Laichkräuter, Binsen, Schwämme, Moostierchen, Strudelwürmer, Wasserflöhe, Schwimmkäfer, Libellen, Krebse, Muscheln und Schnecken – all diese und viele andere pflanzliche und tierische Bewohner der Quellen und Bäche, der Tümpel, Weiher und Teiche lassen sich mit Hilfe dieses Naturführers rasch und sicher bestimmen. 257 Seiten, 58 Farb- und 362 SW-Illustrationen.

Heinz Streble / Dieter Krauter
Das Leben im Wassertropfen

Das erste Bestimmungsbuch, das alle Gruppen der mikroskopisch kleinen, im Wasser lebenden Pflanzen und Tiere umfaßt. Mit Hilfe der zahlreichen Abbildungen kann der Mikroskopiker die Gattungen und Arten bestimmen; eine systematische Übersicht und ein Typenschlüssel ermöglichen es, die vielfältigen Formen richtig einzuordnen. 367 Seiten, 25 Farbfotos, 25 SW-Fotos, 1700 SW-Zeichnungen.

Heinz Streble
Was find ich am Strande?

Nordsee und Ostsee bieten dem Naturfreund erstaunlich viel. Dr. Heinz Streble stellt in 114 Farbfotos und 129 Zeichnungen die Tiere und Pflanzen unserer Küsten vor, nennt die Namen, erklärt Besonderheiten und zeigt uns die weithin unbekannte Welt an und im Wasser, die wir selbst entdecken können. 88 Seiten, 114 Farbfotos, 140 SW-Zeichnungen.

Ohne Abbildung:

Peter S. Maitland
Der Kosmos-Fischführer

Der Kosmos-Fischführer beschreibt die Süßwasserfische Europas sowie einige Brackwasserformen, die auch im Süßwasser leben können, vorwiegend unterschieden nach äußeren Kennzeichen wie Körperbau, Flossenzahl und -form, Beschuppung, Farbe u. a. Neben der Bestimmung nach hervorragenden Farbbildern kann der Leser sich auch an dem einfachen, nach Familien und Arten gegliederten Bestimmungsschlüssel orientieren. 255 Seiten, 248 Farbabbildungen, 121 SW-Zeichnungen.

In Ihrer Fach-/Buchhandlung!

FRANCKH
KOSMOS
Verlagsgruppe

Entdeckungsreise in die Natur

Die Natur um uns ist unvorstellbar vielfältig; es lohnt sich, sie zu entdecken: Das Leben der Pflanzen, der Vögel, der Schmetterlinge; die bunte Welt der Mineralien; die Versteinerungen – Zeugen aus der Geschichte des Lebens. Mit Notizblock, Bleistift und Lupe folgen wir den Spuren der Natur. Wir lernen beobachten, Sammlungen anlegen, Insekten züchten, Aquarien und Terrarien einrichten, mit Pflanzen experimentieren. Wir üben uns im Spuren- und Fährtenlesen, in der Naturfotografie und im Mikroskopieren.

Das Kosmos-Familienbuch der Natur ist vollgepackt mit interessanten Versuchen und Hinweisen. Der Naturfreund, der in Feld und Wald beobachten und sammeln will, findet ebensoviele Anregungen wie der, der zu Hause Tiere und Pflanzen pflegen, der präparieren und experimentieren möchte.

Jeweils eine Doppelseite ist einem Beobachtungs- und Arbeitsgebiet gewidmet. Objekte und Tätigkeiten sind klar beschrieben und mustergültig abgebildet. Der Ablauf der Versuche geht eindeutig aus der Abfolge der Abbildungen hervor.

Ein Blick in die Fundgrube, die dieses Buch darstellt: Skizzieren der Objekte. Wie wird das Wetter? Untersuchungen mit der Lupe. Wir stellen unsere Funde aus. Anlage eines Gartenteiches. Aufzucht von Kaulquappen. Sammeln am Strand. Vögel beobachten. Die Federsammlung. Gewölle. Futterplätze für Vögel. Nistkästen bauen. Verletzte Vögel pflegen. Kleinsäuger in unserem Garten. Spuren und Fährten. Versuche mit Schnecken. Tiere im Laubmull. Schmetterlinge züchten. Versuche zum Farbensehen der Bienen. Beobachtungsnester für Bienen und Wespen. Die Insektensammlung. Das Insektarium. Das Formicarium. Fallen zum Sammeln kleiner Tiere. Spinnweben beobachten und konservieren. Die Mehlwurmzucht. Höhe und Alter von Bäumen schätzen. Zweige und Knospen pfropfen. Gipsabgüsse von Naturobjekten. Das Leben in einer Hecke. Sammeln und Untersuchen von Pflanzengallen. Beobachtungen an Früchten und Samen. Pflanzenblätter als Abdrucke und im Photodruck. Untersuchungen an Pflanzengesellschaften. Versuche mit Pflanzenkeimlingen. Pflanzen wachsen ohne Erde. Farne und Schachtelhalme, Moose und Flechten. Pressen und Trocknen von Pflanzen. Pilze. Garne mit natürlichen Pflanzenfarbstoffen färben. Die Landschaft und ihr geologischer Bau. Steine, Mineralien, Fossilien sammeln. Jagd auf Tierstimmen mit dem Kassettenrecorder. Das Fernglas – richtig benützt. Mikroskopieren. Naturfotografie. Haustiere und Nutzpflanzen. Wildgemüse. Giftige Pilze und Früchte.

Und so urteilt die Presse:
„. . . eine wahrhaft unerschöpfliche Fundgrube . . .“ (Westdeutscher Rundfunk)
„Ein Buch, mit dem man jahrelang seinen Spaß haben kann . . .“ (Stuttgarter Zeitung)
„. . . ein Buch, das man nicht auslernt.“ (Süddeutscher Rundfunk)
„Ein herrliches Geschenk für jung und alt . . .“ (Die Welt)

Michael Chinery
Kosmos-Familienbuch der Natur
Sehen – Sammeln – Selbermachen

192 Seiten
180 vierfarbige, 950 zweifarbige
und 32 einfarbige Zeichnungen
7 Schwarzweißfotos

FRANCKH
KOSMOS
Verlagsgruppe